냉전과 탈식민의 세계사

냉전과 탈식민의 세계사

초판 1쇄 인쇄 2024년 2월 15일
초판 1쇄 발행 2024년 2월 28일

–

지은이 김일년·김도민·노덕경·데이비드 창·신동경·이동규·정병준·정재현·하아랑·현시내
펴낸이 이방원

책임편집 안효희   **책임디자인** 박혜옥

마케팅 최성수·김 준   **경영지원** 이병은

–

펴낸곳 세창출판사
　　　　신고번호 제1990-000013호   주소 03736 서울특별시 서대문구 경기대로 58 경기빌딩 602호
　　　　전화 02-723-8660 팩스 02-720-4579 이메일 edit@sechangpub.co.kr 홈페이지 http://www.sechangpub.co.kr
　　　　블로그 blog.naver.com/scpc1992 페이스북 fb.me/Sechangofficial 인스타그램 @sechang_official

–

ISBN 979-11-6684-314-3 93900

002
이화 지역사 세계사 총서

냉전과
탈식민의
세계사

세창출판사

김일년·김도민·노덕경·데이비드 창·신동경·이동규·정병준·정재현·하아랑·현시내

머리말

탈식민과 냉전, 현대사의 다초점 렌즈

I

우리는 20세기 세계사를 어떻게 이해해야 할 것인가? 『냉전과 탈식민의 세계사』는 이 간명한 질문으로부터 출발한다. 이는 현대사를 서술하는 모든 연구자가 반드시 물어야 하는 근본적 질문임과 동시에, 바로 그 이유로 모두가 동의할 만한 하나의 정답을 제시하는 것이 불가능한 성격의 문제이다. 20세기의 본질에 관해서라면 지금까지 수없이 많은 관점이 등장했고, 그 관점들 사이의 끝없는 논쟁과 절충이 전개되었으며, 그리고 그 과정을 통해 저마다 설득력과 당위성을 갖춘 새로운 주장들이 지금 이 순간에도 제기되고 있다. 제목에서도 알 수 있듯이, 『냉전과 탈식민의 세계사』는 냉전과 탈식민이라는 두 흐름의 교차를 20세기 세계사를 형성한 핵심 동력으로 제시한다. 물론 이러한 시각은 명백한 한계를 가지고 있다. 모든 연구가 그렇듯이, 우리의 이번 프로젝트 역시 필연적으로 특정 주제들에 초점을 맞추는 대신 다른 많은 중요한 현상은 주변화시키거나 배제한다. 따라서 이 책의 저자 중 그 누구도 20세기 세계사에 대한 최종적 평결을 내리려고 시도하지 않는다. 다시 말해, 우리는 냉전과 탈식민이 다른 요소들에 비해 절대적인 중요성을 가지고 있다고 주장하지 않는다. 대신 이 책은 20세기에 나타난 냉전과 탈식민이라는 두 개의 거대한 세계사적 흐름을 교차함으로써 그간 간과되었던 현대사의 여러 지점을 재발굴하고, 재조명하고, 재해석한다.

20세기를 자본주의와 공산주의 사이 이념 대립의 시대로 보는 관점은 냉전 그 자체만큼이나 오래되었으며, 지금도 여전히 강력하게 남아 있다. 영국의 역사학자 에릭 홉스봄(Eric Hobsbawm)의 유명한 시대 구분인 "단기 20세기"라는 개념을 굳이 언급하지 않더라도, 많은 연구자는 의식적으로, 또 무의식적으로, 현대사를 1차 세계대전과 러시아혁명으로부터 시작해서 소련과 공산 진영의 몰락까지 이어진 시기의 역사로 파악한다. 이러한 인식에 대해 여러 역사가가 꾸준히 비판을 제기했고, 그것은 많은 측면에서 옳았다. 말할 것도 없이 20세기 세계사는 자본주의와 공산주의 사이의 대립보다 훨씬 더 풍성한 이야기를 품고 있다. 그 시대가 보여 준 희망과 절망, 진보와 살육, 성취와 모순을 담기에 냉전은 지나치게 좁은 분석 틀이다. 하지만 냉전이 20세기 세계사를 이해하기 위한 충분조건은 아니라고 할지라도 그것의 필요조건임은 부정할 수 없다. 냉전은 인종과 젠더 관계의 변화에서부터 과학과 기술의 발전, 경제 성장과 인구 변동, 자원 고갈과 환경 파괴, 그리고 우주 탐사에 이르기까지, 20세기에 일어난 모든 주요 사건과 밀접하게 얽혀 있다. 혹자의 말처럼 냉전의 종식이 곧 "역사의 종말"은 아니겠지만, 그것은 분명히 한 시대가 끝나는 중요한 분기점이었다.

반면에 탈식민의 경험을 20세기 세계사의 중심에 위치시키기 위한 시도는 상대적으로 최근에 나타났다. 이는 필연적으로 기존의 현대사 분석 틀인 냉전을 상대화시키고, 궁극적으로 그것을 대체하려는 작업을 수반했다. 미국의 역사학자 매슈 코널리(Matthew Connelly)는 "냉전의 절정기에조차도 발전이나 문명의 충돌에 관한 담론은 [글로벌] 노스와 [글로벌] 사우스, 즉 '서양'과 '나머지' 사이의 유동적 경계를 구획하는데 기여했다"고 강조하면서, 동료 현대사 연구자들에게 "냉전의 렌즈 벗어 던지기(Taking Off the Cold War Lens)"를 촉구했다. 이러한 외침은 지난 20여 년 동안 역사학계에 대단한 반향을 일으켰다. 제국은 대부분의 역사의 기간 동안 인류 대다수의 삶을 규정했던 기본 단위였다. 20세기에 들어 그것이 마침내 국민국가에 자리를 내주게 된 것이다. 많은 역사가가 보기에 이 흐름은 자본주의와 공산주의 사이의 충돌보다 더욱 근원적이었고, 적어도 그에 못지않은 함의를 지니고 있었다. 그러나 이러한 시각을 받아들인다고 하더라도, 그것이 반드시 냉전 패러다임의 폐기를 의미하는 것은 아니다. 무엇보다 탈식민이라는 분석 틀만으로는 미국과 소련이라는 새로운 형태의 제국이 등장하는 양상을 온전히 파악하지 못한다. 나아가서 탈식민의 과정은 여러 측면에서 냉전에 의해 형성되었고, 그것은 다시 냉전의 양상을 변화시켰다. 다시 말해, 탈식민의 성과와 한계는 냉전과 불가분의 관계로 얽혀 있었다.

이에 우리는 냉전과 탈식민이라는 20세기를 만든 두 세계사적 흐름의 역동적 상호작용을 복원하여 현대사를 새로운 각도에서 관찰하려고 한다. 여기에는 미 제국의 기원에서부터 유럽 제국주의의 인종과 젠더, 영 제국의 탈식민, 소련과 냉전 사이의 관계, 한국전쟁의 국제사, 전쟁 포로의 의미, 민족해방의 언어적 재현, 근대화론의 이상과 현실, 제3

세계의 국민국가 건설, 식량과 인구 문제에 이르기까지 다양한 주제가 포함된다. 냉전과 탈식민을 교차시키려는 노력은 다른 어떤 곳보다 한국에서 더욱 절실하게 요구된다. 분단된 국가에서 미국과 중국, 러시아, 일본에 둘러싸인 이곳은 20세기 내내 냉전과 탈식민의 과정이 세계에서 가장 복잡하고도 격렬하게 전개되었던 현장이다. 오늘날 우리의 모습은 지난 세기 일어난 저 두 과정의 상호작용이 낳은 결과물이다. 냉전과 탈식민 각각에 관해서는 그간 국내 학계에서 많은 연구성과가 축적되어 있다. 이 책의 각 장에 실린 글들이 바로 그 증거다. 문제는 두 영역 사이의 진지한 대화가 아직 부족하다는 사실이다. 우리의 과거와 현재, 미래를 이해하기 위해서는 냉전과 탈식민이 중첩된 다초점 렌즈가 필요하다. 『냉전과 탈식민의 세계사』는 그러한 렌즈를 제공하기 위한 노력의 일환이다. 우리의 이번 프로젝트가 냉전과 탈식민에 관한 국내 현대사 연구자들 사이의 더욱 활발한 대화를 여는 마중물이 되기를 기원한다.

Ⅱ

『냉전과 탈식민의 세계사』는 총 10개의 장으로 구성된다. 초반부의 3개 장은 20세기 전반까지 제국과 식민주의에 관련한 새로운 담론과 현상이 나타나는 양상을 분석한다. 먼저 하아랑의 글 「자유, 진보, 제국: 율리시스 S. 그랜트의 월드 투어로 본 미국의 초상」은 제국으로서 미국이 지니는 역설의 기원을 19세기 중반 남북전쟁 직후의 세계사적 맥락에서 관찰한다. 이 글은 특히 1870년대 미국의 전직 대통령 율리시스 그랜트(Ulysses S. Grant)의 월드 투어에 대한 세계 각지의 지도자와 인민들의 다양한 반응을 분석하면서, 이 시기 미국이 자유와 진보, 제국이라는 모순적인 이미지를 한꺼번에 담지하기 시작했음을 보여 준다. 유럽과 아프리카, 아시아 사람들은 각자 처한 상황에 따라 미국을 자유의 수호자로 찬양하거나, 눈부신 진보를 성취한 성공적 독립국의 모델로 추종했고, 때로는 위협적이거나 또는 모방해야 할 제국으로 간주했다. 그랜트 역시 타국의 눈에 비친 미국의 초상을 바라보면서 향후 미국이 세계에서 수행해야 할 역할에 대해 인식했다. 그 결과 나타난 것이 다름 아닌 자유와 진보를 외치는 제국, 이른바 "제국주의에 맞서는 제국"이라는 형용모순이었다.

두 번째, 정재현의 「'검은 치욕': 제1차 세계대전 이후 라인 지역 점령에 투입된 프랑스군 식민지 병사들을 둘러싼 인종과 젠더의 담론」은 제국주의의 절정기였던 1차 대전 이후 유럽에서 인종과 젠더, 민족이 서로 얽히는 과정을 추적한다. 전쟁 후 독일 점령에 투입된 프랑스 식민지 출신 병사들은 독일 여성을 성폭행한다는 비난을 받았고, 이에 독일 민족주의자들은 물론 사회주의자, 평화주의자, 여성운동가를 포함한 유럽 각지의 세력이 순수한 "백인종 여성"에게 가해진 야만적 "검은 치욕"에 항의했다. 민족, 평화, 여성, 국제 연대, 반제국주의 등 다양한 이상이 표출되었으나 이 모든 외침의 근저에는 남성 중심의 가부장제 이데올로기와 백인 우위의 인종주의가 깔려 있었다. 이를 통해 정재현은 제국과 국민국가가 만났을 때 젠더와 인종 담론이 어떻게 작동하는지 보여 준다. 인종주의는 여성의 성을 규율하는 데 동원되었고, 반대로 가부장제는 흑인의 사악함과 열등함을 증명하는 수사를 제공했다.

이 책의 세 번째 장은 신동경의 「영 제국 경영의 마지막 통치 카드: '식민지 개발 및 복지법', 1929-1945」이다. 이 글은 제국의 황혼기 동안 영국이 제안했던 일련의 "식민지 개발 및 복지법"을 검토하면서, 제국의 "마지막 통치 카드"가 영국의 탈식민 과정에 기여했다고 주장한다. 1929년을 시작으로 영국은 식민지들을 대상으로 다양한 형태의 "위로부터의 개발" 사업을 벌였다. 이는 물론 이기적인 의도에서 출발했으나 그럼에도 불구하고 본국과 식민지 사이의 지속적인 교류를 유지하는 발판을 놓았다. 이를 통해 영국은 제국 해체 이후 영연방 성립이라는 상대적으로 성공적인 탈식민 과정을 걸을 수 있었다. 이러한 모습에 대해 신동경은 "탈식민화의 제국주의"를 비판하는 것에 그치는 대신, 그 역설적 과정이 보여 준 현실주의와 그것이 만들어 낸 실질적 결과물에 주목하자고 제안한다.

네 번째 장인 노경덕의 「냉전사와 소련 연구」는 소련사 전문가의 관점에서 최신 냉전사 연구 동향을 큰 틀에서 관찰함으로써 『냉전과 탈식민의 세계사』의 전체적인 구조에서 중심축을 이룬다. 노경덕은 최근 국제학계의 소련 냉전사 연구를 크게 세 가지로 정리한다. 우선 냉전의 종식 이후 구소련 자료가 개방됨으로써 문서고 중심의 실증 연구를 통해 해결되지 않고 남아 있던 여러 논쟁점을 실증적으로 탐구하는 흐름이 있다. 다음으로, 새로운 냉전사 연구는 냉전을 단순한 미국과 소련 사이의 경쟁으로 파악하는 대신, 과거 주변부로 취급되었던 제3세계 국가들의 세계사적 역할에 주의를 기울인다. 마지막으로, 최근의 소련 냉전사 연구는 냉전을 문화적 국제 관계로 파악하고, 미국과 소련을 비롯한 여러 국가 사이의 문화 경쟁과 교류에 초점을 맞춘다. 노경덕이 잘 논의하고 있듯이, 이 세 가지 연구 경향은 모두 일정한 한계를 가지고 있지만, 그럼에도 불구하고 문서고, 제3세계, 문화는 냉전과 탈식민의 교차를 이해하는 데 중요한 키워드들을 제공한다.

이어지는 3개의 장에서는 시선을 우리 내부로 돌려 한국전쟁을 전후한 시기 한국이 냉전과 탈식민을 어떻게 경험했는지 관찰한다. 다섯 번째 장인 「북한의 한국전쟁 계획 수립과 소련의 역할」에서 정병준은 풍성한 사료를 동원해 한국전쟁의 준비와 전개에 있어서 북한과 소련의 역할을 치밀하게 분석한다. 이 문제에 관해 정병준은 다음과 같은 새로운 해석들을 제시한다. 첫째, 한국전쟁은 시종일관 김일성과 박헌영을 비롯한 북한 지도부의 주도로 진행되었다. 둘째, 북한 지도부는 주도권을 지녔지만, 한국전쟁의 국제적 성격으로 인해 최종 결정권은 모스크바에 있었다. 셋째, 최종 결정권자로서 스탈린은 김일성의 개전 허가 요구를 구체적으로 검토했다. 넷째, 스탈린이 개전 전에 제시했던 "도발받은 정의의 반공격전" 개념은 북한의 전쟁 수행에 있어서 기초를 이루었다. 다섯째, 스탈린은 미국과의 충돌 가능성을 우려했고, 따라서 그의 결정권 행사는 소극적이었다. 마지막으로, 이러한 스탈린의 태도로 인해 소련은 전쟁 발발 이후 결정권자로서 책임과 의무를 다하지 않았다. 결론적으로 한국전쟁은 북한 지도부의 주도와 스탈린의 결정으로 시작되었으나, 소련의 방어적 태도로 인해 향후 북한은 소련과의 관계에 있어서 자주성을 더욱 중시하게 되었다.

『냉전과 탈식민의 세계사』의 여섯 번째 장은 데이비드 챙 창(David Cheng Chang)의 「한국전쟁 정전 협상과 미국의 포로 '자원송환(自願送還)' 정책」이다. 이 글에서 창은 한국전쟁이 미국에서 왜 "잊힌 전쟁(forgotten war)"이 되었는지 질문한 뒤, 그 답을 전쟁 포로(POW)에 대한 "자원송환(voluntary repatriation)" 정책에서 찾았다. 그에 따르면 한국전쟁은 두 가지 양상으로 이루어져 있었다. 1950년 6월 개전부터 대략 1년의 기간이 "영토전쟁"에 해당한다면, 1951년 7월 정전 협상이 시작된 뒤 이어진 2년간의 후반부는 "포로전쟁"의 성격을 띠고 있었다. 포로 송환 문제를 놓고, 중국과 북한 측이 "전원교환"을 요구했던 반면, 미국을 중심으로 한 유엔군 대표단은 자원송환, 즉 포로에게 그들의 의사에 따른 망명 기회를 제공한다는 원칙을 제시했다. 이 원칙은 명백히 제네바 협약을 위반하는 것이었고, 정전 협상을 교착상태로 빠뜨렸다. 그런데도 당시 미국 대통령 트루먼은 도덕의 기치를 내세워 자원송환의 원칙을 고수했다. 그 결과 15개월이 넘는 전쟁의 후반부 동안 양측의 영토 변화는 거의 없었고, 수많은 인명 피해만 남겼을 뿐이었다.

일곱 번째 장인 김도민의 「1950년대 세계 민족해방운동에 대한 남한에서의 젠더적 재현 양상」은 냉전이 시작되던 시기 남한의 시인들이 세계 각지의 탈식민 운동을 어떻게 재해석했는지 추적한다. 그에 따르면, 당시 남한은 자유 진영의 언론을 통해 세상과 소통했고, 그 결과 그곳에서 베트남혁명, 알제리혁명, 이집트혁명, 헝가리혁명 등에 관한 정보는 냉전의 프리즘을 통해 굴절된 채로 수용되었다. 여기에 더해 젠더 차별적 시각이 부각되었는데, 남한의 시인들은 능동적인 여성 투사들을 연약하고 수동적인 소녀로 형상화했다. 이 젠더적 재현에서 냉전과 탈식민은 모두 가부장적 질서를 강화하는 쪽으로 작동했다. 냉전의 맥락에서 공산주의의 잔혹함이 강조되고, 탈식민의 맥락에서 반제국주의의 외침이 커질수록, 남한 문인들의 마음속에서 여성과 남성은 젠더 차별적 질서에 따라 더욱 선명하게 구획되었던 것이다. 결국, 냉전 초기 세계 민족해방운동을 다루는 남한의 시는 "탈식민-냉전-젠더의 합작품"이었던 것이다.

『냉전과 탈식민의 세계사』의 마지막 3개 장에서는 시야를 다시 외부로 돌려 세계 여러 지역에서 냉전과 탈식민의 흐름이 서로 충돌하고 교섭하는 양상을 다각도로 관찰한다. 여덟 번째 장인 김일년의 「오만과 타협: W. W. 로스토와 근대화론의 변화」는 냉전 시기 미국이 탈식민 국가들을 대상으로 제시했던 근대화론의 명암을 분석한다. W. W. 로스토로 대표되는 근대화론은 흔히 미국의 베트남전쟁을 야기한 실패한 이론으로 평가된다. 그것은 경제성장을 세계 모든 저개발 지역이 안고 있는 각양각색의 문제를 해결할 만병통치약으로 제시했고, 후진국들에 미국식 자본주의의 발자취를 추종하라고 강요했다. 베트남전쟁은 이러한 오만한 생각이 낳은 응보였다는 것이다. 그러나 이 글에서 김일년은 로스토의 단선적이고 강압적인 형태의 근대화론은 사실 그의 이론적 유연성과 정치적 현실주의, 그리고 무엇보다 그가 권력과 맺은 타협이 낳은 결과물이었다고 주장한다. 로스토가 1950년대 출판한 초기 저작들은 아시아와 아프리카 국가들의 탈식민을 향한 외침을 외면하지 않았다. 그의 변화는 아이젠하워 정부와 관계를 맺는 과정을 통해 진행되었다. 그 변화의 끝에 미국식 자본주의의 보편성과 미국의 힘을 맹신하는 광신도가 탄생했다. 이 글은 로스토의 변화가 어떤 식으로 진행되었고, 그 의미는 무엇인지 보여 줄 것이다.

아홉 번째 장인 현시내의 「"베트남 이전에 라오스가 있었다": 라오스의 인도차이나전쟁과 민족국가건설, 1945-1975」는 다국적 문서고의 사료들과 구술사 인터뷰를 광범위하게 활용하여 냉전이라는 프레임에 가려진 라오스 내전의 탈식민적 성격을 재발견한다. 라오스 내전은 냉전의 질서만큼이나 그들의 역사적 경험에 뿌리를 내리고 있었다. 이러한 내부의 요소가 케네디 대통령 재임기 동안 미국이 전개했던 다양한 형태의 개입과 만나면서 내전의 형태로 폭발했다. 여기서 현시내는 몽학자들의 연구와 참전 군인 및 피해자들의 증언을 비교 분석하여 몽 공동체와 태국군이 미국 편에서 라오스 내전에 개입했던 동기와 그 결과를 분석한다. 이를 통해 그녀는 라오스 내전이 지니는 민족국가 건설의 성격이 냉전과 탈식민이 중첩되는 동남아시아의 상황에서 라오스가 한편으로는 미국과 다른 한편으로는 태국을 비롯한 주변국과 맺은 복잡한 관계 속에서 이해되어야 한다고 주장한다.

『냉전과 탈식민의 세계사』의 마지막 장은 이동규의 「곡물 대탈취: 1973년 미국-소비에트 곡물 거래와 국제 식량 체계의 위기」이다. 이 글은 1970년대 초반의 세계적 식량 위기 과정에서 발생했던 하나의 사건, 소위 "소련의 곡물 대탈취"를 세밀하게 추적함으로써, 1960년대에서 1970년대로 이어지는 국제 관계의 변화를 식량이라는 생태학적 주제를 중심으로 재해석한다. 1973년 소련은 미국 회사로부터 대량의 곡물을 보조금이 적용된 가격으로 구매했다. 이때 미국의 닉슨 행정부는 잉여 농산물 판매를 통해 소련과의 관계를 개선하는 한편, 동시에 미국 식량에 대한 소련의 종속을 강화하려는 의도를 지니고 있었다. 그러나 소련이 다수의 기업과 개별 계약을 통해 일을 진행했기 때문에, 미국의 당초 예상보다 훨씬 더 많은 양의 곡물이 유출되었다. 이에 미국 곡물 가격이 남북전쟁 이후 최고치를 경신하게 되었고, 국제적으로도 식량 위기를 심화시켰다. 이동규의 글은 식량과 농업, 자본주의 등의 요소가 냉전의 프레임으로부터 독립적으로 움직이는 양상을 세심하게 조명한다.

Ⅲ

『냉전과 탈식민의 세계사』는 이화여자대학교 사학과가 이화 프런티어 10-10 프로젝트 "공존의 미래를 위한 세계사 연구 사업단"과 BK21 "공존의 미래를 위한 지역사와 세계사 교육연구팀"의 운영을 통해 새로운 세계사 연구의 패러다임을 제시하기 위해 노력해 온 결과물이다. 이화 프런티어 10-10 프로젝트 "공존의 미래를 위한 세계사 연구 사업단"은 시공간을 통섭하는 세계사 이론을 정립한다는 목표 아래, 개별 국가 중심의 역사서술 극복하여 세계사적 방법론을 접목한 수준 높은 연구를 수행하고 시간과 공간을 통섭하는 전문가 양성하기 위한 다각도의 프로그램을 진행하고 있다. 특히 우리는 다양한 분야의 국제적 석학과 협업하며 세계사 연구 역량을 강화하기 위해 노력하고 있다. 이러한 취지에 호응해 몽골 시대 동서교류사의 거장 미할 비란(Michal Biran), 동아시아 제국사 전문가 준 우치다(Jun Uchida), 냉전기 국제관계사 연구자 데이비드 챙 창(David Cheng Chang)이 초빙교수로 합류해 우리와 함께 국내 역사학계의 글로벌 네트워크 강화를 위한 우리의 발걸음에 동참하고 있다. 이러한 노력이 이번 『냉전과 탈식민의 세계사』의 출판으로 하나의 결실을 맺었다. 20세기 세계사는 냉전과 탈식민이라는 거대한 두 흐름이 교차했던 시대임과 동시에, 그 흐름들이 개인과 국가, 지역, 지구를 관통해서 움직였던 공간이었다.

　지금까지 세계사를 연구하는 과정에서, 우리 이화여대 사학과 구성원들은 국내 역사학계의 여러 훌륭한 연구가 우리의 취지에 부합한다는 사실을 발견했다. 그 연구 가운데 일부가 『냉전과 탈식민의 세계사』에 수록되었다. 우리는 이 책이 궁극적으로 세계사 연구의 패러다임을 바꾸는 하나의 계기가 되기를 희망한다. 물론 그러한 전환은 한 편의 연구서가 담을 수 있는 것보다 더 많은 노력과 더 깊은 연구, 더 넓은 협력을 필요로 할 것이다. 그러나 이 책의 각 장이 잘 보여 주는 것처럼, 변화는 이미 여러 측면에서 일어나고 있다. 『냉전과 탈식민의 세계사』의 출판이 20세기 세계사에 대한 새로운 시각을 제시하고, 국내 다양한 분야의 역사학자들 사이의 소통을 증진하는 계기가 되기를 희망한다.

　마지막으로 이화여대 사학과 BK21사업을 지원한 한국연구재단과 이화 10-10 프런티어 프로젝트에 관심과 지원을 아끼지 않은 이화여대 총장님께 감사드린다.

2023년 11월 6일
저자들을 대표하여 김일년 씀

차례

1장

자유, 진보, 제국
-율리시스 S. 그랜트의 월드 투어로 본 미국의 초상-

하 아 랑

1. 머리말: 내전 이후의 미국과 세계

"내 인생에서 백악관을 떠나던 날만큼 기뻤던 적은 없었소. 마치 하굣길의 소년이 된 것 같았단 말이지."[1] 1877년 5월, 두 번의 대통령 임기를 마친 율리시스 S. 그랜트 Ulysses S. Grant는 오랫동안 염원하던 해외 여행길에 올랐다. 내전을 승리로 이끈 전설적인 연방군의 사령관으로, 또 남부 재건을 수행한 공화당의 대통령으로 숨 돌릴 겨를 없이 16년을 내

---

[1] John Russell Young, "Grant Reminiscences," *Chicago Daily Tribune*, Sept. 1, 1885, 9. 그랜트의 월드 투어에 동행했던 저널리스트 존 러셀 영(John Russell Young)은 이 유례없는 세계 여행의 모든 일정을 『뉴욕 헤럴드(*New York Herald*)』에 송부했으며, 이 기사는 일주일에 한 번씩 "Around the World"라는 섹션하에 연재되었다. 영은 후에 이 기사를 모아 거의 수정하지 않고 책으로 출간했다. John Russell Young, *Around the World With General Grant*, vol.2, New York: American News Company, 1879.

달렸던 그는 그간의 과도한 공무에 지쳐 있었다.[2] 퇴임 후 마침내 한 명의 시민으로 돌아온 그는 아내 줄리아Julia와 아들 제시Jesse와 함께 "구세계"로 떠나 "가능한 한 조용히 움직이며" 휴식과 모험이라는 여행자의 기쁨을 만끽할 예정이었다.[3] 마침내 일행을 실은 증기선이 환송 인파를 뒤로하고 필라델피아 항구를 벗어났을 때, 그랜트는 "더 이상 읽어야 할 서신도, 답변해야 할 공문도 없다는 사실에 홀가분함을 느꼈다."[4] 하지만 평온은 그리 오래 지속되지 못했다. 첫 기착지인 리버풀에는 영국인들이 "살아 있는 가장 유명한 미국인"을 맞이하기 위해 항구를 가득 메우고 있었던 것이다.[5] 엄청난 환영 인파 앞에서 그랜트는 자신의 소박한 바람이 결코 이루어질 수 없다는 사실을 감지했다. 전쟁 영웅이며, 노예 해방자이고, 또 여전히 인기를 누리는 전임 대통령이었던 그랜트는 타국에서도 개인이 될 수 없었다.

그랜트의 월드 투어는 내전 이후 새로운 국가로 거듭난 미국에 대해 세계가 그린 흥미로운 초상을 보여 준다.[6] 1877년 5월부터 1879년 9월

<hr />

2 그랜트의 군인과 대통령으로서의 경력에 대해서는 다음의 전기를 보라. Ron Chernow, *Grant*, New York: Penguin, 2017; Ronald C. White, *American Ulysses: A Life of Ulysses S. Grant*, New York: Random House, 2016; Joan Waugh, *U. S. Grant: American Hero, American Myth*, Chapel Hill, NC: University of North Carolina Press, 2009; Jean Edward Smith, *Grant: A Biography*, New York: Simon & Schuster, 2001; Brooks D. Simpson, *Ulysses S. Grant: Triumph over Adversity*, New York: Houghton Mifflin, 2000.

3 "Ex-president Grant," *St. Louis Daily Globe-Democrat*, Apr. 3, 1877, 4; "Ulysses S. Grant to Edwards Pierrepont", Feb. 11, 1877, John Y. Simon ed., *The Papers of Ulysses S. Grant*, vol.32, Carbondale, IL: Southern Illinois University Press, 1867-2012, 28:159.

4 Young, *Around the World*, 1:12.

5 Waugh, *U. S. Grant*, p.155.

6 내전과 재건 시기에 미국이 사회적, 정치적, 제도적, 문화적으로 본질적인 변화를 경험했음을 강조하는 연구는 대표적으로 Eric Foner, *The Second Founding: How the Civil War and Reconstruction Remade the Constitution*, New York: W. W. Norton, 2019; Foner, *Reconstruction: America's Unfinished Revolution, 1865-1877*, New York: Harper & Row, 1988; Gregory P. Downs and Kate Masur eds., *The World the Civil War Made*, Chapel Hill, NC: University of North Carolina Press, 2016; Steven Hahn, *A Nation Without Borders: The United States and Its World in an Age of Civil Wars, 1830-1910*, New York: Penguin Books,

까지 2년이 넘는 기간 동안 그랜트는 유럽과 아프리카, 아시아와 남아 메리카의 30여 개 국가를 여행하며 과거에 그 어떤 미국인도 경험하지 못했던 독특한 대접을 받았다.[7] 그는 살아 있는 미국의 화신으로 여겨 지면서 방문국들의 지대한 관심의 대상이 되었던 것이다. 그가 방문했 던 모든 곳에서 민중과 지배층들은 그랜트라는 렌즈를 통해 미국을 상 상했다. 여기서 흥미로운 점은 그 미국의 얼굴은 각 지역이 처한 상황에 따라 상이하고 심지어 때로는 상반된 모습을 하고 있었다는 사실이다. 어떤 이는 미국을 노예를 해방한 자유의 수호자로 찬미했고, 다른 이는 미국이 반제국주의의 선봉에 설 것이라고 기대했으며, 또 다른 이들은 미국을 정치적으로, 경제적으로, 또 군사적으로 모방해야 할 모델로 받 아들였다. 이러한 차이에도 불구하고 그랜트로 상징되었던 내전 이후 의 미국은 세계 어느 곳에서나 젊고, 강력하며, 도덕적인 국가로 표상되 었다. 노예를 해방하고, 산업화를 성공시켰으며, 군사적으로 강력한 미 국은 세계에서 가장 발전된 국가임이 분명해 보였던 것이다.

그랜트가 세계 곳곳에서 일으켰던 반향에도 불구하고, 그간 연구 자들은 그의 월드 투어에 관해 진지한 관심을 보이지 않았다.[8] 이러한

2016.

7   비교적 짧은 시간 동안 그랜트가 세계를 여행할 수 있었던 이유는 제국주의의 팽창과 더불어 19 세기 후반의 교통과 통신의 발전 덕분이었다. 이에 관해서는 Jay Sexton, "Steam Transport, Sovereignty, and Empire in North America, circa 1850-1885," *Journal of the Civil War Era*, vol.7, no.4, 2017, pp.620-647; Tony Ballanytyne and Antoinette Burton, "Empires and the Reach of the Global," Emily Rosenburg ed., *A World Connecting: 1875-1945*, Cambridge, MA: Harvard University Press, 2012, pp.285-431; Gary B. Magee and Andrew S. Thompson, *Empire and Globalisation: Networks of People, Goods and Capital in the British World, c. 1850-1914*, Cambridge: Cambridge University Press, 2010; Ronald Wenzlhuemer, *Connecting the Nineteenth-Century World: The Telegraph and Globalization*, Cambridge: Cambridge University Press, 2015. 그랜트는 1879년 9월에 미국으로 돌아온 후인 1880년 2월과 1881년 3월에 멕시코를 방문했다. 그랜트는 이미 1840년대 후반 미국-멕시코전쟁 당시 이 국가 를 이미 방문한 적이 있으므로, 이 글에서는 멕시코에 대한 논의는 제외한다.

8   그랜트의 일대기를 다룬 저작들에서 그의 월드 투어는 주변적인 사건으로 취급된다. Waugh, *U.S.*

무관심은 그랜트와 그의 행정부를 국내적 맥락에만 한정시켜 이해했던 연구 경향에서 비롯된다. 비교적 일찍 트랜스내셔널한 측면이 연구자들의 주목을 받았던 내전기와는 달리,[9] 재건 시대는 한 역사가의 평가처럼 "미국사에서 가장 내향적인 시대"에 머물러 있었다.[10] 이러한 맥락 속에서 그랜트의 국제적 측면은 간과되었으며, 대신 연구자들은 그

— *Grant,* pp.254-258; Smith, *Grant,* pp.606-614; White, *American Ulysses,* pp.587-612. 그랜트의 월드 투어에 대한 단행본 수준의 본격적인 연구로는 Edwina S. Campbell, *Citizen of a Wider Commonwealth: Ulysses S. Grant's Postpresidential Diplomacy,* Carbondale, IL: South Illinois University Press, 2016. 전직 외교관인 저자는 그랜트와 그가 방문한 국가의 정상들이 맺은 외교 관계에 집중하며, 그랜트의 월드 투어를 20세기의 공공외교(public diplomacy)의 선구자격 사건으로 평가한다. 하지만 이러한 주장은 상당 부분 당대의 역사적 배경에 대한 분석이 결여되어 있다. 그랜트의 월드 투어에 대한 향후 연구자들의 관심을 촉구하는 글로는 William M. Ferraro, "Engagement Rather Than Escape: Ulysses S. Grant's World Tour, 1877-1879," Edward O. Frantz ed., *A Companion to the Reconstruction Presidents, 1865-1881*, New York: John Wiley & Sons, 2014, pp.353-385.

9 내전 시대를 트랜스내셔널 관점에서 바라보는 대표적인 연구로는 Niel Eichhorn, *Liberty and Slavery: European Separatists, Southern Secessionists, and the American Civil War*, Baton Rouge, LA: Louisiana State University Press, 2019; Don H. Doyle ed., *American Civil Wars: The United States, Europe, and the Crisis of the 1860s*, Chapel Hill, NC: University of North Carolina Press, 2017; Don H. Doyle, *The Cause of All Nations: An International History of the American Civil War*, New York: Basic Books, 2015; David T. Gleeson and Simon Lewis eds., *The Civil War as Global Conflict: Transnational Meanings of the American Civil War*, Columbia, SC: University of South Carolina Press, 2014; Andre M. Fleche, *The Revolution of 1861: The American Civil War in the Age of Nationalist Conflict,* Chapel Hill, NC: University of North Carolina Press, 2012; Mischa Honeck, *We Are the Revolutionists German-Speaking Immigrants & American Abolitionists after 1848*, Athens and London: University of Georgia Press, 2011; Paul Quigley, *Shifting Grounds: Nationalism and the American South, 1848-1865,* New York: Oxford University Press, 2011; Brian Schoen, *The Fragile Fabric of Union: Cotton, Federal Politics, and the Global Origins of the Civil War,* Baltimore, MD: Johns Hopkins University Press, 2009; Edward Bartlett Rugemer, *The Problem of Emancipation: The Caribbean Roots of the American Civil War*, Baton Rouge, LA: Louisiana State University Press, 2008. 연구사에 관해서는 다음을 보라. Enrico Dal Lago, "Writing in the US Civil War Era into Nineteenth-Century World History," *Journal of the Civil War Era*, vol.11, no.2, 2021, pp.255-271.

10 Ian Tyrrell, "Foreword," David Prior ed., *Reconstruction in a Globalizing World*, New York: Fordham University Press, 2018, p.xi. 재건시대를 미국 내부의 사안으로 이해하려 했던 기존의 연구 경향에 관해서는 David Prior, "Reconstruction, from Transatlantic Polyseme to Historiographical Quandary," *Reconstruction in a Globalizing World*, pp.172-208.

의 국내 활동에만 주로 초점을 맞추었다. 이는 이 복잡한 인물을 단순화시키는 결과를 가져왔는데, 그랜트는 위대한 군인이었지만 실패한 정치가였으며, 국제적인 인물은 더더욱 아니었다는 것이다.[11] 이러한 연구 경향은 그랜트를 국제정치의 주변부로 밀어내고, 대신 에이브러햄 링컨Abraham Lincoln이나 외교 사안을 주관했던 국무장관 윌리엄 H. 수어드William H. Seward 같은 인물들에게 초점을 맞춘다.[12]

하지만 국내가 아니라 국외의 시선을 통해 살펴본다면, 링컨이나 수어드, 또는 다른 누구와도 구분되는 그랜트만의 독특한 특징이 드러난다. 그것은 19세기 후반 세계인들의 눈에는 오직 그랜트만이 미국을 상징하는 인물로 받아들여졌다는 점이다. 이 시기에 링컨은 미국만의 상징을 넘어서 인류 보편적인 자유와 평등을 가치를 대변하는 이른바 '유니버설리스트'로 인식되었으며, 수어드는 어디까지나 그저 유명하고

---

11 연구자들은 그랜트 행정부 시기의 외교 사안에 관해서 그랜트보다 국무장관 해밀턴 피시(Hamilton Fish)에 초점을 맞추어 왔다. Allan Nevins, *Hamilton Fish: The Inner History of Grant Administration*, New York: Dodd, Mead & Co., 1936. 최근의 연구들은 그랜트가 외교 관계에서 맡았던 역할을 강조하는데 대표적으로는 Stephen McCullough, *The Caribbean Policy of Ulysses S. Grant Administration: Foreshadowing and Informal Empire*, Lanham, MD: Lexington Books, 2017; Stephen McCullough, "Avoiding War: The Foreign Policy of Ulysses S. Grant and Hamilton Fish," Frantz ed., *A Companion to the Reconstruction Presidents*, pp.311-327. 그랜트가 가졌던 제국주의적 야심을 강조한 연구로는 Eric T. Love, *Race Over Empire: Racism and U.S. Imperialism, 1865-1900*, Chapel Hill, NC: University of North Carolina Press, 2004, pp.27-72.

12 링컨이 미국뿐만 아니라, 세계 각국에서 해방자의 이미지로 받아들여지고 있다는 점에 관해서는 Richard Carwardine and Jay Sexton eds., *The Global Lincoln*, New York: Oxford University Press, 2011. 링컨과 대서양 세계가 공유한 가치에 대해서는 Louise L. Stevenson, *Lincoln in the Atlantic World*, New York: Cambridge University Press, 2015. 수어드의 팽창주의에 관해서는 다음을 보라. Richard H. Immerman, *Empire for Liberty: A History of American Imperialism from Benjamin Franklin to Paul Wolfowitz*, Princeton, N.J: Princeton University Press, 2010, pp.98-127; Walter Nugent, *Habits of Empire: A History of American Expansion*, New York: Alfred A. Knopf, 2008, pp.237-275; Joseph A. Fry, *Lincoln, Seward, and US Foreign Relations in the Civil War Era*, Lexington, KY: University Press of Kentucky, 2019, pp.154-186; Ernest N. Paolino, *The Foundation of the American Empire: William Henry Seward and U.S. Foreign Policy*, Ithaca, NY: Cornell University Press, 1973.

영향력 있는 미국인 이상의 의미를 지니지 못했다.[13] 다시 말해, 수어드는 미국을 담아내기에 너무 작았고, 링컨은 그러기에는 너무 컸다. 이와 대조적으로 그랜트는 세계인들이 보기에 미국 그 자체였으며, 해방자와 침략자, 민주주의와 제국주의, 평화와 폭력과 같은 상반된 이미지를 동시에 내포하고 있었다.

　이 글은 그랜트라는 상징을 통해 세계가 그려 냈던 다양한 미국의 초상을 분석하면서, 이러한 차이가 나타나는 원인이 그가 전후 미국 사회가 가졌던 복합적 성격을 체화한 인물이었기 때문이라고 주장한다.[14] 그랜트는 자유의 수호자였으나, 그 자유는 피바다 위에서 획득된 것이었고, 또 그의 재임기는 놀라운 진보와 번영을 자랑했으나, 이는 폭력을 통해 과거의 세계를 철저히 파괴한 결과였다. 그랜트가 지닌 이러한 다면성은 세계 각지에서 다양한 모습으로 미국을 상상하도록 만들었다. 세계인들은 자신들이 처한 상황에 따라 그랜트를 자유와 민주주의의 수호자로, 때로는 눈부신 진보를 성취한 성공적인 독립 국가의 모델로, 또 때로는 위협적이거나 모방해야 할 제국의 모습으로 해석했다. 그랜

---

[13] 그랜트의 월드 투어보다 약 10년 전에 수어드도 세계 여행길에 올랐다. 그는 국무장관 자리에서 퇴임한 이후인 1870년에 약 14개월간의 세계를 여행했는데, 이에 관해서는 William H. Seward and Olive Risley Seward, *William H. Seward's Travels Around the World*, New York: D. Appleton, 1873. 다음의 연구도 참고하라. Jay Sexton, "William H. Seward in the World," *Journal of the Civil War Era*, vol.4, no.3, 2014, pp.398-430.

[14] 이 글은 최근 새롭게 시작되고 있는 재건 시대에 관한 트랜스내셔널 역사연구 방법론을 차용한다. 재건의 트랜스내셔널 역사에 관한 연구는 대표적으로 David Prior ed., *Reconstruction and Empire: The Legacies of Abolition and Union Victory for an Imperial Age*, New York: Fordham University Press, 2022; David Prior, *Between Freedom and Progress: The Lost World of Reconstruction Politics*, Baton Rouge, LA: Louisiana State University Press, 2019; Gregory P. Downs, *The Second American Revolution: The Civil War-Era Struggle Over Cuba and the Rebirth of the American Republic*, Chapel Hill, NC: University of North Carolina Press, 2019; Prior ed., *Reconstruction in a Globalizing World*; Gregory P. Downs, "The Mexicanization of American Politics: The United States' Transnational Path from Civil War to Stabilization," *American Historical Review*, vol.117, no.2, 2012, pp.387-409.

트 역시 타인의 눈에 비친 미국의 초상을 바라보며 미국의 정체성을 확인했고, 미국이 앞으로 세계에서 수행해야 할 역할에 대해 고민했다. 세계가 그려 냈던 미국의 여러 초상의 조각들과 그랜트가 그것을 재확인하는 과정을 함께 살핀다면 비로소 전후 미국 사회의 다면적인 모습이 드러날 것이다.

2. 영국: 자유와 민주주의의 초상

그랜트는 영국 방문 내내 그에게 쏟아진 뜨거운 환대에 기쁨을 감추지 못했다. 하지만 한편으로 대서양 반대편에서 벌어지고 있는 이 기이한 현상에 대해 "자연스러운 의구심"이 들었다.[15] 그의 행선지들, 리버풀과 맨체스터, 런던과 에든버러, 글래스고와 뉴캐슬, 그리고 선덜랜드와 셰필드에서 여왕과 수상부터 의원과 정치 유력자들, 또 각 도시의 시장들이 모두 "선조의 옛집"을 방문한 이 앵글로색슨 형제에게 신실한 환영의 인사를 건넸던 것이다. 그뿐만 아니라 고작 몇 분 정도 정차할 그랜트를 맞이하려 기차역으로 몰려든 수많은 영국인을 목격했을 때, 그는 마치 승전보를 올리고 개선했던 "1865년의 미국에 있는 것 같은" 착각이 들 정도였다.[16] 그의 발길이 닿는 모든 곳에서 영국인들은 "동족상잔의 내전을 끝낸" 전쟁 영웅이자 "혼란한 국가를 통합한" 위대한 정

---

15   Jess R. Grant, *In the Days of My Father: General Grant,* New York: Harper & Brothers, 1925, p.231.

16   "Grant to Hamilton Fish", June 22, 1877, in *Papers of U. S. Grant,* 28:226.

치인을 찬미했다.[17] 계속된 연회와 환영 행사 끝에 그랜트는 마침내 여행 내내 품었던 의문에 대한 답을 얻을 수 있었다. 영국인들이 보여 준 놀라운 관심과 환대는 바로 "나 개인이라기보다 나의 조국을 향한 것"이라는 사실이었다.[18]

그랜트를 향한 영국인들의 환대는 일차적으로 그랜트가 영미 외교 관계에서 평화의 중재자 역할을 적절하게 수행한 덕분이었다. 영국인들은 앨라배마 손해배상 청구 소송Alabama Claims으로 인해 악화일로로 치닫던 영미관계가 그랜트의 손에서 원만히 해결된 사건을 기억하고 있었다. 내전 당시 남부연합은 영국에서 건조된 군함들을 이용해 연방군의 전력에 상당한 타격을 가한 바 있는데, 특히 앨라배마호CSS Alabama는 영국 국기를 단 채로 활동하면서 연방군의 피해를 극대화하는 데 결정적인 역할을 했다. 내전이 끝난 직후 미국 정부는 영국이 중립정책을 위반했다는 이유를 들어 영국에 막대한 배상금을 지불하거나 캐나다를 양도할 것을 요구함으로써 두 국가의 외교 관계는 극도로 악화되었다. 하지만 그랜트는 대통령 당선 직후부터 영국과의 우호적 관계 복원을 위해 힘썼으며, 그 결과 앨라배마 손해배상 청구 소송이 원만히 마무리될 수 있었던 것이다.[19] 그랜트는 영국인들의 환대를 받으며, "영국과 미국 사이의 모든 악감정이 완화되었고, 모든 상처가 치유되었다"고 평가

---

17 "Address of Mr. B. Scott in London," June 15, 1877, in Young, *Around the World*, 1:24.
18 "Grant to Geroge W. Childs," June 6, 1877, in *Papers of U. S. Grant*, 28:211.
19 앨라배마 손해배상 청구 소송에 관해서는 Dean B. Mahin, *One War at a Time: The International Dimensions of the American Civil War*, Washington, DC: Brassey's, 1999; Renata Eley Long, *In the Shadow of the Alabama: The British Foreign Office and the American Civil War*, Annapolis, MD: Naval Institute Press, 2015; Phillip E. Myers, *Caution and Cooperation: The American Civil War in British-American Relations*, Kent: The Kent State University Press, 2008; Phillip E. Myers, *Dissolving Tensions: Rapprochement and Resolution in British-American-Canadian Relations in the Treaty of Washington Era, 1865-1914*, Kent: Kent State University Press, 2015.

했다.[20]

하지만 그랜트에 대한 영국인들의 환대에는 더 깊은 뿌리가 있었다. 영국인들에게 그랜트는 무엇보다 노예의 해방자로 비춰졌던 것이다. 실제로 그랜트라는 상징을 통해 영국인들이 바라보았던 것은 자유와 도덕성의 국가 미국의 모습이었다. 영국은 1833년 노예제를 폐지한 이후 스스로 "위대한 반노예제 국가"라고 자부해 왔고, 따라서 막대한 피의 희생을 치르고 탄생한 이 동료 국가에 깊은 동질감을 느꼈다.[21] 노예해방전쟁의 최전선에서 "노예제의 악령"을 성공적으로 물리친 그랜트의 영웅적인 활약은 이미 영국인들에게 널리 알려진 무용담이었다. 노예해방의 대업을 완성시키는 과정에서 그랜트는 때로는 링컨에 버금가는 칭송의 대상이 되기도 했다. 한 스코틀랜드 출신 정치인의 표현처럼, "위대하고 선한 링컨은 노예제라는 사악한 나무를 쓰러뜨렸지만, 그랜트는 그 뿌리까지 뽑아 버렸다"는 것이다.[22]

해방자 그랜트에 대한 칭송은 노동계급 사이에서 가장 극적으로 나타났다. 1877년 9월 뉴캐슬에서 열린 대규모 노동자 집회는 마치 그랜트 환영 행사를 방불케 했다. 8만여 명의 노동자들, 즉 배관공조합, 목수조합, 광부조합, 직조공조합, 기계공조합 소속 노동자들과 그 가족들은 "자유의 영웅을 환영합니다" 또는 "해방자를 환영합니다"라고 새겨진 피켓을 들고 거리를 행진했다. 끝이 없는 깃발의 파도 속에서 자신의 1868년 대통령 선거 구호였던 "이제 우리에게 평화를(Let US Have Peace)"을 발견했을 때, 그랜트는 감격하며 경탄을 금치 못했다.[23] 노예가 사슬

20 "Grant to George W. Childs", June 19, 1877 in Young, *Around the World*, 1:18.
21 Richard Huzzey, *Freedom Burning: Anti-Slavery and Empire in Victorian Britain*, Ithaca, NY: Cornell University Press, 2012, p.19.
22 Sir William Collins "Address," Sept. 13, 1877 in Young, *Around the World*, 1:83.

을 끊어 내는 그림을 앞세운 도장공들의 행렬은 영국 노동자들에게 그 랜트가 어떤 상징이었는지를 분명하게 보여 준다. 노동계급 출신 의원 토머스 버트Thomas Burt, M.P.는 그랜트에 대한 노동계급의 애정을 그들의 오랜 반노예제 심성에서 찾았다. "당신이 노예제의 오점을 지워 내고 나라의 명예를 지키라는 부름을 받았을 때, 우리 영국 노동자들은 당신 을 전폭적으로 지지했습니다." 그에 따르면 온 인류는 "역사상 성조기 를 가장 자랑스럽게 휘날리게 했던 그랜트의 공적을 영원히 기억할 것" 이었다.[24]

무엇보다 그랜트는 민주주의의 화신이었다.[25] 노동자들에게 노예 해방의 대의는 노동해방의 그것과 다르지 않았다. 런던에 본부를 둔 노 동조합 "영국 노동자The British Workmen"는 그랜트의 위대한 전쟁이 "단지 노예에게 자유를 선사한 것에 그치지 않고, 자유민들에게도 그 자유의 범위를 확장하는 계기가 되었다"고 칭송했다.[26] 그들에게 그랜트는 선 거권에 대한 요구가 절정에 달한 순간 때맞춰 도착한 민주주의의 지원 군처럼 보였다. 그랜트의 선거 구호가 적힌 피켓 옆에 영국 노동자들의 참정권 확대 요구가 내걸렸다. 그들은 미국에서 "이제 우리에게 평화

---

23 노동자들의 그랜트를 환영하는 집회에 대해서는 다음을 보라. *Ibid.*, 1:88-91. "Let US have Peace" 라는 구호에서 US는 중의적 의미를 띠는데, 그것은 우리와 미국(United States), 그리고 그랜트 이름 의 머리글자인 Ulysses S.를 복합적으로 지칭한다.

24 *Ibid.*, 1:93.

25 미국의 민주주의와 노예해방이 영국에서 민주주의의 확산, 특히 선거법 개정 운동에 끼친 영향 에 관해서는 Mitchell Snay, "Transatlantic Liberalism: Radical Republicans and the British Reform Act of 1867," *Reconstruction in a Globalizing World*, pp.74-93; Adam I. P. Smith, "The Stuff Our Dreams Are Made Of': Lincoln in the English Imagination," Carwardine and Sexton ed., *The Global Lincoln*, pp.123-138. 영국의 개혁가들과 자유주의자들이 미국의 민주주의를 이 상적 정치모델로 보았다는 점에 대해서는 W. Caleb McDaniel, *The Problem of Democracy in the Age of Slavery: Garrisonian Abolitionists and Transatlantic Reform*, Baton Rouge, LA: Louisiana State University Press, 2013.

26 *Daily Telegraph*, July 4, 1877, in *Papers of U. S. Grant*, 28:238.

를"이라는 구호가 그랜트를 대통령으로 만든 것처럼, 영국에서도 "모든 남성에게 투표권을(We Claim Manhood Suffrage)"이라는 외침이 진정한 민주주의 사회를 성취하는 시작점이 되기를 기대했다. 나아가서 노동자들은 그랜트의 삶 자체에서 민주주의가 가진 힘을 보았다. 그들의 눈에 그랜트는 신분이나 출생, 또는 재력의 힘을 빌리지 않고 오직 자신의 능력으로만 통치자가 된 인물이었다. "들어 본 적은 있지만 실제로 목격한 적은 없는" 이 비현실적인 인물이 눈앞에 등장해서 노동자들과 스스럼없이 악수를 나누었을 때, 영국인들은 큰 충격을 받았다. 그랜트와 동행했던 런던 주재 외교관 애덤 베이도^{Adam Badeau}에 따르면, 노동자들의 눈에 그랜트는 "공화주의의 현신이었다. 그는 귀족의 저택에 등장한 민주주의 그 자체였던 것이다."[27]

영국에서의 경험은 그랜트에게 여행을 떠나지 않았다면 결코 알지 못했을 깨달음을 주었다. 그것은 대서양 변방의 식민지로 시작한 미국이 이제는 도덕적, 경제적, 또 군사적인 강대국으로 성장했다는 인식이었다. 그랜트는 내전 당시 영국과 프랑스가 남부연합을 독립 국가로 인정하지는 않을까 노심초사했던 날들을 떠올렸다. 이는 "그때는 엄청난 근심거리"였지만, 되돌아보니 기우에 지나지 않아 보였다. "영국의 통치자들은 미국의 전쟁에 끼어들지 않을 만큼은 지각이 있는 사람들이네. 영국이 개입했다면 우리에게 그저 골칫거리가 되었겠지만, 이는 그들에게 파국적인 결과를 남겼을 테니까 말이야."[28] 그랜트는 "국제무대에서 높아진 미국의 위상"에 흡족해하며, 이것을 내전의 "가장 위대한 성과"라고 평가했다. "해외에 체류하는 매일매일 그 결과를 내 눈으로

— 27 Adam Badeau, *Grant in Peace from Appomattox to Mount McGregor: A Personal Memoir*, Hartford, CT: S. S. Scranton & Co., 1887, p.268.
  28 Grant, "Conversation with Young," Young, *Around the World*, 2:167.

똑똑히 보고 있네. 이것 하나만으로도 전쟁의 막대한 희생을 치를 가치가 있었던 것이지."[29]

　　그러나 그랜트의 자신감은 무엇보다도 자유의 수호자라는 명성, 즉 미국이 노예해방을 통해서 얻은 도덕성에 기반한 것이었다. 1878년, 독일 제국의 수상 오토 폰 비스마르크Otto Von Bismarck와의 만남에서 그랜트는 도덕적 우월성을 미국의 독특한 특징으로 내세웠다. 독일연방의 통일을 이끌었던 이 노회한 정치가가 친근한 어투로 독일 제국의 통일과 미국의 내전 승리를 동일시했을 때, 그랜트는 퉁명스럽게 내전이 "연방 수호만을 위한 것이 아니라, 노예제를 파괴하기 위한 전쟁"이었음을 강조했다. "전쟁이 촉발된 순간부터 우리 모두는 노예제가 반드시 파괴되어야 한다고 생각했습니다. 인간을 마치 짐승처럼 사고 파는 체제가 연방의 명성에 더러운 오점이었으니까요."[30] 이러한 그랜트의 자신감은 벨기에, 스위스, 독일, 이탈리아 등 대륙 국가를 여행한 후에 미국의 경제적 우월성에 대한 확신으로 확장되었다. "유럽 국가들이 3년이 걸릴 일을 우리는 1년 만에 훨씬 더 훌륭하게 해낼 수 있지." 이러한 확신은 의미심장한 오만으로까지 이어졌다. "유럽의 국가들과 견주어 볼 때 미국이나 미국인들이 어느 하나 뒤처지는 분야가 없소."[31] 그랜트의 여행에 동반한 저널리스트 존 러셀 영John Russell Young은 이를 더욱 간결하게 표현했다. "전쟁의 성과는 미국을 지구상 가장 위대한 국가의 반열에 올려놓았다."[32]

━
29　Young, *Around the World*, 2:445.
30　그랜트와 비스마르크의 대담 내용은 Young, *Around the World*, 1:409-18; "Conversation with Otto von Bismarck," *New York Herald*, July 20, 1878.
31　"Grant to Adolph E. Borie", July 19, 1877, in *Papers of U. S. Grant*, 28:243.
32　Young, *Around the World*, 1:146.

3. 식민지들: 진보와 반제국의 초상

1878년 1월, 그랜트는 이집트 아시우트 지역의 한 유력자의 집을 방문했다. 영어로 "그랜트 장군을 환영합니다"라는 문구가 적힌 저택에 들어섰을 때, 그는 아프리카의 한가운데에서 받는 환영 인사에 가슴이 뛰었다. 집주인의 아들은 "놀라울 정도로 명확한 영어로" 그랜트를 맞이했다. "저는 미국이 어떻게 단 백 년 만에 이토록 엄청난 진보를 이루어 냈는지 항상 궁금했습니다." 이 젊은이의 눈에 미국은 과학과 도덕, 또 예술에 이르기까지 모든 영역에서 "번개보다 빠르게" 발전을 이룩했으며, 이제 세계 최강대국의 반열에 올라 있었던 것이다. 청년은 이미 자신의 질문에 대한 답을 알고 있는 듯했다. 그에 따르면 "영국이라는 굴레를 떨쳐 내고 독립을 쟁취한 사건"이 미국을 성공의 가도에 올려놓은 시발점이었다. 그는 그랜트에게 미국보다 불행한 운명을 맞이한 다른 지역들, 즉 이집트, 터키, 시리아 같은 국가들에 "자애로운 손을 내밀어" 줄 것을 부탁했다. "전 세계가 미국을 보게 하고, 그 전례를 따르게 합시다." 일찍이 독립을 쟁취한 이 젊은 공화국은 수천 년의 역사를 지닌 국가들의 미래가 될 것이었다.[33]

그랜트가 지중해를 건너 이집트에 도착했을 때 그는 유럽에서와는 사뭇 다른 광경과 마주쳤다.[34] 한때 찬란한 파라오의 도시였던 테베는 고대의 영광이 모두 사라지고 제국주의에 신음하는 쇠락한 땅으로 변해 있었다. 특히 룩소르 신전Luxor Temple은 제국주의의 참상을 온몸으로

---

33 January 19, 1878, in *Papers of U. S. Grant*, 28:344-345.
34 Young, *Around the World*, 1:280.

증언했다. 프랑스인들은 태양신의 말씀이 새겨진 신전의 기둥을 뽑아 갔으며, 영국은 신전의 가장 멋진 벽을 차지하고 신들의 집 안에 자신들의 영사관을 차려 놓았다. 그랜트는 이 신성모독과 강도짓, 국제규약 위반이라는 범죄현장에 "영국같이 위대한 국가가 자신의 국기를 걸어 놓았다는 사실은 낯 뜨거운 짓"이라고 비판했다.[35] 룩소르 신전이 보여 주는 제국주의의 현실은 문명의 전파라기보다 반달리즘이었고, 통치가 아닌 압제였다.

그럼에도 불구하고 그랜트에게 제국주의는 풀기 힘든 난제였으며, 때로는 심지어 필요악으로까지 보였다. 문제는 식민지가 처한 빈곤이었다. 인도의 델리에 방문했을 때 그랜트는 "풍요로운 자연과 빈곤한 인간"의 뚜렷한 대조가 빚어내는 "슬픈 풍경"을 마주했다. 거리 어느 곳에나 거지들이 존재했는데, 이는 영 제국의 악랄한 제국주의 통치가 가져온 결과였다. "영국은 인도에 돈을 남겨 두려는 것이 아니라, 돈을 가져가기 위해 온 이들이다. … 영국이 매년 인도에서 가져가는 돈은 인도를 고갈시키며, 이는 인도가 빈곤한 이유 중 하나이다."[36] 그랜트는 영국의 통치가 "전적으로 사리사욕을 채우려는" 행동이며, "피치자들에게는 털끝만큼의 이익도 남기지 않는다"고 분개했다. 그랜트는 영국인들이 착취적인 통치 방식을 버리는 것이 현명한 처사라고 생각했다. "식민지인들을 부유하게 하면 그들은 구매력이 강한 소비자가 될 것이고, 이는 결국 식민지와 본국 사이의 무역을 더욱 활성화시킬 뿐만 아니라, 피치자들의 만족도도 더불어 증가시킨다"는 사실을 영국인들이 깨달아야 한다는 것이었다.[37]

35   *Ibid.*, 1:284
36   Young, *Around the World*, 2:56.
37   "Grant to Elihu B. Washburne", April 4, 1879, in *Papers of U. S. Grant*, 29:114.

그러나 그는 제국주의의 종식 그 자체가 만병통치약이 될 것이라 고는 믿지 않았다. 빈곤은 제국주의가 새롭게 가져온 병폐가 아니었다. 오히려 그것은 인도가 원래부터 앓고 있던 고질병이었다. 역설적으로 영국의 통치는 피폐한 인도 경제에 숨구멍을 뚫는 면도 있었다. 농업에 만 절대적으로 의존하던 2억 5천만 명의 인도인들이 영국을 통해 잉여 농산물을 수출할 수 있게 되면서 세계의 무역망에 연결되었다는 것이 다. 따라서 어느 날 갑자기 영국이 인도에서 물러나게 된다면, "이는 인 도인들에게도 안타까운 결과를 초래할지도 모른다"고 그랜트는 슬프게 말했다.[38]

　　다행히도 그랜트는 식민지인들의 빈곤의 사슬을 끊어 낼 가능성 을 발견할 수 있었다. 벵골만을 건너 양곤에 도착했을 때, 그는 인도와 대비되는 버마의 "상당한 번영"에 깊은 인상을 받았다. 이곳에서는 노 동자들이 인도보다 서너 배나 높은 임금을 받았으며, 주로 인도인들로 구성된 하인들조차도 그들 나라에서 일하는 것보다 두 배의 돈을 벌어 들였다. 그랜트는 이 지역이 "영국의 아시아 식민지 중 가장 번영"할 수 있었던 비결을 광범위한 무역에서 찾았다. 버마는 막대한 양의 쌀과 목 재, 염료와 가죽, 보석 등을 영국에 수출하고 있었고, 이는 영국에서 수 입하는 양의 두세 배를 능가했다. 그랜트는 "양곤이 10년 안에 캘커타와 봄베이의 부를 앞지를 것이고, 25년 후에는 인구도 그보다 많아질 것" 이라고 확신했다.[39] 무역은 확실히 빈곤에 대해 하나의 해답을 제시하 는 것처럼 보였다. 다만 문제는 버마의 무역과 그것이 가져온 번영은 영 국의 용인 아래에서만 가능한 것이었고, 따라서 이 위태한 지위는 제국

---

38 "Grant to Michael John Cramer", Mar. 20, 1879, in *Papers of U. S. Grant*, 29:108.

39 "Dairy of Grant", in *Papers of U. S. Grant*, 29:71.

의 변덕에 의해 언제든지 무너져 내릴 수 있다는 것이었다.

그랜트는 반제국주의의 선봉에서 빈곤한 국가들을 보다 안정적인 번영의 길로 이끄는 것에서 미국의 새로운 역할을 발견했다. 이때 태국은 모든 측면에서 준비된 나라처럼 보였다. 그리고 제국주의의 광풍 속에서 위태롭게 독립국의 지위를 유지하던 이 나라는 때마침 미국에 도움의 손길을 요청했다. 그랜트가 방콕에 도착했을 때, "컬럼비아 만세 Hail Columbia"와 "스타-스팽글드 배너"가 울려 퍼졌고, 미국의 초대 대통령의 이름을 딴 태국의 왕자 조지 워싱턴George Washington이 마중을 나왔다. 그랜트는 국왕 쭐랄롱꼰Chulalongkorn과의 회담에서 태국이 제국주의에 희생되지 않으면서도 번영을 이룩하는 방법에 대해 조언했다. 그것은 바로 미국과의 무역이었다. 미국은 어떠한 내정간섭도 없이 오직 무역으로만 상호 간의 이익을 추구할 것이었다. "우리는 이것 말고는 아시아에서 다른 뜻이 전혀 없습니다." 그랜트는 확언했다. 나아가 그는 미국이 태국의 든든한 조언자가 되어 줄 것이라고 약속했다. 태국의 국왕이 적은 인구가 나라 발전에 저해가 될 것을 우려하자, 그랜트는 미국이 그 어려움을 해결해 줄 수 있다고 안심시켰다. "숙련된 미국의 전문가를 데려오십시오. 예를 들면 네바다와 캘리포니아의 광산 전문가들 말입니다. 이들은 자원을 탐사하고 효율적인 기계를 개발하는 데 있어서는 세계에서 따를 자가 없습니다."[40] 그랜트에 따르면 미국은 태국의 상호호혜적인 무역 파트너이자 자애로운 스승이 되어 줄 터였다.

아프리카와 아시아 식민지로의 여행은 그랜트에게 미국이 앞으로 세계에서 담당해야 할 역사적 과업을 일깨워 주는 계기였다. 그것은 성공한 독립국으로서 반제국의 선봉에서 식민지 국가들을 미국이 걸었던

---

40 *Papers of U. S. Grant*, 29:119-120.

바로 그 길, 즉 자유와 민주주의, 번영과 발전의 길로 인도하는 것이었다. 미국은 이들의 선한 무역 파트너가 될 것이며, 인자한 조언자가 되어 줄 것이고, 종국에는 제국주의의 어두운 터널을 빠져나오게 하는 길잡이가 되어 줄 것이었다. 그랜트의 선의는 신실했다. 하지만 그가 미처 깨닫지 못한 사실이 있었다. 그것은 민주주의와 반제국주의의 이면에 감추어진 또 하나의 미국의 얼굴, 즉 강력한 힘을 가진 신생 제국의 모습이었다. 어떤 이들은 미국을 또 다른 서양의 약탈자라고 경계했으며, 다른 이들은 미국이 가진 폭력의 힘을 숭배하고 모방하고자 했다. 그랜트는 이를 알지 못한 채 다음 행선지로 향했다.

4. 중국과 일본: 제국의 초상

동아시아에 도착했을 때, 그랜트는 자신감에 가득 차 있었다. 2년에 가까운 기간 동안 세계를 돌아본 그는 낯선 땅에서 받는 환대에 이미 익숙해져 있었다. 자유의 수호자와 진보의 조언자로서 책임감도 충만했다. 그랜트는 중국과 일본에서 이러한 미국의 새로운 역할을 실천하고자 했다. 그는 이 태평양 너머 "이웃 나라들"과의 무역이 "미국의 번영에 필수적"이며, 따라서 "이 유서 깊은 국가들의 자율성이 침해당하는 것을 더 이상 두고 볼 수만은 없다"고 다짐했다.[41] 미국은 선한 조력자로서 이들을 보호하고 번영의 미래로 안내할 것이었다. 하지만 이

---

41 Grant, June 23, 1879, in Young, *Around the World*, 2:481, 495.

러한 오만에 가까운 자신감은 이 두 국가가 미국을 어떤 모습으로 상상했는지에 대해서는 그랜트의 눈을 가려 버렸다. 그것은 그가 그토록 비판했던 제국의 모습이었다. 변화를 피하려 했던 중국에게 미국은 경계해야 할 제국이었다면, 변화된 세계를 꿈꾸었던 일본에게 미국은 모방해야 할 제국이었다. 그랜트가 광둥 지역에 도착했을 때, 수만 명의 중국인이 거리로 뛰쳐나와 "미국의 왕"에게 절을 했고,[42] 나가사키에서는 일본인들이 검을 찬 그랜트의 초상화를 흔들며 "위대한 장군"을 맞이했다.[43] 이 흥미로운 보수성과 호전성의 대비, 그리고 그것이 내포한 의미는 자신감에 가득 차 있던 그랜트에게는 느껴지지 않았다.

그랜트가 중국에서 본 것은 호화로운 자금성과 거대한 만리장성이 상징하는 과거의 영광만은 아니었다.[44] 그곳에서 그는 중국의 미래에 펼쳐질 엄청난 성장 가능성 역시 목격했다. "기민하고 상업에 밝은" 중국 상인들은 아프리카 해안부터 인도와 태국을 지나 일본 해협까지 해양상업을 지배하고 있었다. 또한 광대한 영토와 개발되지 않은 무궁무진한 자원까지 더해져 중국은 이미 "거대한 부와 막강한 힘의 조건들"을 두루 갖추고 있었다. 그랜트의 눈에 중국은 강대국의 반열에 올라설 "대격변의 전야"를 지나고 있었다.[45] 이러한 조건들을 제대로 활용하기만 한다면, "20년 안에 중국이 세계의 무역을 장악했다는 불평이 들려와도 놀라지 않을 것"이라고 그랜트는 장담했다.[46]

중국이 가진 잠재력은 역설적으로 이 국가의 발전을 위협하는 요

---

42   Young, *Around the World*, 2:281

43   *Ibid.*, 2:570.

44   그랜트의 중국 방문의 외교적 측면에 대해서는 Gordon H. Chang, *Fateful Ties: A History of America's Preoccupation with China*, Cambridge, MA: Harvard University Press, 2015, pp.96-99.

45   "Grant to Adam Badeau", June 22, 1879, in *Papers of U. S. Grant*, 29:171.

46   "Grant to Edward F. Beale", June 7, 1879, in *Papers of U. S. Grant*, 29:149.

소이기도 했다. 중국의 광대한 영토, 미개발된 자원, 거대한 인구는 서구 제국주의 국가들을 끊임없이 유혹하고 있었던 것이다. 영국과 프랑스, 독일과 러시아는 점차 중국에 대한 공격적인 팽창 정책을 추진하고 있었고, 이에 수반된 제국주의의 잔혹성은 그랜트가 발길을 돌리는 곳마다 여실히 드러났다. 홍콩에서 베이징에 이르는 여정 동안 그랜트가 목격한 것은 익숙한 노예제의 그림자였다. 그는 서구인들이 중국인들을 대하는 태도가 마치 미국 남부의 "노예주들이 노예를 대하던 태도와 매우 흡사"하다고 느꼈으며, 이는 노예해방전쟁의 최전선에서 싸우던 장군이자, 남부 재건을 주관한 대통령이었던 그랜트를 "피가 끓을 정도로" 분노케 했다.[47] 그는 제국주의 세력이 "중국 정부를 대하는 유일한 방식은 가격하고 또 가격하며, 언제나 그랬던 것처럼 또다시 가격하는 것"뿐이라는 것을 목격한 후, 제국주의에 대한 깊은 환멸을 느꼈다.[48] 즉 "중국인들이 미국인을 포함해 모든 유럽인을 중국 땅에서 쫓아낸다고 하더라도, 도저히 불평할 수 없을 것"이었다.[49]

그랜트는 위기에 처한 중국을 도울 수 있는 신실한 조언자의 역할을 자처했다. 황제의 섭정인 공친왕과의 대담에서 그는 미국의 경험을 빌려 이 "세계에서 가장 오래된 나라"를 발전시킬 비법을 제시했다. 그에 따르면, 석탄과 철 등 광산의 개발은 "미국에 엄청난 이득을 가져다준" 발전의 토대가 되었으며, 철도 건설은 자원 개발과 고용 창출부터 반란 진압에 이르기까지 미국의 효율적 경제적 성장의 근간을 이루었다.[50] 그랜트는 미국의 선례처럼 중국도 이러한 급속한 발전을 성취할

47   "Grant to Ellen Grant Sartoris," Aug. 10, 1879, in *Papers of U. S. Grant*, 29:211-212.
48   Young, *Around the World*, 2:403.
49   "Grant, travel diary in Hong Kong", May 1879, in *Papers of U. S. Grant*, 29:82.
50   "Grant to Edward F. Beale," June 7, 1879, in *Papers of U. S. Grant*, 29:148; "Grant to Adam

수 있다고 공친왕에게 장담했다. 하지만 주의해야 할 점은 호시탐탐 중국 영토를 노리는 유럽에 의존하지 말고 "중국 스스로 발전을 이루어 내야 한다"는 것이었다. "중국이 스스로 해낼 수 없다면, 이는 절대로 이루어지지 않을 겁니다."[51] 그렇다면 탐욕스러운 제국주의 열강 대신 중국이 의지해야 할 나라는 태평양 건너의 선한 이웃, 바로 미국이었다. "미국인들의 조언과 도움"을 받아들이기만 한다면, 중국은 현재의 후진성을 떨쳐 내고 강력한 국가로서의 나래를 펼칠 것이었다.

그러나 안타깝게도 중국의 발전에서 미국의 역할을 열정적으로 선전했던 그랜트와는 달리 중국의 지도자들은 이 "신실한 조언"에 무관심해 보였다. 예컨대 그가 보기에 공친왕은 "국가의 번영보다 성공적인 저녁 연회를 베푸는 일에 더 관심을 쏟는 인물"이었다.[52] 실망한 그랜트는 이를 발전과 변화에 미온적인 지배층의 보수성으로 돌렸다. 그러나 그랜트는 무관심과 보수성으로 포장된 중국의 본심, 즉 중국이 제국주의에 대해 가진 보다 근원적인 두려움을 포착해 내지는 못했다. 공친왕이 그의 저녁 연회만큼이나 신경을 썼던 것은 영국과 프랑스의 아편전쟁 승리에 편승해 당당히 자신의 몫을 요구하던 미국의 과거였다. 중국의 눈에 미국은 철도와 광산 개발권을 노리며, 광대한 중국 시장을 호시탐탐 엿보는 또 하나의 서구 제국주의 세력에 불과했던 것이다. 중국의 개혁가 이홍장 역시도 "영국의 아편전쟁과 일본의 포모사 공격, 러시아의 북부 지방 약탈과 프랑스의 통킹만 침략"에 울분을 토하며 "어떤 외

— Badeaup," June 22, 1879, in *Papers of U. S. Grant*, 29:171.

51 "Conversation with Prince Kung," *Papers of U. S. Grant*, 29:143; John Russell Young, "Around the World: The Prince Regent of China's Visit to General Grant," *New York Herald*, Aug. 15, 1879, p.3.

52 Young, *Around the World*, 2:407-408.

국도 중국의 친구가 아니"라고 한탄했다.[53] 그랜트는 미국이 위기에 처한 이 나라의 유일한 친구가 될 수 있다고 진심으로 믿었으나, 이홍장에게 미국은 그저 중국이 처한 위기를 심화시킬 또 다른 낯선 서양 국가에 지나지 않았다.

실망감을 안고 중국을 떠난 그랜트는 1879년 6월 도착한 일본에서 마침내 미국의 "선의"를 오롯이 펼칠 수 있는 이상적인 국가를 만난 듯했다. 중국이 과거에 집착했다면, 일본은 미래를 향해 내달리는 것처럼 보였다. 메이지 유신을 통해 서구화된 사회제도는 그랜트에게 깊은 인상을 남겼고, 국가 발전에 적극적인 일본 지도자들의 모습은 감동적이기까지 했다.[54] 이 나라에서 그는 다시 한 번 신실한 조언자의 역할을 다짐했다. 메이지 국왕을 만난 자리에서 그는 보다 직접적으로 "아시아 국가들의 독립을 말살시키려는" 유럽 제국주의 세력의 "교활함과 이기심"을 비난했다.[55] 그랜트는 "일본이 독립국의 지위를 유지하기를 바라는 진심"을 담아 두 가지 조언을 건넸다.[56] 그 하나는 "국가의 생명"과 직결된 상업 통제권을 유럽에 넘겨주지 않는 것이며, 다른 하나는 중국과의 분쟁을 피하는 것이었다.[57] "외세의 개입을 허용하지 마십시오. 중국과 일본의 분쟁은 유럽 세력들에게 개입의 명분으로 비칠 것입니다." 즉 "당신의 약점과 당신들의 분쟁은 그들에게는 기회가 된다는 말이죠."[58]

---

53 John Russell Young, "Li Hung Chang: A Character Sketch of the Primer of China," May D. Russell Young ed., *Men and Memories: Personal Reminiscences*, vol.2, New York: F.T. Neely, 1901, 2:306.

54 그랜트의 메이지 일본 방문에 관한 연구서는 Ian Patrick Austin, *Ulysses S. Grant and Meiji Japan, 1869-1885: Diplomacy, Strategic Thought and the Economic Context of US-Japan Relations*, London: Routledge, 2019, pp.97-186.

55 "Conversation with Emperor Meiji," Aug. 10, 1879, in *Papers of U. S. Grant*, 29:200.

56 Grant, July 4, 1879, in *Papers of U. S. Grant*, 29:178

57 Young, *Around the World*, 2:543-44.

58 "Conversation with Emperor Meiji," *Papers of U. S. Grant*, 29:200.

유럽의 제국주의 만행에 대한 그의 진실한 분노는 비서구권 국가에 대한 안일한 편견과 결합해 그랜트로 하여금 당시 일본에서 피어오르고 있던 군사주의와 식민지 팽창에 대한 야욕을 간과하게 했다. 사실 일본의 욕망은 간과하기에는 너무나 명백해 보였다. 실제로 월드 투어 내내 그랜트를 수행했던 존 러셀 영은 지도자들부터 일반인에 이르기까지 일본 사회에 만연한 군사주의militarism와 제국주의를 향한 욕망이 풍기는 불길한 징조를 생생하게 포착했다. 그랜트에 대한 일본인들의 관심은 오로지 "군인 그랜트"에만 집중된 것이었다. "거리의 상점들이 내다 붙인 대부분의 그림들에서 그랜트는 칼을 들고 무훈 세우는 건장한 군인의 모습으로 묘사"되었으며, 또한 일본의 국왕 역시 "자신의 아끼는 군대를 그랜트 장군에게 선보이고 싶어 안달이 나 있었다."[59] 영의 눈에 비친 일본은 위험에 처한 식민지 후보국이 아니라, 침략을 준비하는 제국주의 지망생이었다. 후일 중국 주재 미국 대사가 되는 이 젊은 언론인의 예상은 놀랄 만큼 정확했다. 그가 보기에 "호전적이고 용감한 민족"인 일본인들은 얼마 지나지 않아 중국과의 전쟁에 돌입할 것이었고, 또 머지않아 그랜트가 그토록 경계했던 아시아 국가들의 독립을 위협하는 제국주의 세력으로 성장할 것이었다.[60]

유럽과 아프리카, 동남아시아에서 그랬던 것처럼, 동아시아에서도 그랜트는 진심으로 미국이 위험에 처한 국가들의 선한 친구가 되어 줄 것이라고 믿었다. 하지만 세계 여행을 거치며 그에게 쏟아졌던 자유의 수호자와 진보의 담지자라는 상찬은 어느덧 그의 현실 인식을 교란시켰다. 그는 중국이 미국에 대해 품고 있는 공포를 보지 못하고 '바람직

59 Young, *Around the World*, 2:570, 2:532-33.
60 *Ibid*., 2:533, 570.

한 것'을 원하지 않는 그들의 태도를 근대화를 거부하는 무분별한 보수성이라고 매도했다. 같은 맥락에서 그랜트는 일본이 미국에 대해 품고 있던 제국주의를 향한 선망을 보지 못한 채 '바람직하지 않은 것'을 원하는 그들의 본심을 근대화를 향한 순수한 열정으로 오판했다. 총으로 노예를 해방하고, 선거로 공화국의 권력을 획득하여 철도로 경제성장을 이루었던 그랜트에게 군대와 자유, 민주주의와 발전은 처음부터 너무도 자연스러운 결합물이었을지도 모른다. 그리고 그 결합물이 바로 내전 이후의 미국 사회의 모습이었다. 다만 당시 그랜트가 미처 깨닫지 못한 것은 그러한 결합물이 그들 국가가 지닌 또 하나의 정체성, 즉 제국의 모습을 만들어 내고 있었다는 사실이었다. 그 정체성은 이 시기에 점점 더 선명해지고 있었으나 미국인들 대부분이 그것을 깨닫기까지는 시간이 더 필요했다.

5. 맺음말: 제국주의에 맞선 제국

그랜트의 월드 투어는 내전 이후 새롭게 거듭난 미국이 세계와 직접 대면했던 순간이었다. 유럽과 아프리카, 아시아의 국가들은 저마다 그랜트라는 렌즈를 통해 전후 미국의 초상을 그렸다. 그러나 이는 그들이 나름대로 가지고 있던 독특한 프리즘에 굴절된 초상이었다. 그 초상속에서 미국은 단편적이고, 편향되고 때로는 왜곡된 형태로 등장했다. 유럽의 개혁가들은 미국을 자유와 민주주의의 화신으로 칭송했으며, 아프리카와 아시아의 식민지 국가들은 미국에서 탈식민과 모범적인 발전의 선례를 발견했다. 중국과 일본은 모두 미국으로부터 짙은 제국의 그림자를 느꼈다. 이 이미지들은 모두 내전 이후 미국이 가진 중요한 단면을 명징하게 대변하는 것이었으나, 동시에 그 어느 것도 당시 미국의 총체적인 모습을 보여 주지는 못했다. 유럽인과 식민지인, 그리고 동아시아인들은 그들 나름의 입장에서 미국을 상상했고, 그러한 상상 속의 미국은 서로 상충하는 이미지들로 나타나기도 했다. 이를 통해 그랜트는 19세기 후반 미국이 세계에서 지닌 복합성과 입체성을 담지하게 되었다.

미국의 초상을 그린 것은 타 국가들뿐만이 아니었다. 그랜트 역시 타인의 시선을 통해 미국의 자화상을 새롭게 그려 나갔다. 그것은 제국주의 중심의 세계질서를 미국이 나서서 자유와 도덕과 번영의 가치로 재편하는 모습이었다. 그는 미국이 노예를 해방했던 것처럼 영국을 비롯한 다른 국가들이 민주주의를 향해 전진해 나가기를 기대했다. 그는 미국이 교역과 기술을 통해 눈부신 발전을 이룬 것처럼 아프리카와 아시아 국가들이 자립의 기반을 향해 성장해 나가기를 기대했다. 그리고 그는 동아시아의 국가들에 영 제국의 압제에 맞서 독립을 이룬 미국의 길을 따라 유럽 제국주의를 물리치고 자유를 지켜 나가라고 조언했다. 그러나 결국 그랜트가 그린 자화상은 타국의 그것과 마찬가지로 왜곡되고, 편향되고, 또 단편적인 형상에 불과했다. 그 자화상의 깊은 곳에 있는 모종의 모순은 그의 눈에 보이지 않았던 것이다.

"제국주의에 맞선 제국"으로서 미국의 초상은 우리에게는 낯선 모습이 아니다. 그러나 이 형용모순은 그것이 탄생하던 순간, 영국과 같은 제국에도, 제국을 벗어나고자 했던 식민지들에도, 제국을 두려워했던 중국에도, 그리고 제국을 닮고자 했던 일본에도 쉽게 이해하기 어려운 것이었다. 그랜트에 대한 세계인들의 묘사는 결국 어느 것 하나 미국의 모습을 대변하지 못했다. 그럼에도 불구하고 이 조각들의 합은 내전 이후 미국이 보여 주었던 복합적이고 모순적인 모습을 잘 드러낸다.

'검은 치욕'

-제1차 세계대전 이후 라인 지역 점령에 투입된 프랑스군 식민지 병사들을 둘러싼 인종과 젠더의 담론-[1]

정 재 현

1. 머리말

제1차 세계대전에 관한 연구는 전통적으로 1914-1918년에 유럽에서 일어난 정치적·군사적 사건들에 초점을 맞추었다. 이러한 범주에 속하는 연구가 여전히 많지만, 최근 30년 동안에 제1차 세계대전에 관한 연구는 연구 대상의 시간적·공간적 범위와 연구 주제 및 접근법에서 심대한 변화를 보였다.[1] 그러한 변화 가운데 몇 가지를 꼽자면, 첫째로, 문화사적 접근의 부상을 들 수 있다. 초기의 연구가 '전쟁이 왜 일어났는가', '전쟁이 왜 연합군의 승리로 끝났는가' 같은 문제의식에 집중되었다면,

---

1 제1차 세계대전 역사 연구의 역사에 대해서는 다음을 참조. Antoine Prost et Jay Winter, *Penser la Grande Guerre: un essai d'historiographie*, Paris: POINTS, 2004.

1990년대 이후에는 '당시의 평범한 사람들이 전쟁에 대해 어떻게 느끼고 생각했는가', '그들이 전쟁을 어떻게 표상하였는가'를 탐구하는 연구들이 등장하였다.[2] 둘째로, 1918년 11월 11일 휴전 협정의 체결은 이제 제1차 세계대전 연구의 자명한 종점으로 여겨지지 않는다. 이날을 기점으로 군사 행위는 중단되었을지 몰라도 전대미문의 '대전쟁Great War'이 가져온 증오는 쉽사리 사그라지지 않았다. 제1차 세계대전을 문화사적으로 접근하는 연구자들은 '문화적 동원 해제démobilisation culturelle', '전쟁으로부터의 이탈sortie de guerre'이라는 개념을 통해서 전쟁에서 평화로 나아가는 완만하고, 평탄치 않은 과정을 살핀다.[3] 셋째로, '세계전쟁'이라는 이름에 걸맞게 제1차 세계대전의 세계적 성격에 주목하는 연구들이 늘고 있다. 이러한 연구는 유럽 밖에서 벌어진 군사 행위, 전쟁이 장단기적으로 식민지 세계에 미친 영향, 유럽 전쟁에 참여한 아시아인들과 아프리카인들의 경험 및 이들에 대한 유럽인들의 인식 등에 관심을 둔다.[4]

이러한 연구 경향의 변화 속에서 2000년 이후로 활발한 연구가 이루어지고 있는 주제가 종전 후 연합군의 독일 점령에 투입된 프랑스군의 식민지 병사들이 독일 여성들을 상대로 일으킨 성폭행 사건들을 둘러싸고 제기되었던 담론이다.[5] 당시에 이 문제는 독일뿐 아니라 서양 여

2   Stéphane Audoin-Rouzeau et Annette Becker, "Vers une histoire culturelle de la Première Guerre mondiale," *Vingtième siècle: revue d'histoire*, no.41, 1994. 또한 정재현, 「1914년 8월 1일, 프랑스 총동원령의 선포」,『프랑스사 연구』43호, 2020, 141-143쪽을 참조.

3   Bruno Cabanes, *La victoire endeuillée: la sortie de guerre des soldats français (1918-1920)*, Paris: Seuil, 2004.

4   Jacques Frémeaux, *Les colonies dans la Grande Guerre: combats et épreuves des peuples d'Outre-Mer*, Saint-Cloud: 14-18 Éditions, 2006.

5   2000년 이후로 이 주제를 집중적으로 다룬 저서만 6권을 들 수 있다. Christian Koller, *"Von Wilden aller Rassen niedergemetzelt": Die Diskussion um die Verwendung von Kolonialtruppen in Europa zwischen Rassismus, Kolonial- und Militärpolitik (1914-1930)*, Stuttgart: Franz Steiner, 2001; Jean-Yves Le Naour, *La honte noire: l'Allemagne et les troupes coloniales françaises 1914-1945*, Paris: Hachette, 2003; Sandra Maß, *Weisse Helden, schwarze Krieger: Zur*

러 나라에서 광범위한 항의 운동을 촉발하였다. 프랑스군 '흑인' 병사들의 성적 폭력성을 규탄한 이들은 이 '야만인'들이 '문명'의 대륙인 유럽의 한가운데에서 '백인' 여성들을 성적으로 착취하는 것이 독일 민족뿐 아니라 백인종 전체에 대한 모욕이라고 주장하면서 이를 '검은 치욕schwarze Schmach 또는 schwarze Schande'이라 규정하였다.

이 문제에 관한 초기의 연구는 전후 국제관계의 맥락에서 '검은 치욕' 반대 운동의 동기, 진행 양상, 영향 등을 파악하려는 정치사적 접근이 주를 이루었다.[6] 어떻게 인종이 "서유럽에서 베르사유 조약의 시행이 초기에 수반한 격렬한 투쟁에서 프랑스와 독일이 상대방에 맞서서 동원한 아마도 가장 놀랍고, 확실히 가장 기만적인 무기"[7]가 되었는지가 초기 연구의 주된 문제의식이었다. 최근의 연구에서는 '검은 치욕' 담론에 드러나는 '흑인', 여성, 민족 등의 표상들을 검토하고, 그 내부의 모순과 갈등에 주목하는 문화사적 접근이 두드러진다. 이러한 관점에서 예전에는 상대적으로 등한시되었던 젠더와 섹슈얼리티의 문제에 관한 관심이 높아졌으며, 그것이 민족이나 인종과 연결되는 방식에 관한

— *Geschichte kolonialer Männlichkeit in Deutschland 1918-1964*, Köln: Böhlau Verlag, 2006; Iris Wigger, *Die "Schwarze Schmach am Rhein": Rassistische Diskriminierung zwischen Geschlecht, Klasse, Nation und Rasse*, Münster: Westfälisches Dampfboot, 2007; Peter Collar, *The Propaganda War in the Rhineland: Weimar Germany, Race and Occupation after World War I*, London: I.B. Tauris, 2013; Dick van Galen Last and Ralf Futselaar, *Black Shame: African Soldiers in Europe, 1914-1922*, London: Bloomsbury, 2015.

6   Robert C. Reinders, "Racialism on the Left: E. D. Morel and the 'Black Horror on the Rhine'," *International Review of Social History*, vol.13, no.1, 1968; Keith L. Nelson, "The 'Black Horror on the Rhine': Race as a Factor in Post-World War I Diplomacy," *The Journal of Modern History*, vol.42, no.4, 1970; Sally Marks, "Black Watch on the Rhine: A Study in Propaganda, Prejudice and Prurience," *European Studies Review*, vol.13, no.3, 1983; Gisela Lebzelter, "Die 'Schwarze Schmach': Vorurteile-Propaganda-Mythos," *Geschichte und Gesellschaft*, vol.11, no.1, 1985; Anja Schüler, "The 'Horror on the Rhine': Rape, Racism, and the International Women's Movement," *John F. Kennedy-Institut für Nordamerikastudien Working Paper*, no.86, 1996.

7   Nelson, "The 'Black Horror on the Rhine'," p.606.

깊이 있는 고찰이 이루어졌다. 초기의 연구들이 대체로 '검은 치욕' 담론을 의도된 기만전술로 파악하였다면, 최근의 연구는 그것이 실제로 독일인들이 느낀 불안감을 반영하는 것으로 보고, 그 속에서 전후 독일 사회의 위기를 포착하려는 경향이 있다.[8]

이 글은 이러한 연구의 흐름 속에서 '검은 치욕' 선전에 복잡하게 얽혀 있는 인종과 젠더의 담론을 파헤치고자 한다. 즉, 이 글은 프랑스 군의 식민지 병사들이 일으킨 성폭력 행위들의 실태를 규명하기보다는 이를 둘러싸고 벌어진 담론들을 분석하는 데 초점을 맞추었다. 그러므로 이 글은 '검은 치욕' 반대 운동을 단순히 독일 정부의 외교적 술책이 아니라 민족국가의 경계를 넘어서 당시의 많은 서양인이 공유하던 인종과 젠더에 관한 인식을 확인할 수 있는 실마리로 파악한다. 먼저 본론의 첫 번째 장에서는 프랑스군의 식민지 병사가 라인 지역 점령에 투입된 배경과 점령 초기의 상황을 살펴보고, 두 번째 장에서는 이들의 성적 폭력성에 대해 제기된 비난과 점령 지역의 현실을 비교해 보도록 하겠다. 이어서 세 번째 장에서는 '검은 치욕' 반대 운동의 국제적 측면을, 네 번째 장에서는 독일 국내적 측면을 고찰할 것이다.

---

8 Sandra Maß, "Das Trauma des weißen Mannes: Afrikanische Kolonialsoldaten in propagandistischen Texten, 1914-1923," *L'homme. Z. F. G.*, vol.12, no.1, 2001; Maß, *Weisse Helden, schwarze Krieger*; Wigger, *Die "Schwarze Schmach am Rhein"*; Iris Wigger, "The Interconnections of Discrimination: Gender, Class, Nation, and Race and the 'Black Shame on the Rhine'," *European Societies*, vol.11, no.4, 2009; Iris Wigger, "'Black Shame': The Campaign against 'Racial Degeneration' and Female Degradation in interwar Europe," *Race & Class*, vol.51, no.3, 2010; Julia Roos, "Women's Rights, Nationalist Anxiety, and the 'Moral' Agenda in the Early Weimar Republic: Revisiting the 'Black Horror' Campaign against France's African Occupation Troops," *Central European History*, vol.42, no.3, 2009; Julia Roos, "Nationalism, Racism and Propaganda in Early Weimar Germany: Contradictions in the Campaign against the 'Black Horror on the Rhine'," *German History*, vol.30, no.1, 2012; Julia Roos, "Racist Hysteria to Pragmatic Rapprochement? The German Debate about Rhenish 'Occupation Children', 1920-30," *Contemporary European History*, vol.22, no.2, 2013.

2. 프랑스군의 식민지 병사와 연합군의 라인 지역 점령

19세기 말-20세기 초의 유럽인들은 문화적 이유에서든 생물학적 이유에서든 '흑인'을 '백인'보다 열등하고, 야만적인 존재로 인식하였다. 그들이 보기에 '흑인'은 다른 동물과 다를 바 없는 존재였다. 그렇기에 그들은 '흑인'을 잡아다가 '인간 동물원'에 전시하는 데에도 거리낌이 없었다.[9] 유럽인들은 '흑인'을 유난히 성욕이 강한 인종으로 간주하였는데, 강한 성욕은 곧 그들의 열등성을 나타내는 표지였다. 성적 본능에 쉽게 굴복하는 '흑인'은 정신의 힘으로 육체를 다스릴 줄 아는 '백인'과 대립하는 타자의 이미지를 형성하였다.[10]

제1차 세계대전은 민족의 생존을 위해서 모든 것을 쏟아부어야 했던 '총력전'이었고, 아프리카와 아시아에 거대한 식민지 제국을 보유한 프랑스는 이 전쟁에 식민지인들을 동원하는 것도 마다하지 않았다.[11] 반면에 보유한 식민지도 프랑스보다 적었던 데다가 전쟁 중에 제해권을 상실한 독일은 자신의 식민지 주민들을 유럽 전장에 투입할 수 있는 형편이 아니었다. 제1차 세계대전 동안 유럽에 투입된 프랑스군의 식민지 병사 수는 북아프리카에서 온 유럽계 정착자 약 11만 명을 제외하고도 약 45만 명에 이르렀다.[12] 1914년에서 1918년까지 프랑스 정부가 동원한

9　이재원, 「식민주의와 '인간 동물원(Human Zoo)': '호텐토트의 비너스'에서 '파리의 식인종'까지」, 『서양사론』 106권, 2010.

10　Le Naour, *La honte noire*, pp.11-12.

11　이재원, 「제1차 세계대전과 프랑스의 식민지인 병사: '세네갈 보병'을 중심으로」, 『프랑스사 연구』 31호, 2014.

12　Christian Koller, "Colonial Military Participation in Europe (Africa)," *1914-1918 Online International Encyclopedia of the First World War*, https://encyclopedia.1914-1918-online.net/article/colonial_military_participation_in_europe_africa(검색일: 2021년 8월).

프랑스인 병사 수가 약 790만 명 정도였으므로 프랑스군의 전체 병력 중에서 식민지인의 비율은 5% 정도에 불과했다.[13] 그렇지만 독일인들은 프랑스가 '열등한' 인종을 백인들 간의 싸움에 끌어들였다는 사실에 분개하였다. 그들은 프랑스군의 '흑인' 병사들이 다치거나 포로로 잡힌 독일 병사들의 눈알을 캐내고, 코, 귀, 머리를 잘라 가는 '야만적'인 행위들을 저지른다고 비난하였다. 나아가 그들은 이러한 '야만인'들을 유럽의 전쟁에 이용하는 프랑스야말로 진정으로 야만적이라고 공격하였다. 독일 정부가 국제적인 반反연합군 여론을 조성하고자 이 문제에 관해 적극적인 선전 활동을 펼치면서 프랑스군의 식민지 병사들은 제1차 세계 대전 중에 이미 국제적 쟁점으로 떠올랐다.[14]

1918년 11월 11일에 정전 협정이 체결된 뒤 독일군은 라인강 동쪽 10㎞ 지점까지 철수하였으며, 연합군은 독일군의 무장 해제를 위해서 독일 영토로 진주하였다. 1919년 6월 28일에 체결된 베르사유 조약은 연합군이 라인강 서쪽의 독일 영토 전체와 쾰른Köln, 코블렌츠Koblenz, 마인츠Mainz 건너편의 라인강 동안 교두보 세 곳을 최장 15년 동안 점령할 수 있도록 규정하였다. 프랑스, 미국, 영국, 벨기에는 각자의 점령 구역을 설정하였으며, 그중에서 프랑스가 차지한 구역이 가장 넓었다. 게다가 1923년에 미군이 철수한 뒤에는 미국이 담당하던 구역까지 프랑스가 맡았다.

라인 지역에 주둔하는 프랑스군의 병사 수는 1919년 1월에 12만 명에서 같은 해 6월에 22만 명까지 늘어났으며, 베르사유 조약이 체결된

13 Nicolas Beaupré, "France," *1914-1918 Online International Encyclopedia of the First World War*, https://encyclopedia.1914-1918-online.net/article/france(검색일: 2021년 8월).

14 Auswärtiges Amt, *Employment, Contrary to International Law, of Colored Troops in the European Theatre of War by England and France*, Berlin: Foreign Office, 1915.

뒤 서서히 줄어서 1920년 2월에는 9만 4천 명으로 떨어졌다.[15] 프랑스군의 라인 지역 점령군에는 식민지 출신의 병사들도 포함되었다. 프랑스 자료에 따르면 그 수는 1918년 12월-1919년 5월에 평균적으로 1만 명이었으며, 1919년 5월-1920년 3월에 3만 5천 명으로 늘었다가 1920년 6월에 2만 5천 명으로 줄었고, 그 뒤로 2만 명 수준을 유지하였다. 독일 언론은 그들을 싸잡아서 아프리카 정글에서 온 피부색이 까만 '흑인'처럼 묘사하곤 했지만, 사실 '흑인'으로 분류될 수 있는 식민지 병사는 세네갈 보병 1개 여단 정도로 그 수가 그리 많지 않았다. 미국 자료에 따르면 1919년 1월과 1920년 6월 사이에 라인 지역에 주둔하는 프랑스군 가운데서 '흑인' 병사의 수는 평균 5,200명 정도였다. 식민지 병사의 절대다수를 차지한 것은 북아프리카의 알제리, 튀니지, 모로코 출신의 아랍인 병사들이었다.[16]

제1차 세계대전이 벌어지는 동안에 독일 영토 대부분은 적군에 점령당한 적이 없었기에 전쟁이 끝난 뒤에 이루어진 연합군의 라인 지역 점령은 독일인들에게 더욱 당혹스럽게 느껴졌다. 점령군에 '흑인' 병사들이 포함된 사실은 더 충격적이었다. 라인 지역의 주민들은 지난 전쟁이 벌어지는 동안에 독일 언론이 한결같이 '잔혹한 야수'로 묘사했던 이들과 처음으로 실제로 마주하게 된 것에 두려움을 느낄 수밖에 없었다. 두려움은 너무도 당연하게 생각했던 인종의 위계질서가 전복된 데 대한 분노도 동반하였다.[17] 그렇지만 정작 식민지 병사들의 주둔에 대한 항의가 터져 나온 곳은 라인 지역이 아니라 라인강 동쪽의 비점령 지역이었다. 이는 점령 지역에서 연합군 당국이 강력한 언론 통제를 시행했

15   Cabanes, *La victoire endeuillée*, pp.193-195.
16   Marks, "Black Watch on the Rhine," pp.298-299.
17   Lebzelter, "Die 'Schwarze Schmach'," p.40; Le Naour, *La honte noire*, pp.39-40.

기 때문이기도 하지만, 다른 한편으로 점령 지역에서는 주민들이 식민지 병사들과 실제로 접촉하면서 이들이 기존에 유포된 이미지와 달리 '잔혹한 야수'만은 아님을 차츰 깨달아 갔기 때문이기도 했다.[18] 반면에 라인강 동쪽의 비점령 지역에서는 프랑스군의 식민지 병사 투입에 대한 히스테릭한 반응이 나타나기 시작하였다. 이에 대한 비난은 베르사유 조약에 대한 독일 대중의 반발과 민족주의적 흥분이 고조되는 상황과 맞물려 있었다. 승전국의 '횡포'가 불러일으킨 분노는 파리 평화회담 당시에 가장 강경한 노선을 고수했고, 라인 지역 점령에 가장 적극적이었으며, 나아가 라인 지역의 분리주의를 조장한다고 의심받은 프랑스에 특히 집중되었다.[19]

식민지 병사들에 대한 비난은 초기부터 소문을 통해서 증폭되는 양상을 보였다. 1919년 하반기부터 라인 지역의 독일 여성들이 '흑인' 병사들에게 일상적으로 강간을 당하거나 또는 납치되어서 '흑인' 병사들을 상대로 강제로 매춘을 한다는 소문이 떠돌았으며, 이윽고 비점령 지역의 언론을 통해서 기사화되기에 이르렀다. 프랑스 당국은 이러한 소문이 사실이 아니라고 부인했지만, 이를 곧이곧대로 믿는 독일인은 많지 않았다.[20] 그렇지만 프랑스군의 '흑인' 병사들에 대한 독일인들의 항의는 1920년 초까지는 아직 산발적이었으며, 베르사유 조약을 비난하는 여러 주제 가운데 하나일 뿐이었다.[21] 이들의 성적 폭력성 문제를 프

---

18 *Ibid.*, p.41.

19 Nicolas Beaupré, "Occuper l'Allemagne après 1918: la présence française en Allemagne avant l'apaisement de Locarno ou la continuation de la Grande Guerre par d'autres moyens," *Revue historique des armées*, no.254, 2009, p.12; 박용희, 「라인 지역주의와 지역 정체성의 모색: 1차 대전 후 라인지방 분리주의 운동을 중심으로」, 『독일연구: 역사·사회·문화』 30호, 2015.

20 Le Naour, *La honte noire*, pp.54-55.

21 Nelson, "The 'Black Horror on the Rhine'," p.614.

랑스의 독일 점령 정책에 대한 비판의 핵심 주제로 만들고, 그에 대한 항의가 독일을 넘어서 국제적인 차원으로 전개되는 데 결정적인 역할을 한 것은 영국의 저명한 반제국주의·평화주의 운동가이자 언론인인 에드먼드 D. 모렐Edmund D. Morel이 영국의 좌파 일간지 『데일리 헤럴드』 4월 10일 호에 실은 기사였다.

3. 프랑스군의 식민지 병사에 대한 비난과 점령 지역의 현실

모렐은 「유럽의 검은 재앙: 프랑스가 라인강에 풀어놓은 성적 공포」라는 제목의 기사에서 영국 독자들에게 "프랑스가 검은 야만인들을 계속해서 독일의 심장부로 밀어 넣고 있다"고 전했다.

> 프랑스 군국주의자들은 여성들, 백인종, 문명에 끔찍한 만행을 저지르고 있다. 적군의 눈알, 귀, 머리를 배낭에 쑤셔 넣는 아프리카의 미개한 야만인들을 수십만 명이나 전쟁에 동원했던 것으로도 모자라서 그들은 전쟁이 끝난 지 18개월이나 지난 지금도 그들을 이용해 유럽을 황폐하게 만들고 있다.[22]

모렐이 특히 강조한 것은 '흑인' 병사들의 성적 폭력성이었다.

---

22 Edmund D. Morel, "Black Scourge in Europe: Sexual Horror Let Loose by France on the Rhine," *Daily Herald*, April 10, 1920.

그곳[독일]에서 그들[프랑스군의 '흑인' 병사들]은 시골에서 상상할 수 없는 두려움과 공포가 되었다. 그들은 여인과 소녀를 강간한다. 잘 알려진 생리적인 이유로 흑인의 백인 여성 강간은 거의 언제나 심각한 부상을 수반하며, 사망으로 이어지는 경우도 드물지 않다. 그들은 매독을 퍼뜨리고, 무고한 민간인을 죽이며, 흔히 완전히 통제 불능 상태가 된다. 소위 평화 조약이라 불리는 것에 구현된 야만적 정책의 끔찍한 야만적 화신이 시간을 2천 년 전으로 돌리고 있다.[23]

또한 모렐은 프랑스인들이 점령 지역의 독일 시 당국에 흑인 병사 전용 매춘업소를 설치하고, 그곳에 독일 여성들을 채워 넣도록 강요하고 있으며, 강간당한 여성들이 자살하는 일도 심심찮게 일어나고 있다고 전하였다. 모렐에 따르면 이러한 일들은 '흑인' 병사들을 독일에 주둔시키기로 했을 때부터 이미 예견된 사태였다. "아프리카인은 모든 인종 가운데서 성적으로 가장 발달한 인종"이며, "그들은 성적으로 통제되지 않고, 통제될 수 없기" 때문이다. 그러므로 "검은 만행들"은 독일 "민족 전체를 몰락시키고, 노예로 만들고, 퇴화시키고, 훼손하고, 절망과 치욕의 나락으로 떨어뜨리기 위한" 프랑스의 고의적인 정책이라는 것이 모렐의 주장이었다.[24]

모렐은 벨기에의 왕 레오폴트 2세[Léopold II]의 잔혹한 콩고 통치를 비판하는 운동에 앞장서서 국제적 명성을 얻은 인물이었다.[25] 누구보다도 억압적인 식민 지배에 맞서서 '흑인'의 수호자로 자처했던 그가 고발한 '흑인'들의 만행을 믿지 않기는 어려운 노릇이었다. 모렐의 기사는 독일

23 *Ibid*.
24 *Ibid*.
25 모렐에 관해서는 다음을 참조. Reinders, "Racialism on the Left," 1968.

뿐 아니라 서양의 여러 나라에서 프랑스군 식민지 병사들의 독일 주둔에 반대하는 광범위한 운동을 촉발하였다.

독일에서는 특히 '흑인' 병사들의 강간 범죄에 관한 자극적인 신문 기사들과 선전물들이 쏟아졌다. 이러한 글들은 확인되지 않은 사건들을 외설적으로 묘사하기 일쑤였으며, '흑인' 병사들을 '야만인'을 넘어서 거의 짐승으로 표상하곤 하였다.[26] '검은 치욕' 반대 선전물의 특징은 이처럼 "정형화된 인종주의적 이미지와 거의 외설물에 가까운 성적 묘사의 결합"이었다.[27] 넘치는 성욕을 통제하지 못하는 '흑인' 병사들은 어린 아이가 지켜보는 앞에서 어머니를 강간하거나 어머니 앞에서 딸을 강간하는 짓도 서슴지 않으며, 여자아이와 노파도 모자라서 남자아이를 상대로 "반자연적 간음widernatürliche Unzucht"까지 일삼는 것으로 묘사되곤 하였다. 한편 프랑스군 병사들은 식민지 병사들의 행위를 제지하지 않고 지켜볼 뿐이고, 프랑스군 당국도 범인을 색출하거나 처벌하는 데 별로 관심이 없는 모습으로 그려졌다.[28] 이런 식의 묘사는 과연 얼마나 사실에 부합했을까?

프랑스군의 식민지 병사들이 독일 여성을 상대로 성폭행을 저지르는 사례들이 있었다는 점 자체는 의심의 여지가 없다. 문제는 그러한 일이 얼마나 많았는가 하는 것인데, 사실 그 숫자를 정확히 파악하기는 불가능하다. 점령 지역에서 독일 정부를 대표하는 제국위원Reichskommissar für die besetzten Gebiet이었던 카를 폰 슈타르크Karl von Starck는 1920년 7월과 11월에 두 차례에 걸쳐서 연합군 라인 영토 최고위원회Haute Commission interalliée

---

26 Wigger, Die "Schwarze Schmach am Rhein", pp.109-110.
27 Roos, "Nationalism, Racism and Propaganda in Early Weimar Germany," p.46.
28 Rheinische Frauenliga, Farbige Franzosen am Rhein: Ein Notschrei deutscher Frauen, Berlin: Verlag Hans Robert Engelmann, 1923.

des territoires rhénans 의장인 폴 티라르Paul Tirard에게 프랑스군의 식민지 병사들이 저지른 범죄 행위 총 138건을 열거한 문건을 전달하였다. 티라르는 그중 6건은 프랑스 병사가 저지른 행위이고, 3건은 초병들이 명령에 따라 행동한 것이며, 49건은 사실무근으로 확인되었고, 51건은 증거 불충분으로 불기소 처분이 내려졌다고 답하였다. 유죄 판결이 내려진 것은 남은 30건인데, 그중에서 성폭행 사건은 20건이며, 그에 대해서는 형사 처벌이나 징계가 내려졌다고 알렸다. 티라르는 2만~3만 명에 달하는 병사들이 2년 동안 저지른 성범죄가 스무 건이라는 것은 많지 않은 숫자이며, 그에 대해 '검은 치욕' 운운하는 것은 독일의 허위 선전일 뿐이라고 일축하였다.[29]

그렇지만 20건은 적다고 할 수 있을까? 게다가 이 20건이 실제로 일어난 성폭행 사건 전부라고 볼 수도 없다. 성폭행을 당한 여성들이 이를 수치스럽게 여기거나 다른 사람들에게 손가락질받을까 두려워서 신고하지 않는 경우도 많았다. 피해자가 독일 당국을 거치지 않고 프랑스 군사경찰에 직접 신고하는 사례도 있었는데, 이 경우에는 가해자 처벌 없이 합의로 사건이 종결되곤 하였다. 이런 사례들은 위의 숫자에 포함되지 않았다. 또한 정상적으로 고발 절차가 진행되어도 피해자가 '정숙하지 않은' 여성이라는 평판이 있거나, 성폭행 피해 사실을 확인하는 신체검사를 거부하거나, 용의자를 특정하지 못하면 대부분 불기소 처분으로 사건이 종결되었다.[30] 이러한 점을 고려하면 1919년 11월부터 약 2년간 프랑스군의 식민지 병사들이 점령 지역에서 저지른 성범죄는 20건보다 훨씬 많았을 가능성이 크다. 성폭력을 당할 수 있다는 두려움은 라

---

29   Le Naour, *La honte noire*, pp.196-201.
30   *Ibid.*, pp.202-209.

인 지역의 여성들에게 허상이 아니었다.

그런 점에서 볼 때 역사가 기젤라 렙첼터의 다음과 같은 지적은 매우 타당하다. "히스테릭한 선동이 유색인들에 대한 막연한 불안에만 근거하고, … 사실과 전혀 무관했다면, 그만큼 광범위한 영향은 없었을 것이다. 실제 사건들이 계획적인 여론 운동의 효과를 높이고, 주민들을 자극하였으며, 선정적인 보도를 갈망하는 태도를 만들어냈다."[31] 그렇지만 점령 지역에서 식민지 병사들의 성폭행이 일상화되어 있다는 주장이 현실을 크게 과장했다는 점도 명백하다. 앞에서 언급한 폰 슈타르크는 프랑스에 우호적인 인물이 전혀 아니었지만 독일 정부에 보낸 1920년 5월 6일 자 보고서에서 "내가 조사한 바에 따르면 흑인과 황인 병사들은 사실 보기와 달리 그리 나쁘지 않으며, 독일 여성들을 괴롭히는 데에도 백인 프랑스 병사들보다 덜 가담하였다"고 인정하였다.[32] 이 인용문은 또한 프랑스군의 '백인' 병사들이 저지른 성범죄도 적지 않았음을 암시한다. 그 숫자를 정확히 파악하거나 프랑스 본국 출신 병사들과 식민지 출신 병사들의 범죄율을 비교하기는 불가능하다. 그렇지만 본국 출신 병사의 수가 훨씬 많았음을 고려하면 그들이 일으킨 성폭력 범죄가 식민지 병사들이 저지른 범죄 건수보다 많으면 많았지, 적지는 않았을 것으로 추정할 수 있다. 그러나 프랑스 점령군 병사들의 성적 폭력성을 비난하는 여론은 '백인' 병사들의 성범죄를 거의 문제 삼지 않았으며, 그것을 백인의 '야만성'을 보여 주는 증거로 삼지도 않았다.[33]

강제 매춘에 관한 모렐의 서술도 사실과 거리가 멀었다. 연합군의 점령 이후에 라인 지역에 매춘이 번성한 것은 사실이다. 독일에는 그 전

31　Lebzelter, "Die 'Schwarze Schmach'," p.47.

32　*Ibid.*, p.44.

33　Koller, *"Von Wilden aller Rassen niedergemetzelt"*, p.338.

2장 '검은 치욕' -제1차 세계대전 이후 라인 지역 점령에 투입된 프랑스군 식민지 병사들을 둘러싼 인종과 젠더의 담론-

59

부터 공창제도가 존재했으며, 당국의 허가를 받은 매춘업소 가운데 일부는 점령 이후에 프랑스군 전용으로 바뀌었다. 또한 점령이 시작된 뒤로 2년 동안 프랑스군의 요구로 공인 매춘업소 19곳이 새로 문을 열었다. 매춘업소를 설립하고, 유지하는 데 드는 비용은 독일 정부가 부담해야 했다.[34] 식민지 병사들도 이러한 매춘업소를 이용하곤 했다. 그렇지만 모렐과 그의 주장을 받아들인 이들이 주장한 것처럼 수많은 독일 여성들이 납치되어서 '흑인' 병사들을 상대로 매춘을 하도록 강요받았다는 주장은 사실이 아니었다. 전쟁이 끝난 뒤 궁핍한 처지에 내몰린 독일 여성들의 매춘이 자발적인 선택이었다고 하기는 어렵지만, 그렇다고 해서 물리적인 강제가 작용한 것은 아니었다. 프랑스인들은 공창제도가 '정숙한' 독일 여성들을 식민지 병사들의 강간 위협으로부터 보호할 수 있는 가장 나은 방법이라고 주장하였다. 독일인들은 강제든 아니든 '백인' 여성이 '흑인' 남성에게 몸을 파는 것 자체가 치욕이라고 여겼지만, 점령 지역의 독일 관리들 가운데에서도 프랑스 측의 주장에 동의하는 이가 적지 않았다.[35]

사실 점령 지역에서 프랑스군의 식민지 병사들과 독일 주민들 간의 관계는 매우 복잡하고 다양했다. 성폭력 범죄들이 발생한 것도 사실이지만, 잦은 접촉 과정에서 프랑스군의 식민지 병사와 독일 여성 사이에 자연스럽게 애정이 싹트고, 연인 관계로 발전하거나 정식 혼인에 이르는 예도 있었다. 식민지 병사들과 주민들의 사이가 유독 험악했던 지역도 있지만, 보름스Worms처럼 비교적 우호적인 관계가 확립된 곳도 있었다. 점령 지역의 주민들과 식민지 병사들의 관계는 지역과 시기에 따

---

34 Roos, "Women's Rights, Nationalist Anxiety, and the 'Moral' Agenda," p.495.
35 Le Naour, *La honte noire*, pp.50-51, 93-94; Roos, "Women's Rights, Nationalist Anxiety, and the 'Moral' Agenda," pp.497-500.

라 차이가 컸다. 전반적으로 1920년 봄 이후로 갈등이 고조되는 경향이 관찰되는데, 이는 독일 언론에서 '검은 치욕' 반대 운동이 본격화된 데 따른 결과로 보인다. 확실한 것은 '검은 치욕' 관련 선전물들이 묘사하는 것처럼 라인 지역의 주민들이 시종일관 극심한 공포 속에서 지내지는 않았다는 것이다.[36]

라인 지역에 주둔하는 '흑인' 병사들을 향한 비난이 독일뿐 아니라 국제 사회에서도 거세게 제기되자 프랑스 정부는 1920년 6월에 세네갈인 병사들을 철수시켰다. 그렇지만 비난은 잦아들지 않았다. '흑인' 병사들이 떠난 뒤에도 선전 운동은 병사들의 피부색은 어떻든 상관없는 양 '검은 치욕'이라는 메타포를 계속 사용하였다. 1921년 3월, 프랑스 정부는 '흑인'으로 여겨질 수 있는 마다가스카르인 병사들도 철수시키기로 하였다. 1923년에는 프랑스인 부대에 속해 있고, 프랑스 시민권을 지닌 앙티유^Antilles 출신 병사들이 떠나야 했다. 그리고 1925년에는 북아프리카 출신 병사들 대부분이 독일을 떠났다.[37] 식민지 병사들의 단계적인 철수는 틀림없이 그들과 현지 주민들 사이에서 일어나는 마찰을 많이 감소시켰을 것이다. 그러나 프랑스군의 식민지 병사들에 반대하는 선전 운동은 그와는 전혀 별개의 움직임을 그리며 전개되었다. 이러한 사실은 이 운동이 단순히 '흑인' 병사 또는 식민지 병사가 저지르는 성범죄를 문제 삼는 것이 아니었음을 보여 준다.

36   Koller, "*Von Wilden aller Rassen niedergemetzelt*", pp.252-260.
37   Le Naour, *La honte noire*, pp.179-184, pp.219-220.

4. '검은 치욕'을 규탄하는 국제적 운동

1920년 5월 20일, 독일 의회에서 사회민주당[SPD] 소속의 외무부 장관 아돌프 쾨스터[Adolph Köster]는 "약 5만 명의 검은, 다른 인종의 병사들과 사람들을 유럽에, 하얀 유럽의 심장부에 데려온 것"은 "온 유럽에 대한 범죄"라고 비난하였다.[38] 이처럼 '검은 치욕' 담론은 프랑스군 '흑인' 병사들의 독일 주둔과 그들이 저지르는 성범죄가 치욕이되, 그 치욕이 독일 민족만의 치욕이 아니라 모든 '백인'의 치욕이라고 주장하면서 이에 맞선 모든 '백인'의 연대를 호소하였다.[39]

실제로 '검은 치욕' 반대 운동은 독일에 국한되지 않고, 유럽과 남북아메리카의 여러 나라로 확산하였다. 독일에 주둔하는 프랑스군의 식민지 병사들이 일으켰다고 하는 강간과 폭력 사건들을 적나라하게 묘사하는 선전물들이 영어, 프랑스어, 네덜란드어, 스페인어, 포르투갈어, 심지어 에스페란토어로도 번역되고, 멀리는 아르헨티나와 페루에서도 출간되었다.[40] 영국에서는 1920년 4월 27일에 웨스트민스터[Westminster]의 센트럴홀[Central Hall]에서 '평화와 자유를 위한 국제여성연맹[Women's International League for Peace and Freedom]' 영국 지부의 주최로 대규모 항의 집회가 개최되었다. 그해 여름에 스웨덴에서는 49개 여성단체와 5만 명의 여성이 "전 세계 여성에 가해진 만행"에 항의하는 청원서에 서명하였다. 이듬해 2월 28일에는 미국 뉴욕의 매디슨스퀘어가든[Madison

38 Koller, "*Von Wilden aller Rassen niedergemetzelt*", p.215.
39 Roos, "Nationalism, Racism and Propaganda in Early Weimar Germany," pp.53-54.
40 Nelson, "The 'Black Horror on the Rhine'," p.618.

Square Garden에서 1만 2천 명이 모인 대중 시위가 열렸다.[41] 이탈리아 총리를 지낸 프란체스코 니티Francesco Nitti는 "연합국이 ··· 문명의 권리들의 수호자로 행동하고 법과 민주제 질서를 지킨답시고 세계에서 가장 문화적 수준이 높고, 가장 진보적이며, 가장 발전한 기술을 지닌 이들이 사는 독일 영토를 가장 어둡고, 가장 야만적인 아프리카에서 온 유색인 병사들로 점령하는 모욕을 주었다"고 비난하였다. 그가 보기에 "독일의 점령 구역에서 벌어지는 야만과 폭력의 행위들은 현대사에 유례가 없는 일이며, 유럽 문명에 매우 수치스러운 일"이었다.[42] 이처럼 '검은 치욕'에 대한 비판은 독일 국내의 운동이자 국제적 운동이라는 이중적인 성격을 지녔으며, 이 두 가지 측면은 불가분의 관계에 있었다. 독일에서 유래한 추문은 온 유럽을 돌아다니며 더 많은 분노를 머금은 뒤에 독일로 돌아가서 독일인들의 분노를 더욱 자극하였다.[43]

프랑스군 식민지 병사들의 독일 주둔과 그들의 성범죄를 규탄하는 국제적 운동은 적어도 부분적으로는 독일 정부와 독일 민간단체들의 계획적인 선전 노력의 산물이었다. 독일 정부는 민간단체들의 선전 활동을 행정적·재정적으로 후원하고, 선전물의 번역과 국외 배포를 지원하였다.[44] '검은 치욕' 반대 운동을 조직한 독일 정부의 목적이 프랑스를 고립시키고, 독일에 우호적인 국제 여론을 조성하여 궁극적으로 베르사유 조약의 개정과 연합군 점령의 조기 종식을 끌어내는 것이었다

41   Reinders, "Racialism on the Left," p.7, pp.14-15; Nelson, "The 'Black Horror on the Rhine'," p.620.
42   Francesco Nitti, *The Wreck of Europe*, Indianapolis, IN: The Bobbs-Merrill Company, 1922, p.59. 이 책의 원제는 *L'Europa Senza Pace*이며, 1921년에 출간되었다.
43   Le Naour, *La honte noire*, pp.147-148.
44   Maß, *Weisse Helden, schwarze Krieger*, pp.83-84.

는 점에는 의심의 여지가 없다.[45] 이러한 측면에서 보면 프랑스군 식민지 병사들의 성범죄에 대한 비난은 다분히 도구적 성격을 띠었다.[46]

　그렇지만 독일 정부가 국제 여론을 움직이려는 의도를 가졌다고 해서 모렐이나 그에 동조한 다른 국제적 인사들이 모두 독일 정부의 하수인이었다고 할 수는 없다. 모렐을 움직인 것은 그 자신의 평화주의적 신념이었다. 그는 반군국주의 단체인 '민주통제연합Union of Democratic Control'의 총무로서 제1차 세계대전이 벌어지는 동안 영국의 참전에 줄기차게 반대했으며, 그 때문에 6개월간 수감생활을 하기도 했다. 전쟁이 끝난 뒤에 그는 유럽의 다른 좌파 지식인들처럼 프랑스의 군국주의 정책과 베르사유 조약이 전후 유럽의 항구적인 평화를 가로막는 가장 큰 걸림돌이 되었다고 생각했다. 프랑스군의 '흑인' 병사들에 대한 그의 비난은 이러한 맥락 속에서 이해해야 한다.[47] 이처럼 프랑스의 식민지 병사 활용을 비판하는 국제적 운동은 군국주의에 반대하는 좌파 지식인들과 활동가들을 중심으로 전개되었다. 앙리 바르뷔스Henri Barbusse와 장 롱게Jean Longuet 같은 프랑스의 사회주의자들도 식민지 병사들을 독일에 주둔시키는 데 반대하는 운동에 동조하였다. 롱게는 모렐에게 보낸 편지에서 라인 지역 점령에 '흑인' 병사들을 투입한 것이 "오늘날의 군국주의와 제국주의의 가장 추악한 일면"이라고 강도 높게 비판하였다.[48] 여성에 대한 폭력에 반대하는 국제주의적 여성 운동가들도 성적 학대를 당하는 라인 지역의 여성들에 대한 연대를 표명하며 '검은 치욕'

45　Koller, *"Von Wilden aller Rassen niedergemetzelt"*, p.228.

46　Lebzelter, "Die 'Schwarze Schmach'," p.37.

47　Reinders, "Racialism on the Left," pp.2-3; Wigger, *Die "Schwarze Schmach am Rhein"*, p.35.

48　Edmund D. Morel, *The Horror on the Rhine*, 1920, p.23.

을 규탄하는 운동에 적극적으로 참여하였다.[49]

이처럼 '검은 치욕'을 규탄하는 국제적 운동은 군국주의에 대한 비판, 평화에 대한 열망, 억압받는 여성에 대한 국제적 연대 의식 등의 이상을 내세웠다. 그렇지만 이 운동이 많은 이에게 호소력을 발휘할 수 있었던 것은 그것이 결국 '백인'들의 인종주의적 감정을 자극했기 때문이었다. 1920년 4월 12일 자 『데일리 헤럴드』는 "만약 독일인들이 맨체스터와 버밍엄을 이런 식으로 취급한다면 영국인들의 기분은 어떻겠는가"라고 물었다.[50] 독일이 한때 전쟁에서 맞서 싸웠던 적국이라고 해도 열등한 '흑인' 남성이 감히 '백인' 여성을 강간하는 것은 있어서는 안 될 일이라며 분개하는 정서가 바로 독일 밖에서도 '검은 치욕' 반대 운동이 힘을 얻을 수 있었던 원동력이었다. 여기에는 '흑인' 남성과 '백인' 여성 간의 성관계에 대한 '백인' 사회의 근본적인 불안감이 작용하였다.[51]

서양인들의 고정관념 속에서 '흑인'은 온갖 성폭행을 저지르고도 남을 만한 미개인이었다. 모렐은 "아프리카의 열대 지역과 아열대 지역에 사는 더 원시적이고 (또는 이 단어를 선호한다면) 더 자연적인 이들은 유럽인들보다 성욕이 더 본능적이며, 따라서 더 충동적이고, 맹렬하며, 더 통제되기 어렵다"고 보았다.[52] '검은 치욕' 담론이 서양 각국에 광범위하게 확산할 수 있었던 것은 이처럼 그것이 이전부터 존재했던 '흑인'의 이미지에 부합했기 때문이었다.[53] 모렐의 사례는 서양 열강의 식민지 정

---

49 Schüler, "The 'Horror on the Rhine'"; Peter Campbell, "'Black Horror on the Rhine': Idealism, Pacifism, and Racism in Feminism and the Left in the Aftermath of the First World War," *Histoire Sociale / Social History*, vol.47, no.94, 2014.

50 "Black Peril on Rhine: Wave of Indignation," *Daily Herald*, April 12, 1920.

51 Lucy Bland, "White Women and Men of Colour: Miscegenation Fears in Britain after the Great War," *Gender & History*, vol.17, no.1, 2005.

52 Morel, *The Horror on the Rhine*.

53 Le Naour, *La honte noire*, p.10.

책을 비판하는 반제국주의자이면서도 그와 동시에 '흑인'을 열등한 인간으로 보는 인종주의자일 수 있었음을 보여 준다.

'검은 치욕' 반대 운동에 참여한 어떤 이들은 자신이 인종차별주의자가 아니라고 항변하기도 하였다. 그렇지만 이는 '흑인'을 절대로 유럽인의 수준에 도달할 수 없는 근본적으로 열등한 존재로 보는 관점을 거부하는 것일 뿐, 현재의 '흑인'이 인류 발전의 낮은 단계에 머무르고 있다는 생각까지 부정하는 것은 아니었다. 예를 들어 1920년 4월 21일에 런던의 메모리얼홀Memorial Hall에서 열린 여성 노동자 전국회의에서 영국의 여성 운동가 에설 스노든Ethel Snowden은 프랑스군이 '흑인' 병사들을 독일에 주둔시키는 것에 항의하면서 "문제는 피부색이 아니라 발전 수준입니다"라고 하였다. 그렇지만 바로 뒤에 이어지는 그의 발언은 인종주의적 수사로 가득했다. "아프리카의 심장부에서 온 이 병사들은 … 더 발전한 인종들만큼 성적 자제력을 가지고 있지 못하며, 사람들이 하는 말에 따르면 그들이 배치된 지역에 사는 여성들뿐 아니라, 온 문명을 위태롭게 만들고 있습니다."[54]

많은 좌파 인사는 반강제적으로 고향을 떠나서 전쟁에 참여해야 했던 식민지 병사들도 제국주의의 희생자임을 인정하고, 강간을 일삼는 '흑인' 병사가 아니라 그들을 끌고 온 프랑스 정부가 진정한 원흉이라고 비판하였다. 그렇지만 그렇다고 해서 그들이 인종주의적 사고에서 벗어난 것은 아니었다. 그들이 보기에 프랑스 정부가 나쁜 것은 아프리카인들이 어떤 짓을 저지를지 뻔히 알면서도 독일인들에게 모욕을 주려 일부러 그들을 점령군에 투입했기 때문이었다. 즉, '흑인'이 성욕

---

54 "Labour Women Want Big Changes: Maternity Welfare and the Vote —The Black Troops," *Daily Herald*, April 22, 1920.

을 통제할 줄 모르는 미개한 야만인이라는 점은 그들 사고의 기본 전제였다. '검은 치욕' 반대 운동은 정치적 목적을 위해서 여성 문제를 도구화하고, 서양인들의 인종주의를 노골적으로 자극했다는 점에서 "평화조약에 대한 독일인들의 반대가 낳은 가장 추악한 결과물 가운데 하나"였다.[55]

　'검은 치욕' 담론이 근거한 인종주의적 사고 자체를 직접 지적하고 비판하는 목소리는 크지 않고, 산발적이었다. 그러한 예외적인 목소리 가운데 하나는 자메이카 출신의 급진주의 문인인 클로드 맥케이[Claude McKay]로부터 나왔다.[56] 맥케이는 『데일리 헤럴드』에 실린 모렐의 기사를 읽고 반박하는 글을 보냈지만, 편집부가 게재를 거부하자 사회주의 주간지인 『워커스 드레드노트』에 이 글을 다시 보냈다. 이 글에서 맥케이는 모렐의 기사가 "혐오스럽다"면서 이 기사의 목적이 인종적 편견을 조장하는 것이 아니라는 주장을 전면 반박하였다. 맥케이는 "흑인 남성의 성적 활력에 관한 이런 선정적이고, 미친 소리를 프롤레타리아 신문에 싣는 이유가 무엇인가?"라고 물었다. 그는 강간이 어느 경우나 피해자에 부상을 남기기 마련이며, 피부색이나 문명의 발전 정도와는 무관한 문제라고 일침을 날렸다.[57]

—　55　Roos, "Women's Rights, Nationalist Anxiety, and the 'Moral' Agenda," p.473.
　　56　Anne Donlon, "'A Black Man Replies': Claude McKay's Challenge to the British Left," *Lateral: Journal of the Cultural Studies Association*, Issue 5.1, 2016.
　　57　Claude McKay, "A Black Man Replies," *Workers' Dreadnought*, April 24, 1920.

5. 독일 사회의 '검은 치욕' 담론

국제주의적 이상주의와 인종주의의 미묘한 결합이 '검은 치욕'을 규탄하는 국제적 운동의 특징이었다고 한다면, 독일 사회의 '검은 치욕' 담론에서는 민족주의와 인종주의, 그리고 젠더에 대한 특정한 관점이 더 노골적으로 결합하는 양상을 띠었다. 1920년 4월에 독일 사회에서 이 문제에 관한 관심이 고조되자 민간 차원의 조직적인 운동이 전개되기 시작하였다. 대표적인 단체는 1920년 6월에 마가레테 게르트너Magarete Gärtner가 라인 지역의 여성단체들을 규합하여 설립한 '라인여성연맹Rheinische Frauenliga'과 같은 해 9월에 뮌헨에서 하인리히 디스틀러Heinrich Distler가 설립한 '검은 치욕 반대 독일위기협회Deutscher Notbund gegen die schwarze Schmach'였다. 이 단체들은 프랑스군 식민지 병사들의 만행을 규탄하는 선전물을 발행하여 국내외에 배포하고, 대중 시위와 대중 강연을 개최하였다.[58] 디스틀러는 1921년에 《검은 치욕Die schwarze Schmach》이라는 제목의 영화를 제작하기도 하였다.[59]

독일에도 '검은 치욕' 담론의 인종주의적 성격을 비판하는 이들이 있었다. 1920년 5월 20일 의회에서 이 문제를 놓고 토론이 벌어졌을 때 독립사회민주당USPD 소속의 루이제 지츠Luise Zietz 의원은 왜 '흑인'이 '백인' 여성을 상대로 저지른 성폭력만을 문제 삼냐고 따지면서 제1차 세계대전 중에 독일군 병사들도 프랑스에서 이러한 일들을 저질렀음을 지

---

[58] Roos, "Nationalism, Racism and Propaganda in Early Weimar Germany."

[59] Julia Roos, "'Huns' and Other 'Barbarians': A Movie Ban and the Dilemmas of 1920s German Propaganda against French Colonial Troops," *Historical Reflections / Réflexions Historiques*, vol.40, no.1, 2014.

적하였다. 그러나 그의 발언은 야유에 묻혀 버렸다.[60] 이처럼 독일의 사회주의자들과 공산주의자들은 '검은 치욕' 담론에 적대적이었다. 이는 유럽의 다른 나라에서는 대체로 좌파 정치인들과 운동가들이 '검은 치욕' 반대 운동에 앞장선 사실과 대조를 이룬다는 점에서 흥미롭다. 분명히 독일의 사회민주주의자들을 포함해서 유럽의 사회주의자들은 군국주의가 전후 유럽을 위협하는 근본적인 문제라고 진단했다는 점에서 의견이 일치했다. 그렇지만 유럽 다른 나라의 사회주의자들이 패전국을 상대로 여전히 복수심을 불태우는 프랑스의 군국주의를 경계한 반면에 독일의 사회주의자들은 전쟁에서 패하여 당장은 약화했지만, 전쟁의 원인을 제공했었고, 여전히 독일에서 사회주의의 실현을 가로막는 독일 군국주의를 더 큰 문제로 보았다. 그러므로 그들의 관점에서 '검은 치욕' 담론은 독일 민중의 관심을 문제의 근원으로부터 엉뚱한 곳으로 돌리는 함정일 뿐이었다. 릴리 야나시[Lilli Jannasch] 같은 좌파 여성주의자들도 '검은 치욕' 담론에 비판적이었다. 그들은 독일의 우파 민족주의자들이 이 문제에 관심을 두는 것은 그것이 적군이 저지른 행위이기 때문일 뿐이며, 남성이 여성을 억압하는 지배 구조 자체를 문제 삼는 것은 아니라고 지적하였다. 그들이 보기에 중요한 것은 '흑인'이 '백인'을 강간했다는 사실이 아니라 여성에 대한 남성의 폭력 그 자체였다.[61]

그렇지만 독일 사회를 휩쓴 민족주의적 흥분 속에서 '검은 치욕' 담론에 대한 비판적인 목소리는 고립되었다. 프랑스군의 식민지 병사들이 독일 여성들을 상대로 저지른 성폭력 행위들에 대한 분노는 중도 좌파부터 극우파에 이르는 넓은 정치적 스펙트럼에 걸쳐 있었다. '검은 치

60   Maß, *Weisse Helden, schwarze Krieger*, p.94.
61   Le Naour, *La honte noire*, pp.140-142.

욕' 담론은 그에 맞서 싸우기 위해서 계급과 정치적 지향을 넘어서 모든 독일인이 하나의 '민족 공동체Volksgemeinschaft'로 뭉쳐야 한다고 주장하였다.[62] 그렇다면 실제로 '검은 치욕' 반대 운동은 소수의 이단자를 제외한 모든 독일인을 일치단결하게 만들었는가? 적어도 이 운동이 시작된 초기에는 '검은 치욕' 담론이 통합적 효과를 발휘한 듯 보였다. 그렇지만 오래지 않아 '검은 치욕' 반대 운동 안에 불협화음이 나타났다.

역사가 크리스티안 콜러는 '검은 치욕'에 반대하는 독일의 선전 운동을 '공식적' 부분과 '비공식적' 부분으로 구분하였다.[63] 그와 비슷하게 역사가 잔드라 마스도 '검은 치욕' 반대 운동이 '부르주아 진영'과 '급진적 우파 진영'으로 구성된 이중적 구조를 지녔음을 인정하였다.[64] 라인여성연맹과 독일위기협회는 각각 이 두 가지 경향을 대표하였다. 라인여성연맹은 '검은 치욕'을 규탄하는 민간의 선전 활동을 고무하고자 정부의 지시로 설립된 단체였다. 라인여성연맹은 정부의 직접적인 통제를 받지 않았지만, 여당인 사회민주당 인사나 정부 관리들과 긴밀하게 협력하였고, 그런 만큼 독일 사회의 중도파 주류 여론을 대표하였다. 라인여성연맹의 선전은 베르사유 조약의 개정을 목표로 하였으며, 민족주의적 분노와 인종주의적 고정관념, 그리고 여성들의 불안감에 호소하였다.[65] 그러므로 라인여성연맹으로 대표되는 독일의 중도파 담론도 인종주의나 민족주의의 정치와 거리를 두지 않았고, 허위 사실에 근거한 선전 활동도 마다하지 않았다.[66] 그렇지만 중도파의 '검은 치욕' 담론

—
62 Wigger, Die "Schwarze Schmach am Rhein", p.14.
63 Koller, "Von Wilden aller Rassen niedergemetzelt", p.220.
64 Maß, Weisse Helden, schwarze Krieger, pp.88-89.
65 Koller, "Von Wilden aller Rassen niedergemetzelt", p.228; Roos, "Nationalism, Racism and Propaganda in Early Weimar Germany," p.53.
66 Maß, Weisse Helden, schwarze Krieger, p.105.

은 분명히 극우파의 담론에 비해서 온건한 성격을 띠었다.

독일위기협회가 대표하는 극우파의 '검은 치욕' 담론은 더 노골적으로 인종주의와 민족주의의 언어를 구사했을 뿐 아니라 바이마르 공화정의 자유주의적 헌법과 민주적 제도에 대한 경멸과 적대감을 드러냈다.[67] 라인 지역에서 프랑스군의 식민지 병사들이 일으킨 성폭력 행위들은 독일의 극우파에게 그들이 그토록 증오한 바이마르 공화정의 무능력함을 비난하고, 반민주적이고 반정부적인 선동을 펼칠 기회를 제공하였다. 극우파의 '검은 치욕' 반대 운동은 베르사유 조약의 개정과 라인 지역 점령의 조기 종식을 이루어 낸다는 국제 정치적 목적보다 공화정 체제를 뒤흔든다는 국내 정치적 목적을 앞세웠다.[68] 그런 점에서 볼 때 '검은 치욕' 반대 선전은 전후 독일 사회에서 우파 대중주의right-wing populism를 촉발하는 계기로 작용하였다. 1922년에 나치에 합류하게 되는 독일위기협회의 회장 디스틀러는 '원형적 파시스트 대중선동가 proto-fascist demagogue'의 성격을 띤 인물이었다. '검은 치욕' 반대 선전은 안 그래도 취약한 바이마르 공화정을 더욱 불안정하게 만들었다.[69]

호전적인 언어로 일관하는 극우파의 선전 운동은 독일 정부를 곤혹스럽게 만들었다. 정부 자신이 공격의 대상이 되었을 뿐 아니라 극우파의 과도한 인종주의와 민족주의가 '검은 치욕' 반대 운동 전체의 신뢰성에 흠집을 내고, 국내외에서 반프랑스 선전을 효과적으로 조직하는 데 악영향을 끼칠 수 있기 때문이었다. 실제로 독일에서나 다른 나라에서나 좌파와 중도파 인사들은 '검은 치욕' 반대 운동에 차츰 시들한 태도를 보이게 되는데, 이는 사실 왜곡과 허황한 사고에 기초한 극우파의

67 Lebzelter, "Die 'Schwarze Schmach'," p.51.
68 Koller, *Von Wilden aller Rassen niedergemetzelt*, p.229.
69 Roos, "Nationalism, Racism and Propaganda in Early Weimar Germany," p.58, p.67.

선전 활동이 만들어 낸 역효과로 보인다.[70] 그렇지만 잔드라 마스는 독일 사회의 '검은 치욕' 담론 안에 존재하는 분열보다는 중도파 담론과 극우파 담론의 수렴에 더 주목한다. '검은 치욕'에 관한 중도파의 담론과 극우파의 담론 사이에는 분명히 공통분모가 존재하였다. 마스는 독일 사회에서 '검은 치욕' 담론이 전쟁의 경험, 패전, 사회적 변화를 극복하기 위한 수단으로 작용하였다고 지적한다.[71] 일찍이 렙첼터도 독일 사회에 '검은 치욕' 담론이 성행한 것은 독일의 부르주아지가 전쟁의 패배와 기존 질서의 붕괴를 정면으로 마주할 수 없어서 '신화로 도피Flucht in den Mythos'하고자 했기 때문이라고 설명한 바 있다.[72] 그러나 중도파의 담론과 극우파의 담론 사이에는 차이도 분명히 존재했다. 중도파의 담론에서도 인종주의를 확인할 수 있지만, 극우파의 담론은 인종주의적 사고를 더 극단까지 밀고 나갔다.

독일위기협회의 회원이자 의사였던 프란츠 로젠베르거Franz Rosenberger는 한 의학 잡지에 다음과 같이 기고하였다.

검은 치욕, 그것은 우리 민족의 혼혈화Mulattisierung이고 매독 감염 Syphilitisierung이며, 우리 민족의 육체적·정신적 건강의 파괴이다. 앞으로 라인강 변에서 하얗고, 얼굴도 예쁘고, 잘 자란 데다가 정신적 수준도 높으며, 활기차고 건강한 독일 여인들의 밝은 노랫소리 대신에 회색 반점이 난 데다가 이마는 낮고, 코는 넓으며, 촌스럽고 짐승과 다를 바 없는 매독 걸린 혼혈 여인들의 쉰 소리가 들리는 것을 가만히 견뎌야 하는가?[73]

70   Le Naour, *La honte noire*, pp.131-132.
71   Maß, *Weisse Helden, schwarze Krieger*, p.105.
72   Lebzelter, "Die 'Schwarze Schmach'," p.39.

여기에서 우리는 인종주의 담론의 '의료화'를 볼 수 있다.[74] 극우파 담론은 '흑인' 병사들이 대부분 매독에 걸려 있으며, 그들과 성관계를 맺은 독일 여성이 성병에 옮을 것이고, 성병이 정신 질환으로 이어질 것이라고 주장하였다. 그러므로 흑인과 백인 간의 성관계는 그 자체로 독일 민족을 오염시킬 터였다. 독일위기협회가 출간한 『무엇이 너, 유럽을 위협하는가?』라는 제목의 소책자는 다음과 같이 경고하였다. "매독은 개인의 질병이 아니라 민족의 질병이고, 후손에게 이어지므로 한 민족 안에서 일정한 확산의 단계에 이르면 더는 성병이 아니게 된다. 그렇게 되면 한 민족이 사라져 버린다."[75] 극우파의 담론은 성관계로 독일인과 흑인의 혼혈이 태어나는 것만으로도 민족의 '오염'이 이루어질 수 있다고 보았다. 그에 따르면 흑인의 피가 독일 민족의 '순수한' 피 안에 섞여 들어오면 독일인은 서서히 퇴화하여 결국 소멸할 터였다. 요제프 랑 Joseph Lang은 "이것은 결국 백인종의 존속이냐 소멸이냐, 양자택일의 문제다"라고 경고하였다.[76] 극우파의 '검은 치욕' 담론은 프랑스군 식민지 병사의 독일 여성 강간이 개인의 문제가 아니라 독일 '민족의 육체' 그 자체에 대한 공격이며, 독일 민족의 존속이 위협받고 있다고 보았다. 잔드라 마스는 '검은 치욕' 담론의 이러한 묵시록적 환상이 독일 남성의 전쟁 트라우마를 반영한다고 보았다. 그는 '검은 치욕' 담론이 독일 남성들에게 전쟁의 트라우마에 대해 직접적으로 언급하지 않으면서도 전쟁이 가져온 "남성 육체의 심리적·육체적 절단"에 대해서 이야기할 기

---

73 Franz Rosenberger, "Die Schwarze Schmach," *Ärztliche Rundschau*, 20. November 1920, p.372.
74 Le Naour, *La honte noire*, pp.87-90.
75 Franz Rosenberger, *Was droht dir, Europa?*, München: Gmelin, 1921, p.6.
76 Joseph Lang, *Die schwarze Schmach: Frankreichs Schande*, Berlin: Neudeutsche Verlags- u. Treuhandgesellschaft, 1921, p.16.

회를 제공하였다고 주장한다. 그에 따르면 '검은 치욕' 담론이 '흑인' 병사의 정력에 강박적으로 집착하는 것은 전쟁에서 백인 남성이 무력함을 경험했기 때문이며, '검은 치욕' 선전은 국가 권력에 대한 통제를 다시 얻기 위한 시도일 뿐 아니라 절단된 육체를 복구하기 위한 시도이기도 하다.[77]

독일 사회의 '검은 치욕' 담론은 극우파의 담론은 물론이고, 심지어 여성 운동가들이 활발하게 참여한 중도파의 담론마저도 근본적으로 남성 중심적이었다. '검은 치욕'에 관한 선전물에서 흔히 강간 사건을 외설적으로 묘사한 것은 남성의 성적 환상의 표출이었다. '검은 치욕' 담론은 여성을 빼앗긴 남성의 염려를 반영할 뿐, 정작 실제 피해자를 돌보는 문제에는 별로 관심을 보이지 않았다.[78] 여성의 육체는 '검은 치욕' 담론에서 중심적인 위치를 차지하는데, 이는 여성의 육체가 민족의 순수한 피를 오염시킬 수 있는 통로로 상정되었기 때문이다.[79] 그러므로 '검은 치욕' 담론은 민족의 순결성을 지키기 위해서 여성이 자신의 육체를 순결하게 유지할 의무가 있다는 주장을 함축하였다. 강간당한 여성의 육체는 순결하지 못할 뿐 아니라 민족에게 위기를 가져올 수 있는 것으로 여겨졌으며, 고결한 백인 여성이라면 치욕스러운 강간을 당한 뒤에 차라리 죽는 편을 선택하도록 부추김을 받았다.[80] 하물며 프랑스군의 식민지 병사와 자발적으로 성관계를 맺은 독일 여성은 조국에 대한 배신이고, 독일 민족과 백인의 수치라는 딱지가 붙여져 맹비난을 받

---

77 Sandra Maß, "Das Trauma des weißen Mannes: Afrikanische Kolonialsoldaten in propagandistischen Texten, 1914-1923," p.15.
78 Schüler, "The 'Horror on the Rhine'," pp.1-2, 6.
79 Roos, "Women's Rights, Nationalist Anxiety, and the 'Moral' Agenda," p.488.
80 Wigger, Die "Schwarze Schmach am Rhein", p.120.

앉다. 이런 점에서 볼 때 독일 사회에서 '검은 치욕' 담론은 여성의 성에 대한 통제를 상실한 남성의 불안을 반영하는 것이며, 여성의 성을 규율화함으로써 통제를 회복하려는 시도였다고도 해석할 수 있다.[81]

6. 맺음말

'검은 치욕' 반대 운동은 1921년에 절정에 도달했다가 1922년에 가라앉기 시작하여 프랑스군과 벨기에군이 루르[Ruhr] 지역을 점령한 1923년 1월 이후로 빠르게 잦아들었다.[82] 루르 지역에서 '수동적 저항'을 펼치는 노동자들과 공무원들의 영웅적인 이야기가 '흑인' 병사들에 희생당하는 라인 지역 여성들의 비참한 이야기를 대체한 것이다.[83] 그렇지만 일부 운동가들은 '검은 치욕' 반대 선전을 이어 나갔고, 독일과 연합국 사이에 외교 협상이 벌어졌던 1926년 초와 1928년에 이 문제가 또다시 독일 언론을 뜨겁게 달구기도 했다.[84] 1929년 말에 남은 1천 명의 프랑스군 식민지 병사들이 모두 독일을 떠난 뒤에도 '검은 치욕'의 기억은 독일인들의 정신에서 완전히 사라지지 않았다. 1933년에 정권을 잡은 나치는 흑인의 피가 독일인에게 섞여 들어오면 독일 민족이 퇴락할 것이라는

---

81   Roos, "Women's Rights, Nationalist Anxiety, and the 'Moral' Agenda," p.488; Wigger, *Die "Schwarze Schmach am Rhein"*, p.129.
82   Schüler, "The 'Horror on the Rhine'," pp.2-3.
83   Le Naour, *La honte noire*, pp.220-221.
84   Wigger, *Die "Schwarze Schmach am Rhein"*, p.17.

경고를 잊지 않았다. 1937년에 나치는 '라인란트의 사생아Rheinlandsbastard' 라 불린 프랑스군의 식민지 병사와 독일 여성 사이에서 태어난 혼혈아 385명에 대해 불임 수술을 단행하였다.[85] 1940년 5-6월에 독일군이 프랑스를 침공했을 때 포로로 잡은 프랑스군의 아프리카인 병사 수천 명을 학살한 사건도 '검은 치욕' 담론이 만들어 낸 증오심이 독일인들에게 여전히 남아 있었음을 보여 준다.[86]

제1차 세계대전이 끝난 뒤 독일과 서양의 여러 나라에서 전개된 '검은 치욕' 반대 운동에는 다양한 요소가 복합적으로 얽혀 있었다. 라인 지역 점령에 투입된 프랑스군의 식민지 병사들이 독일 여성을 상대로 성폭력을 저지르는 일이 없지는 않았지만, 그에 대한 비난은 현실을 다분히 과장했고, '백인' 병사들이 저지른 성범죄는 거의 문제 삼지 않았다. '검은 치욕' 반대 선전은 사실만큼이나 왜곡에 근거하였다.

프랑스군 식민지 병사들의 성적 폭력성에 대한 비난은 독일 사회에 국한되지 않고, 국제적 운동으로 발전하였으며, 특히 군국주의에 반대하는 사회주의자들과 좌파 지식인들, 그리고 여성에 가해지는 폭력과 억압에 반대하는 여성 운동가들이 이에 동조하였다. 그러나 이들의 이상주의는 보편적 인류가 아니라 '백인'만을 위한 것이었다. '검은 치욕' 반대 운동이 광범위한 호소력을 발휘할 수 있었던 까닭은 무엇보다도 열등한 인종의 남성이 우월한 인종의 여성을 상대로 성폭행을 저지른다는 이야기에 많은 '백인'이 분개했기 때문이었다. 폭력에 반대하는 이 운동이 사실 얼마나 폭력적이었는지 꿰뚫어 본 이는 당시에는 분명

---

85 Reiner Pommerin, "The Fate of Mixed Blood Children in Germany," *German Studies Review*, vol.5, no.3, 1982.

86 Raffael Scheck, *Hitler's African Victims: The German Army Massacres of Black French Soldiers in 1940*, Cambridge: Cambridge University Press, 2006.

히 소수에 불과했다.

독일 사회에서 '검은 치욕' 담론은 또 다른 맥락을 지녔다. 그것은 전쟁의 끔찍한 경험과 패전의 쓰라림, 그리고 전후 독일 사회의 급격한 변화가 낳은 산물이었다. 그 속에서 독일 여성의 육체는 민족의 생존을 위해서 독일 남성의 통제 아래에 있어야 하는 대상이 되었다. '검은 치욕' 담론은 가해자로 지목된 '흑인'만큼이나 피해자로 상정된 '백인' 여성에게도 억압적인 담론이었다.

3장

영 제국 경영의 마지막 통치 카드
-'식민지 개발 및 복지법', 1929-1945-

신 동 경

1. 머리말: 해외 개발의 역사

2차 세계대전 이후 세계는 국제 개발 사업을 전개해 오고 있다. 오늘날 국제기구를 중심으로 세계를 글로벌 노스^{Global North}와 글로벌 사우스^{Global South}로 구분 지어 바라보고, 글로벌 노스 지역이 글로벌 사우스 지역을 발전/개발시키겠다는 약속은 국제기구의 활동에 반영되어 있다. 이렇게 자기 국가의 경제와 사회를 '발전'시킨다는 것이 아니라 다른 나라나 지역을 '개발'시킨다는 해외 개발 사업은 과거 제국주의의 논리에 따른 식민지 경영 방식에서 처음 나타났다.[1]

---

[1] 한국어로 '개발' 또는 '발전'으로 혼용되어 사용되고 있지만, 영어로는 'development'로 같은 단어이다. 한국 사학계에서는 '발전'이라는 용어를 주로 사용하고 있고, 외교 및 해외 협력 분야에서는 '개발'이라는 용어를 더 사용하고 있다. 이 장은 실제 영 제국의 시각에서 해외 식민지의 경제

근현대 제국 중 관리한 영토가 가장 넓고 그 통치술이 다른 제국에 영향력이 컸던 영 제국은 처음으로 본국 정부 차원에서 해외 식민지 개발 정책을 시작했고, 이 개발 정책은 식민부the Colonial Office가 주도했다.[2] 시작은 1920년대 후반 제국에서 가장 낙후된 영국령 아프리카와 서인도제도 지역을 개발하기 위해서였고, 해당 식민지의 독립 이후에도 영국의 해외 개발 협력 사업으로 지속되었다.

1960년대를 거치며 영 제국의 식민지 대부분이 독립하면서, 영국 정부는 1966년, 식민부를 해체하고, 그 기능을 영연방관계부the Commonwealth Relations Office로 합병시켰는데, 그중 해외 개발 및 원조 사업은 따로 관리했다. 2년 뒤 영연방관계부도 외교부와 합쳐져 외교 및 영연방부the Foreign and Commonwealth Office로 개편되었다. 그 사이 식민부가 담당하던 해외 개발 업무는 다른 작은 단위의 독립 부서가 담당했다. 2020년, 영국 보수당 정부는 이 모든 기능을 하나의 외교, 영연방 및 개발부the Foreign, Commonwealth & Development Office로 통합하여, 다시 외교 관계와 해외 개발 협력 업무를 한곳에서 담당하게 했다.[3]

이런 까닭에 영 제국 식민부의 해외 개발 정책을 분석하는 연구는 영국의 외교 활동과 해외 개발 사업에 관한 역사적 상황을 이해하는 데 도움이 될 수 있다. 그뿐만 아니라, 영국 및 유럽 제국의 해외 개발 전문가experts, 이니셔티브 및 헤게모니가 미국과 다른 국제기구로 이동되었

력과 가치를 개척하고 키우고자 했던 '개발'의 의미가 제국주의 정책으로서 더 적절하다고 생각하여 '개발'로 통일한다.

2   영국 식민부는 백인자치령인, 캐나다, 호주, 뉴질랜드, 남아프리카 지역과 인도 지역을 관리하지 않았다. 독립한 백인자치령은 영연방부(the Dominion Office)에서 관리했고, 인도 지역은 인도부(the India Office)가 따로 있었다. 식민부는 그 외의 식민지와 관련된 업무를 담당했다.

3   영국에서는 보수당이 집권하면 대개 해외 개발 협력 예산을 줄이거나 관련 부서의 규모를 축소하는 경향이 있고, 노동당이 집권하면 해외 개발에 더 많은 예산을 편성하고 관련 업무를 독립 부서로 두거나 그 부서의 지위를 상대적으로 높게 유지한다.

고,[4] 국제 개발의 담론이 "서구의 신앙"이라고 표현될 만큼 서구의 지배적 위치를 담보할 수 있는 철학 내지는 도구로 기능하고 있다는 점을 고려하면 영 제국의 식민지 개발 정책의 의도와 시대적 추이를 살펴보는 것은 역사적으로 의미가 있다.[5]

이 장은 영국 식민부가 1920년대 후반부터 준비하여 1960년대 초반까지 실시한 '식민지 개발 및 복지법the Colonial Development and Welfare Acts' 제정의 의도와 시기에 따라 달라지는 사업의 추이를 분석한다. 이를 통해 영국은 식민지 개발 및 복지 정책을 제국 경영의 마지막 통치 카드로 활용한 것은 아닌지, 그렇다면 현지 식민지인은 영국식 개발 사업 진행에 어떻게 반응했는지 살펴보고, 최종적으로 제국의 탈식민 시기에 추진된 식민지 개발 정책의 의미를 평가한다.

전반적인 영 제국사 연구에서 '식민지 개발 및 복지법'은 크게 주목받지 못한 주제이다. 탈식민적decolonial 또는 포스콜로니얼postcolonial 관점을 반영하여 '아래로부터의' 역사 서술을 중요하게 생각하는 최근의 새로운 제국사New Imperial History 연구 흐름에서도 '식민지 개발 및 복지법'은 거의 거론되지 않았다. 오히려 그 이전에 '위로부터의' 관점을 중심으로 쓰인 오래된 제국사 연구 동향에서 영국이 식민지 발전을 위해 '개발시켜 준' 법과 정책에 대한 연구를 찾아볼 수 있다.[6] '식민지 개발 및 복지

---

4   Véronique Dimier, *The Invention of a European Development Aid Bureaucracy: Recycling Empire*, Basingstoke: Palgrave Macmillan, 2014; Joseph M. Hodge, "British Colonial Expertise, Post-Colonial Careering and the Early History of International Development," *Journal of Modern European History*, vol.8, no.1, 2010; Sabine Clarke, "A Technocratic Imperial State? The Colonial Office and Scientific Research, 1940-1960," *Twentieth Century British History*, vol.18, iss.4, 2007 참조.

5   Gilbert Rist/신혜경 역, 『발전은 영원할 것이라는 환상』, 봄날의 책, 2013, 56-61쪽.

6   영 제국의 '식민지 개발 및 복지법'에 관해서는 한국에서는 거의 알려지지 않았다. 국내에서는 신동경이 언급한 논문이 유일하다. 신동경, 「영제국의 대학 개발 정책, 1943-1948: 아프리카 골드코스트 식민지를 중심으로」, 『영국연구』 36권, 2016, 139-140쪽.

법' 관련 연구 중 1978년 데이비드 존 모건David John Morgan이 정리한 『식민지 개발의 공식 역사The Official History of Colonial Development』 시리즈(전 5권)는 아직도 이 분야에서 가장 구체적인 법제적 지식을 제공하며 교과서처럼 여겨진다.[7] 그 후 관련 문서의 열람이 가능해진 1980년대부터 해외 개발에 관한 연구가 활발해졌고, 당시 영국 역사학계는 대개 식민지 개발을 위해 영국이 어떻게 공헌했는가를 집중적으로 연구했다.[8] 이 선행 연구는 영 제국의 공식적인 의도를 대변하면서 식민지 개발 및 근대화론을 합리한다는 폭넓은 비판에 부딪혀 왔다. 이런 비판을 의식한 탓인지, 그 후 새로운 제국사 연구에서 '식민지 개발 및 복지법' 제정 의도와 식민지인들의 반응 또는 저항 내용을 함께 분석한 연구는 거의 없다.

즉, 전후부터 1960년대까지 급속하게 전개된 영 제국의 해체 과정에서 30년 넘게 지속된 '식민지 개발 및 복지법'의 제정과 수정에 나타난 영국의 의도가 어떻게 변했는지에 대한 맥락적 서술은 부족한 편이다. 따라서 이 장은 '식민지 개발 및 복지법' 제정에 관한 영 제국 본국의 이니셔티브('위로부터의' 관점)와 정책의 변화 과정에서 나타난 본국과 아프리카인 사이의 상호작용('아래로부터의' 관점)을 함께 분석하면서, 선행 연구를 보완하며 영국의 해외 식민지 개발 사업은 탈식민 흐름을 저지하거나 제국 해체 이후를 내다보는 장기적인 영 제국의 마지막 통치 카드로 활용되었음을 밝힌다.

최근의 개발 또는 발전 담론은 국제관계나 개발학 등 사회과학 분야를 넘어 인문학에서도 주목받고 있다. 따라서 이 장은 최초로 해외 개

7   David John Morgan, *The Official History of Colonial Development*, vol.1,2,3, London: Macmillan, 1978.

8   J. M. Lee and Merlin Petter, *Colonial Office, War and Development Policy: Organization and Planning of a Metropolitan Initiative, 1939-1945*, London: Maurice Temple Smith, 1982.

발 사업을 국가 정책으로 시행한 영 제국의 '식민지 개발 및 복지법' 제정의 시대적 의미를 역사적으로 되짚어 보고자 한다. 이를 통해, 그동안 영 제국의 식민지 개발 및 복지 정책이 전반적으로 실패했다는 평가에 이의를 제기하며, 기존 연구에서 주목받지 못했던 '1945년 식민지 개발 및 복지법'에 따른 개발 사업이 제국의 해체 이후를 대비한 영연방 네트워킹의 초석을 다지는 데 이바지했음을 고찰한다.

2. 본국의 이익을 위한 식민지 개발

영 제국은 넓은 해외 영토를 운영하는 데 있어 두 개의 오래된 독트린을 가지고 있었다. 하나는 '식민지는 어머니 국가인 영국에 경제적으로 이익이 되어야 한다'라는 중상주의적 원칙이었고, 다른 하나는 '식민지는 재정적으로 자립해야 한다'라는 자유 방임주의적 원칙이었다. 이는 영국 사람들, 특히 정치인에게 너무 당연한 논리로 여겨지고 있었다. 적어도 영국 정치인 조셉 체임벌린^{Joseph Chamberlain}이 공식적으로 다른 의견을 내기 전까지는 말이다. 보수당 서기관이던 체임벌린은 1895년 하원 의회 연설에서 해외 영토 개발 정책에 영국 정부가 직접 나설 필요가 있다고 피력했다. 강력한 제국주의자였던 그는 어디까지나 식민지 통치자의 관점에서 "자기 영지를 개발하는 것은 그 땅 주인의 의무"이며, "[이제까지] 개발되지 않은 영지는 제국의 도움 없이는 절대 개발되지 못할 땅"이라고 강조했다.[9] 즉, 땅 주인인 영국이 나서서 식민지를 개발해 줘야 한다는 '백인의 짐'과 같은 가치관과 우월의식이 고스란히 들어 있었다. 19세기 후반 체임벌린 같은 영국 정치인의 눈에는 식민지인을 위한다기보다는, 식민지를 개발하여 얻을 이득이 본국과 식민지 모두에게 도움이 되리라는 생각이 일반적이었다. 따라서 영국에게 이득을 가져다줄 해외 식민지 개발에 본국 정부가 앞장서야 한다는 주장이었다. 그의 주장이 직접적인 개발 정책으로 현실화하진 않았지만, 체임벌린의 연설은 영국 정치권에서 '땅 주인'인 정부 지휘로 해외 영토를 개발할 필요성을 처음으로 제기했다는 점에서 획기적이었다. 땅 주인의 마인드를 바탕으로 하는 체임벌린의 주장은 해외 개발과 관련된 담론을 다루는 전통적이고 제국주의적인 영국 또는 서구적 생각의 기원을 잘 보여 준다.

1897년, 제국의 가장 변방이던 서인도제도(현재 카리브해)에서 노예제 해방 이후 노동자로 일하던 식민지인들이 처음으로 조직적인 저항운동을 일으켰다. 이에 따라 본국 정부는 식민지 노동실태와 생활환경 등을 알아보기 위해 조사위원회를 조직하고, 식민사회에 중점적으로 필요한 기초 수준의 농업과 의학 연구기관을 런던과 몇몇 식민지에 설립함으로써 이들의 저항을 무마하고자 했다. 그러나 서인도제도의 식민지인은 노예 수준에서 조금 벗어난 가장 열악한 환경에서 고된 노동에 시달리고 있었기에 계속해서 저항운동은 끊이지 않았다. 19세기 말부터 본격화된 서인도제도의 조직적인 저항은 런던의 식민부가 새로운 통치 방법을 고려하게 하는 하나의 동기를 제공했다고 본다.[10] 하지만, 제국의 구조적 특성과 영국의 정치 상황을 함께 생각해 보면 식민지 경제

9   James L. Garvin, *Life of Joseph Chamberlain, vol.3, 1895-1900*, London: Macmillan, 1934, pp.19-20.

10   Bonham C. Richardson, "Depression Riots and the Calling of the 1897 West India Royal Commission", *NWIG: New West Indian Guide*, vol.66, no.3/4, 1992, pp.169-191 참조.

개발 정책에 대하여 본국 의회에서 입법화하고 예산을 확충하게 된 동기를 단지 식민지인의 저항운동 때문이라고만 볼 수는 없다.

영국 의회가 최초로 제정한 1929년 '식민지 개발법'은 전간기 세계 경제 대공황을 전후하여 영국 사회에 나타난 높은 실업률과 본국의 경제 위기를 해결하기 위한 포괄적 대책이라고 보는 것이 더 적절하다. 즉, 영국은 국내 경제와 사회 문제 해결을 위해 제국 전체를 단일 경제 시장으로 형성하여 무역과 제도 면에서 수월하게 이득을 취하여 위기를 극복하고자 했다. 1926년, 영 제국은 '제국 마케팅 보드the Empire Marketing Board'를 조직했고, 하나의 제국 시장을 활성화하기 위해서 아프리카 및 서인도제도의 식민지 원료 시장을 효율적으로 끌어들일 필요가 있었다. 이에 따라, 영국 의회는 1928년, 본국의 예산 배정과 사업 분야 및 지역 등을 명시한 '식민지 개발법the Colonial Development Act'을 최초로 통과시켰고, 1929년부터 그 법안이 발효되었다. 이 '1929년 식민지 개발법'에 따라 연간 백만 파운드를 넘지 않는 예산이 아프리카, 아시아, 서인도제도 지역 식민지 개발 사업에 배정되었다. 이때 개발 사업이란, 농업 개발, 내부 교통 및 통신, 항구, 어업, 임업, 설문 조사, 농경지 개간 및 관개, 물 공급 및 그 전원 확보, 전기, 미네랄 자원, 과학 연구, 공중보건, 기타의 항목으로 분류되어 있었다.[11]

이로써 식민지 운영의 재정 자립이라는 영 제국 운영의 오래된 독트린이 무너지게 되면서, 영국인이 낸 세금을 감히 식민지를 위해 쓴다는 비판이 대두했다. 하지만 그 개발에 투자한 자본으로 식민지에 철도, 도로, 교량 건설과 같은 생산 기반을 마련하면 제국 시장 안팎의 물

---

11 "The Colonial Development Act 1929", https://www.legislation.gov.uk/ukpga/Geo5/20-21/5/introduction/enacted(accessed by July 2023).

자 유통을 증진할 수 있고, 이를 통해 성장할 식민지 교역 확대는 본국의 경제적 이익으로 환원되리라는 중상주의식 논리에 따라 식민지 개발 사업이 강행되었다.[12] 즉, '1929년 식민지 개발법'은 체임벌린식의 해외 개발 아이디어에서 크게 달라진 것이 없었다. 이 법에 따른 해외 개발 사업의 전개는 영국 본국, 백인자치령 및 식민지 간의 경제 격차를 메우기 위한 것이었고, 기존의 제국 마케팅 보드는 이 과정에서 1937년, '식민 제국 마케팅 보드the Colonial Empire Marketing Board'로 확장 발전했다. 영 제국의 의도대로 본다면 1930년대 영 제국은 단일시장 확보 및 배타적 무역 거래 등을 바탕으로 한 스털링 시장the Sterling Area(파운드 블록)을 형성하여 전간기 경제 위기를 극복하고자 했고, '1929년 식민지 개발법'은 그 과정에서 하나의 경영 전략이었다.[13]

이를 두고, 당대나 현대의 관련 연구는 '1929년 식민지 개발법'에 따라 시행된 정책들은 영국 본국과 개별 식민지, 양측 모두에게 실망스러운 정책이었다고 비판한다. 역사가들은 '1929년 식민지 개발법'이 식민부의 체계적인 계획 없이 진행된 식민지 개발로, 어디까지나 영국의 낡아 빠진 산업체계를 도와주기 위한 수단이었다고 비판한다.[14] 또, '1929년 법'의 시행은 네오-중상주의 방법neo-mercantilist measure으로서 식민지 착취와 영국의 수출 증대를 위한 이익 확보의 방편이었다는 것이

12 당시 영국령 식민지가 해외 교역으로 벌어들이는 모든 수입은 런던에 위치한 영국 은행으로 입금되었으며, 영국 식민부가 그 돈을 관리하며 부분적으로 식민지에 보내는 등 통제했다. David John Morgan, *The Official History of Colonial Development vol.1: the Origin of British Aid Policy 1924-1945*, London: Macmillan, 1978, p.45, p.91.

13 Stephen R. Ashton and Sarah Stockwell eds., *Imperial Policy and Colonial Practice, 1925– 1945 (British Documents on the End of Empire, Series A, vol.1)*, London: H.M.S.O, 1996, p.lxiii.

14 John Darwin, *Britain and Decolonisation: the retreat from empire in the post-war world*, Basingstoke: Macmillan Education, 1988, p.137.

다.[15] 상당히 '위로부터의' 시각을 보이며 영 제국에 우호적인 역사가들 조차도, '1929년 법'은 "식민 지배의 전성기"에 제국 경영을 위해서 제정 되었으나 식민지에는 "불행한 개발"이었다고 평가한다.[16] 또, 이 개발 사 업을 통해 영국의 실업 문제를 해결할 수 있으리란 희망만 컸지, 식민지 사회가 무엇을 필요로 하는지에 대한 이해와 예산의 부족으로 영국과 식민지 모두를 실망하게 했다는 의견도 있다.[17]

실제로 〈표 1〉과 같이 심지어 승인된 예산도 식민지 현장에서는 모 두 집행되지 못했다.

〈표 1〉 '식민지 개발 법'에 따라 승인된 지원금과 연간 지원된 금액(단위: 천 파운드)[18]

재정 연도	승인된 금액	실제 지급액
1929-1930	1,349	-
1930-1931	1,210	487
1931-1932	267	701
1932-1933	236	608
1933-1934	782	372
1934-1935	1,086	806
1935-1936	977	740
1936-1937	810	687

---

15   Ronald Hyam, *Britain's Declining Empire: the Road to Decolonisation, 1918-1968*, Cambridge: Cambridge University Press, 2006, p.87.

16   Michael Havinden and David Meredith, *Colonialism and Development: Britain and its Tropical Colonies, 1850-1960*, London: Routledge, 1993, p.114.

17   Ashton and Stockwell eds., *Imperial Policy and Colonial Practice 1925-1945*, 1996, p.lxv.

18   Annual Return of Scheme made under the Colonial Development Act and Colonial Development and Welfare Act, 1929-1957, extracted from E. R. Wicker, "Colonial Development and Welfare, 1929-1957: the Evolution of a Policy", *Social and Economics Studies*, vol.7, no.4, 1958, p.176.

1937–1938	782	700
1938–1939	625	735
1939–1940	966	545
1940–1941	–	178
1941–1942	2,090	459
1942–1943	1,674	512
1943–1944	4,339	1,597
1944–1945	15,966	3,113
1945–1946	6,118	4,714
1946–1947	7,729	3,547
1947–1948	13,967	5,340
1948–1949	12,280	6,445
1949–1950	13,361	12,986
1950–1951	14,115	13,559
1951–1952	16,907	14,634
1952–1953	14,977	14,483
1953–1954	15,446	14,071
1954–1955	15,291	16,122
1955–1956	29,799	16,865
1956–1957	25,958	18,810
전체	210,107	153,816

　　식민지 현지 사회에 개발 사업이 턱없이 부족한 상황에서, 승인된 예산마저도 다 집행되지 못했던 이유는 식민부가 이 법안을 시행하기 위해 어느 식민지에 어떤 개발 정책을 펼칠 것인가에 대한 구체적인 계획과 준비가 없었기 때문이다. 또 '1929년 식민지 개발법'에 따르면 연간 배정된 예산을 그해에 다 집행하지 못하면, 남은 예산은 영국 재무부에 반환해야 했다. 하지만 개별 식민지는 각 예산 집행권이 없었고 지원금

사용에 대한 식민지의 자율권도 없었다. 반면에 식민부는 개별 식민지 사정에 대한 이해도가 낮은 상태였다. 열대기후 지역의 아프리카나 서인도제도에서는 단지 철도 부설이 아니라, 정치와 경제 및 문화에 있어서 제국과 식민지 사이의 상호이해가 먼저 필요했다. 하지만 이는 식민부의 관점과 역량 밖의 일이었다. 이런 까닭에 막상 식민지 현장에서는 1930년대 내내 필요한 개발을 위한 사업은 하지 못하고 예산 부족에 시달리고 있었다.[19] 따라서 '1929년 식민지 개발법'은 영국이 입헌적 전통에 따라 국가 주도의 해외 개발 사업을 최초로 입법화했다는 영국 정치사에서나 위로가 될 정도의 허울만 남겼다.

하지만 '1929년 식민지 개발법'의 실패는 영 제국 운영 및 향후 해외 개발 사업에서 보완해야 할 몇 가지 문제점을 보여 줬다. 적어도 세 가지 문제점, 즉 개별 식민 정부의 예산 사용 자율권 부재, 전체 식민지 개발 사업을 위한 자본 부족, 그리고 식민부 및 영국 관료들의 식민지 현실에 대한 이해 부족을 해결해야 했다. 이를 위해서는 기본적으로 영 제국의 의도와 정책이 체임벌린식의 개발 마인드가 아니라 '식민지를 배려한/위한' 개발 사업으로 변해야 했다.

'1929년 식민지 개발법'이 식민지 현지에 실질적인 경제와 사회 발전을 가져오지 못한 관계로, 제국 내부에서 다시 점화된 서인도제도 식민지의 폭동과 파업은 영 제국의 제조업과 무역, 그리고 유통 경제의 위기를 가져왔고, 제국 외부에서는 장기적인 세계 경제 대공황의 여파가 영 제국의 경영을 불안하게 했다.[20] 동시에 1차 세계대전의 종결과 더불어 제기된 민족자결주의의 영향과 국제연맹의 새로운 질서는 영 제국

---

19 Wicker, "Colonial Development and Welfare, 1929-1957", pp.177-178.
20 Lee and Petter, *Colonial Office, War and Development Policy*, p.30.

의 식민지 보유 및 운영에 부담을 가중했으며 식민지에서는 탈식민과 반제국주의 운동이 거세게 일었다.

20세기 후반 영 제국의 해체 과정은 다른 나라와의 관계와 권력의 국제적 균형 맞추기와 더불어 전개된 세계적인 현상이었다.[21] 식민지를 계속 보유하는 것 자체에 대한 의문과 식민지 관리/통치 방법에 대한 문제the Colonial Question는 1930년대 후반 영 제국 내외에서 왕왕하게 제기되었다. 국제연맹에서 신탁통치가 제안되면서, 영 제국은 식민지 통치에 대한 더욱 직접적인 책임감을 요구받고 있었다.[22] 그런데도 영국 정치인들은 아프리카 식민지의 열악한 상황을 무시했다. 식민부의 지원을 통해 아프리카 식민지와 그 사람들의 현지 상황을 답사하고 돌아온 헤일리Lord Hailey가 작성한 『아프리카 조사An African Survey』는 1938년에 출판되어 아프리카 총독들에게 전해졌지만 큰 반향을 일으키지 못했다. 그는 더 나아가 1938년 12월 8일 하원 의회 연설에서 다음과 같이 언급했다.

> 영국인들은 식민지 개발 사업을 위한 재정 지원에 더 관대한liberal 태도로 임해야 함을 반드시 깨달아야 합니다. 제가 신탁통치에 관한 우리의 열정spirit이 진지한지에 대한 의문을 제기하는 것은 아닙니다. 하지만 저는 우리가 [식민지를 생각하는] 손을 가슴에 두는 것을 더 줄이고, [식민지 개발 예산을 확보하기 위해] 우리 지갑을 더 뒤지기를 희망합니다.[23]

— 21 Andrew N. Porter and Anthony J. Stockwell eds., *British Imperial Policy and Decolonization 1938-64, vol.1, 1938-51*, Basingstoke: Macmillan, 1987, p.iii.
22 Morgan, *The Official History vol.1*, p.15.
23 *Statement of Policy on Colonial Development and Welfare*, London, Cmd. 6175, Feb 1940, para.8.

이 상황에서 영국 의회는 식민지 개발을 위한 새로운 법안 준비를 시작했다. 이는 '1940년 식민지 개발 및 복지법the Colonial Development and Welfare Act'의 제정으로 이어졌고, '1929년 법'보다 다섯 배 큰 예산인 연간 최대 5백만 파운드를 식민지 개발 및 복지 사업 자본으로 확보했다.

'1940년 식민지 개발 및 복지법'에서는 그 법안 타이틀에 '복지 welfare'가 추가되었다는 큰 변화를 볼 수 있다. 영국 의회가 체임벌린이 주장한 '땅 주인의 사고방식'에서 벗어나 식민지인의 복지까지 생각하게 된 이유를 세 가지 측면에서 살펴볼 수 있다. 첫 번째, 이전까지 영국에게 열대 지역 식민지는 "제국에 부"를 가져다주며 본국에 "순진한 충성"을 보이는 판타지적 장소였다면, 서인도제도의 폭동과 헤일리의 '아프리카 조사' 결과는 열대 지역 식민지의 극심한 빈곤 상황을 일깨우게 했다.[24] '1940년 식민지 개발 및 복지법'에서 복지를 같이 묶은 변화는 실제 영국 정치인들의 윤리적 경제적 의도가 어떠했든 간에 식민지를 다루는 영국인의 관점이 식민지를 위한 사회적 원조까지 고려하게 된 전환점이었다.

1930년대 후반 (비)공식적인 해외 영토에서 영향력이 계속 줄어들던 영국은 달라진 국제 사회 이해관계에 따라 그 전과 비교하여 외교 무대에서 성공적인 활동을 보여 주지 못했다. 1차 세계대전 발발 무렵과는 달리, 전간기 영국은 영연방the Commonwealth에 가입된 회원국과 식민지만으로는 막강한 권력을 유지하기가 쉽지 않았다. 1925년의 로카르노 조약the Locarno Treaty은 영국을 금본위 화폐제로 돌아가게 했고, 달러 주도 시장에 대비하여 스털링 시장은 경쟁력이 약했다. 또한, 영국의 큰 재정 지원 없이는 해외 영토에 있던 영국인 또는 유럽인의 안전 확보조차도 어려워

---

24 Havinden and Meredith, *Colonialism and Development*, p.218.

질 만큼 여러 방면에서 제국의 위기가 나타났다. 제국 유지를 위한 영국의 국제적 방어가 중요한 화두로 떠올랐지만 잘 대처하지 못하고 있었고, 이에 식민지에 대한 사회적 지원을 빙자한 경제 개발이 제국 경영의 하나의 방법으로 떠올랐으며, 거기에 복지 정책이 겸해진 것이다.[25]

　　영 제국이 식민지인의 복지를 챙기게 된 또 다른 이유는 2차 세계대전의 발발과 함께 식민지의 협력이 필요했기 때문이다. 당시 아프리카부the African Division 의장이던 아서 다웨Arthur Dawe는 식민지 개발 협력의 "정치적인 주안점은 우리가 복지 부분에서 '큰일a big thing'을 만들어야 한다는 것이다. 경제적 개발은 식민지를 2차 세계대전에 끌어들이기 위한 노력을 보여 주는 착취의 방편으로 여겨질 수 있다"라며 국제 및 식민지 여론의 비판적 상황을 꿰뚫어 보고 있었다.[26] 이 '1940년 식민지 개발 및 복지법'이 2차 세계대전 초기에 제정된 점을 고려하면, 이것이 식민지의 자원과 인력을 또다시 세계대전으로 끌어들이기 위한 제국의 고도로 세련된 통치술이었다는 평가를 피해 갈 순 없을 것이다. '1940년 식민지 개발 및 복지법안'의 두 번째 검토 시기인 1940년 5월 1일, 얼마 전까지 식민부 장관이던 말콤 맥도널드Malcolm MacDonald는 이 복지 정책이 "식민지를 위한 보상의 뇌물이 아니라고" 강조했다.[27] 하지만 5월 21일의 연설에서 그는 확연히 달라진 태도를 보이면서, '1940년 식민지 개발 및 복지법'은 "또 다른 중대성을 가지고" 있고, "영국 의회가 이 전쟁의 완전한 승리를 위해 할 수 있는 확신의 상징"이라고까지 표현했다.[28] 즉

—　25　Ashton and Stockwell eds., British Imperial Policy, p.xxiii.
　　26　Sir Arthur Dawe, minute, CO 859/19/7475, cited in Porter and Stockwell eds., British Imperial Policy, p.20.
　　27　Morgan, The Official History vol.1, p.185.

영국은 식민지 경제 개발과 복지 정책 제공이 2차 세계대전에 식민지인의 협조를 다시 끌어내기 위한 미끼였음을 부정하지 못한 것이다. 이와 관련하여 역사가 하임은 "1940년 식민지 개발 및 복지법안은 여전히 외교 정책에 있어서 활력dynamism 없이 계획되었고, 식민 정책에 있어서 선견지명forward-looking 부족을 여실히 드러냈다"라고 비판한 바 있다.[29] 여전히 제국주의자의 이익을 우선시하며 장기적으로 제국을 유지하기 위한 식민지와의 상생 방안이 부족했다고 해석될 수 있다.

'1940년 법안'에서 영국이 처음으로 내건 식민지 '복지'라는 단어도 역사의 비판 대상이 되어 왔다. 프레더릭 쿠퍼Frederick Cooper는 그 '복지'는 단지 영국의 국내 정치 맥락에서나 큰 의미가 있었지, 식민지에는 겨우 기본적인 보건, 교육, 물 공급 그리고 행정 조직을 제공했으며, 아프리카 식민지의 사회 발전을 수반했다고 말할 수 없다고 꼬집었다. 쿠퍼는 적어도 식민지인을 위한 최저임금제의 시행, 학교와 주택 제공 같은 현실적 복지 정책이 빠진 상태로서는 본국과 식민지가 결코 같은 개념의 복지를 향유할 수 없다고 주장했다.[30] 물론 제국이라는 구조 자체가 식민지와 본국의 불평등 관계를 기반으로 하기에, 본국과 식민지 간에 수준 다른 복지가 제공된 것은 놀랄 만한 일이 아니다. 그럼에도 불구하고, 영국이 복지라고 부르며 식민지인에게 제공했던 것은 당시 영국 시민이 누리던 복지와는 너무 큰 차이가 있었다. 아프리카인에게 제공된 복지의 핵심은 물 공급과 의료 서비스 및 기초적 교육의 제공이었는데,

---

28 Malcolm MacDonald, 21 May 1940, cited in Porter and Stockwell eds., *British Imperial Policy*, p.94.

29 Hyam, *Britain's Declining Empire*, p.84.

30 Frederick Cooper, *Decolonization and African Society: The Labor question in French and British Africa*, Cambridge: Cambridge University Press, 1996, p.67.

상수도 시설은 보급되었으나 식민지인들은 전문 의대가 아닌 의학교에서 낮은 단계의 보건위생 및 의료 서비스만을 제공받을 수 있었으며, 비록 초중등 교육기관 수는 증가하고 있었지만, 그 취학 비율은 현저하게 낮았고, 식민지에는 대학교가 존재하지 않았다.

대조적으로, 1940년대 영국은 본국에 세계 최초로 복지국가 서비스를 제공하고 있었다. 1909년에 이미 최저임금제를 시행했고, 1942년 베버리지 보고서the Beveridge Report에서 국가 주도의 의료보험, 실업급여, 연금제도 등을 구상하며 '요람에서 무덤까지'로 불리는 세계 최고의 복지국가로 알려졌었다. 이런 까닭에 영국 의회가 하나의 '복지'라는 단어를 다르게 해석하며 식민지와 본국에 차별적으로 지원했다는 점은 제국의 패러독스를 여실히 드러낸 것이다. 당시 영 제국은 '1940년 식민지 개발 및 복지법'을 제정하면서 영국인이 낸 세금을 식민지인의 복지를 위해 쓴다는 것을 자랑으로 여겼고, 국제연맹이 외친 신탁통치와 같은 방향으로 식민지를 운영하고 있다고 자부했다. 이를 바탕으로 식민지가 2차 세계대전에서 영국에 협력하리라는 의도로 식민지 개발과 복지 사업에 임했을 것이다.

3. 제국 해체를 내다보는 식민지 개발 및 복지 사업

1942년 2월 15일, 일본제국이 싱가포르를 함락하면서, 영국은 역사상 가장 큰 항복 선언을 해야 했다. 당시 영국, 인도, 호주, 말라야, 영국령 동남아시아에서 온 8만 5천 명 규모의 영 제국군 병력이 싱가포르를 방어하고 있었지만, 일본의 침략 앞에 5천 명 이상의 사망자가 발생했고 나머지도 대부분 다치거나 포로로 잡혔다. 윈스턴 처칠^{Winston Churchill}(1940-1945) 총리(재임 1951-1955)는 이 소식을 듣자마자 비상 캐비닛 회의를 소집하여 "싱가포르 함락은 영국 역사상 최악의 재앙이고 가장 큰 굴욕이다(the worst disaster and largest capitulation)"라고 말했다.[31] 영국은 독일에 영국 육군의 대부분을 전멸당할 위기에서 실시된 됭케르크 구출 작전보다 일본에 싱가포르를 함락당한 것을 더 큰 치욕으로 여겼다. 그 후 아시아 영토에서 예전 세력을 영원히 회복하지 못한 영 제국은 1943년부터 남은 식민지와의 관계를 중요시하며, 특히 아프리카 식민지 관리에 집중하게 된다. 그런 의미에서 앞서 본 아프리카 식민지의 현실을 일깨우고자 했던 헤일리의 노력보다 2차 세계대전이 영 제국 조직 운영에 직접적인 변화를 가져와 아프리카 개발에 박차를 가하게 했다. 그동안 유지했던 영 제국의 자신감과 정신적 우월감^{moral superiority}의 상실을 회복하고자 영 제국을 지탱해 줄 마지막 보루로 아프리카 식민지를 주목했기 때문이다.[32]

전쟁이 끝나기 전 1945년 1월, 식민부 장관 스탠리는 새로운 '1945년 식민지 개발 및 복지법'을 의회에서 발의한다. 앞선 법안과 달리 '1945년 법'은 1) 식민지 개발 및 복지 사업을 1957년까지 연장하고, 2) 연간이 아닌 10년 단위로 전체 1억 2천만 파운드 예산을 확보하고 연간 최대 1750만 파운드로 사용을 제한하는 예산을 편성하며, 3) 개별 식민지 정부가 예

---

31 "Churchill and the Guns of Singapore, 1941-1942: Facing the Wrong Way?", 2019, https://winstonchurchill.hillsdale.edu/singapore-guns/#:-:text=Winston%20Churchill%20described%20the%20fall,force%20roughly%20half%20their%20size(accessed by July 2023).

32 Robert D. Pearce, *The Turning Point in Africa: British Colonial Policy 1938-1948*, London: Cass, 1982.

산 사용에 관한 직접 의결권을 가질 뿐만 아니라 연간 배정된 예산을 다 쓰지 못해도 영국 재무부에 반납하지 않고 식민지 자체에서 사용할 수 있도록 법안이 수정되었다.[33]

전쟁 이후 식민지 개발 및 복지 사업을 추진하는 영국의 적극성은 무엇보다 '1945년 식민지 개발 및 복지법'에서 제안된 10년 동안 1억 2천만 파운드라는 대폭 증가한 예산 배정에서 드러났다. 이 법안의 첫 번째 검토 때는 원래 1억 5천만 파운드의 예산이 책정되었으나, 당시 재무부 장관은 "우리가 식민지에 보내는 지원은 국내 지출이 아니라 해외 지출이고, 우리에게 그 어떤 보상적인 이익을 가져오지 못할 것"이라며 반대했다.[34] 이에 수정된 법안이 하원 동의를 얻으며, 10년 동안 1억 2천만 파운드로 축소된 예산이 확정되었다. 이 재무부 장관의 발언에서 한 가지 중요한 점을 엿볼 수 있는데, 이제 영국 의회나 정치인들이 식민지 개발 사업을 위한 지출이 더 이상 영국에 경제적 이익을 가져오지 못할 걸 알면서도 해외 개발 사업을 추진했다는 것이다. 어쨌든 '1945년 식민지 개발 및 복지법'에 배정된 예산은 '1929년 식민지 개발법'의 5년 동안 5백만 파운드 예산과 비교하면 파격적 증가였다.

'1945년 식민지 개발 및 복지법'의 가이드라인은 그 시행 과정에서도 앞서 전개된 개발 사업과는 꽤 달랐다. 1945년 개발 사업부터는 연간 단위가 아니라 10년 단위의 개발 계획을 시행할 수 있도록 개정되었기에, 장기적 식민지 개발 사업을 계획할 수 있도록 한 점에서도 의미가 있다. 달리 말해서, 영국이 장기적인 관점에서 식민지 보유 및 식민지와의 관계를 10년 이상 지속하겠다는 의도를 드러낸 것으로 평가된다. 중

33   Wicker, "Colonial Development and Welfare, 1929-1957", p.183.
34   Morgan, *The Official History vol.1*, p.199.

상주의적 경제 관념을 넘어서 금전적 이해관계보다 지속적인 제국 운영을 위해 식민지의 독립을 막으려는 수단으로써 식민지 개발 및 복지 사업을 활용했다. 이런 맥락에서 '1945년 식민지 개발 및 복지법'은 '개발'보다 '복지'에 더 많은 예산이 배정되었는데, 약 58%의 예산이 복지 사업으로 향했다.[35] 이에 본국의 재정을 해외에 쓰는 것에 가장 부정적이고 언제나 인색하게 대응하던 재무부 장관마저도, "정치적 선전이라는 모양새보다는(rather than a propaganda figure) 식민지 세력의 필요에 따라 영국 시민의 세금이 사용되는 것에 동의한다"라고 반응할 정도였다.[36]

특히, 세부적으로 총예산 1억 2천만 파운드 중 전체 식민 제국the Colonial Empire을 포괄하는 예산에 2350만 파운드가 배정되었고, 여기에는 식민지 고등교육기관 설립, 식민지 지리 관련 연구조사, 식민지 관리 교육비용이 있었다. 그리고 개별 식민지가 8550만 파운드를 나누어 쓰고, 나머지 1100만 파운드는 예상치 못한 필요와 비상 상황에 대비하기 위해서 보존 처리되었다.[37]

식민부는 개별 식민지 개발 사업을 돕기 위해 1946년 '식민지 개발 및 복지법 위원회the Colonial Development and Welfare Council'를 조직하여 개별 식민지에 배정된 예산 사용의 가이드라인을 제시하고, 10년간의 개발 계획을 검토하는 업무를 담당하게 했다. 이처럼 개별 식민지에 예산 사용의 자율성을 부여하고 현지에서 필요한 개발 및 복지 정책을 추진하도록 업그레이드된 정책 전반에 대하여 식민부 차관 토머스 로이드Thomas Lloyd는 자신들이 하는 일에 자부심을 드러냈다. "10년 개발 계획은 현지 식민지가 책임감을 느끼고 추진하고, 식민부와 '식민지 개발 및 복지법

---

35 Havinden and Meredith, *Colonialism and Development*, p.220.
36 Morgan, *The Official History vol.1*, p.198.
37 Wicker, "Colonial Development and Welfare, 1929-1957", p.184.

위원회'는 그 계획을 검토하는 방식으로 일해야 합니다. 이를 통해 현지의 책임감을 확인할 수 있고, 식민 정부가 책임지고 일하도록 하는 것이 우리의 장기적인 계획입니다."[38]

영 제국의 '1945년 식민지 개발 및 복지법'에 따른 정책 중 가장 주목받던 사업은 '동아프리카 땅콩 계획the East African Groundnut Scheme'이었다. 과거 독일 식민지였던 탕가니카Tanganyika(현재 탄자니아) 식민지를 중심으로 실시된 대대적인 농업 생산성 향상 프로젝트로, 땅콩 등 견과류 재배를 장려했다. 2차 세계대전으로 영 제국은 아시아 지역의 기름 플랜테이션 영토를 잃었던 터라 기름fat and oil 공급 부족에 시달리고 있었고, 이를 아프리카에서 회복하고자 했다. 1946년 '동아프리카 땅콩 계획'을 설계하기 시작하여, 1947년, 탕가니카의 콩와Kongwa, 우람보Urambo, 나칭그웨아Nachingwea 지역 농지에서 견과류 재배를 시작했다. 4년 동안, 이 지역에 3600만 파운드의 개발 비용이 사용되었고, 이는 처음 예상보다 1200만 파운드나 증액된 것이다. 당시 미국과 소련, 국제연합은 식민지를 보유한 유럽 국가에 대해 공식적인 비판을 시작했고, 식민부는 '동아프리카 땅콩 계획'을 영 제국의 이미지 개선을 위한 홍보 도구로 활용하고자 했다. 영국은 국제연맹의 위임통치 체제를 인계받아 국제연합의 신탁통치령으로 관리하던 탕가니카의 농업 생산성을 향상함으로써, 국제사회에 제국주의의 새로운 역할을 보여 주고자 하는 의도가 다분했다. 그래서인지 탕가니카 개발에는 다른 지역에 비해 단기간에 너그러운 재정 지원이 이루어졌다.

하지만 '동아프리카 땅콩 계획'은 1951년에 갑자기 중단되면서 실패했다. 그 이유로 식민부는 지역 풍토를 제대로 알지 못했다거나 가뭄 등

— 38 Ibid., p.185.

의 자연재해를 탓하기도 했다. 하지만, 현지 사업에 참여한 지역 노동자와 마을 사람들의 의견을 무시한 영국의 개발 전문가들이 주도한 농업 개발 프로젝트는 결국 현지인과의 충돌을 초래했고, 이에 따라 큰 예산을 쓰고도 실패한 전형적인 '위로부터의' 개발 사례로 알려졌다.[39]

갑자기 들이닥친 영국인들이 자신들의 땅에 와서 대형 농장을 만들고 마을 사람들을 농장 노동자로 고용하여 착취하는 과정을 목격한 탕가니카의 한 현지인은 인터뷰를 남겼다. "낯선 사람들은 우리 마을에서 춤a dance을 췄어요. 그것은 좋은 춤이었어요. 하지만 그들은 우리 전통에 따라서 먼저 우리 마을 어른들에게 허락을 구했어야 했어요."[40] 식민지 개발 사업이 경제적으로는 식민지 사회에 도움이 될 수 있을지언정 그 지역 사회의 전통과 문화를 존중하지 않았다는 것이다. 역사가들은 '동아프리카 땅콩 계획'은 여전히 영국의 목적 달성을 위해 실시된 개발로, 현지에서 필요한 개발 사업과는 거리가 멀었다고 비판한다.[41] 탕가니카 개발 사업의 실패는 아무리 많은 경제적 원조를 쏟아부어도 현지 사회에 대한 이해와 소통 없는 위로부터의 개발은 결국 실패할 수밖에 없다는 교훈을 남겼다.[42] 더 나아가, '1945년 식민지 개발 및 복지법'에 따른 사업 중 상징적으로 홍보되던 '동아프리카 땅콩 계획'의 실패는 결과론적으로 식민지 사회의 큰 발전을 가져오지 못했고, 영 제국의 전후 식민지 개발 사업은 실패했다는 평가를 야기했다.[43]

---

39 The Museum of English Rural Life, 'The Groundnut Scheme: a Colonial Failure', https://merl.reading.ac.uk/explore/online-exhibitions/colonial-failure/(accessed by July 2023).

40 Cited in Nathan Jumba Anyonge, "British Groundnut Scheme in East Africa: Labour Government's Dilemma", Kansas State University MA Thesis, 1966, p.136.

41 Havinden and Meredith, *Colonialism and Development*, 참조.

42 '동아프리카 땅콩 계획'에서 보여 준 현지와의 소통 부재가 불러온 무분별한 개발은 이후 미국 재단이나 국제기구의 제3세계 개발 협력 사업에서도 실패한 위로부터의 사업으로 회자된다.

43 예를 들어, Wicker, "Colonial Development and Welfare, 1929-1957", 참조.

그런데 관련 선행 연구의 대부분은 영 제국이 전후에 새롭게 시작한 식민지 대학 설립이라는 중요한 어젠다를 간과한 아쉬움이 있다. 실제로 '1945년 식민지 개발 및 복지법'에 따라 식민지에 고등교육기관을 설립하기 위한 예산 확보 및 대학 개발 사업의 진행 내용은 거의 다루지 않았다. 오히려 전체적인 영 제국의 탈식민화 또는 사회문화사 연구에서는 종종 언급되지만, '1945년 법'의 제정과 연계되어 설명되는 경우는 드물다.[44] 영 제국의 해외 개발 역사에서 대학 교육 개발 연구가 빠진 것은 개발 사업이라고 하면 아직 경제 사업에 집중하는 경향이 있고 사회문화적 개발 사업에 관한 연구 성과가 많이 없기 때문이기도 하다.

정작 영 제국은 '개발'과 '복지'를 같은 선상에 두고 법안을 발의했고, 해외 식민지 대학 설립 사업은 전후 복지 사업에서 가장 중요한 역할을 담당했다. '1940년 식민지 개발 및 복지법'에서도 식민지 교육 사업이 있었으나, 적은 예산 배정과 기초 수준의 교육 제공은 식민사회 교육의 틀을 바꿀 만큼 획기적이지 않았다. 하지만, '1945년 식민지 개발 및 복지법'에서 책정한 전체 예산 중에는 6백만 파운드가 식민지 대학 설립을 위한 예산으로 배정되어 실제 대학의 개교로 나타났다. 이는 개별 식민지에 배정된 초중등교육 예산과는 별도로 책정되어 제국 식민지 전체의 대학 설립을 위해 배정된 금액이었다.

1943년, 식민부 장관 스탠리는 이 식민지 대학 설립 계획에 대하여 본국과 식민지와의 지속적인 파트너 관계 형성을 위해서는 식민지에 고등교육을 제공하는 것이 중요하다고 강조했다. 그는 대학 설립이 '식민 제국의 전후 재건 및 경제 개발과 연계된 중요한 문제 중 하나가 될 것이다'라고 했다.[45] 식민지 고등교육의 제공은 식민지를 자치 정부의

---

44   Hyam, *Britain's Declining Empire*, pp.89-90.

길로 인도하기 위한 영국식 훈련 방법의 제공이었고, 그다음 단계인 탈
식민화와 직접적으로 연계되어 계획되었다.[46]

　　1945년까지 영국 관점에서 '문명화된' 인도와 홍콩 등 몇몇 해외 영
토를 제외한 영 제국의 식민지에는 학위를 발급해 줄 수 있는 대학교
가 존재하지 않았다. 하지만 '1945년 식민지 개발 및 복지법' 사업 진행
에 따라 1948년까지 4개의 식민지 대학(교), 서아프리카 골드코스트(현재
가나)의 골드코스트대학University College of the Gold Coast(현재 가나대학교), 나이
지리아의 이바단대학University College Ibadan, 말라야의 말라야대학교University
of Malaya, 서인도제도의 자메이카를 중심으로 한 서인도제도대학University
College of the West Indies이 개교했다. 이들은 처음에는 탕가니카의 '동아프리
카 땅콩 계획'보다 훨씬 적은 예산을 지원받았지만, 이후 식민지 고등교
육 분야는 점점 더 많은 지원금을 받았다. 1955년, 영국 의회는 '1945년
식민지 개발 및 복지법'의 내용을 수정하면서 식민지 대학을 위해 처음
배정된 1억 2천만 파운드 외에 추가로 8천만 파운드를 확보했다. 비록
식민부가 공개한 자료 중 교육에 사용된 자금이 초중등 및 고등교육 전
체가 통합되어 제시되어 식민지 대학에만 얼마큼 쓰였는지 정확한 금
액을 확인하기는 어렵지만, 1945년부터 1957년까지 식민지 교육 전체에
3290만 파운드가 배정되었고, 이는 '식민지 개발 및 복지법'에 따른 예
산 지원 항목 중 가장 큰 비중인 19.3%를 차지했다.[47]

　　이렇게 설립된 아프리카와 서인도제도의 신생 식민지 대학은 런던

45　Eric Ashby, *Universities; British, Indian and Africa: a study in the ecology of higher education*, London: Weidenfeld & Nicolson, 1966, pp.197-223.
46　CO 852/588/11, Secretary of State for the Colonies, 15 November 1944, cited in Porter and Stockwell eds., *British Imperial Policy*, p.209.
47　Wicker, "Colonial Development and Welfare, 1929-1957", pp.189-190.

대학교the University of London와 '특별한 관계the Special Relations'라는 협약을 체결하고 런던대학교로부터 교육과정과 학과 설치 및 운영방식을 복사하듯이 가져와 현지 식민지 학생들을 교육했다. 이 과정에서 런던대학교가 식민지 대학의 교육 활동을 지도하고 평가하여 최종적으로 런던대학교 학위를 현지 학생들에게 수여하는 중요한 역할을 담당했다.[48] 초기 식민지 대학 입학생 수가 교당 33명 남짓이었던 점을 고려하면 당시 식민지 대학 교육은 소수를 위한 엘리트 교육이라는 비판을 벗어날 수 없다. 하지만 아이러니하게도 식민지 대학 학생들이 대체로 런던대학교의 교육과정과 영국식 대학 교육 시스템을 선호하고, 런던대학교 학위를 받아 커리어 발전을 도모하고자 한 실용적인 목적이 런던대학교와 식민지 대학 간의 협력 관계를 유지할 수 있게 된 현지 동력 중 하나였다.[49] 앞선 스탠리의 의견에서 알 수 있듯이, 이를 통해 탈식민 이후 현지 지도자를 친(親)영적으로 교육하려 한 큰 그림이 있었다.

1946년에는 '1945년 식민지 개발 및 복지법'에 따라 해외 식민지 대학의 설립과 운영에 필요한 행정 및 기술 조언과 지원을 제공하기 위해서 '대학 간 협의회Inter-University Council for Higher Education in the Colonies, 이하 IUC'까지 조직할 수 있었다.[50] 이 협의회는 영국과 식민지 대학 사이를 연계하여, 연구 협력과제 공유, 교수와 학생 교환 프로그램 운영, 식민지 대학

---

48 Bruce Pattison, *Special Relations: The University of London and New Universities Overseas, 1947-1970*, London: University of London, 1984.

49 예를 들어, 가나의 독립 이후에도 런던대학교의 학위를 취득하고 싶어 한 학생의 편지 내용 참고. Special Collection, Senate House Library, University of London, UoL/AC11/4, Letter from Okoye to External Registrar, 10 October 1961. 식민지 대학과 그 학생들이 실용적인 이유로 런던대학교 학제를 수용한 것과 관련해서는 신동경, 「런던대학교와 식민지 대학의 특별한 관계」, 『영국연구』 48, 2022, 185-224쪽 참조.

50 I. C. M. Maxwell, *Universities in Partnership: The Inter-University Council and the growth of higher education in developing countries, 1946-70*, Edinburgh: Scottish Academic, 1980.

교수 채용을 위한 인력 풀 공유와 같은 기능을 했다. 이들의 서비스를 계속 받길 원하던 해외 대학 기관의 수는 탈식민화 이후에도 계속 증가했다. IUC는 1970년대까지도 약 30개의 해외 대학과 직접적인 협력 관계를 체결하고 있었다. 이를 통해 영국식 대학 교육 시스템과 교육 문화적 영향력이 영국의 소프트파워로 남아, 과거 식민지이자 새로운 영연방 국가들에서 지속되는 데 이바지했다.[51] 즉, 1945년 식민지 개발 및 복지 사업의 숨겨진 어젠다였던 식민지 대학 개발 사업을 통해 영 제국은 탈식민 기간에 본국과 식민지 사이 네트워킹을 공고히 한 것이다.

이 장은 '식민지 개발 및 복지법'의 내용과 그에 따른 정책의 추이를 되짚어 보면서, 선행 연구에서 아쉽게 놓친 식민지 대학 설립의 특징을 부각하면서 적어도 영 제국의 전후 식민지 개발 정책은 완전한 실패로 결론 내리기는 어렵다고 제안한다.

런던대학교와 식민지 대학 사이의 '특별한 관계'는 1960년대를 지나면서 종결되지만, 영국 대학교와 영연방 국가(과거 해외 식민지)의 대학들의 교류 관계는 지금까지도 지속되고 있다. 1981년 IUC는 영국문화원으로 합병되었고 영국문화원은 개발도상국 대학 교육 활동 지원 및 영국 대학교와의 교류 증진을 담당하는 고등교육 개발 업무를 독립된 부서에서 담당하고 있다. 무엇보다 영연방 국가의 대학 기관 사이의 연합 및 교류 활동은 '영연방 대학교 연합the Association of Commonwealth Universities'을 중심으로 현재까지도 활발히 이루어지고 있다.

우리는 이를 바탕으로 식민부의 청사진 아래에서 만들어진 식민지 개발 및 복지 사업이 현대 세계 어디선가 영국과 과거 식민지이자 현재

---

51 Dongkyung Shin, "Partnership in Universities: British Strategies for New Universities at the End of Empire", King's College London Ph.D Thesis, 2022 참조.

영연방 국가 사이 교류의 메커니즘으로 남아 있음을 확인할 수 있다. 영제국이 해외 개발을 통해 경제적 이득을 취하고자 한 정책의 시작은 중상주의적 경제관에서 벗어나지 못했으나, 시대의 변화에 따라 금전적 계산을 넘어서는 영 제국 또는 영국의 국제적 위상과 자신들의 문화적 영향력을 식민지에 남기는 개발 정책으로 전환한 것이 현재 영연방 국가들이 공유하는 제국의 흔적이자 '식민지 개발 및 복지법'의 유산이라고 결론짓는다.

4. 맺음말: 탈식민화 시기의 개발이라는 식민화

이 장에서는 영 제국이 주도한 식민지 개발 정책의 과정을 1929년부터 1960년대까지 살펴보았다. 체임벌린식의 중상주의적 경제 논리로 시작된 식민지 개발 계획은 식민지인의 저항을 무마하고 전쟁 참여를 유도하기 위한 회유책이 되었다가, 영 제국의 해체를 내다보며 경제적 이익보다는 영국의 국제적 위상과 영연방의 지속적인 관계 유지를 위해 위한 방향으로 수정되었다. 이러한 추이는 식민지/해외 개발을 다루는 영 제국의 변화된 의도와 정책 내용의 반영이었다.

식민부의 '식민지 개발 및 복지법'의 제정은 전형적인 '위로부터의' 개발로 현지 식민지 입장에서는 '두 번째 식민지 정복second colonial occupation'이었다. 이 해외 식민지 개발 사업은 전후에는 아프리카 식민지가 중점적 대상이었다.[52] 무엇보다 식민지의 독립이 예상되는 가운데 본국 정부가 실시한 개발 정책이었기 때문에 이를 두고 역사학계에서는 이미 '탈식민화의 제국주의the Imperialism of Decolonization'라는 유명한 표현으로 제국의 패러독스를 꼬집는다.[53] 이런 비판에도 불구하고 20세기 영국의 개발 사업에 관해 영국식 아이디어와 메커니즘을 식민지 사회에 이식 또는 수출했고, 이렇게 '영국식을 수출하는 것Exporting Britishness'은 제국의 정치적 해체 후에도 영국의 역할을 중요하게 남겨 놓고자 한 제국의 지속적 야심이라고도 볼 수 있다.[54] 이런 연구 분석을 종합해서 평가해보면, 본 연구가 주목한 '식민지 개발 및 복지법'의 제정은 영 제국 운영의 마지막 통치 카드였다고 충분히 평가할 수 있다. 영국은 이 통치술을 활용하여 제국을 운영하며 끝까지 이익을 취하고자 했으며 제국 해체 이후를 내다보며 식민지와 유대 관계를 다지고자 했다. 비록 경제적으로 개발 사업이 성공하진 못했으나 대학 교류와 같은 사업에서는 탈식민 후에도 영국을 중심으로 지속되는 영연방 관계를 유지하는 데 이바지했다.

실제로 '식민지 개발 및 복지법'에 따른 해외 활동이 가장 활발하게 진행되던 1945년부터 1950년대 후반까지 영 제국은 역사상 최대 규모의 영국인 남자와 여자를 식민지 현장에 관료, 교사, 기술자, 간호사 등으로 채용하여 영국의 해외 영토로 보냈다.[55] 이들의 보수까지도 식민지 개발 사업의 예산으로 지급되었다는 점에서 영국인의 세금으로 식민지

52 Donald A. Low and John M. Lonsdale, "Introduction: Towards the New Order 1945-1963," Donald A. Low and Alison Smith eds., *A History of East Africa vol.III*, Oxford: Clarendon Press, 1976.

53 Wm. Roger Louis and Ronald Robinson, "The Imperialism of Decolonization", *Journal of Imperial and Commonwealth History*, vol.22, iss.3, 1994, pp.462-512.

54 Sarah Stockwell, *The British End of the British Empire*, Cambridge: Cambridge University Press, 2019, p.9.

55 관련 내용은 Anthony Kirk-Greene, *On Crown Service A History of HM Colonial and Overseas Civil Services 1837 – 1997*, London: I.B. Tauris, 1999 참조.

개발 자금을 지원하였다는 역사적 논리에 대해서는 보다 더 많은 비판적 연구가 필요해 보인다.

동시에 2차 세계대전 직후 역사상 가장 힘든 재정난에 허덕이던 영국이 어떻게 대폭 증가한 '1945년 식민지 개발 및 복지법' 예산을 마련했는지도 해외 개발의 역사에서 심도 있게 다루어질 필요가 있다. 실제로 그 1억 2천만 파운드 전체 예산 중 9800만 달러에 해당하는 예산은 미국이 전후 유럽에 실시한 ('마셜 계획Marshall Plan'이라고 알려진) '유럽 재건 사업the European Recovery Program'에서 영국에 배당된 자금을 유용한 것이다. 마셜 계획의 원조 제공 조건에는 그 지원금을 유럽 국가의 해외 식민지에서 사용할 수 없다는 내용이 포함되어 있었으나, 영국은 이 조항을 어기면서 식민지 개발 사업에 활용했다. 미국도 이 사실을 알면서도 그 과정에서 영국 식민지가 세계 시장으로 공급하는 미네랄을 비롯한 원자재를 비축하며, 달러 우위 시장에서 이득을 취했다고 알려져 있다.[56] 영 제국의 식민지 개발 사업은 전후 국제관계의 얽히고설킨 외교술과 경제정책의 한 단면이었다.

이처럼 영 제국이 실시한 '식민지 개발 및 복지법'과 그 내용들에 관해서 아직 분명하게 밝혀지지 않은 사실들과 역사적 판단이 혼재한다. 본 연구의 시작에서 언급했듯이 '식민지 개발 및 복지법'에 관한 연구는 '새로운 제국사 연구'의 동향에서 주목받지 못했다. 아마도 식민지 근대화론과 연결된다는 가치판단의 문제와 더불어 전 세계 여러 나라에 흩어진 과거 영국 식민지 문서고에 남아 있을 '식민지 개발 및 복지법'에 따른 예산 집행 영수증을 일일이 대조하지 않는 이상 정확한 데이

■ 56 Sarah Stockwell, *The Business of Decolonisation: British Business Strategies in the Gold Coast*, Oxford: Claredone Press, 2000, p.205.

터에 기반을 둔 결론을 내리기가 어렵기 때문이다.

그럼에도 불구하고 이 장은 한국 사학계에서 잘 알려지지 않았던 영국이 세계 최초로 정부가 주도하여 시행한 해외 개발 사업의 역사를 소개하고, 선행 연구에서 그 중요성이 크게 주목받지 않았던 '1945년 식민지 개발 및 복지법'의 특징과 식민지 대학 개발 사례를 제시하면서, 이 사업이 완전한 실패가 아니었음을 밝혔다. 궁극적으로 이 과정을 통해 영국을 시작으로 하여 서구 사회가 주도하는 해외 식민지 개발 협력 사업을 이해하는 데 역사적 배경과 새로운 시각을 제공하면서 본 연구를 마치고자 한다.

4장

냉전사와 소련 연구

노 경 덕

1. 머리말

1980년대 말, 냉전 시대가 종말을 고한 후, 세계 역사학계에는 냉전사^{Cold War History}라 불리는 새로운 연구 분야가 등장하였다. 냉전사라는 용어가 본격적으로 쓰이기 시작한 것은 1990년대 초, 미국 우드로윌슨센터^{the Woodrow Wilson Center} 내 케넌연구소^{the Kennan Institute}에서 소위 냉전국제사프로젝트^{the Cold War International History Project}를 운영하면서부터였다. 이에 직간접적으로 관련되었던 학자들은 이 용어를 기존의 일반적인 냉전연구^{the Cold War Studies}와 구별하기 위해 의식적으로 사용하였다. 이후 『냉전사』라는 학술지가 영국 런던대학을 중심으로 창간되었으며 2010년에는 지난 20년간의 냉전사 연구 성과가 집대성되기도 하였다.[1]

이러한 노력 속에서 만들어진 개념인 냉전사는 크게 두 가지의 특징적인 의미를 포함하고 있다. 첫째, 냉전사는 과거 냉전 연구처럼 미소 간의 냉전에 대한 책임 공방이나 체제 경쟁이라는 정치적 맥락 속에서 가 아니라, 보다 학문적인 접근법과 객관적인 시각을 통해 이 시대 역사 를 탐구한다는 의미를 지닌다. 둘째, 기존의 냉전 연구가 미국과 소련이 라는 양대 초강대국 간의 외교 및 군사 관계에 매달렸던 데에 비해, 냉 전사는 그 연구 영역을 확대하는 의미를 담고 있다. 이는 다시 예술, 대 중문화, 젠더, 인종, 국내 정치, 일상과 사회상, 세계 경제 등으로의 연구 주제 확대와, 냉전기 서유럽, 동유럽, 중국, 제3세계 국가들, 그리고 이 들과 미소와의 관계라는 연구 지역 확대의 두 가지 양상으로 드러났다. 이는 냉전사가 냉전을 국제 정치상의 사건이나 국면으로서가 아니라 하나의 완결적인 역사적 시대로 바라보면서 이에 대한 종합적 이해를 추구한 데서 나온 자연스러운 결과였다.

냉전사 연구는 그 성격상 국가 간 관계사, 국제사 또는 트랜스내셔 널 역사 서술을 지향하기는 하지만, 아직까지는 개별 국가 역사 연구의 틀 내에서 이루어지고 있는 것이 현실이다. 따라서 냉전사 연구는 위에 서 밝힌 그 기본적인 의미는 공유하면서도, 각국사의 연구 전통, 조건 그리고 수준에 따라 다양한 모습으로 나타나고 있다. 본고는 위에서 밝 힌 냉전사 연구 일반의 경향이 소련 연구 영역에서 어떻게 구체적으로 표현되고 있는지에 대한 고찰이다. 앞으로 이를 간략히 '소련 냉전사 연 구'라고 명명하겠다. 이 '소련 냉전사 연구'는 과거 냉전 연구를 독점했 던 서방 학계[2] 연구자들뿐만 아니라, 러시아 및 동유럽 그리고 중국과

1 Melvyn P. Leffler and Odd Arne Wested eds., *The Cambridge History of the Cold War* I, II, III, Cambridge: Cambridge University Press, 2010. 본서의 서평으로 노경덕, 「냉전연구의 새로운 시각과 관점」,『통일과 평화』3집 2호, 2011.
2 1990년대 이전까지의 소련 냉전 연구는 사실상 서양 학계에서만 진행되었다. 냉전의 또 다른 주

제3세계 출신 학자들의 참여에 의해 크게 발전하고 있다.

이런 소련 냉전사 연구에는 현재 크게 세 가지의 두드러진 경향이 존재한다. 첫째는 소련 해체 후 새로이 이용할 수 있게 된 구소련 및 제2세계의 문서고 자료를 바탕으로, 기존의 냉전 연구에서 답하지 못했거나 논쟁 중이었던 수많은 과거 연구 주제들을 다시 탐구하는 것이다. 이 경향에 속하는 연구들은 냉전 시대에 대한 참신한 시각이나 방법론적 모색을 보여 주기보다는, 새로운 자료를 이용하여 실증적인 성과물을 산출했다는 데 특징이 있다. 이들은 주로 냉전의 기원 문제와 스탈린 시대 초기 냉전 연구에 집중되며, 일부 스탈린 시대 이후의 위기 국면에 대한 연구들도 포함한다.

첫 번째 경향이 여전히 미국과 소련의 군사 외교 관계 탐구라는 과거 냉전 연구의 시야에 머물러 있었던 데에 비해, 2000년대 이후 본격화된 두 번째 경향은 냉전을 경험했던 여타 국가들, 특히 제3세계 국가들과 소련과의 관계에 관심을 두었다. 주로 스탈린 시대 이후와 페레스트로이카 이전 시기에 초점을 맞추는 이 경향은, 소련과 미국이 각각 제3세계 국가들과 맺었던 관계가 미소 간의 양자 관계 못지않게 냉전의 주요한 부분이었다는 가정에 근거한다. 과거의 냉전 연구가 소련과 제3세계 관계를 전자에 의한 혁명 수출이라는 일방적인 개념으로 단순화했었다면, 새로운 소련 냉전사 연구는 제3세계 국가들의 이니셔티브와 소련의 대응, 그리고 미소 경쟁의 국제정치 구도 속에서 겪었던 그들의

축이었던 소련의 연구에는 "냉전 연구"라는 카테고리로 묶일 만한 결과물들이 존재하지 않았다. 20세기 후반 미소 관계를 다룬 소련에서 나온 연구들은 대부분이 당대 국제정치에 관한 저널리즘 논평이거나 정치색 짙은 프로파간다였다. 사실 소련은 "냉전"이라는 용어를 1980년대 말 소위 페레스트로이카 시대 이전까지는 공식적으로 사용하지도 않았다. Odd Arne Westad, *The Global Cold War*, Cambridge: Cambridge University Press, 2005, p.2.

경험을 강조한다.

두 번째 경향이 과거 냉전 연구의 시야를 넓히긴 했지만 여전히 외교사와 국제정치 연구의 전통적 방법론에 의지하는 데 비해, 마지막 세 번째 경향은 문화 연구라는 새로운 접근법을 수용하여, 냉전 시대 문화 영역에서 소련이 겪었던 국제관계를 탐구한다. 이런 연구들은 주로 소련이 국제무대에서 벌였던 미국과의 문화 경쟁, 즉 '문화 냉전cultural Cold War' 문제, 스탈린 시대 이후 소련에 수입된 서방 문화 문제, 마지막으로 소위 제2세계 국가들의 문화적 또는 일상 차원의 '소비에트화Sovietization' 문제 등에 집중되어 있다.

본고는 위와 같은 소련 냉전 연구의 세 가지 경향을 차례로 살피면서, 각각의 연구 성과를 점검하고 분석하는 데 목표를 둔다. 이에 앞서, 본고는 냉전사 연구 이전에 존재했던 과거 냉전 연구를 간략히 짚어 보는 것으로 시작한다. 이런 비교의 방법을 통해서만이 현재 진행되고 있는 새로운 소련 냉전사 연구의 특징과 한계가 잘 부각될 것이다.

2. 과거 냉전 연구

서방 학계에서 본격적인 냉전 연구가 출현했던 것은 미소 관계가 실제로 악화하기 시작했던 1940년대 후반이었다. 당시 미국과 영국 학계를 중심으로 형성된 냉전 연구는 주로 냉전의 '전선'을 직접 경험했던 외교관 또는 정치인, 언론인, 그리고 '정치 지향적' 국제관계 전문가들에 의해 주도되었다. 소련에 대한 지식은 다양한 방법을 통해 쌓고 있었으나 대부분이 러시아 비전공자들이었던 이들은, 대체로 당대 미 행정부의 입장을 대변 내지는 확인하는 차원에서, 냉전 발발에 대한 소련 책임론 제기에 매달렸다.[3] 소련 전문가 사이에서 보다 학술적인 저작이 출현했던 것은 이로부터 10년 가량이 지난 후였다. 보다 학문적으로 세련되고 그 정치색이 약화되기는 했지만, 이들의 주장 역시 소련 책임론의 범주에서 벗어나지 않았다.[4] 소련 책임론과 궤를 달리하는 소위 미국 책임론이 제기되었던 것은 새로운 세대의 미국 외교사가들과 국제정치 전문가들이 등장했던 소위 68혁명 이후였다.[5] 흔히들 정통주의와 수정주의라 불리는 위의 두 경향은 서로 반대되는 결론을 내렸음에도 불구하고, 양자 모두 미국과 소련의 정부 문서를 본격적으로 연구하지 못했다는 공통점을 가지고 있었다. 이 같은 한계는 1970년대 중엽 미국의 문서 공개에 의해 일부 극복되었고, 그 성과로 미국과 소련의 상호 오해와

---

3 가장 대표적인 인물이 조지 케넌(George Kennan)과 필립 모슬리(Philip Mosely)였다. X(George F. Kennan), "The Sources of Soviet Conduct," *Foreign Affairs*, vol.25, 1947; Philip Mosely, "Soviet-American Relations Since the War," *Annals of the American Academy of Political and Social Science*, vol.263, 1949.

4 Herbert Feis, *Churchill-Roosevelt-Stalin: The War They Waged and the Peace They Sought*, Princeton, NJ: Princeton University Press, 1957; Arthur Schlesinger Jr, "Origins of the Cold War," *Foreign Affairs*, vol.46, 1967; Zbigniew Brzezinski, *The Soviet Bloc: Unity and Conflict*, Cambridge, MA: Harvard University Press, 1960; Hugh Seton-Watson, *The New Imperialism*, London: The Bodley Head, 1961. 이런 경향의 두드러진 예외로는 Isaac Deutscher, *Stalin: A Political Biography*, Oxford: Oxford University Press, 1949; Marshall Shulman, *Stalin's Foreign Policy Reappraised*, Cambridge, MA: Harvard University Press, 1963.

5 Gabriel Kolko and Joyce Kolko, *The Limits of Power: The World and United States Foreign Policy 1945-1954*, New York: Haper & Row, 1972; Barton J. Bernstein, "American Foreign Policy and the Origins of the Cold War," Barton J. Bernstein ed., *Politics and Policies of the Truman Administration*, Chicago, IL: Quadrangle Books, 1970; Thomas G. Paterson, *Soviet-American Confrontation: Postwar Reconstruction and the Origins of the Cold War*, Baltimore, MD: The Johns Hopkins University Press, 1973. 수정주의를 탄생시킨 기념비적 저작은 William Appleman Williams, *The Tragedy of American Diplomacy*, New York: W. W. Norton & Company, 1959.

양자 책임론으로 요약되는 후기 수정주의가 1980년대에 탄생하였다.[6]

　위에서 잠시 언급했지만, 과거 (소련) 냉전 연구의 최대 쟁점은 냉전 기원에 대한 책임론에서 비롯된 소련 대서방 정책의 성격 규정이었다. 즉, 냉전을 미국과 서방세계에 대한 소련 도발의 결과로 간주하면서, 소련 대외정책을 공세/팽창적인 것으로 볼 것이냐? 아니면 냉전을 소련이 어쩔 수 없이 끌려 들어갔던 국면으로 이해하면서, 이를 수세적인 것으로 볼 것이냐? 이 공격과 수비의 이분법은 다시 이데올로기와 **현실정치**^{Realpolitik}, 그리고 일관성/계획성과 즉흥성/대응 등 다른 이름의 이분법으로도 표현되기도 했다. 소련의 대외정책은 마르크스-레닌주의, 즉 역사유물론, 자본주의 경제위기론, 전쟁 필연론에 기초해서 계획되고 일관적으로 실행된 것인가? 아니면 그것은 주어진 국제 상황에 대해 소련의 안보와 국가 이익을 지키고자 하는 현실 정치적인 대응일 뿐이었나? 한편, 이 같은 소련의 대서방 정책 성격 규정에서 출발한 과거 냉전 연구의 이분법은 소련과 비서방 국가 간의 관계 탐구에서도 유사하게 적용되었다. 제2세계 공산권 국가들은 소련의 이데올로기적 통제와 감시 속에 기능하는 위성국들이었는가? 아니면 그들은 소련으로부터 자율성을 확보하고 있었는가? 소련의 제3세계 국가들에 대한 군사적 및 경제적 지원은 공산주의의 수출이었는가? 아니면 현실적 이해관계의 원리가 소련과 제3세계 사이를 지배하였는가?[7]

━━　6　John Lewis Gaddis, "The Emerging Post-revisionist Synthesis on the Origins of the Cold War," *Diplomatic History*, vol.7, iss.3, 1983; Robert L. Messer, *The End of an Alliance: James F. Byrnes, Roosevelt and the Origins of the Cold War*, Chapel Hill, NC: The University of North Carolina Press, 1982; Deborah Welch Larson, *Origins of Containment: A Psychological Explanation*, Princeton, NJ: Princeton University Press, 1985. 소련 전공 학자의 성과로는 William Taubman, *Stalin's American Policy: From Entente to Détente to Cold War*, New York: W. W. Norton & Company, 1982.
　　　　7　대표적인 연구로 Roger Kanet ed., *The Soviet Union and the Developing Nations*, Baltimore,

이러한 과거 냉전 연구의 이분법은 대체로 학자 또는 학파들이 가졌던 개인적인 정치적 신념 또는 이데올로기적 지향에서 기인했다. 소련의 '공세' 또는 '팽창', '이데올로기 지향성', '통제', '혁명 수출' 등을 강조했던 이들은 미국 중심의 세계자본주의 체제와 자유주의적 질서를 옹호하는 입장이었으며, 실제 이 중 일부는 미 행정부의 외교정책 입안에 직간접적으로 관여하기도 하였다. 반대로 소련의 '수세'와 '현실정치' 원리에 주목했던 이들은 미국 정부의 대외정책에 비판적이었던 "신좌파" 계열의 지식인들이나 소위 68세대가 다수였다.[8] 물론 1980년대에 출현했던 후기 수정주의가 정통주의와 수정주의 간의 첨예한 대립을 어느 정도 희석시켰던 것은 사실이지만, 이 경향도 결국에는 위의 이분법적 구도 속에서 자유로울 수 없었다.[9] 이는 냉전 시대가 끝나기 전까지 냉전 연구가 심각하게 정치화되어 있었던 현실의 결과라고 할 수 있다.

MD: The Johns Hopkins University Press, 1974. 이들은 혁명 수출을 통한 소련의 제3세계 국가들 통제 양상을 강조하였다. 소련의 제3세계 "개입"에 마르크스-레닌주의 이데올로기에 의한 동력보다는 소련의 지정학적 이해관계를 더욱 강조한 흐름으로는, Bruce D. Porter, *The USSR in Third World Conflicts: Soviet Arms and Diplomacy in Local Wars, 1945-1980*, Cambridge: Cambridge University Press, 1984; Alvin Rubinstein, *Moscow's Third World Strategy*, Princeton, NJ: Princeton University Press, 1988.

8 앞서 밝혔듯이, 정통주의와 수정주의의 논쟁은 냉전 책임론에 근거한 이들 결론의 심각한 차이에서 비롯되었다. 하지만 연구 방법론상으로는 이 두 학파 내부에는 다양한 흐름이 존재했으며, 심지어는 서로 공유하는 경우도 적지 않았다. 스탈린 시대 소련 외교 연구사를 정통주의와 수정주의가 아니라, 방법론에 입각해서 재분류한 시도로는 노경덕, 「스탈린 시대 소련의 대외 관계, 1926-1953」, 『슬라브학보』 제27권 1호, 2012.

9 이런 관행은 현재에도 뚜렷이 목격된다. 조너선 하슬람(Jonathan Haslam)의 신간에 대한 멜빈 레플러(Melvyn Leffler)의 서평 참조. Melvyn Leffler, "Reassessing the Cold War," *Diplomatic History*, vol.36, iss.4, 2012, p.781.

3. 소련 냉전사 연구의 현재

1) 새로운 자료를 통한 과거 주제들의 재조명

1990년대 초 소련 해체와 함께, 기존 냉전 연구에서 논란의 대상이었던 여러 주제가 재조명받으며 세계 학계에는 냉전 역사 서술 붐이 일었다. 이 같은 연구 활성화에는 구소련과 제2세계 문서고들의 부분적 개방이 결정적인 계기가 되었다. 많은 냉전 시대 소련 외교 관련 자료가 학자들에게 열람이 허용되었고, 그중 일부는 서방의 자본과 러시아 재원을 통해 활발히 간행되기도 하였다. 이 새로이 공개된 자료를 바탕으로, 학자들은 냉전 기원과 초기 냉전의 전개에 대한 책임 규명 문제에 다시 한번 매달리게 되었다.

이렇게 볼 때, 소련 냉전사 연구는, 미국이나 서구 냉전사 연구와는 달리, 매우 전통적인 연구 질문의 재점화로부터 시작되었으며, 따라서 방법론이나 시각 면에서는 과거 냉전 연구와 크게 달라진 것이 없었다. 즉, 이는 양대 초강대국이 국제정치 무대에서 벌인 알력의 기원, 전개, 결과 등을 소위 "공식" 사료를 이용해 분석하는 전통적인 외교사 및 국제관계 연구 방식을 따랐다. 과거 냉전 연구와의 차이라면, 그 "공식" 사료가 구소련 및 공산권 문서고 자료라는 데에 있을 뿐이었다. 따라서 이 경향은 순수한 소련 연구의 특수성, 즉 문서고 상황의 변화와 연구사적 맥락에서 비롯된 것이지, 현재 새로운 냉전사 연구 일반의 흐름에서 직접적으로 유래한 것은 아니었다.

구소련 문서고 개방 직후 우선적으로 가장 뚜렷이 목도되었던 현상은 1960년대 이후 침체되어 있던 정통주의류 연구의 부활이었다. 이들은 냉전 기원과 초기 냉전에 관련된 새로운 러시아 문서고 자료들이 소련 외교의 공세성을 확인해 주며 나아가 냉전 발발의 책임은 스탈린에게 있음을 입증해 준다고 주장하였다. 신정통주의라 불릴 만한 이 흐름에는 일부 저널리스트와 '재야' 학자도 포함되었지만, 영미권의 보수적 외교사가 및 정치학자와 페레스트로이카의 반스탈린주의 분위기에 영향받았던 몇몇 구소련 출신 학자들이 주를 이루었다.

신정통주의자들이 냉전 기원에 대한 설명을 위해 특히 주목했던 자료들은 1947년 여름 이전의 소련 정치와 외교, 그리고 이에 대한 스탈린 개인의 역할에 관련된 것들이었다. 1947년 여름이 이들에게 중요했던 이유는 과거 수정주의자들의 핵심 주장을 반박하기 위해서였다. 수정주의자들은 1947년 여름에 발표된 미국의 마셜 플랜이 냉전 발발의 기원이었고 그 직후 스탈린의 강경 입장 선회는 이 계획에 대한 수동적 대응이었다고 주장했었다. 하지만 신정통주의자들에 의하면, 마셜 플랜이 발표되기 전에 이미, 스탈린의 소련은 서방에 대한 적대적 감정을 드러내었고, 마르크스-레닌주의 이데올로기를 외교 독트린으로 공고화하였으며, 세계 공산화 계획을 내부적으로 실행에 옮기고 있었다. 즉, 1945년 종전 직후 목도되었던 이란, 터키, 그리고 그리스 위기는 이데올로기에 기초한 스탈린의 팽창 정책의 결과였으며, 이 도발로 인해 이미 냉전은 시작되었다. 스탈린이 존재하는 한 독일의 분단은 필연이었고, 동유럽의 전면 소비에트화 계획도 마셜 플랜 이전에 이미 존재하였다. 중국공산당도 사실상 스탈린의 지령하에서 일관되게 반미 노선을 택하고 있었다는 것이다.[10]

---

10   Robert Tucker, "The Cold War in Stalin's Time: What the New Sources Reveal," *Diplomatic History*, vol.21, iss.2, 1997; Jamil Hasanli, *At the Dawn of the Cold War: The Soviet-American Crisis over Iranian Azerbaijan, 1941-1946*, Lanham, MD: Rowman & Littlefield Publishers,

이후의 냉전 전개에 대해서도 신정통주의자들은 새로운 자료들이 스탈린 및 스탈린 후계자들의 대외정책이 기본적으로 사회주의권 팽창이라는 기조 속에서 진행되었음을 증명해 준다고 주장했다. 스탈린의 평화운동과 독일 재통일 움직임은 일종의 제스처에 불과했으며, 한국전쟁도 결국 스탈린의 지시에 의했던 "스탈린의 전쟁"이었다. 흐루쇼프 시대의 베를린 장벽 위기와 쿠바 미사일 위기의 발발도 마르크스-레닌주의 이데올로기와 소련 외교의 공세성이 잔존했기 때문이라는 것이다.[11] 미국의 외교사가 존 개디스John Gaddis는 『우리는 이제 안다We Now Know』에서 이런 연구들을 종합하여, 냉전 발발과 전개에는 스탈린의 팽창 욕구와 소비에트 이데올로기가 핵심이었다는 것을 새로운 문서고 자료를 통해 "우리는 이제 안다"라고 선언하였다.[12]

하지만 곧 이런 '새로운' 자료들의 한계를 지적하고[13] 그에 기초했던 개디스의 과도한 단순화를 경계하는 목소리가 들려왔다.[14] 또한 러시

— 2006; Richard C. Raack, "Stalin Plans His Post-War Germany," *Journal of Contemporary History*, vol.28, no.1, 1993; Гибианский Л.Я, "Форсирование советской блоковой политики," в *Холодная война, 1945–1963 гг.: Историческая ретроспектива,* Отв. ред. Н. И. Егорова, А. О. Чубарьян, Москва: ОЛМА-ПРЕСС, 2003; Eduard Mark, *Revolution by Degrees: Stalin's National-Front Strategy for Europe, 1941-1947,* Washington, DC: Cold War International History Project Working Paper 31, 2001; Michael Sheng, *Battling Western Imperialism: Mao, Stalin, and the United States*, Princeton, NJ: Princeton University Press, 1997. 이런 연구들은 과거 정통주의와 마찬가지로 반공주의적 감정을 주저 없이 드러내었다. 공산주의 진영의 '반제국주의적' 결속을 강조했던 셩만이 유일한 예외였다.

11 Gerhard Wettig, "Stalin and German Reunification: Archival Evidence on Soviet Foreign Policy in Spring 1952," *Historical Journal*, vol.37, iss.2, 1994; Kathryn Weathersby, "New Findings on the Korean War," *Cold War International History Project Bulletin*, iss.3, 1993; Vladimir Zubok and Constantine Pleshakov, *Inside the Kremlin's Cold War: From Stalin to Krushchev*, Cambridge, MA: Harvard University Press, 1996.

12 John Lewis Gaddis/박건영 역, 『새로 쓰는 냉전의 역사』, 사회평론, 2002: John Lewis Gaddis, *We Now Know: Rethinking Cold War History*, Oxford: Oxford University Press, 1997.

13 특히, 커밍스의 웨더스비 비판 참조. Bruce Cumings and Kathryn Weathersby, "An Exchange on Korean War Origins," *Cold War International History Bulletin*, iss.6-7, 1995-1996.

14 Melvyn Leffler, "The Cold War: What Do 'We Now Know'?," *American Historical Review*,

아와 동유럽 문서고에서는 신정통주의자들의 주장과 어울리지 않는 증거들이 속속 발견되었다. 이에 의하면, 그리스, 터키, 그리고 이란에서의 후퇴는 미국의 압력에 물러선 스탈린의 수세적 행동이었다. 동유럽 강제 소비에트화 계획은 1947년 마셜 플랜 이전에는 존재하지 않았으며, 심지어 소련은 마셜 플랜 참여를 진지하게 고려했었다. 동유럽 국가들과 중국공산당은 소련으로부터 상당한 정도의 자율성을 확보하고 있었고, 소련이 이들에 대해 펼쳤던 정책은 일관적이지 않았다. 1950년대 스탈린과 그 후계자들은 진지하게 독일 재통일을 고려했었다. 베를린 장벽 위기와 쿠바 위기에서 두드러졌던 모습은 흐루쇼프와 동독 및 쿠바 지도부 간의 긴장 및 갈등이었다는 것이다.[15]

vol.104, no.2, 1999.

15 Natalia I. Egorova, The "Iran Crisis" of 1945-46: A View from the Russian Archives, Washington, DC: Cold War History Project Working Paper 15, 1996; Geoffrey Roberts, "Moscow's Cold War on the Periphery: Soviet Policy in Greece, Iran, and Turkey, 1943-8," Journal of Contemporary History, vol.46, iss.1, 2011; Scott Parrish and Mikhail M. Narinsky, New Evidence on the Soviet Rejection of the Marshall Plan, 1947: Two Reports, Washington, DC: Cold War International History Project Working Paper 9, 1994; Волокити на Т. В., Мурашко Г. П, Москва и Восточная Европа, Становление политических режимов советского типа: 1949—1953: Очерки истории, Москва: РОССПЭН, 2002; Vesselin Dimitrov, Stalin's Cold War: Soviet Foreign Policy, Democracy and Communism in Bulgaria, 1941-48, London: Palgrave Macmillan, 2008; Norman Naimark. The Russians in Germany: A History of the Soviet Zone of Occupation, 1945-1949, Cambridge: Belknap Press, 1995;, Odd Arne Westad, Cold War and Revolution: Soviet-America Rivalry and the Origins of the Chinese Civil War, 1944-1946, New York: Columbia University Press, 1993; Wilfried Loth, Stalin's Unwanted Child: The Soviet Union, the German Question, and the Founding of the GDR, London: Palgrave Macmillan, 1998; Wilfried Loth, "The German Question from Stalin to Khrushchev: The Meaning of New Documents," Cold War History, vol.10, iss.2, 2010; Hope Harrison, Driving the Soviets up the Wall: Soviet-East German Relations, 1953-1961, Princeton, NJ: Princeton University Press, 2003; Aleksandr Fursenko and Timothy Naftali, One Hell of a Gamble: Khrushchev, Castro, and Kennedy, 1958-1964, New York: W. W. Norton & Company, 1997; Aleksandr Fursenko and Timothy Naftali, Khrushchev's Cold War: The Inside Story of an American Adversary, New York: W. W. Norton & Company, 2007. 개디스와 반대 입장에서의 초기 냉전사 종합으로는 Geoffrey Roberts, Stalin's Wars: From World War to Cold War, 1939-1953, New Haven, CT: Yale University Press, 2006과 В. О. Печатнов, Сталин, Рузвельт, Трумэн. СССР и США в 1940-х гг, Москва: Терра, 2006. 보다 절

이처럼 새로운 자료를 이용해서 과거의 질문들에 답을 제시하려 했던 시도의 결과는 논쟁의 재현, 그것도 여전히 정치화된 논쟁의 재발 이었다. 여기에 1990년대 중반 이후, 러시아 문서고 개방 상황이 다시 악화하고 새로운 자료의 공급이 중단되면서, 이 논쟁의 접점을 찾기는 더욱 어려워졌다.[16] 일부 학자들은 현재까지의 성과를 토대로 냉전 시대 전체 역사를 종합하려 하고 있고,[17] 일부는 나빠진 문서고 상황 속에서 새로운 연구 분야와 방법론 모색에 나서고 있는데, 이 성과 중 일부가 또 다른 소련 냉전사 연구의 경향들로 표현되었다.

2) 소련과 제3세계

소련과 제3세계 국가 연구는 최근 소련 냉전사 연구에서 크게 활성 화되고 있는 분야이다.[18] 그 이유는 앞서 말한 구소련 문서고 상황의 악 화와 무관하지 않다. 즉, 이 연구 흐름은 현재 그 개방의 폭이 상대적으 로 넓은 제3세계 국가들의 문서고를 적극적으로 이용할 수 있는 이점을

충적인 입장을 취했던 저작으로는 Caroline Kennedy-Pipe, *Stalin's Cold War: Soviet Strategies in Europe, 1946 to 1956*, Manchester: Manchester University Press, 1995.

16 논쟁의 접점을 찾기 위한 하나의 방법으로 소련 외교의 이데올로기 지향성과 수세성을 결합시 켜 보려는 시도가 존재하기도 했다. 이에 대한 소개로는 노경덕, 「스탈린 시대 소련의 대외 관계, 1926-1953」, 147-149쪽.

17 John Lewis Gaddis, *The Cold War: A New History*, London: Penguin Books, 2005; Melvyn Leffler, *For the Soul of Mankind: The United States, the Soviet Union and the Cold War*, New York: Hill and Wang, 2007; Vladislav Zubok, *A Failed Empire: The Soviet Union in the Cold War from Stalin to Gorbachev*, Chapel Hill, NC: The University of North Carolina Press, 2007; Jonathan Haslam, *Russia's Cold War: From the October Revolution to the Fall of the Wall*, New Haven, CT: Yale University Press, 2011.

18 David Engerman, "The Second World's Third World," *Kritika*, vol.12, *iss.1*, 2011. 본 절은 엥거 만의 종합에 크게 도움받았다.

가지고 있다. 더불어, 소련과 제3세계 관계 연구의 활성화는 현재 새로운 냉전사 연구 일반에 불고 있는 미국과 제3세계 관계 연구 붐에 힘입은 바도 크다. 이는 보다 넓게는 20세기 미국 외교사 분야에서 비롯된 것으로, 구체적으로는 미국 외교사를 단순히 미국의 대외정책사로만 파악했던 경향에 대한 반성에서 출발하였다. 이들은 기존의 연구가 미국이 세계를 만들었다는 가정 속에 갇혀 있다고 비판하면서, 역으로 세계가 미국을 만들었던 측면에 주목하고자 한다. 따라서 이들은 제3세계를 단순히 미국 정책의 수동적 대상으로서 바라보지 않고, 미국의 대외정책, 국내 정치, 그리고 사회에까지 영향을 미치는 능동적 주체로 인식한다. 따라서 미국 외교사, 특히 냉전 시대의 미국 외교사는 더 이상 "미국무부"의 역사가 아니라 진정한 국제관계사가 되었으며, 더 구체적으로는 미국과 제3세계 간의 상호 인식과 상호 영향의 역사가 되었다.[19]

노르웨이 출신 오드 베스타Odd Westad는 이런 미국 외교사 연구의 흐름과 냉전사 서술을 연결시켜 본격적인 국제사 연구 저작을 만들어 내었다. 그는 각각의 이데올로기에 기초한 양대 초강대국의 제3세계관과 개입 정책을 냉전의 한 축으로 보면서, 또 다른 중요한 축으로 미국과 소련의 경쟁 속에서 제3세계 국가들이 겪은 경험들을 설정한다. 그에

---

19 Mark Bradley, *Imagining Vietnam and America: The Making of Postcolonial Vietnam, 1919-1950*, Chapel Hill, NC: The University of North Carolina Press, 2000; Andrew Rotter, *Comrades at Odds: The United States and India, 1947-1964*, Ithaca, NY: Cornell University Press, 2001; Melany McAlister, *Epic Encounters: Culture, Media and U.S. Interests in the Middle East, 1945-2000*, Berkeley, CA: University of California Press, 2001; Peter Hahn and Mary Ann Heiss eds., *Empire and Revolution: The United States and the Third World since 1945*, Columbus, OH: The Ohio State University Press, 2001; Salim Yaqub, *Containing Arab Nationalism: The Eisenhower Doctrine and the Middle East*, Chapel Hill, NC: The University of North Carolina Press, 2004; Kathryn Statler and Andrew Johns eds., *The Eisenhower Administration, The Third World, and the Globalization of the Cold War*, Lanham, MD: Rowman & Littlefield Publishers, 2006.

의하면, 미국과 소련은 근대성 전파와 식민주의 반대라는 공통의 슬로 건을 가지고 제3세계에 경쟁적으로 접근하였다. 하지만 유럽 문명의 후 계자들이었던 미소의 개입은 제3세계 국가들 입장에서는 식민주의의 연속이었으며, 미소가 만든 '제국주의적' 틀 속에서 이들은 정치적 내전 뿐만 아니라, 문화적, 인구학적, 생태적 변화까지 겪었다. 하지만 베스 타는 제3세계의 이 같은 변화가 역으로 미국과 소련의 대외정책뿐 아니 라 그들의 국내 정치 및 사회에 영향을 미쳤으며, 결과적으로 냉전 전 체를 재구성하는 기능을 하였다고 주장한다. 이런 의미에서 제3세계의 경험은 양대 초강대국 간의 관계만큼이나 냉전에서 중요한 부분이라는 것이다.[20]

미국 외교사 연구와 베스타의 책으로 인해, 이제 냉전을 양극 관계 를 넘어 다극적 국제정치의 양상으로 바라보는 흐름이 크게 각광받을 수 있었다. 이런 다극성이 소련 냉전사 연구에서도 최근 강조되고 있다. 새로운 연구들이 특히 주목하는 측면은 소련에 대한 제3세계 국가들의 주도적, 능동적 움직임이다. 이들에 의하면, 제3세계 국가들은 미소 간 의 경쟁, 중소 갈등, 그리고 심지어 소련과 쿠바를 비롯한 여타 제2세계 국가의 미묘한 경쟁 관계를 이용하여 소련으로부터 군사적 그리고 경 제적 지원을 받아 내었고, 이를 자신들의 국가 또는 정권의 이익으로 돌 릴 수 있었다. 반면 소련은 이런 국가들에 끌려다니면서, 그들을 확실한 자신의 동맹국으로 만들지도 못하고, 심지어 그 지역의 공산주의자들 또는 사회주의 운동을 지키는 데도 실패하는 경우가 많았다.[21] 한 독일

—
20   Westad, *The Global Cold War*. 유사한 시각은 Jeremi Suri, "The Cold War, Decolonization, and Global Social Awakenings: Historical Intersections," *Cold War History*, vol.6, iss.3, 2006.
21   Maxim Matusevich, *No Easy Row for the Russian Hoe: Ideology and Pragmatism in Nigerian-Soviet Relations 1960-1991*, Trenton, NJ: Africa World Press, 2003; Larisa Efimova,

학자의 소련-인도네시아 관계 연구는 이 과정을 구체적으로 보여 준다. 소련은 "비사회주의 개발도상국" 지원 프로그램을 통해 신생 독립국 인도네시아의 수카르노(Sukarno) 정권을 소련식 모델로 이끌려 하였으나, 심지어 수카르노가 인도네시아 공산당을 탄압하는 것조차 막지 못할 만큼 성과를 거두지 못했다. 반면, 수카르노는 소련의 군사 및 경제 지원을 토대로 서남아시아 지역으로의 영토 팽창을 감행하였고, 소련 전문가들의 의견을 무시하고 도시 기간시설 투자에 나섰으며, 나아가 최초의 비동맹국가 회의였던 반둥회의를 인도네시아에서 여는 데 소련의 도움을 이끌어 내기도 하였다.[22]

위와 같은 연구들이 가지는 연구사적 의의는 제3세계에 대한 소련의 군사 및 경제 협조와 쿠데타 지원을 일방적인 혁명 수출 시도로 묘사했던 과거 정통주의 냉전 연구를 수정한 것이다. 그리고 제3세계 국가들의 정치지도자들이나 반군들을 단순히 소련의 하수인 또는 대리인들로 규정하지 않고, 국제 정세 속에서 소련을 이용할 줄 아는 주체적 인물로 성격화한다는 점에서도 이 연구들은 과거 정통주의를 비판하는 셈이다.

"Stalin and the Revival of the Communist Party of Indonesia," *Cold War History*, vol.5, iss.1, 2005; Mari Olsen, *Soviet-Vietnamese Relations and the Role of China, 1949-64*, London: Routledge, 2006; Vladimir Shulbin, *The Hot "Cold" War: The USSR in Southern Africa*, London: Pluto Press, 2008; Jesse Ferris, "Soviet Support for Egypt's Intervention in Yemen, 1962-1963," *Journal of Cold War Studies*, vol.10, no,4, 2008; Andreas Hilger, "The Soviet Union and India: the Khrushchev Era and its Aftermath Until 1966," Andreas Hilger ed., *Indo-Soviet Relations Collection*, Zurich: Parallel History Project, 2009; Artemy Kalinovsky, "The Blind Leading the Blind: Soviet Nation-Building and Counterinsurgency in Afghanistan," *Cold War International History Project Workings Paper*, vol.60, 2010.

22 Ragna Boden, "Cold War Economics: Soviet Aid to Indonesia," *Journal of Cold War Studies*, vol.10, iss.3, 2008. 소련과 서아프리카 관계를 연구했던 러시아 학자 마조프도 유사한 발견을 하였다. Sergey Mazov, *A Distant Front in the Cold War: The USSR in West Africa and the Congo, 1956-1964*, Stanford, CA: Stanford University Press, 2010.

하지만 이런 연구가 과거 수정주의 경향에 지지대가 되는 것도 아니다. 이들은 수정주의자들과 달리 소련과 제3세계 관계의 형성과 발전에서 이데올로기의 중요성을 부각시킨다. 이 연구들이 이데올로기의 중요성을 강조하는 방식은 크게 두 가지이다. 첫째, 이들에 의하면, 제3세계 지도자들은 소련을 순수하게 실용주의적 이해관계만 기초해서 바라보지 않았다. 많은 제3세계 지도자와 지식인들은 소련의 마르크스-레닌주의 이데올로기를, 보다 제국주의 시대와 관련이 있어 보이는 서방 자본주의에 대한 대안으로 진지하게 받아들였다. 그들 중 다수는 마르크스와 레닌의 원전을 읽었으며, 소련 유학 경험, 러시아혁명에 대한 환상 그리고 소련의 지원 등을 통해 친공산주의적 감정을 지니고 있었다. 흥미로운 것은, 제3세계의 마르크스-레닌주의 수용은 주체적으로 이루어졌으며 그 이데올로기에 대한 해석 또한 소련식의 그것을 그대로 따른 것은 아니었다는 점이다. 제3세계 국가들에게 마르크스-레닌주의의 가르침은 역사유물론의 보편적 발전 법칙과 계급 해방의 이데올로기보다는, 첫째로 민족해방, 즉 탈식민주의였고, 둘째로는 서양과는 구분되는 산업화 모델, 즉 국가 주도의 급속한 산업화 이론이었다. 즉, 그들은 마르크스-레닌주의에 경도되기도 하였으나, 한편으로 이를 자신에 입장에 맞게 소화할 줄도 알았던 인물들이었다는 것이다.[23]

이데올로기의 중요성을 부각시키는 또 하나의 방식으로서, 최근의 소련과 제3세계 관계 연구는 마르크스-레닌주의를 소련의 대제3세계 정책의 원천으로 인정한다. 지정학적 이해관계를 중시했던 과거 수

<hr />

23 이 같은 모습은 초기 소련과 중국 관계에도 그대로 적용된다. Chen Jian, *Mao's China and the Cold War*, Chapel Hill, NC: The University of North Carolina Press, 2000; Elizabeth McGuire, *Red at Heart: How Chinese Communists Fell in Love with the Russian Revolution*, Oxford: Oxford University Press, 2017.

정주의자들과는 달리, 최근의 냉전사가들은 소련 정치국이나 외무부가 마르크스-레닌주의의 대의하에서 제3세계 문제를 바라보았고 이 지역에 대한 개입을 결정했으며 그들과의 '비생산적' 관계를 지속했다고 판단한다. 다만, 이들은 소련의 이데올로기 편향성을 세계 공산화를 향한 적극적 공세의 표현으로 보지는 않는다. 오히려, 이는 식민주의에 대한 대안과 미래 사회체제 제시라는 미국과의 이데올로기 경쟁, 그리고 1960년대 이후에는 중국과의 사회주의 종주국 경쟁으로 인해, 강제된 측면이 더 컸다. 따라서 소련의 대제3세계 정책은 마르크스-레닌주의의 대의로부터 기원하기는 했지만, 동시에 거대한 계획으로서 장기적으로 준비되고 일관되게 시행된 것도 아니었다는 것이 최근 연구의 주장이다.[24]

3) 문화 국제관계

위의 두 번째 경향은 연구의 지리적 확대와 시각의 전환을 가져왔

---

[24] Ilya Gaiduk, *The Soviet Union and the Vietnam War*, Chicago, IL: Ian R. Dee, Publisher, 1996; Piero Gleijeses, "Moscow's Proxy? Cuba and Africa, 1975-1988," *Journal of Cold War Studies*, vol.8, iss.4, 2006; Lorenz M. Lüthi, *The Sino-Soviet Split: The Cold War in the Communist World*, Princeton, NJ: Princeton University Press, 2008; Sergey Radchenko, *Two Suns in the Heavens: The Sino-Soviet Struggle for Supremacy, 1962-1967*, Washington, DC: Cold War International History Project, 2009; Jeremy Friedman, "Soviet Policy in the Developing World and the Chinese Challenge in the 1960s," *Cold War History*, vol.10, iss.2, 2010. 이데올로기적 대의에서 출발하였으나 비일관적으로 시행되고 수동적으로 끌려다녔던 소련의 제3세계 정책은 특히 무역 분야에서 그 두드러진 예를 발견할 수 있다. C. R. Dannehl, *Politics, Trade and Development: Soviet Economic Aid to the Non-Communist Third World, 1955-89*, Dartmouth: Dartmouth Pub, 1995; Oscar Sanchez-Sibony, *Red Globalization: The Political Economy of the Soviet Cold War from Stalin to Khrushchev*, Cambridge: Cambridge University Press, 2014.

다는 점에서 냉전 이해에 크게 기여하였지만, 연구 방법론의 측면에서 여전히 전통적인 외교사 연구의 범위 속에 머물러 있었다. 아래에서 소개될 세 번째 경향은 냉전이라는 국제관계를 보다 문화적 관계로 파악하고 이에 대한 소위 문화사적 접근을 시도한다는 점에서, 기존 냉전 연구의 전통과 방법론을 보다 근본적으로 흔든다. 1980년대 이후 서양 역사학계를 크게 변화시켰던 소위 '문화 또는 언어로의 전환' 패러다임이 드디어, 역사학 분야 중 가장 보수적인 방법론을 고수하고 있던 외교사 연구에까지 상륙한 것이다.

두 번째 경향과 마찬가지로 역시 미국 외교사 분야에서 출현했던 이 같은 문화사적 외교사가 기존 외교사 연구와 가장 큰 차이를 드러내는 부분은 이들이 이용하는 사료의 성격에 있다. 즉, 정부 문건, 외교 문서, 국제관계 현장에 있던 이들의 회고록 등 소위 공식 사료들에 대한 실증주의적 분석에 매달렸던 전통적인 외교사와는 달리, 문화사적 외교사는 보다 대중적인 자료들, 즉, 신문 및 잡지기사, 문학 작품, 여행기, 팸플릿, 서간 및 일기 등에 주목한다. 이런 색다른 자료들의 이용으로 인해 문화사적 외교사의 결과물들은 기존 연구와 사뭇 달랐는데, 이는 크게 두 가지 흐름으로 표현되었다. 첫째는 소위 미국화^Americanization 연구로, 미국이 유럽과 제3세계를 향해 시도했던 문화 수출에 주목하는 경향이다. 이 중 특히 미국과 서유럽 관계를 연구한 학자들은 제2차 대전 이후 미국의 대중문화와 제도 전파 및 이에 대한 서유럽 국가들의 반응을 주로 추적하였다.[25] 한편 미국과 제3세계 관계에 주목했던 이들

---

25 Reinhold Wagnleitner, *Coca-Colonization and the Cold War: The Cultural Mission of the United States in Austria after the Second World War*, Chapel Hill, NC: The University of North Carolina Press, 1994; Richard Pells, *Not Like Us: How Europeans Have Loved, Hated, and Transformed American Culture since World War II*, New York: Basic Books, 1997; Uta

은 후기 식민주의 연구의 영향하에, 미국의 문화 수출을 이 지역에 대한 일종의 제국주의적 지배 전략으로 보면서 그 지배 담론체계를 분석하였다.[26] 둘째, 문화사적 외교사는 각국 외교정책의 성격을 이해하기 위한 하나의 방편으로, 각 국가를 하나의 문화 체계cultural system로 간주하면서 그 체계 속에 존재하는 전통, 사상, 이데올로기, 선입견, 이미지 등의 문화적 요소를 탐구하였다. 이들은 외교정책 입안자들을 위와 같은 문화적 요소들이 낳은 하나의 산물로 여기면서, 그들의 사고를 구성하는 지적 배경과 담론의 장을 드러내는 작업이 곧 각 국가 외교정책의 특수성을 읽어 내는 데 핵심이라고 믿는다.[27]

이런 문화사적 외교사의 방법론이 현재 소련 냉전사 연구에 막 적용되고 있다. 특히 영미권의 신진 학자들 사이에서 활발한 이 움직임은 다시 세 가지 경향으로 구체화하였다. 첫째로, 세계를 향한 미국 문화의

—   G. Poiger, *Jazz, Rock, and Rebels: Cold War Politics and American Culture in a Divided Germany*, Berkeley, CA: University of California Press, 2000; Jessica C. E. Gienow-Hecht and Frank Schumacher, eds., *Culture and International History*, New York: Berghahn Books, 2002; Victoria de Grazia. *Irresistible Empire: America's Advance Through Twentieth-Century Europe*, Cambridge: Belknap Press, 2005.

26   Douglas Little, *American Orientalism: The United States and the Middle East since 1945*, Chapel Hill, NC: The University of North Carolina Press, 2002; Christina Klein, *Cold War Orientalism: Asia in the Middlebrow Imagination, 1945-1961*, Berkeley, CA: University of California Press, 2003.

27   이런 흐름 모두에 에드워드 사이드(Edward Said)의 영향이 컸다. 첫 번째 흐름인 미국화 연구는 많은 부분 사이드의 『문화와 제국주의』에서 영감을 받은 것이고, 두 번째 흐름 역시 사이드가 『오리엔탈리즘』에서 보여 준 방법론, 즉 특정 지역에 대한 담론 형성 과정을 실제 정책 입안의 문화적 배경으로 파악하는 입장을 모방한 것이다. 사이드의 영감을 실제 외교사에 적용하는 데 앞장섰던 아키라 이리에(Akira Iriye)와 마이클 헌트(Michael Hunt) 이후로, 미국 외교사 분야에서는 1990년대 이후 문화사적 외교사 방법론이 크게 득세하였다. Akira Iriye, "Culture and Power: International Relations as Intercultural Relations," *Diplomatic History*, vol.3, iss.2, 1979; Michael Hunt, *Ideology and U.S. Foreign Policy*, New Haven, CT: Yale University Press, 1987. 그리고 각주 19에 인용된 저작들 참조. 이런 흐름과 사이드의 관련성을 논한 글로는 Andrew Rotter, "Saidism without Said: Orientalism and U.S. Diplomatic History," *American Historical Review*, vol.105, iss.4, 2000.

"공세적" 수출에 대한 소련의 맞대응, 즉 국제무대에서 미소 간의 '문화 냉전'을 다루는 흐름이 있다. 이는 양대 초강대국 정부나 정보기관, 또는 미국의 경우 거대 민간 재단이 펼친 문화 정책을 탐구하는 것으로, 본격적인 의미의 '문화사'는 아니었지만, 군사와 외교 관계로만 표상되던 냉전을 문화 영역으로 확대시켰다는 점에서 큰 의미가 있었다. 흥미롭게도 이런 '문화 냉전'은 미국의 청바지, 햄버거, 팝뮤직, 할리우드 영화, 스포츠 등의 대중문화 수출에 대해, 소련의 발레, 오페라, 예술영화, 음악가 및 연주인 투어 등의 고급문화 전시 양상으로 전개되었다. 한편 양국은 이런 눈에 보이는 문화를 넘어 보다 넓은 의미의 '문화 냉전'도 함께 치렀는데, 가장 대표적이었던 것이 미국과 소련이 공히 매달렸던 자국 고등교육 학제 및 콘텐츠의 수출과 유학생 유치를 통한 세계 지식인들의 미국화 또는 소비에트화 작업이었다. 아울러 이런 '문화 냉전'은 양국 간의 보다 노골적인 프로파간다전쟁 가운데서 진행되었다.[28]

'문화 냉전' 연구가 주로 소련 비전공자들에 의해 진행된 데에 비해, 소련 전문가들은 미국, 보다 넓게 서방 문화의 소련 내 상륙과 이에 대한 소련 정치인 및 일반인의 반응 문제에 더 관심을 가졌다. 주로 해빙Thaw기에 집중되어 있는 이 같은 연구들은 서방 문화 중 재즈, 로큰롤,

---

[28] Walter Hixson, *Parting the Curtain: Propaganda, Culture, and the Cold War*, New York: St. Martin's Griffin, 1997; Frances Stonor Saunders, *The Cultural Cold War: The CIA and the World of Arts and Letters*, New York: The New Press, 1999; David Caute, *The Dancer Defects: The Struggle for Cultural Supremacy during the Cold War*, Oxford: Oxford University Press, 2003; Yale Richmond, *Cultural Exchange and the Cold War: Raising the Iron Curtain,* University Park, TX: Penn State University Press, 2003; Tony Shaw and Denise Youngblood, *Cinematic Cold War: The American and Soviet Struggle for Hearts and Minds*, Lawrence, KS: University Press of Kansas, 2010; Simo Mikkonen, "Stealing the Monopoly of Knowledge?: Soviet Reactions to U.S. Cold War Broadcasting," *Kritika*, vol.11, iss.4, 2010; Kristin Roth-Ey, *Moscow Prime Time: How the Soviet Union Built the Media Empire That Lost the Cultural Cold War*, Ithaca, NY: Cornell University Press, 2011.

댄싱, 페스티벌 등 대중문화가 소련 사회에 알려지게 된 과정을 묘사하고 이에 대한 소련 당국의 대응책들, 즉 서방화 봉쇄 전략과 문화 감찰 정책 등을 우선적으로 다뤘다. 더욱 최근에는 소련 민중들의 서간, 일기, 신문 기고문, 감상문 등의 자료들을 통해 서방 문화에 대한 소련인들의 실제 인식에 대한 연구로 발전되고 있다. 그들에 의하면, 이 같은 "침입"은 일방적인 서방 문화의 유입과 이에 대한 소련인들, 특히 젊은 이들의 맹목적인 추구로 이어지지는 않았다.[29]

문화사적 외교사 연구의 세 번째 흐름은 과거 냉전 연구의 핵심 쟁점 중 하나였던 동유럽 "소비에트화" 문제를 문화적 영역을 중심으로 다시 접근해 보는 것이다. 이는 소련과 제2세계 국가 간의 관계를 일방적 소비에트화와 자율성이라는 이분법적 구도 속에서 정치와 경제 구조에 집중해서 연구했던 과거의 경향을 반성하고, 이를 제2세계 사회의 하부 단위와 문화 및 일상 수준, 즉 소련 전문인들의 기능, 유학생과 학자 교류로 인한 지식 및 기술 이전, 여행자 교환, 번역서 출판, 전시회 및 공연 등의 모습에서 점검한다. 이 흐름에 속한 학자들은 교육, 군대, 언론 등 민중들의 일상생활에 직접적 영향을 미치는 제도들이 소련식으

---

29 Marilyn S. Kushner, "Exhibiting Art at the American National Exhibition in Moscow, 1959: Domestic Politics and Cultural Diplomacy," *Journal of Cold War Studies*, vol.4, *iss.1*, 2002; Susan E. Reid, "Who Will Beat Whom?: Soviet Popular Reception of the American National Exhibition in Moscow, 1959," *Kritika*, vol.9, no.4, 2008; Susan E. Reid, "Cold War in the Kitchen: Gender and the De-Stalinization of Consumer Taste in the Soviet Union," *Slavic Review*, vol.61, *iss.2*, 2002; Alexei Yurchak, *Everything Was Forever, until It Was No More: That Last Soviet Generation*, Princeton, NJ: Princeton University Press, 2006, pp.158-237; Eleonory Gilburd, "Picasso in Thaw Culture," *Cahiers du monde russe*, vol.47, *iss.1-2*, 2006; В. Ю. Крашенинникова, *Россия–Америка: холодная война культур. Как американские ценности преломляют видение России*, Москва: Европа, 2007; Sergei Kapterev, "Illusionary Spoils: Soviet Attitudes toward American Cinema during the Early Cold War," *Kritika*, vol.10, *iss.4*, 2009; Gleb Tsipursky, *Socialist Fun: Youth, Consumption, and State-Sponsored Popular Culture in the Soviet Union, 1945–1970*, Pittsburgh, PA: University of Pittsburgh Press, 2016.

로 변화하는 과정과 양상을 구체적으로 추적한다. 그리고 이들은 공적 제도들뿐만 아니라, 소련 사회주의의 비공식 영역들, 즉 암시장, 국가자산 절도, 관료사회의 경직성이 동유럽에 이전되는 모습에도 주목한다.[30] 이 연구들은 소비에트화가 고위 정치와 경제 체제의 영역을 넘어 제2세계 사회 전반에 걸쳐 진행되었음을 암시한다.

하지만 이런 새로운 소비에트화 연구들이 과거 정통주의 냉전 연구를 보완해 주는 것은 아니다. 오히려 이 최근 연구들은 문화와 일상의 영역에서 양국 상호 간 교류와 접촉이 계속되었으며, 그 과정에서 소비에트화의 역도 함께 일어나고 있었다고 주장한다. 특히, 동유럽의 여러 문화 행태가 소련에 유입되어 유행하였으며, 상대적으로 산업화와 근대화가 빨랐던 동유럽의 생활 수준을 모방하려는 흐름이 소련 내에서 목격되기도 하였다는 것이다.[31] 또한 이 연구들은 동유럽 국가들의 소비에트화가 소련으로부터 일방적으로 강요된 것만이 아니라, 자발적으로 수용된 측면도 있었다고 주장한다. 이런 자발적 소비에트화^{self-}

30 Kiril Tomoff, "A Pivotal Turn: Prague Spring 1948 and the Construction of a Cultural Sphere," *Slavonica*, vol.10, iss.2, 2004; Patryk Babiracki, *Soviet Soft Power in Poland: Culture and the Making of Stalin's New Empire, 1943-1957*, Chapel Hill, NC: University of North Carolina Press, 2015; Reprint edition (June 22, 2015); Austin Jerslid, "The Soviet State as Imperial Scavenger: 'Catch Up and Surpass' in the Transnational Socialist Bloc, 1950-1960," *American Historical Review*, vol.116, iss.1, 2011; Elidor Mëhilli, *From Stalin to Mao: Albania and the Socialist World*, Ithaca, NY: Cornell University Press, 2017; Rachel Applebaum, *Empire of Friends Soviet Power and Socialist Internationalism in Cold War Czechoslovakia*, Ithaca, NY: Cornell University Press, 2019; Balazs Apor, Peter Apor and E. A. Rees, eds., *The Sovietization of Eastern Europe: New Perspectives on the Postwar Period*, Washington, DC: New Academia Publishing, 2008; Olaf Mertelsmann ed., *The Sovietization of the Baltic States, 1940-1956*, Tartu: KLEIO Ajalookirjanduse Sihtasutus, 2003.

31 Anne E. Gorsuch and Diane Koenker eds., *Turizm: The Russian and East European Tourist under Capitalism and Socialism*, Ithaca, CA: Cornell University Press, 2006; Anne E. Gorsuch, *All This Is Your World: Soviet Tourism at Home and Abroad after Stalin*, Oxford: Oxford University Press, 2011; Rachel Applebaum, *Empire of Friends Soviet Power and Socialist Internationalism in Cold War Czechoslovakia*, ch.5.

Sovietization는 소련 통제의 한계와 영향력을 동시에 보여 준다는 점에서 흥미롭다. 동유럽의 고등교육 체제를 연구한 존 코넬리John Connelly에 의하면, 소련은 교육 정책에서 동유럽 국가들에 직접적 지시를 내리지 않고, 맡겨 두는 방식을 취했다. 역으로 동유럽 국가들이 소련으로부터 조언을 구하였지만, 소련은 이에 대해 적극적으로 응대하지 않았으며, 결국에는 동유럽 국가들 스스로가 소련 제도를 모방하려는 움직임이 나타났다는 것이다.[32]

문화사적 외교사가들은 그들의 연구가 순수한 문화 영역의 역사로서의 의미뿐만 아니라 정치사적 함의도 함께 담고 있다고 생각한다. 소련과 제2세계 사이의 교류를 통해 형성되는 상호 인식, 관념들, 이미지, 선입견 등의 문화적 요소들은 양국의 정치 지도자들에게도 영향을 미치기 때문에, 소련과 동유럽 사이 벌어졌던 주요 국제정치 사건들, 이를테면 헝가리 봉기, 프라하의 봄, 폴란드의 반소련 운동 등은 이 요소들을 고려하지 않고서는 이해될 수 없다는 것이 그들의 주장이다.

4. 맺음말

현재 소련 냉전사 연구는 냉전사 연구 일반의 경향과 과거 소련 연구의 특수성이 맞물려져 세 가지의 두드러진 형태로 발전하고 있다. 구

---

32 John Connelly, *Captive University: The Sovietization of East German, Czech and Polish Higher Education, 1945-1956*, Chapel Hill, NC: The University of North Carolina Press, 2000.

소련 문서고 자료를 이용한 전통적인 외교사, 소련과 제3세계 관계 연구, 그리고 문화 국제관계 연구로 정리될 수 있는 세 가지 경향의 공통적인 성과는 분석 자료 범위 확대에 따른 연구 영역의 확장이었다. 이는 분명 소련 냉전 연구의 진일보로 평가받을 수 있을 것이다.

하지만 소련 냉전사 연구가 냉전 시대에 대한 종합적 이해라는 냉전사 연구 일반의 목표에 가까워지기 위해서는 소련 국내사 연구와의 더 긴밀한 학문적 대화가 필요한 것으로 보인다. 소련 냉전사 연구는 상대적으로 더 많은 성과가 쌓여 있고 더 각광받아 온 분야인 소련 국내사 연구의 성과를 흡수함으로써, 소련이 경험한 냉전을 국제적 맥락에서뿐만 아니라 소련 내부 상황과의 관련 속에서 이해할 수 있을 것이다. 한편, 이를 위해서는 소련 국내사 연구 측의 노력도 함께 필요하다. 이들은 전후 소련 국내사를 (후기) 스탈린주의와 탈스탈린주의 시대의 해빙Thaw 구도 속에서만 연구해 왔기 때문에, 냉전을 시대 구분의 틀로 포함시킬 수 없었다. 소련 국내사 연구자들도 하루빨리 냉전이 스탈린주의나 해빙에 못지않게 소련 사회 변화에 중요한 정치적·지적 맥락을 제공했다는 사실을 인식해야 할 것이다.

북한의 한국전쟁 계획 수립과
소련의 역할

정 병 준

1. 머리말

　소련 혹은 스탈린이 한국전쟁의 발발·전개와 관련해 어떠한 역할
을 담당했는지는 개전 직후부터 논란이 되었다. 특히 한국전쟁의 개전
주체와 최고결정권자를 둘러싼 논란의 주역이 되었다. 스탈린 음모설
내지 주도설부터 마오쩌둥 주도설, 김일성 주도설까지 많은 가설들이
제출되었다.[1] 소련의 역할을 둘러싼 논쟁은 전장의 상황을 해석하는 정
치·군사적 차원에서 시작되었고, 곧바로 전쟁의 성격을 둘러싼 여러 논
쟁과 직결되었다. 종전 이후 스탈린과 소련의 역할은 한국전쟁사 연구

---

[1]　김철범, 「한국전쟁 연구의 동향」, 『한국전쟁: 강대국 정치와 남북한 갈등』, 평민사, 1989; 김학준, 「6·25연구의 국제적 동향: 6·25연구에 관한 문헌사적 고찰」, 『한국전쟁을 보는 시각』, 을유문화 사, 1990.

에서 가장 중요한 학문적 주제 중의 하나가 되었다. 신뢰할 수 있는 객관적 자료가 공개되지 않은 상태에서 논쟁은 역사적 상황·맥락에 입각한 추정에 의지했고, 다양한 가설·이론·주장의 계보들이 형성되었다.

전통주의적 입장에서 스탈린은 전쟁의 결정자이자 집행자였다. 전쟁 발발 직전 CIA가 배포한 「북한 정권의 현재 역량」(1950. 6. 19.)이란 유명한 보고서는 "북한'민주주의인민공화국'은 확고하게 통제되고 있는 소련의 위성국가이다. 이 나라는 어떠한 독립된 주도권도 행사하지 못하고 있으며 그 존립을 위해 전적으로 소련의 지원에 기대고 있다"고 규정했다. CIA는 북한의 전면 침공 가능성을 부정했지만, 이 전쟁의 배후에 소련의 결정이 있다고 판단했다.[2] 1950년대 이래 서구 정치·외교 학계에서 지배적인 지위를 점했던 수많은 전통주의적 학자들이 이러한 견해에 동조했다. 전통주의적 견해는 한국전쟁이 기본적으로 소련의 도발에 응전한 미국의 국제전이라고 해석했다. 북한이나 중국은 종속변수에 해당했다. 나아가 전통주의적 견해는 북한을 소련의 괴뢰 혹은 위성국가로 상정했기 때문에 전쟁의 책임자는 김일성·박헌영 등 북한 지도부가 아닌 스탈린과 크레믈린궁으로 상정되었다. 김일성 등에게는 단지 집행자·실행자, 괴뢰 등의 명칭이 부여되었다. 이런 입장은 1990년대까지 지속되었다.[3]

1980년대 이후 미국의 비밀기록들이 해제되고 수정주의적 견해가 등장하면서 내전설이 본격적으로 대두했다. 내전설은 전쟁의 주체로서

---

2 CIA, ORE 18-50, "Current Capabilities of the Northern Korean Regime," 1950. 6. 19.

3 Sergei N. Goncharov, John W. Lewis and Xue Litai, *Uncertain Partners: Stalin, Mao, and the Korean War*, Stanford, CA: Stanford University Press, 1993, p.142, p.145; 소진철, 『韓國戰爭의 起源: 〈國際共産主義〉의 陰謀』, 원광대학교출판국, 1996; 김영호, 『한국전쟁의 기원과 전개과정』, 두레, 1998.

—
134

북한의 김일성·박헌영 대 남한의 이승만을 대비시켰고, 전쟁의 책임 역시 북한의 지도부 혹은 남북 쌍방에게 돌려졌다. 내전설의 주창자들은 이미 1970년대 소련이 한국전쟁의 개전을 사전에 인지하지 못했다는 주장을 편 바 있다. 콜코 부부Joyce and Gabriel Kolko의 '소련 경악설', 시몬스 Robert Simmons의 '소련 무지설' 등이 이를 대표했다. 존 메릴John Merrill은 김 일성·박헌영에게 개전 책임이 있다고 보았다. 한편 일종의 '남침 유도 설'을 모자이크로 내세운 브루스 커밍스Bruce Cumings는 모호한 태도를 취 했지만 남북 지도부 모두에게 책임이 있다는 쪽에 가까웠다.[4]

1990년대 중반 구소련공산당 중앙위원회 정치국 문서철(현 크레믈린 대통령궁 문서보관소)의 공개는 한국전쟁사 연구에 있어서 한 획을 긋는 분 수령이었다. 스탈린과 소련의 역할은 보다 명백한 1차 자료의 세계에서 그 실체를 드러내기 시작했다. 사실들은 밝혀지기 시작했지만, 그렇다 고 해서 그것이 역사적 진실을 그대로 증명하는 것은 아니었다. 여전히 학문사회 내에서 소련·스탈린의 역할에 대해서는 다양한 평가와 해석 이 상존하고 있다.

1990년대 중반, 구소련 문서의 공개 이후 평가는 조심스럽게 이동 했다. 캐더린 웨더스비Kathryn Weathersby 등 구소련 문서를 처음 해석하기 시작한 신정통주의적 학자들은 김일성·박헌영의 책임을 부각시켰다. 웨더스비는 브루스 커밍스를 수정주의자라고 격렬하게 비판했지만, 정 작 소련이 한국전 발발에서 창설자로서의 주역originator이 아니라 조장자 로서의 조역facilitator이었다고 함으로써 역설적으로 한국전쟁 내전설의 기본 입론을 강화시켰다.[5] 반면 이는 아담 울람Adam B. Ulam 등 전통주의적

---

4   정병준, 「1장 한국전쟁사의 역사」, 『한국전쟁: 38선 충돌과 전쟁의 형성』, 돌베개, 2006.
5   Kathryn Weathersby, "The Soviet Role in the Early Phase of the Korean War," *The Journal of American-East Asian Relations*, vol.2, no.4, 1993; Kathryn Weathersby, "New Findings

학자들의 즉각적인 반발과 반격을 받았다. 소련 전문가인 울람은 웨더스비의 연구가 "특정 사례에 있어 공산당 정책의 일반적 정황에 대한 이해가 동반되지 않을 경우 소련 비밀 문서보관소에 대한 연구가 어떻게 잘못된 결론에 도달하는가를 보여 주고 있다"고 비판했다. 그는 1950년에 김일성이나 여타 중국 지도자들이 소련에 애초에 계획되지 않았던 무언가를 하도록 강제 —강요 혹은 모욕— 하는 지위에 있었다는 생각, 혹은 북한이 소련의 허가·지휘 없이 침공했다는 생각은 심각하게 받아들이지 않을 수 없는 것이라고 비판했다.[6] 즉 현상적으로 김일성이 주역으로 보이지만 본질적인 전쟁의 결정자는 스탈린이라는 주장이었다.

한편 구소련 해체 이후 러시아 학계의 견해도 단일하지는 않았다. 더 이상 남한의 북침이었다는 구소비에트의 견해가 통용되지는 않았지만, 그렇다고 북한과 소련의 책임이 전면에 내세워지지도 않았다. 소위 '자유주의적 견해'의 주창자들은 북한의 김일성·박헌영이 전쟁에 책임이 있다는 입장을 견지했다.[7] 반면 구소비에트의 견해에 가까운 유리 바닌Yuri Vasilievich Vanin은 "한국이 1950년 6월 25일을 기해 평화에서 전쟁으로 전환되었다는 견해보다는 작은 전쟁에서 큰 전쟁으로 전환되었다고 보는 견해가 더 타당"하다고 주장했다.[8] 혹은 미하일 박처럼 전쟁은 한국의 분단 및 미·소를 필두로 하는 두 세계 사회 정치체제 간 대립의 소산이었으며, "전쟁은 불가피"했고 "1950년 6월 25일 누가 38도선을 처

—   on the Korean War," *Cold War International History Project Bulletin* (hereafter *CWIHPB*), iss.3, 1993, p.1, pp.14-18.

6   Adam B. Ulam, "Letters, Stalin, Kim, and the Korean War Origins", *CWIHPB*, iss.4, 1994, p.21.

7   러시아 내 한국전쟁 연구 경향에 대해서는 이재훈, 「러시아의 한국전쟁 연구동향」, 『군사』 제55호, 2005 참조.

8   유리 바실예비치 바닌(이하 유리 바닌), 「러시아에서의 한국전쟁 연구 경향 및 현황」, 『신아세아』 제7권 제2호, 2000, 79쪽; 유리 바닌, 이재훈, 「역사의 가혹한 교훈: 러시아가 본 한국전쟁」, 『역사와 현실』 제40권, 2001, 266-269쪽.

음으로 넘었는가는 그리 중요하지 않으며" 전쟁은 내전으로 시작된 후 국제전으로 전화되었다는 일종의 구조주의적 접근, 기원론적 접근 방법이 제시되기도 했다.[9] 바닌·미하일 박·보론초프 등의 견해는 한국전쟁의 전사前史, 남북 간 무력갈등 발생의 대내외적 원인, 전쟁의 국제적 갈등으로의 전환 등을 강조하는 점에서 1980년대 이후 본격화된 내전론의 입론과 대체적으로 유사한 면모를 보였다. 구소비에트의 정통적 견해를 계승한 학자들의 견해가 내전론을 주장하는 미국 학자들의 견해와 유사하다는 점은 매우 인상적이다.[10]

러시아 자료에 정통한 국내 학자들 가운데에서도 한국전쟁 시 소련의 역할에 대한 평가는 동일하지 않다. 기광서는 개전을 주도한 것이 스탈린이 아니라 김일성이며, 전쟁에 대한 소련 측의 동의와 지원은 '동맹적' 수준에서 이루어졌다고 강조했다.[11] 반면 안승환은 전쟁은 스탈린의 지시와 결정에 의한 것이었다고 평가했다. 그는 초기 동요와 장고 끝에 스탈린은 김일성의 무력통일 방안에 조건부로 동의한 후부터 완전히 전쟁의 준비 및 이행의 모든 국면을 주도했다고 평가했다.[12]

많은 연구들이 지적하듯이 2차 대전 이후 스탈린은 기본적으로 동유럽에 지대한 관심을 갖고 있었다. 자신이 건설한 동유럽의 위성국가들에 1차적 관심을 집중하고 있었고, 특히 미국과의 전쟁 가능성, 충돌 가능성에 최대한의 주의를 집중했다. 또한 냉전이 전개된 주요 무대 역

---

9   유리 바닌, 「러시아에서의 한국전쟁 연구 경향 및 현황」, 79-80쪽.
10 예를 들어 커밍스는 이렇게 규정했다. "한국전쟁은 그 앞 5년 동안 지속되었던 투쟁들의 종착역" 이었으며 "1945년 8월부터 1950년 6월까지를 연결하는 중요 사건들의 끊이지 않는 사슬이었다." Bruce Cumings, *The Origins of the Korean War vol. 1: Liberation and the Emergence of Separate Regimes, 1945-1947*, Princeton, NJ: Princeton University Press, 1981, p.xxi.
11 기광서, 「소련의 한국전 개입과정」, 『국제정치논총』 제40집 제3호, 2000, 153쪽.
12 안승환, 「주북한 소련군사고문단의 북한군 지원활동(1946-1953년)」, 『한국전쟁사의 새로운 연구 2』, 국방부 군사편찬연구소, 2002, 383쪽.

시 유럽이었다. 스탈린은 유럽에서 나치 독일의 해체, 얄타 및 포츠담 회담에서 확보한 종전 후 국제질서, 확대된 국경선 유지에 우선순위를 두었고, 아시아에 대한 관심은 상대적으로 적었다.[13] 미국 대외정책에서 유럽 우선주의와 아시아 우선주의의 견해 차이를 적용한다면 스탈린은 유럽 우선주의자였다.

나아가 1949년 중화인민공화국의 건국과 함께 미·소 관계 등 전략적 문제는 소련공산당이 담당하지만, 아시아 각국 공산당에 대한 지도 및 해방운동의 방향은 중국공산당에 맡긴다는 결정이 이루어졌다. 즉 스탈린은 소련공산당이 단독 지배하던 동유럽과는 달리 아시아에서는 중국공산당과 권력 공유를 승인했다. 이와 관련해 중국과 전략 차원의 동맹을 맺고, 중국이 베트남과 북한을 옹호하는 2단계 방식이 1950년대 말까지 지속되었다는 견해(와지마 트카첸코), 혹은 1949년 7월 류사오치[劉少奇]의 모스크바 방문 시 중국이 베트남을 담당하고, 소련이 한반도를 책임지는 관계가 합의되었다는 견해[沈志華] 등이 제시되었다.[14] 호치민의 호칭처럼 "세계혁명의 총사령관 스탈린, 아시아혁명의 총사령관 마오쩌둥"은 이러한 정서를 반영한 것이었다. 1949년 10월 중국혁명의 완성과 1950년 2월 중소동맹을 계기로 아시아를 잘 알지 못하던 스탈린은 중국혁명의 성공에 도취해 마오쩌둥에게 아시아에 대한 중국공산당의 주도적 역할을 맡기는 중소 간에 '권력 공유'가 이루어졌다.[15] 실제로 스탈린은 한국전쟁의 1950년 4-5월 김일성에게 마오쩌둥의 개전 동의와 병참·병력 제공에 대한 확약을 전제로 개전을 허가했다.

그렇다면 "전쟁 개시 결정은 김일성이 미국의 불개입과 속전속결

13 下斗米夫/이혁재 역,『북한 정권 탄생의 진실』, 기파랑, 2006, 16-19쪽.
14 같은 책, 60-62쪽.
15 같은 책, 88-90쪽.

을 스탈린에게 확신시키고 이에 대한 모택동의 지지를 얻은 후에 이루어졌다"[16]고만 할 수 있는 것인가? 아니면 "한국에 오래 관여는 했지만 (미국과의 대결을) 회피하기를 바랬던" 소련이 "대결을 갈망하는 완고한 위성국의 희생물"이 된 것인가?[17] 몰로토프의 주장처럼 "전쟁은 우리에겐 불필요한 것이었다. 북한 사람이 우리들에게 강요한 것이었다"고 할 것인가?[18] 여기에 기본적인 의문이 있다.

이 글은 한국전쟁에 미친 소련·스탈린의 영향력과 그 범위를 파악하는 것을 주요 목적으로 한다. 특히 한국전쟁 시 북한이 제시한 개전 명분, 전쟁관, 전쟁의 결정·전쟁 계획의 수립 등에 미친 소련의 영향력과 역할을 분석하는 데 초점을 두었다. 즉 이 글은 누가 전쟁을 결정·지시했느냐는 점보다는 북한의 개전 전략과 전쟁 계획이라는 총체적 기획이 어떻게 만들어졌으며, 이 속에서 북한과 소련의 상호 관계가 어떤 것이었느냐 하는 점에 보다 중점을 두었다.

2. 소련의 대남 무력공격 승인과 무장 지원

1) 대남 무력공격의 승인과정

김일성의 대남 무력공격 의지가 언제부터 형성되었는지는 알 수

---

16 기광서, 「소련의 한국전 개입과정」, 161쪽.
17 I. F. Stone/백외경 역, 『비사 한국전쟁』, 신학문사, 1988, 17쪽.
18 下斗米夫, 『북한 정권 탄생의 진실』, 98쪽.

없다. 구소련 문서에 따르면 김일성이 최초로 대남 무력공격의 의사를 표명한 것은 1949년 2~3월 그의 두 번째 모스크바 방문 때였다. 슈티코프가 작성한 '스탈린 동지와 협의할 김일성의 문제들' 리스트의 첫 번째 항목에는 "(남북) 통일의 방도와 방법에 대하여 무력 방식에 의해 통일을 수행하려함"이라는 내용이 올라 있었다. 김일성은 3월 7일 스탈린과 회담에서 처음으로 대남 공격에 대한 승인을 요청했다. 그가 내세운 이유는 남한이 평화통일을 반대하며 북침을 하기에 충분한 힘을 확보할 때까지 분단을 고착화하려고 한다는 것이었다.

그런데 김일성의 방소를 전후한 1949년 초반, 남한은 정규 육·해군의 기사문리 공격과 특수공작단의 해주 방화사건 등을 주도하며 공세적인 태도를 취하고 있었다. 나아가 1949년 여름까지 한국군은 병력·무장의 수준에서도 북한군을 앞질러 있었다.[19] 김일성은 이러한 군사적 열세에도 불구하고 대남 무력공격을 청원할 정도로 평화통일의 가능성보다는 무력통일을 선호하고 있었다.

노회한 스탈린은 북한군이 남한군보다 확실한 우위가 아니며 수적으로 열세하며, 남한 주둔 미군이 개입할 것이며, 미소 간의 38선 협정이 유효하다는 점을 들어 남침 불가를 통보했다.[20] 또한 스탈린은 남한의 선제공격 시 "절호의 반격기회"를 노리라고 조언했다.

동아시아의 현상 유지와 미국의 개입 가능성에 몰두해 있던 스탈린은 공산주의 형제국에 대한 완곡한 거부의 뜻을 표명한 것이었지만,

- 19 정병준, 『한국전쟁』, 276-290쪽, 305-333쪽.
- 20 「스탈린·김일성 면담」(1949. 3. 7.), 『서울신문』 1995. 5. 15.; 「김일성이 지휘하는 북한정부 대표단과 스탈린 간의 대화록, 1949년 3월 7일」(3-4쪽), Evgeniy P. Bajanov and Natalia Bajanova(이하 Bajanov)/김광린 역, 『(소련의 자료로 본) 한국 전쟁의 전말』, 열림, 1998, 27-28쪽; Anatoly V. Torkunov/구종서 역, 『한국전쟁의 진실과 수수께끼』, 에디터, 2003, 44-45쪽.

이는 "스탈린 동지의 지령은 법과 같다"고 생각하던 김일성에게 조건부 허락의 표명이자 승낙을 얻어 낼 첫 실마리로 비쳤을 가능성이 높다.[21] 왜냐하면, 스탈린은 북한의 대남 무력공격 자체를 반대하지 않았고, 북한군의 대남 우위와 미국 불개입을 공격의 전제조건으로 내세웠기 때문이었다. 스탈린은 김일성의 개전 의지를 읽었고, 김일성은 스탈린의 무력공격 승인 가능성을 엿보았다.

스탈린과의 회담에서 대남 즉시 공격의 불허와 전제조건 충족 시 '도발 받은 정의의 반공격전' 가능이라는 전망을 얻게 된 김일성은 1949년 중반까지 병력의 열세와 방어무기의 확보를 위해 노력했다. 1949년 8월 남한에 필적하는 병력 수준과 무장 강화를 달성하자, 김일성은 대남 공격에 보다 적극적인 입장을 피력하기 시작했다. 수세에서 단련된 공격 의지를 실현시킬 수 있는 군사적 토대가 마련되었기 때문이었다.

김일성은 1949년 8-9월간 최소 4차례 이상 옹진반도의 부분 점령과 추가 진격 가능성에 대해 슈티코프와 스탈린에게 문의했다.[22] 김일성은 경계선을 120km 단축시키고, 서울로의 공격 가능성을 확대시킬 수 있는 방안으로 옹진반도 공격을 제시했지만, 슈티코프·툰킨 등의 판단처럼 이는 전면전으로 발발할 가능성이 농후한 위험천만한 도박이었다.[23] 가장 큰 위험은 북한군의 대남 군사 우위의 미확보, 미국의 개입 가능성이었다.

21 「슈티코프→비신스키」(1950. 1. 19.), 외무부 외교사료관 소장 『韓國戰爭關聯 蘇聯外交文書』(이하는 『소련 외교문서』) 3권, 59-61쪽; 「슈티코프→스탈린」(1950. 1. 19.), Bajanov, 『한국 전쟁의 전말』, 45쪽.
22 정병준, 『한국전쟁』, 419-433쪽.
23 「슈티코프대사와 김일성과 박헌영 간 대화를 수록한 1949년 8월 12일자 비망록」 러시아연방 대통령 문서(APRF) (4-5쪽), Bajanov, 『한국 전쟁의 전말』, 1998, 23-25쪽; 외무부 소장 「한국전쟁 관련 러시아 외교문서」(이하는 「한국전문서요약」), 1994, 10-11쪽; 「툰킨→소련외무성」(1949. 9. 14.), 『소련 외교문서』 3권, 28-32쪽.

그런데 9월 이후 소련이 보인 태도는 주목할 만한 것이었다. 소련은 외무성, 국방성 등 실무 라인에서 김일성의 제안을 검토한 후 소련공산당 중앙위원회 정치국 차원에서 옹진반도 부분 점령 및 공격 계획을 정식 의제로 상정·검토했다. 1949년 9월 11일 소련 외무성 제1차관 그로미코(A. A. Gromyko)는 김일성에게 ① 한국군 병력, 장비, 군사력에 대한 북한의 평가, ② 남한 빨치산에 대한 평가(현실적 도움 여부), ③ 북한의 선공에 대한 일반인과 사회단체의 태도, ④ 미군의 남한 주둔 여부, 북한의 선공 시 김일성은 미국 측에 어떤 조치를 취할 것인가? ⑤ 북한군 상황과 전투력에 대한 북한의 평가, ⑥ 현 상황에 대한 북측 계획의 현실성과 합목적성에 관한 김일성의 평가 등 6개 항목을 질문했다.[24] 그로미코가 제시한 질문은 명백히 개전 허가를 위한 점검 사항 목록이었다.

북한의 답변을 접수한 후 소련공산당 중앙위원회 정치국은 90월 24일, 북한의 남침 계획을 군사적·정치적 측면에서 '승인'하기 어렵다고 결정했다. 첫째, 군사적으로 북한이 공격에 필요한 2-3배 이상의 우월한 군사력을 보유하지 못한 점, 둘째, 정치적 측면에서 빨치산투쟁의 확산과 남한 인민봉기를 위한 준비 작업이 없다는 점, 셋째, 옹진 점령 시도는 남침 준비가 덜 된 상태에서 남북전쟁을 시작하겠다는 의사로, 북이 선제공격해 전쟁이 장기화되면 미국이 개입할 것 등을 거론했다.[25] 나아가 북한이 해결해야 할 과제로 첫째, 남한 유격대 활동의 강화·해방구 창설·전 인민 무장봉기 확산, 둘째, 인민군 강화를 제시했다.

개전과 관련해 점차 구체화·본격화되는 소련의 입장 변화에 김일성 등 북한 지도부는 고무되었음이 분명했다. 바꾸어 말하면 소련공산

24 「그로미코→평양주재 소련대사관 툰킨」(1949. 9. 11.), 『소련 외교문서』 3권, 27쪽.
25 「소련공산당중앙위원회→슈티코프」(1949. 9. 24.), 같은 책, 49-51쪽; Bajanov, 『한국 전쟁의 전말』, 39-41쪽.

당 중앙위원회가 개전 승인 문제를 검토할 정도로 정세가 고조되었고, 사안이 구체화되었음을 의미했다.

이 시점에서 소련이 이러한 변화를 보인 가장 큰 이유는 1949년 8-9월에 동북아시아 국제정세가 긴박하게 변화했기 때문일 것이다. 첫째는 중공이 승리해 대륙을 평정한 사실이었다. 둘째는 미국이 한국전장에 개입하지 않을 가능성이 제고된 사실이었다.[26] 중공군이 양쯔강을 도하(1949. 4.)할 경우 미국이 개입할 것이라는 관측이 농후했지만, 미국은 참전 대신 중국백서를 발표(1948. 8. 4.)함으로써 중국대륙의 포기와 마오쩌둥의 티토화를 공표했다. 우려했던 미국의 개입은 없었고, 한 걸음 더 나아가 중국대륙 포기가 선언되었다.

중국혁명에 성공한 마오쩌둥은 1949년 12월 16일부터 1950년 2월 17일까지 모스크바를 공식 방문했다. 스탈린은 마오쩌둥과 회담했지만, 현재까지 공개된 문서를 통해 보건대 대남공격 문제에 대해 협의하지는 않았다.[27] 스탈린이 마오와 협의한 것은 북한이 군사적 잠재력과 방어 역량을 배양하도록 도와줄 필요성과 가능성에 대한 문제였다.[28] 호치민이 주장했듯이 1940-50년대 "세계혁명의 총사령관 스탈린, 아시아혁명의 총사령관 마오쩌둥"이란 호칭은 이 시기 고무된 중소동맹의 위상을 보여 주는 것이었다.[29]

스탈린은 1월 30일 슈티코프에게 전문을 보내 김일성에게 "그가 착

━ 26 정병준, 『한국전쟁』, 433쪽.
    27 마오쩌둥·스탈린의 모스크바회담(1949. 12.-1950. 1.)의 대담 비망록(영역본)은 Chen Jian, Vojtech Manstny, Odd Arne Westad and Vladislav Zubok, "Talks with Mao Zedong, December 1949-January 1950, And With Zhou Enlai, August-September 1952," CWIHPB, iss.6-7, 1995/1996, pp.4-35에 수록되어 있다.
    28 「스탈린→슈티코프」(1950. 2. 2.), Bajanov, 『한국 전쟁의 전말』, 48쪽.
    29 下斗米夫, 『북한 정권 탄생의 진실』, 158쪽.

수하려는 남한에 대한 큰 과업"에 대해 대화할 준비는 물론 도울 준비가 되어 있다고 알리라고 지시했다.[30] 즉 대남 공격을 허가할 테니 모스크바로 오라는 신호였다.

김일성은 1950년 3월 30일부터 4월 25일까지 모스크바를 비공식 방문해 스탈린과 3차례 회담했다. 스탈린은 대남 공격을 검토하게 된 가장 큰 요인이 중화인민공화국의 수립에 따른 국제정세의 변화라고 지적했다. 스탈린은 중국혁명의 성공·소련의 원폭 보유·중소우호동맹조약의 체결 때문에 미국이 아시아 공산주의에 도전하는 데 더 주저할 것이며, 한국 문제에 간섭하지 않는 것이 미국 내 지배적 분위기라고 설명했다.[31]

이 자리에서 스탈린은 미국의 개입 가능성, 중국의 개전 찬성 여부를 질문했다.[32] 김일성은 스탈린과 같은 이유로 미국이 불개입할 것이며, 개입하더라도 북한의 대남 공격이 3일 내에 성공할 것이기 때문에 개입할 시간적 여유가 없다고 주장했다. 스탈린은 마오쩌둥과의 협의를 강조하면서 미군이 개입하는 경우 소련은 개입하지 않을 것이라고 못 박았다. 스탈린은 개전을 승인했고, 책임 전가를 위한 조건으로 중국의 동의와 미군 불개입 장담을 요구한 것이었다.

김일성은 스탈린의 승인을 받은 직후, 마오쩌둥의 동의를 얻기 위해 북경으로 향했다. 1950년 5월 13-15일간 김일성·박헌영은 마오쩌둥

---

30 「스탈린→슈티코프」(1950. 1. 30) 『소련 외교문서』 3권, 62쪽; Kathryn Weathersby, "Korea, 1949-50: To Attack, or Not to Attack? Stalin, Kim Il Sung, and the Prelude to War," *CWIHPB*, iss.5, 1995, p.9.
31 Bajanov, 『한국 전쟁의 전말』, 1998, 52-53쪽.
32 Goncharov, Lewis and Xue Litai, *Uncertain Partners: Stalin, Mao, and the Korean War*, pp.142-143; 「김일성의 소련방문(1950. 3. 30-4. 25)에 관한 보고」, 러시아연방 대통령 문서(APRF), Bajanov, 『한국 전쟁의 전말』, 1998, 55쪽, 주 10.

과 2차례 회담했다. 남침에 대한 스탈린의 지령이 있었다는 김일성의 주장에 대해 마오는 즉각 소련 측의 의사를 타진했다. 스탈린은 국제정세가 변했으므로 "남북한 통일 사업에 착수하겠다는 북한 동지들의 제안에 동의"하였다고 설명했다. 스탈린은 중국북한 간 사전합의가 중요하며, 개전에 대한 조중 간의 이견이 있을 경우 연기되어야 한다고 통보했다.[33] 마침내 마오쩌둥은 개전에 동의했다.

결국 김일성은 1950년 4월, 스탈린의 최종 '재가'를 얻었고, 5월에는 스탈린 재가의 부속 조건이었던 마오쩌둥의 '동의'를 획득하는 데 성공했다. 최종 결정권자였던 스탈린은 책임의 소재를 마오쩌둥과 김일성의 합의로 넘겼고, 마오쩌둥은 다시 스탈린과 김일성의 합의가 동의의 기초라고 주장했다. 표면적으로 김일성은 스탈린과 마오쩌둥을 설득하는 데 성공했지만, 이들 3자의 합의는 미군 개입과 전쟁 실패의 경우, 대부분의 책임이 김일성에게 돌아가는 구조를 갖고 있었다.[34]

스탈린의 대남 공격 허가는 직접적으로 김일성의 끈질긴 청원과 호소의 결과였으나, 본질적으로는 미국의 불간섭, 혹은 비간섭 가능성을 보여 준 1949년 하반기 중국혁명 승리의 결과였다.

2) 병력 증강과 무기·장비의 지원

1949년 3월 스탈린 회견 이후 김일성의 수행 과제는 무력 강화였

---

33 「비신스키→모택동」(1950. 5. 14.), 『소련 외교문서』 3권, 72쪽; 러시아연방 대통령 문서(APRF). 영문번역은 Commentary by Jim Hershberg; translated by Vladislav M. Zubok and Kathryn Weathersby, "More Documents from the Russian Archives," CWIHPB, iss.4, 1994, p.61.

34 정병준, 『한국전쟁』, 495쪽.

다. 이는 북한 자체의 군사력을 강화하는 것, 즉 북한군 병력의 증가와 무력 강화에 박차를 가하는 동시에 남한 내 동조 세력인 빨치산의 역량을 강화하는 것이었다.

먼저 북한군은 병력 면에 있어서 중국의 도움으로 양적 팽창과 질적 발전을 성취했다. 김일성·박헌영의 소련 방문 이후 북로당 중앙위원회 위원이자 인민군 정치위원이던 김일이 중국을 방문(1949. 4. 28.-5월 초)했다. 김일은 중국 방문 동안 마오쩌둥·저우언라이[周恩來]·가오강[高崗] 등을 면담했는데, 마오쩌둥은 북로당 중앙위원회가 요청한 중국 인민해방군 소속 3개 한인 사단(각각 1만 명으로 편성)의 북한 파병에 동의했다.[35] 다만 마오쩌둥은 중공의 조치는 모스크바의 동의가 있은 후 시작될 것이라고 강조했는데, 이는 북한군 병력 증강이 조중소 3국의 긴밀한 협의 결과였음을 말해 준다.[36]

북한과 중국 지도부들은 중국공산당의 당원으로 동북항일연군에서 함께 항일투쟁을 한 역사적 경험을 공유했으며, 1946-48년간 국공내전 시기에 북한은 국민당군에 밀리던 중공군을 위해 후방 기지 제공, 전략적 교통로 제공, 전략물자 등 지원을 했다.[37] 한편 북한군 병력이 국공내전에 투입되었다는 주장도 있으나,[38] 사실과는 거리가 있다.

이후 국공내전에서 단련된 중공군 출신 한인 사병과 장교들이 북

35 「슈티코프→스탈린」(1949. 5. 15.), 『소련 외교문서』 3권, 18-20쪽.
36 「코발료프→필리포프」(1949. 5. 18.), 같은 책, 21-22쪽.
37 이종석, 『북한-중국관계 1945-2000』, 중심, 2001, 59-77쪽; 김진경, 「한국전쟁 직전 중국 동북지역과 북한과의 관계」, 『전사』 3, 국방부 군사편찬연구소, 2000; 和田春樹/서동만 역, 『한국전쟁』, 창작과비평사, 1999, 40-41쪽.
38 백학순, 「중국내전시 북한의 중국공산당을 위한 군사원조: 북한군의 파병 및 후방기지 제공」, 『한국과국제정치』 제10권 제1호, 1994; Cumings, The Origins of the Korean War vol.1, p.363; 박명림, 『한국전쟁의 발발과 기원 1』, 나남출판, 1996, 243-248쪽.

한 인민군에 편입되어 정예사단을 형성했다.[39] 1949년 7월 말 중국 인민
해방군 제4야전군 보병 제166사는 신의주로 입북해 인민군 제6사단(사
단장 방호산, 1만 명)이 되었고, 제4야전군 보병 제164사는 8월 말 나남에 들
어와 인민군 제5사단(사단장 김창덕, 1만 명)이 되었다. 한편 1950년 5월 초
중국 인민해방군 중남군구 제15독립사가 원산으로 입북해 인민군 제
12사단(사단장 전우, 1만 4천 명)이 되었으며, 5월 초 1개의 독립연대가 입북
해 제4사단 제18보병연대가 되었다. 즉 북한군의 정예 전투사단 가운데
3개 사단(5, 6, 12사단)+1개 연대가 국공내전에서 단련된 중국 인민해방군
출신 병력으로 메꾸어졌다. 최소 3만 7천 명 이상의 병력이 입북했다.[40]
개전 당시 북한군은 4개 정규 인민군 사단(1, 2, 3, 4사단-1개 연대), 3개 중국
인민해방군 출신 사단(5, 6, 12사단+1개 연대), 3개의 민청훈련소 전환 사단
(10, 13, 15), 3개의 경비여단(7, 8, 9사단)으로 구성되어 있었는데,[41] 중국 인민
해방군 출신 사단들이 핵심을 이루었다.

다음으로 북한군의 무장 강화는 소련의 도움으로 이루어졌다. 그
간 논란이 있었지만 김일성의 방소 기간 중 소련과 북한 간에 상호 친
선조약이 체결되지 않았다. 소련이 체코(1943), 폴란드·유고슬라비아
(1945), 루마니아·헝가리·불가리아(1948), 중국(1950. 2. 14.)과 맺은 양국 간
친선 및 상호원조조약은 전시 자동개입을 규정하는 군사동맹의 성격이

---

39 김중생, 『조선의용군의 밀입북과 6.25전쟁』, 명지출판사, 2000; 염인호, 「해방후 중국 동북지방
조선인 부대의 활동과 북한 입국: 중국인민해방군 제164사단을 중심으로」, 『한국전쟁사의 새로
운 연구 2』; 염인호, 「中國 國共內戰期의 滿洲 朝鮮人部隊에 관한 硏究(1948·1950)」, 『한국독립
운동사연구』 제22호, 2004; 이재훈, 「1949-50년 중국인민해방군 내 조선인부대의 '입북'에 대한
북중소 3국의 입장」, 『국제정치논총』 제45집 제3호, 2005.

40 정병준, 『한국전쟁』, 299-301쪽. 한편 김중생은 총 5만 5천 명에서 6만 명의 동북 조선인들이 입
북했다고 추정하고 있다. 김중생, 『조선의용군의 밀입북과 6.25전쟁』, 158-159쪽; 「김중생인터
뷰」(2007. 8. 9.)

41 정병준, 『한국전쟁』, 327-330쪽, 393-394쪽, 469-471쪽.

5장 북한의 한국전쟁 계획 수립과 소련의 역할
—
147

었지만, 북한에는 제공되지 않았다.[42] 그렇지만 소련은 북한에 '시설물, 재료, 군사시설을 공급'하기 위한 차관 공여에 동의했고, 그 결과 1949년 3월 17일, 「소련방과 조선민주주의인민공화국 간의 물품거래 및 대금 결제에 관한(조선에 군사 장비 및 기술물자를 제공, 쌀과 기타 한국 물품과 교환한다는) 의정서」가 체결되었다.[43] 1949년 6월 1일부터 1952년 6월 1일까지 3년간 차관을 제공한 후, 6개월마다 연 2% 이자를 가산해 1952년 6월 1일부터 상환하도록 계획된 것이었다. 명칭은 차관 거래의 형식이었지만, 이 의정서의 핵심은 대북 군사원조였다. 비록 소련은 무상 원조가 아닌 차관 형식으로 군사 무기·장비를 제공했지만, 이는 북한의 대남 공격용 무장 강화를 위한 것이었다. 김일성은 1949년 4월 28일 구체적인 필요 무기 목록을 제시했고, 이 무기들은 6월부터 본격적으로 북한에 입수되었다.[44]

북한은 1949년 육군 강화, 기계화부대(탱크·자주포) 편성, 공군 창설을, 1950년에는 모터사이클 연대, 현존 보병사단의 확대, 3개 보병사단의 확대 등을 위해 소련의 군사차관을 요청했고, 그대로 집행되었다.[45]

소련의 대북한 군사 원조는 1949년 무기·군수 장비의 공급 액수가 총 1억 6350만 루블이었고, 1950년에는 8억 7100만 루블이었다. 그중 차관이 7억 8230만 루블, 상품 교역 8870만 루블이 제공되었다.[46] 1949~54년

42 기광서, 「소련의 한국전 개입과정」, 154쪽. 조소 간의 공식 친선, 협조 및 상호원조조약은 1961년 7월 6일 체결되었다.
43 「그로미코→슈티코프」(1949. 6. 4.), 『소련 외교문서』 4권, 32-33쪽.
44 「슈티코프→스탈린」(1949. 5. 1), 『소련 외교문서』 4권, 16-25쪽; 「그로미코→슈티코프」(1949. 6. 4), 『소련 외교문서』 4권, 26-33쪽; 「슈티코프→비신스키」(1949. 6. 22.), 『소련 외교문서』 4권, 34-37쪽.
45 정병준, 『한국전쟁』, 416-419쪽, 465-467쪽.
46 ЦАМО, Военая помощь СССР Северной Корее после второй мировой войны(1946-1953 гг) 「제2차 세계대전 후 소련의 대북한 군사원조(1946-1953년)」 Л.2 (기광서, 「소련의 한국전 개입과정」, 158쪽에서 재인용).

간 소련이 북한에 제공한 총 23억 6990만 루블의 무기 및 군사 장비 가운데 무상 지원액은 1949년 한해 170만 루블에 불과했다.[47] 소련이 제공한 무기로 개전 시 북한군 10개 보병사단이 무장했고, 탱크여단, 포병연대, 모터사이클연대, 항공사단 등 공격형 편성이 완료되었다. 소련이 북한에 제공한 것은 단순한 상품이나 재화가 아니라 명백히 대남 공격을 목표로 설정된 공격용 무기 및 장비들이었다.

3. 북한의 개전 전략과 공격 계획의 수립

1) 개전 전략·전쟁관의 형성[棉麗]

북한의 한국전쟁관은 '도발 받은 정의의 반공격전'으로 요약할 수 있다.[48] 즉 6월 25일 새벽, 한국군이 전 전선에서 북한을 침공, 즉 전면 '북침'했기에, 북한군이 반공격전에 나서 남한을 '해방'시키게 되었다는 주장이었다. 1950년 6월 25~26일, 북한 내무성·김일성이 발표한 성명이 가장 대표적이다.[49]

이와 관련해서 두 가지 점에 대한 분석이 필요하다. 첫째 도발 받은 정의의 반공격전이라는 개전 명분과 구상은 어떻게 형성된 것인가? 둘

- 47 기광서, 「소련의 한국전 개입과정」, 158-159쪽.
- 48 정병준, 『한국전쟁』, 575-579쪽.
- 49 「조선민주주의인민공화국 내무성 보도」, 『로동신문』 1950. 6. 26.; 「전체 인민들에게 호소한 조선민주주의인민공화국 내각수상 김일성장군의 방송연설」, 『로동신문』 1950. 6. 27.

째 북한은 왜 특정 지점, 예를 들어 해주 방향 서쪽(옹진), 금천(개성), 철원, 양양 등을 한국군이 북침한 지점이라고 지목했는가?

첫째, 도발 받은 정의의 반공격전이라는 북한의 한국전쟁 개전 구상은 개전에 임박해 임기응변적으로 작성된 것이 아니었다. 이는 최소한 1년 이상 현실 속에서 구체화되고 다져진 개념이었다. 또한 이는 스탈린이 김일성에게 지시한 것으로, 개전 시 조·소 관계의 면모를, 스탈린·김일성의 위계를 명백히 보여 주는 것이었다. 1949년 3월 대남 무력 공격을 청원한 김일성에게 스탈린은 이렇게 말했다.

> 스탈린: 불가하다. 북한군이 남한군보다 확실한 우위가 아니며 수적으로 열세이다. 남한에 미군이 주둔하고 있으며 개입할 것이다, 미소 간의 38선 협정이 유효하다. 적들이 만약 침략 의도가 있다면 <u>조만간 먼저 공격을 해 올 것이다. 그러면 절호의 반격 기회가 생길 것이</u>다. 그때는 모든 사람이 동지의 행동을 이해하고 지원할 것이다(강조 인용자).[50]

스탈린은 도발 받은 정의의 반공격전 개념을 제시했는데, 이는 이후 북한의 한국전쟁 개전 명분 및 전쟁관 형성에 가장 결정적 요소가 되었다. 이후 개전 전략의 미세한 변화가 있었지만, '도발 받은 정의의 반공격전' 개념은 북한의 가장 기본적인 한국전쟁관으로 자리 잡았다. 이미 1949년 초부터 38선상에서 남북한 간의 일상적인 군사충돌이 격화되고 있었기 때문에 남한의 선공 후 반격이라는 전략은 손쉬운 해결

---

50 「스탈린·김일성 면담」(1949. 3. 7), 『서울신문』 1995. 5. 15.; 「김일성이 지휘하는 북한정부 대표단과 스탈린간의 대화록, 1949년 3월 7일」(3-4쪽), Bajanov, 『한국 전쟁의 전말』, 27-28쪽; Torkunov, 『한국전쟁의 진실과 수수께끼』, 44-45쪽.

책이었다. 스탈린은 남한의 선제공격을 전제로 한 반격을 주문했지만, 이는 1949년의 치열한 38선 충돌 과정을 겪으면서 방어 국면이 아닌 공격 국면에서의 공격 전략으로 변화하기 시작했다.

스탈린이 선제공격이 아닌 '반격'을 지시한 상태에 김일성은 섣불리 대남 선제공격을 할 수 없었다. 김일성은 1949년 8-9월 내내 이 문제에 집중했다. 이러한 정보는 1949년 내내 구소련 문서에 잘 드러나 있다. 김일성은 8월 12일 슈티코프를 만나 남한이 북침을 연기하기 때문에 스탈린이 '허가'한 '반공격'의 기회가 없다며, 대남 공격 준비를 요청했다.[51]

스탈린이 선제공격을 불허한 상황 속에서 김일성은 옹진반도 혹은 옹진-개성 지역에 대한 부분 점령, 혹은 삼척탄광 해방구 설치와 같은 국지전·제한전 전략을 택했다. 1949년 9월 3일 김일성은 툰킨 공사에게 옹진반도 점령을 제안하며 허가를 요청했다. 김일성은 옹진작전이 지연될 경우 38선 나머지 지역의 방어가 강해질 것이며, 남한이 가까운 시일 내에 옹진을 공격할 계획이기 때문에, 남한이 평화통일 제안을 거부했다는 빌미로 옹진 선제공격을 시도하고자 했다.[52] 즉 남한이 선제공격을 하지 않았더라도, 위장된 명분을 내세워 옹진을 선제공격·점령하며, 사정이 허락하면 전면 남진하겠다는 의도를 표명한 것이었다. 김일성은 방어선 축소를 위해 옹진반도 혹은 옹진-개성 지역을 점령하며, "국제정세가 허락하면 남쪽을 향해 더 깊이 이동"하며 2주-2개월이면 남한 점령을 완료할 수 있다고 밝혔다.[53]

51 「슈티코프대사와 김일성과 박헌영간 대화를 수록한 1949년 8월 12일자 비망록」, 러시아연방 대통령 문서(APRF) (4-5쪽), Bajanov, 『한국 전쟁의 전말』, 1998, 23-25쪽; 『한국전문서요약』 10-11쪽.
52 「툰킨→비신스키」(1949. 9. 3.), 『소련 외교문서』 4권, 41-42쪽.
53 「툰킨→비신스키」(1949. 9. 3.), 『소련 외교문서』 4권, 41-42쪽.

김일성은 9월 12-13일, 15일에도 동일한 제안을 했다.[54] 이는 전면전으로 확전될 가능성이 높았지만, 김일성은 '방어선 단축'이라는 명목으로 옹진 선제공격을 주장했던 것이다. 브루스 커밍스는 남침 유도설을 설득력 있는 모자이크로 내세우며 한국군이 선제공격으로 북한군을 끌어들인 후 신속하게 군대를 철수함으로써 미국을 한국전에 개입시키려 했다고 주장했는데,[55] 역으로 김일성은 옹진에서 국지전을 통해 소련을 끌어들일 계획을 구상했던 것이다. 김일성의 최소 이익은 남한이 반격할 경우로 옹진연안 반도를 점령함으로써 국경선을 1/3로 축소하는 것이었고, 최대 이익은 남한군이 저항하지 못할 경우 그대로 남진을 지속시킬 수 있는 것이었다. 소련이 국지전을 승인한다면 전면전의 수렁 속에 빠질 가능성이 농후한 구도였다. 툰킨은 "희생과 고통, 불행을 수반하는 전면전은 결국 대중들이 전쟁을 먼저 시작한 쪽에 적대적 감정을 갖게 할 수도 있"으며 "(옹진 부분 점령) 작전은 북한이 동족상잔의 전쟁을 시작했다는 비난의 수단으로 이용될 것"이라고 정확히 비판했다.[56]

그런데 이 시점에서 슈티코프가 침략을 위장한 선제공격의 방안을 제시했다. 슈티코프는 남한 측의 38선 도발을 빌미로 옹진반도와 개성시를 보복 공격·점령하는 방안을 제시했다.[57] 와다 하루끼의 지적처럼 슈티코프는 1939년 소련·핀란드전쟁 당시 레닌그라드주 당 제2서기로 전쟁의 주력군인 메레츠코프 사령관이 지휘하는 소련 제7군 군사위원으로 참전했는데, 이 전쟁의 도화선이 된 마이닐라사건(1939. 11. 26.)은 핀

54 「슈티코프→스탈린」(1949. 9. 15.), 『소련 외교문서』 3권, 33-34쪽.
55 Bruce Cumings, *The Origins of the Korean War vol. 2: The Raoaring of the Cataract 1947-1950*, Princeton, NJ: Princeton University Press, 1990, pp.599-600.
56 「툰킨→소련외무성」(1949. 9. 14.), 『소련 외교문서』 3권, 32쪽.
57 「슈티코프→스탈린」(1949. 9. 15.), 『소련 외교문서』 3권, 33-34쪽.

란드를 침공하기 위해 소련군이 조작한 사건이었다.[58] 한편 러시아 역사가 아루쥬노프는 소련군 포병이 후방에서 전방 소련군을 포격해 핀란드전쟁이 일어난 것처럼 한국전 당시에도 소련 내무성 지휘하에 일단의 소련 포병 군관 중심의 특무그룹이 1950년 6월 25일 북한군에 포격하는 자작극을 꾸며 남으로부터의 포격을 위장했을 것이라고 주장하기도 했다.[59] 소·핀전쟁의 개전 명분 조작의 현장에 있었던 슈티코프는 10년 뒤 한국전장에서 역사적 경험을 활용했을 가능성이 높다. 북한 사정에 정통했던 슈티코프는 본국의 원칙적 입장보다는 현지 정서에 동화되었고, 현지의 입장을 현실화시키려 노력했던 것이다.

스탈린은 1949년 9월 24일, 소련공산당 중앙위원회 정치국을 통해 북한의 대남 선제공격을 불허했다. 스탈린은 남한이 북침을 하는 경우에야 북한 주도의 무력통일이 가능하다는 "도발 받은 정의의 반공격전"을 재차 강조했다. 때문에 10월 14일 이래 남한이 점령하고 있던 은파산을 탈환하기 위해 북한군의 선공으로 은파산 전투가 개시되자, 스탈린은 이를 자신이 불허한 대남 무력공격을 북한이 감행한 것으로 해석했다. 스탈린은 전투 개시를 지연 보고하고, 지시 집행에 소홀했다는 이유로 3차례(10. 27., 11. 3., 11. 20.)나 슈티코프 대사에게 경고서한을 보냈다.[60]

결국 1949년을 거치면서 북한은 한국전쟁 개전과 관련해 가장 중요한 두 가지 점을 확정했다. 하나는 한국전쟁의 개전 명분 혹은 시나

—
58 和田春樹, 『한국전쟁』, 87-88쪽.

59 Арту Талинский, "Корейская Война: 50 Лет Спустя. Последняя авантюра Сталина на востоке гразами летчика(한국전쟁: 50년이 지난 후. 조종사의 눈으로 본 마지막 스탈린의 동양에서의 모험), П осев, 2000, No.6, pp.35-39; No.7, pp.40-45; Артюнов А. А. Досье Ленина без ретуш(수정되지 않은 레닌 문건) М., 1999, с. 487(안승환, 「주북한 소련군사고문단의 북한군 지원활동(1946-1953년)」, 437-440쪽에서 재인용).

60 「소련공산당중앙위정치국」→슈티코프」(1949. 10. 26.), 『소련 외교문서』 3권, 54쪽; 「한국전문서요약」 10쪽, 18쪽; 「그로미코→슈티코프」(1949. 11. 20.), 『소련 외교문서』 3권, 57쪽.

리오인 "도발 받은 정의의 반공격전"의 개념이었다. 이는 스탈린의 지시에서 출발해 소련공산당 중앙위원회 정치국 결정으로 재확정되었다. 여기서 한 걸음 더 나아가 남한의 "도발"을 위장하는 슈티코프의 제안이 결합됨으로써 북한은 선제공격을 가하면서 남한의 북침을 주장할 수 있다는 점을 깨닫게 되었다. 그리고 이는 개전 당시 정교하게 기획되었다.

다른 하나는 국지전으로 개전해 전면전으로 확대한다는 개전 계획의 창안이었다. 개전 장소로는 옹진이 선택되었고, 남한의 저항과 미국의 반응을 타진해 전면전으로 확대한다는 작전 개념이 수립되었다. 즉 1949년을 거치면서 북한은 옹진에서 남한의 북침을 위장한 후 선제공격을 개시하며, 국지전의 전황을 지켜본 후 전면전으로 전환 여부를 결정한다는 전략적 방침을 수립했다.

둘째, 북한이 왜 해주 방향 서쪽(옹진), 금천(개성), 철원, 양양 등을 한국군이 북침한 지점이라고 지목했는가 하는 점은 1949년 38선 충돌에 그 연원이 있었다. 거론된 지점들은 38선을 좌에서 우로 4등분 한 지점이자 1949-50년 일상적으로 군사적 충돌과 분쟁이 끊이지 않던 38선상의 충돌 지역들이었다. 해당 지역에는 38선이 관통하는 산·고지 들이 존재했다. 옹진에는 은파산·두락산·국사봉, 개성에는 송악산 488고지·292고지, 양양에는 고산봉이 위치하고 있었다.[61]

특히 옹진반도에서는 1949년 중반 남북한 간에 연대급 전투가 격렬히 벌어졌고, 쌍방은 대구경포와 중화기를 동원해 반대편을 공격했다. 또한 남북한 양측의 정규군과 유격대가 수 km에서 수십 km까지 38선을 월경해 상대 지역을 침공했다. 상호 간의 대결과 충돌, 호승심이

---

61   정병준, 『한국전쟁』, 273-275쪽.

최고조로 달한 이 지점들에서는 누가 먼저 공격했는지, 누가 먼저 총을 쏘았는지 도저히 알 수 없는 곳들이었다. 스탈린은 선제공격을 받은 후 역공하라고 교시했지만, 노련한 슈티코프는 굳이 선제공격을 받지 않더라도 위장된 구실과 명분을 조작해 반격에 나설 수 있음을 제시했다.

최종적으로 1950년 4월 스탈린은 개전을 허가하며 김일성·박헌영에게 3단계의 공격 계획을 지시했다. 그것은 ① 38선 특정 지점으로의 병력 집중, ② 위장 평화통일 공세(남한의 거부 및 북한의 반박), ③ 옹진에서 개전(김일성 제안)해 국지전의 전면전화 및 속전속결 등이었다.[62]

스탈린의 결론은 자신이 '교시'한 ① '도발 받은 정의의 반공격전'이라는 기본적 전쟁 개념(1949. 3.)하에 ② 위장 평화통일 공세·옹진-개성 부분 점령·국지전의 전면전화라는 김일성의 구상(1949. 8.-9.)과 ③ 전쟁 발발 책임 전가에 관한 슈티코프의 구상(1949. 9.)을 교묘하게 결합시킨 방식이었다. 즉 개전의 방식, 명분, 장소 등에 관해 스탈린의 교시가 평양의 김일성과 슈티코프의 화답을 통해 보다 구체화된 메아리로 스탈린에게 회귀된 것이었다.[63]

스탈린의 재가와 마오쩌둥의 동의가 있은 후 북한은 이에 맞춰 전쟁 계획을 수립했다. 전면 공격을 위한 작전 계획에는 '반격counterattack 계획'이라는 명칭이 붙었고,[64] 『로동신문』 등 북한의 언론들은 1950년 5월 이후 남한의 38선 공격 기사를 대량 게재하기 시작했다. 6월 24일 전투 준비가 완료된 후 "민족보위성의 정령(政令)이 부대에 하달되었는데, 그

---

62 「김일성의 소련방문(1950. 3. 30-4. 25)에 관한 보고」, 러시아연방 대통령 문서(APRF), Bajanov, 『한국전쟁의 전말』, 52-55쪽.

63 정병준, 『한국전쟁』, 499쪽.

64 「반격계획」(1951. 11. 4. 조선인민군 군사고문단장 라주바예프중장이 붉은군대 총참모장 S. M. 슈테멘코장군에게 보낸 보고서), 『(소련 군사고문단장) 라주바예프의 6·25 전쟁 보고서』 1권, 국방부 군사편찬연구소, 2001, 111쪽.

5장 북한의 한국전쟁 계획 수립과 소련의 역할

155

내용은 남조선 군대가 38선을 침범함으로써 군사 공격을 도발했으며 조선민주주의인민공화국 정부는 조선 인민군에게 반공격으로 넘어가라는 명령을 하달했다."[65] 공격을 개시한 직후 북한 관영매체들은 남한의 북침에 따른 '공화국의 정의의 반공격'을 보도하기 시작했다.

이로써 스탈린으로부터 시작되어 김일성·슈티코프를 통해 구체화·현지화된 '도발 받은 정의의 반공격전'이 전면적으로 실행된 것이다. 북한은 남한뿐만 아니라 북한군과 북한 주민에게도 개전의 비밀을 위장했다. 이는 한국전쟁 개전과 관련해 북한이 오래 간직해 온 가장 중요한 비밀이자 실체였다.

2) 공격 작전 계획의 수립과 소련 군사고문단의 역할

북한군은 최고사령부를 구성한 빨치산 그룹, 민족보위성 총참모부를 주도한 소련계 그룹, 야전사단에서 우위를 점한 연안파 그룹 등으로 구성되어 있었다. 그런데 최고사령부와 총참모부의 주요 지휘관·참모들은 사단급을 지휘하거나 작전 계획을 수립할 능력을 갖고 있지 못했다. 또한 개전 당시 북한이 보유한 총 10~13개 사단 중 상당수가 급조되거나 중국에서 1949~1950년 시기 동안 입북한 부대였으며, 연안파의 장군들은 기존 북한군의 지휘·참모 체제 및 실정에 익숙하지 않았다.[66]

---

65 「슈티코프(Shtykov)가 자하로프(Zakharov)동지에게 보낸 군사상황에 관한 1950년 6월 26일자 비밀보고」; Kathryn Weathersby, "New Evidence on the Korea War," *CWIHPB*, iss.6-7, 1995/1996, pp.39-40.

66 이에 대한 분석 결과는 별도로 발표될 예정이다(정병준, 「한국전쟁 개전기 북한군 주요 지휘관, 참모의 구성과 특징」, 미발표논문).

북한군 지휘·참모부는 10-13개 사단, 2개 군단, 1개 군급의 병종·제대별 연합·합동 작전 계획을 수립할 능력을 보유하고 있지 못했다. 때문에 북한군의 전면 공격용 작전 계획은 소련군사고문단에 의해 작성될 수밖에 없었다. 북한군의 대남 공격을 증명하는「정찰명령 1호」(1950. 6. 18., 인민군 총참모장·정찰국장)·「공격작전용 조선인민군 정찰계획」(1950. 6. 20., 인민군 총참모장) 등이 러시아어로 작성되어 조작·위조 논란이 벌어졌지만, 이는 북한군이 처한 개전 당시의 지휘·참모 능력의 실상을 정확히 반영하는 것이었다.[67] 즉 번역된 작전 계획의 한계였다.

북한의 한국전쟁 작전 계획은 3단계를 거쳐 완성되었다. 첫 번째 단계는 '총체적 공격 계획' 혹은 '공격을 위한 기본 계획'의 확립이었다. 1950년 5월 초 북한군 총참모장 강건은 소련 군사고문단장 바실리예프와 함께 기본 작전 계획을 수립했다. 이는 5월 중순 확립되었다. 두 번째 단계는 기본 계획에 따라 작성된 '공격 작전의 세부 계획'이었다. 이는 6월 15일 완성되었다. 세 번째 단계는 개전 직전인 6월 21일 수정된 작전 계획이었다. 핵심은 옹진에서 개전 및 국지전의 전면전화라는 개전 시나리오를 폐기한 대신 전 전선에서의 전면전으로의 변경이었다. 여기서 가장 중요한 것은 소련 군사고문단의 자문과 지도였다.

첫 번째 단계는 김일성이 1950년 4월 25일 평양에 귀환한 직후 총참모장 강건에게 작전 준비에 필요한 지침을 하달함으로 시작되었다. 강건은 5월 초 준비 작업에 돌입했다. 총참모부 작전국장이던 유성철에 따르면 1950년 5월 초순, 민족보위성 작전국의 한 방에서 비밀리 1개월에 걸쳐 작전 계획을 작성했다. 그런데 개전 직전이던 5월에 북한군은 공격을 위한 작전 계획을 갖고 있지 않았고, 또한 계획을 수립할 능력을

---

67   정병준,『한국전쟁』, 540-563쪽.

보유하고 있지 못했다.

때문에 개전이 결정되자 소련 군사고문단이 대대적으로 교체되었다. 작전 계획 작성을 위해 2차 대전에서 단련된 전쟁 전문가들이 초빙된 것이다. 안승환은 주북한 소련 군사고문단원 중 사단장급 이상을 상대한 대좌급의 '일급 전쟁 기술자'들, 특히 총참모부 작전국 소속 고문 18명이 핵심적으로 이 작전 계획을 수립했을 것으로 추정했다.[68] 유성철은 소·독 전투에 참가한 전투 경험이 있는 고문 약 20명가량으로 사령부 고문들이 교체되었다고 증언했다.[69] 이들은 모두 2차 대전 중 소련의 전략·작전 장교로 집단군(야전군)급 이상 대단위 작전 업무에 종사하고 3년 과정인 군사아카데미를 1-2개씩 졸업한 대좌급 작전 고문이었다는 것이다.[70]

이 시점에서 북한군이 보유하고 있던 작전 계획에 대해 유성철은 "구고문단의 지도하에 작성한 작전 계획은 통과되지 못하고 뽀쓰트니꼬브소장이 작성한 작전계획 총고문에 의하여 수정된 후 통과"되었다고 했다.[71] 유성철에 따르면 개전 직전에 북한군 총참모부가 보유하고 있던 것은 공격 작전 계획이 아니라 방어 작전 계획이었다.[72] 이는 1949년 이래의 상황을 반영하는 것이었는데, 북한군은 한국군의 공세에 대응해 수많은 방어 계획과 방어 훈련을 실시했기 때문이었다. 북한 노획문서에서 가장 많이 발견되는 북한군 대대·연대급 작전 계획은 방어 전투

— 68 안승환, 「주북한 소련군사고문단의 북한군 지원활동(1946-1953년)」, 424-426쪽.
    69 「유성철(전 인민군 작전국장) 인터뷰」(인터뷰 날짜: 1992. 5. 타슈켄트), KBS현대사발굴특집반, 『한국현대사
        관련 취재인터뷰(舊소련거주 한인): 내가 겪은 공화국 인터뷰자료』
    70 안승환, 「주북한 소련군사고문단의 북한군 지원활동(1946-1953년)」, 425-426쪽. 2차 대전기 소련군
        의 1개 전략 작전에는 50만에서 200만의 병력, 탱크·비행기 1천 대 이상이 동시에 투입되었다.
    71 유성철, 「피바다의 비화」, 『고려일보』 1991. 5. 31.
    72 유성철, 「나의 증언」(8), 『한국일보』 1990. 11. 9.; 유성철, 「피바다의 비화」, 『고려일보』 1991. 5.
        24., 5. 28.-31., 6. 4.-5.; 「유성철(전 인민군 작전국장) 인터뷰」.

계획·훈련에 관한 것이다.[73] 이는 북한군 지휘·참모부의 수준과도 밀접한 연관을 갖고 있는 것이었다. 그렇지만 이러한 방어형 계획은 전면 공격을 위한 작전 계획과는 부합하지 않는 것이었고, 신임 군사고문단장인 포스트니코프의 지휘하에 새로운 작전 계획이 작성되었다.

1950년 4월 스탈린이 김일성·박헌영에게 3단계 공격계획을 교시했을 때,[74] 그 핵심은 '전격전'이었다. 병력 이동 계획, 화전양면 전술 계획, 국지전과 전면전의 결합 등이 전격전이라는 큰 틀에서 여러 가지 조합으로 구상되었을 것이다.

슈티코프에 따르면 1950년 5월 27일 김일성과의 회담에서 "김일성의 명령으로 조선인민군 총참모장 강건姜健이 공격을 위한 기본 계획을 수립하여 고문단장 바실리예프Vasiliev 장군과 함께 김일성에게 보고했고, 김일성은 이 계획을 승인하며 주공격 방향을 지시했다"는 것이다.[75] 이는 「총체적인 공격 계획the overall program for the offensive」,[76] 「전체 작전 계획общий план опеации」으로 명명되었다.[77] 즉 이미 5월 27일 이전에 총체적 공격 계획 혹은 공격을 위한 기본 계획이 수립되어 승인을 받은 것이었다. 포스트니코프 소장 등 핵심 소련 군사고문단이 완성한 공격형 작전

---

73 정병준, 『한국전쟁』, 621-626쪽.

74 「김일성의 소련방문(1950. 3. 30-4. 25)에 관한 보고」, 러시아연방 대통령 문서(APRF), Bajanov, 『한국전쟁의 전말』, 52-55쪽; Торукнов А. В. Загадочнная война ; Корейский конфликт 1950-1953 годов. М., 2000, pp.58-59; 안승환, 「주북한 소련군사고문단의 북한군 지원활동(1946-1953년)」, 421쪽.

75 「駐北韓蘇聯大使가 전쟁준비 상태 및 공격시기를 스탈린에게 報告하는 電文」, Dmitri Volkogonov/한국전략문제연구소 역, 『스탈린』, 세경사, 1992, 459-462쪽; Bajanov, 『한국 전쟁의 전말』, 72-73쪽; 「한국전문서요약」 27쪽; 안승환, 「주북한 소련군사고문단의 북한군 지원활동(1946-1953년)」, 356쪽 주 38.

76 Bajanov, 『한국 전쟁의 전말』, 1998, 72쪽; Evgeniy P. Bajanov and Natalia Bajanova, *The Korean Conflict, 1950-1953: The Most Mysterious War on the 20th Century - Based on Secret Soviet Archives*, unpublished english edition, p.57.

77 외무부 외교사료관 소장 구소련 외교문서 원본.

159

계획을 민족보위성 총참모장 강건과 주북한 소련 군사고문단장 바실리
예프 중장이 김일성에게 보고해 승인을 받았다.

두 번째 단계는 기본 계획에 입각한 '공격 작전의 세부 계획'의 수
립 단계였다. 구소련 문서에 따르면 6월 15일 인민군 총참모부가 소련
군사고문들의 도움으로 작성한 공격 작전의 세부 계획을 완성했다.[78]
그런데 유성철은 민족보위성 총참모부의 소련군 출신 고급장교들이 강
건의 감독하에 1개월간 번역한 끝에 타격 계획을 완성했다고 증언했으
므로, 1개월의 작성·번역 과정을 역산하면, 최초에 수립된 기본 작전 계
획·작전 개념을 담은 「공격을 위한 기본 계획」·「총체적 공격 계획」은
5월 15일을 전후한 시점에 완성되었을 것이다. 이에 대한 김일성의 동의
와 슈티코프·소련군 총참모부의 승인이 있은 후 세부 작전 계획이 작성
되기 시작했다.

유성철에 따르면 여기에는 포병 사령관 김봉률金鳳律, 포병사령부
참모장 전학준全學俊, 공병국장 박길남, 해군 사령관 한일무, 해군 참모장
김원무, 작전국장 유성철, 작전부국장 윤상렬, 통신국장 이용인, 병기
국장 서용선, 후방국장 정목, 정찰국장 최원 등이 참가했다. 이들은 총
참모장 강건의 감독하에 서로 논의해 작전 계획을 한국어로 재작성했
다.[79] 연안파가 배제된 것은 러시아어 구사 능력과 비밀유지 때문이었
다. 안승환은 소련 한인들이 북한 최고 군사 중앙기구인 총참모부와 예
하 국장이 전원 소련 한인에 의해 원천장악된 현실, 헤게모니 장악 때문
이라고 해석했다.[80]

즉 기본 계획의 수립 이후 1개월에 걸쳐 단위 부대별, 병종별 세부

78 「슈티코프→필리포프」(1950. 6. 16), Bajanov, 『한국 전쟁의 전말』, 74-75쪽.
79 유성철, 「피바다의 비화」, 『고려일보』 1991. 5. 31.
80 안승환, 「주북한 소련군사고문단의 북한군 지원활동(1946-1953년)」, 429-430쪽.

작전 계획을 작성·번역했다는 것이다. 유성철은 이를 「선제 타격 계획」이라고 했는데, 이는 통칭 「제1 타격 계획」, 공식 작전 계획명은 「반격 계획」이었다.[81] 1950년 6월 15일에 수립된 「공격 작전의 세부 계획」의 원본은 현재 발굴되어 있지 않다. 다만 소련과 미국에서 발굴된 여러 자료들이 이 세부 작전 계획을 증언하고 있다.[82]

슈티코프는 6월 16일, 스탈린에게 공격 작전의 세부 계획이 완성되었다고 보고했다.[83] 인민군 총참모부가 소련 군사고문들의 도움으로 6월 15일 완성한 공격 작전의 세부 계획에 따르면 공격 개시일은 6월 25일 이른 새벽이었고, 작전은 3단계, 작전 기간 1개월로 구성되어 있었다.[84]

3단계 작전은 옹진에서 개전한 후 국지전의 전면전화(1단계), 서울·춘천·강릉 해방 및 남한주력 제거(2단계), 남한 잔여 병력 소탕 및 나머지 지역 해방(3단계)으로 예정되어 있었다. 6월 15일의 작전 계획은 옹진 개전-서울(한강)·춘천·강릉 점령-주요 도시·항구 점령으로 이어지는 것이었는데, 주공 방향이 서해안을 따른 서울 주변 지역이며, 조공 방향이 춘천 방향과 강릉 방향 등 2개 방향으로 설정되었음을 알 수 있다.

「공격 작전의 세부 계획」·「제1 타격 계획」·「반격 계획」의 핵심은 개전 형식은 '도발 받은 정의의 반공격전'이며, 전격전을 전개한다는 부분이었다. 그중에서 불의의 기습, 신속한 기동이 강조되었다. 북한은 적정 정찰을 통해 잘 조직된 포병의 사격, 보병부대·자주포부대·탱크부

---

81 이에 대해서는 정병준, 『한국전쟁』, 515-524쪽 참조. 한편 최용호는 유성철, 코르트코프의 선제 타격 계획과 라주바예프의 반격 계획이 서로 다른 별개의 계획이었다고 평가했다. 최용호, 「'라주바예프의 6·25전쟁 보고서' 분석: 북한군의 남침계획 제1단계작전을 중심으로」, 『군사』 제43호, 2001, 34쪽, 40쪽.

82 정병준, 『한국전쟁』, 524-563쪽.

83 「슈티코프→필리포프」(1950. 6. 16.), Bajanov, 『한국 전쟁의 전말』, 74-75쪽.

84 「한국전문서요약」, 28쪽.

대·모터사이클부대의 신속한 돌격, 돌격부대들의 입체적 포위 작전 등을 구사하고자 했다. 반격 계획에 따르면 북한군은 서울 지역과 수원 지역에서 최소한 2차례 이상의 한국군 주력부대에 대한 포위·섬멸전을 계획했다. 이 지역에서 한국군 주력의 90% 이상을 섬멸함으로써 전세를 판가름하려고 했던 것이다. 인민군의 작전 계획은 하루에 15-20㎞를 진격해서 22-27일, 즉 1개월 내에 주요 군사 작전을 완결하는 일정으로 짜여 있었다.[85]

세 번째 단계는 개전 직전인 6월 21일 세부 작전 계획의 수정 및 최종 확정 단계였다. 핵심은 옹진에서 개전 및 국지전의 전면전화라는 개전 시나리오를 폐기한 대신 전 전선에서의 전면전으로의 변경이었다. 개전 직전 북한은 남한이 전쟁 징후를 감지할까 봐 두려워했다. 슈티코프는 6월 20일과 21일에 걸쳐 북한군이 대북 공격을 지시하는 한국군의 무전을 감청했다고 모스크바에 보고하기까지 했다.[86] 그 결과 6월 21일 김일성은 필리포프(스탈린)에게 남한 방송과 정보 보고를 인용하며 남한이 북한의 남침 세부 계획을 눈치챘으며 그 결과 방어선이 강화되고 옹진에 병력이 추가 배치되고 있다고 보고했다. 김일성은 본래의 공격 계획을 수정해서, 옹진에서의 국지 작전 대신 6월 25일 전 전선에서의 전면전 공격 개시를 제안했다.[87] 이날 스탈린은 전 전선에서의 전면 공격

85 「1950-53년 한국전쟁과 휴전협상에 대해」(1966. 8. 9.); Foreign Ministry report, "On the Korean War, 1950-1953, and the Armistice Negotiations," 9 August 1966, translated by Kathryn Weathersby, "New Findings on the Korean War," CWIHPB, iss.3, 1993, p.1, pp.14-18; CWIHPB, iss.5, 1995, p.9 footnote 3.

86 「슈티코프→모스크바(전화)」(1950. 6. 20.), 「한국전문서요약」 28쪽; 「한국전문서요약」 29쪽.

87 「슈티코프→필리포프」(1950. 6. 21.), Bajanov, 『한국 전쟁의 전말』, 75-76쪽; 「한국전문서요약」에는 "김일성은 전에 구상했던 옹진반도에서의 전초전을 수행치 않고 6월 25일에 전 전선에 걸쳐 전투행위를 시작하는 것이 목적에 부합한다고 생각한다"라고 되어 있다.

이라는 김일성의 계획에 동의했다.[88]

6월 21일 전면전 개시에 대한 승인이 있은 후 모스크바는 북한 주재 소련 대사관에 향후 일체의 암호 전문을 발송치 말라고 지시했다. 이후 1950년 말까지 평양과 외무성 간에는 전보 교신이 중단되었고, 외견상 전쟁은 소련의 개입 없이 북한이 독자적으로 치르는 모습을 갖추었다.[89]

4. 맺음말

이상에서 검토한 한국전쟁의 개전과 발발 과정에 미친 소련·스탈린의 영향을 정리하면 다음과 같다.

첫째 한국전쟁은 김일성·박헌영 등 북한 지도부의 주도로 준비·발발·전개되었다. 1949년 초반의 명백한 개전 의지의 표명부터, 1949년 8월 이래의 국지전의 전개, 1950년 1월 이후 전면전 청원과 결정 등에 이르기까지 한국전쟁의 개전에 이르는 모든 과정은 북한 지도부가 주도했다. 즉 김일성·박헌영 등 북한 지도부가 전쟁의 주도자였다. 흐루시초프는 이렇게 표현했다. "김일성이 주창자였지만 스탈린은 그를 제어하지 않았다. 물론 나는 어떠한 공산주의자라도 이승만과 미국 반동으로부터 남조선을 해방하는 데 그를 제어할 수 없었을 것이라고 생각한다. 이것은 공산주의적 세계관에 배치될 것이었다. 여기서 나는 스탈린을

---

88 「스탈린→슈티코프」(1950. 6. 21.), Bajanov, 『한국 전쟁의 전말』, 76쪽.
89 「한국전문서요약」 29쪽; 「러 비밀문서로 본 1950년 4-6월 상황」, 『서울신문』 1994. 5. 19.

비난하지 않는다. 반대로 전적으로 그의 편에 서 있었다. 아마 나 자신도 또한 결정이 필요했다면 동일한 결정을 내렸을 것이다." 혹은 "오랫동안 우리는 이 전쟁에서 공격의 주도권이 남조선에 있었다는 견해에 집착해 왔다. (중략) 진실은 다음과 같다. 즉, 스탈린을 비롯하여 우리 모두가 지지한 김일성이 주도권을 가지고 있었다."[90] 그렇지만 김일성이 가지고 있던 것은 주도권이었지 결정권이 아니었다.

둘째 김일성을 비롯한 북한의 정치·군사 최고수뇌부들은 전쟁 의지가 분명했지만, 전쟁을 결정하거나 개시할 수 있는 능력과 결정권은 이들의 권한 밖이었다. 특히 군사적인 측면에서 볼 때 한국전쟁은 북한이 주도할 수 있었던, 혹은 북한이 주체가 될 수 있는 전쟁이 아니었다. 안승환의 지적처럼 전쟁의 3대 요소인 무기, 군인, 작전 가운데에서 북한이 제공한 것은 군인뿐이었다.[91] 보다 정확히 말하자면 북한군의 주요 공격 사단들은 북한의 토착 병력이 아니라 마오쩌둥의 동의에 따라 입북한 중국 인민해방군 출신 조선인들로 채워졌다. 북한군이 운용한 무기·장비의 절대다수는 북한이 소련으로부터 구매한 것이자 스탈린이 제공한 것이었다. 공격 작전 계획은 스탈린의 군사 참모들이 수립한 것이었다. 전쟁의 기획·결정·발발 과정에서 북한 지도부가 주도권을 행사했지만, 진정한 결정권은 모스크바에 있었다. 또한 북한군의 무력을 구성한 주요 요소는 자생적이거나 토착적인 것이 아니라 중국·소련에서 비롯된 외래적이고 이질적인 것이었다. 개전 당시 한국전쟁은 정치적으로 내전적 외형을 보여 주었지만, 군사적인 본질에 있어서는 국제적 규정력이 명확한 것이었다. 한국전쟁은 내전에서 국제전으로 단계

---

90 『흐루시초프회고록』 중에서(기광서 교수 제공본).
91 안승환, 「주북한 소련군사고문단의 북한군 지원활동(1946-1953년)」, 386쪽.

적으로 전화했다기보다는 개전 당시부터 이미 국제전적 면모가 중심적
이었다.

개전 초기 한국전장에서 김일성이 북한 자력으로 제공할 수 있었
던 것은 무력 공격·통일 의지와 병력의 일부 정도였다. 나아가 중국 인
민지원군의 개입 이전까지 스탈린의 재가 없이 김일성 등이 독자적으
로 수행할 수 있는 전략·작전적 결정은 존재하지 않았다. 전쟁의 전개
과정 속에서 북한군은 조중연합사령부(1950. 12.)의 지휘를 받았다. 휴전
협상에서도 북한은 전쟁의 주도자·주체가 아닌 소련-중국으로 이어지
는 서열의 하부에 놓인 객체에 가까웠다.

셋째 스탈린은 1949년 초반 이후 지속된 김일성의 개전 허가 요구
를 구체적으로 검토했다. 한반도 차원에서는 남북 간 38선 충돌 및 군
사력에서 북한의 수세에서 공세로의 전환, 동아시아 차원에서는 중공
의 승리와 미국의 패퇴, 세계적 차원에서는 공산주의 세력의 확산이라
는 요소가 주요한 판단 근거가 되었다. 스탈린은 적극적으로 전쟁을 권
유하거나 명령하지는 않았지만, 개전 시점에서 최종 결정권자이자 최
고 책임자였다. 즉 김일성·박헌영의 주도와 스탈린의 결정으로 전쟁이
시작되었다. 1949년을 관통하면서 스탈린 판단과 김일성의 열망은 자연
스럽게 대남 공격으로 합일되었다. 두 사람은 자신의 위상에 맞는 역할
과 책임을 담당했다. 스탈린의 세계에서 한반도는 극동의 작은 블록에
불과했지만, 김일성의 세계에서 스탈린의 말 한마디는 조언이나 권고
가 아니라 명령이자 교시가 되었다. 스탈린의 태도는 수동적이고 소극
적인 것으로 표출되었지만, 이는 북한에 이는 가장 강력한 결정이자 권
위의 원천이었다. 스탈린의 개전 허가, 공격 무기·장비의 제공, 공격 계
획의 수립, 군사고문단의 파견, 공격 계획의 최종 승인이 없었다면 개전
은 불가능했다.

넷째, 1949년 3월 스탈린이 제시한 '도발 받은 정의의 반공격전' 개념은 북한의 한국전쟁관 및 개전 계획 설계의 기초가 되었다. 옹진에서의 개전, 남한의 공격 위장, 전면 공격의 실시 등을 종합한 대규모 선전계획과 전쟁 기획이 1949년을 경과하면서 구체화되었다. 즉 북한의 공격 계획과 전쟁관은 스탈린의 지시를 한반도 전장에서 구체화·현지화한 것으로 김일성의 옹진 부분 점령 계획 및 슈티코프의 위장계획 등이 결합되어 남한의 공격을 위장한 국지전의 개시 및 전면전으로의 전환이라는 기획이 성립되었다.

다섯째, 개전 당시 스탈린의 결정권은 소극적이며 내키지 않는 공산주의 형제국의 동의로 위장되었고, 미국을 의식한 그의 일상적 태도가 그 바탕에 깔렸다. 스탈린은 전쟁을 결정했지만, 미국과 정면충돌할 의지나 결의를 갖고 있지 않았다. 1950년 4월, 김일성·박헌영과의 면담에서 드러나듯이 스탈린은 미군이 참전하지 않거나, 본격적으로 참전하기 전에 승리할 수 있을 것이라는 낙관적·주관적 정세 판단을 갖고 있었다. 그렇지만 스탈린은 책임이나 의무를 질 계획이 전혀 없었다. 그는 책임이 김일성의 몫이라고 결정하는 권한까지 보유했다. 김일성·마오쩌둥은 미군의 직접 개입보다 일본군의 투입을 우려했지만, 미군은 신속하고 전면적으로 한국전에 개입했다. 그 충격은 김일성 등 북한 지도부가 감당할 수 있는 것이 아니었다. 결정자였던 스탈린은 미국을 우려했고, 전장에서 결정자로 책임을 이행하지 않았다. 그 결과 김일성은 스탈린이 진정으로 두려워했던 미국과 전장에서 대결해야 했다. 미국은 배후에 소련이 있다고 확신했고, 그런 태세로 응전했다.

여섯째 한국전쟁의 결정·준비·발발 과정에 미친 스탈린의 영향은 이후 전쟁의 결정 과정에 미친 영향력과 구별될 필요가 있다. 즉 한국전쟁에 미친 스탈린의 영향은 전역戰役과 국면에 따라 동일한 것은 아니었다. 전쟁의 전개 과정에서 스탈린은 대내외적으로 소극적인 태도로 일관했으며, 용의주도하지도 체계적이지도 못했다. 김일성에게 무기를 제공하고 전쟁 개전을 승인했지만, 유엔 안보리를 보이코트했고, 미국의 대규모 파병을 방치했다. 전투 계획조차 작성할 수 없었던 북한군에게 반드시 필요했던 소련 군사고문단의 38 이남 월경 및 전선 접근을 원천적으로 봉쇄했고, 인천상륙작전 이후 파병과 무기 제공을 요구하는 김일성의 간절하고 긴급한 요구를 중국공산당에 미루는 한편 심지어 북한 정권의 포기까지도 고려했다. 전쟁 과정에서 스탈린이 제공한 것은 항공력과 일부 무기였다. 전쟁의 전 기간 격추된 소련 비행기는 335대, 전사한 조종사는 120명이었다. 소련군의 전체 사망자 수는 299명이며, 이 가운데 장교는 138명, 하사관과 병사가 161명이었다.[92] 때문에 한국전쟁 과정을 통해 자연스럽게 소련과 스탈린의 영향력은 북한에서 감소될 수밖에 없었다. 소극적이고 방어적인 스탈린의 한국전쟁 태도는 이후 조소 관계에 심각한 영향을 미쳤다. 스탈린은 결정적 순간에 최고 결정권자로서의 책임과 의무를 다하지 못했다. 1953년 스탈린의 사망은 조소 관계가 수직적 동맹 관계에서 수평적 관계로 변화하는 계기가 되었다.[93]

스탈린의 사후 1950년대 중반 김일성·마오쩌둥이 동아시아에서 소련과 거리를 갖는 독자적 결정권·정치 공간을 확보하게 된 것은 한국전쟁의 역사적 귀결이었다. 스탈린의 사후 중소 논쟁과 북한의 주체 노선의 대두는 한국전쟁 시 중소·조소 관계에 그 역사적 뿌리를 두고 있

— 92 Гриф секретности снят. Потери вооруженных сил СССР в войнах, боевых действиях и военных конфликтах. Статистическое исследование(비밀해제. 전쟁, 전투행동, 군사적 갈등에서 소련군의 손실. 통계연구). M., 1993, c. 395(기광서, 「소련의 한국전 개입과정」에서 재인용).

93 백준기, 「1950년대의 북한-러시아 관계」, 『1950년대 남북한의 선택과 굴절』, 역사비평사, 1998.

었다. 조중 관계는 부분적 갈등 속에 형제애적 관계를 이어 간 반면 조소·중소 관계는 파국적 긴장과 갈등이 적지 않았다. 1956년에 이르자 조소·조중 관계는 새로운 시대로 접어들었다. 8월 종파 사건이 벌어지자 소련은 헝가리에서 작은 스탈린이라 불리던 라코시^{Mátyás Rákosi} 추방 작업을 수행했던 미코얀^{Anastas Ivanovich Mikoyan} 부총리를, 중국은 한국전쟁기 조중연합사령부 사령으로 북한군을 지휘했던 펑더화이[彭德懷] 국방장관을 파견해 북한을 압박했다. 스탈린의 결정에 농단당한 후, 전쟁 내내 펑더화이 밑에서 지휘를 받았던 김일성에게 이들의 파견은 임오군란 이후 위안스카이[袁世凱]가 자처한 감국[監國]의 현대판으로 비쳤을 것이다. 김일성 등이 한국전쟁기 무능력했던 자신의 모습을 강력하게 거부한 것은 자연스런 귀결이었고, 자주의 선언이었다.

6장

한국전쟁 정전 협상과 미국의 포로 '자원송환(自願送還)' 정책[1,2]

David Chang Cheng(常成)

1. 머리말

한국전쟁은 두 가지 양상의 전쟁으로 이루어져 있었다. 전반부의 '영토전쟁'과 후반부의 '포로전쟁'이다. 전반부는 네 단계로, 1950년 6월 25일부터 9월까지는 한반도 남쪽 영토를 놓고 양측이 싸웠고, 10월에서 12월까지는 북쪽 영토를, 1951년 상반기에는 북위 38도 위선(이하 38선) 부

---

1   이 글의 상당 부분은 저자의 영문 저서 *The Hijacked War: The Story of Chinese POWs in the Korean War*(2019)의 제9장 "The Debate over Prisoner Repatriation in Washington, Panmunjom, and Taipei"(pp.209-240)와 중복된다. 중국어 번역 과정에서 혼동되는 경우는 모두 영문 원서를 기준으로 하였다.

2   중국어 원문의 '朝鮮'은 문맥에 따라 Korea(s), North Korea의 의미로 사용되고 있다. 영문 원서를 참고해 문맥에 따라 '한국', '북한'으로 번역하였다. 대한민국을 지칭하는 용어로는 '남한'을 사용하였다.

근의 영토를 다투었다. 1951년 7월 10일, 양측은 정전 협상을 시작하여 11월 27일, 군사분계선에 대해 원칙적으로 합의하였다. 전쟁의 후반부는 1951년 12월, 포로 문제에 대한 협상이 시작된 이래, 1953년 6월, 포로 교환에 합의하고, 7월 27일, 마침내 휴전이 실현된 시점까지이다.

한국전쟁은 3년 1개월 하고도 2일간 발생하였고 정전 협상은 2년 17일간 진행되었다. 양측은 이 2년간 협상 막사에서 575회의 회담을 진행하는 동시에 전장에서 막대한 사상자를 냈다. 하지만 최종 군사분계선은 정전 협상이 시작될 당시의 실제 통제선과 비교할 때 남북으로 몇 km 움직였을 뿐이다. 정전 협상 시작 후 양측이 해결하기 어려울 것이라 예상했던 협상의 제2 의제였던 군사분계선 문제는 비교적 일찍 합의에 도달했다. 반면 부차적인 또는 기술적인 문제로 여겨졌던 제4 의제인 포로 문제가 예상치 못하게 회담의 가장 큰 난제가 되었다.

포로 송환 문제를 놓고 양측에는 심각한 엇갈림이 발생하였다. 중국과 북한 측(이하 '북중 측[中朝方]'이라 약칭함)은 전원교환all-for-all exchange을 계속 주장했던 반면, 유엔군 협상대표단은 1952년 1월 2일에 자원송환voluntary repatriation, 즉 일부 포로에게 망명[庇護]을 제공해 반드시 본국으로 송환하지는 않는다는 원칙을 제시하였다. 유엔군의 입장은 분명 1949년의 '포로의 대우에 관한 1949년 8월 12일자 제네바협약Geneva Convention Relative to the Treatment of Prisoners of War('제네바 제3협약'이라고도 칭함)'을 명백히 위반한 것이었다. 협약 제118조는 "포로는 적극적인 적대행위가 종료된 후 지체 없이 석방되고 송환되어야 한다"라고 명확하게 규정하였기 때문이다.[3] 미국 측은 이후 제네바 제3협약의 정신이 포로의 최선의 이익을

---

3   William Stueck, *The Korean War: An International History,* Princeton: Princeton University Press, 1995, p.244, p.252; *Geneva Convention Relative to the Treatment of Prisoners of War,* 1949. 8. 12. 이하 참고: www.icrc.org/zh/doc/resources/documents/misc/gc3.htm(accessed by

보호하는 것이라고 주장하며 자원송환을 비강제송환으로 전환하고, 송환을 거부하는 포로에 대해 무력을 사용해 강제송환하는 것을 거부하였다. 그리고 1952년 2월 말, 해리 트루먼^{Harry S. Truman} 미국 대통령은 비강제송환을 미국 정부의 '최종적이고 돌이킬 수 없는^{final and irrevocable}' 입장으로 결정하였다. 같은 해 4월, 유엔군 포로수용소 당국은 북중 측 포로에 대한 심사를 실시, 절반 이상의 중국 포로가 송환을 거부했다고 보고하였고, 이에 대해 중국 측은 단호히 거부하였다. 이에 따라 5월의 정전 협상은 교착 상태에 빠졌고, 10월에는 결렬되었다. 1953년 3월 초가 되어서야 협상에 진척이 있었는데, 중국 측 협상 입장을 지지하던 스탈린이 갑작스럽게 사망하였기 때문이다. 소련의 새 지도자들은 중국공산당 지도자들에게 포로 문제에 대해 타협할 것을 요구했다. 그 후 중국 측은 부분 송환을 수용하였고, 교전 양측은 포로 교환에 합의하게 되었다. 이상으로 포로 송환을 둘러싸고 진행되었던 약 2년간의 군사적, 정치적 투쟁 끝에 중국 포로의 3분의 2(66.8%, 14,342명)가 타이완으로 송환되었고, 나머지 3분의 1(33.1%, 7,110명)은 중국대륙으로 돌아갔다.[4]

전쟁과 협상이 동시 진행되었던 한국전쟁 후반부 2년간, 한반도에서 12,300명의 미군과 최소 90,000명의 중국 인민지원군(人民志願軍, 이하 지원군) 장병이 사망했으며, 최소 140,000명의 북한 주민이 공습으로 목숨을 잃었다.[5] 대략적으로 말해, 중국 포로 한 명이 타이완에 갈 수 있는 '자

---

month year).

4 「蔣經國呈蔣介石報告」(1954年 6月), 國防部史政編譯局, 0001238900090052w.

5 미군 사망자 수는 Dean Acheson, *Present at the Creation: My Years in the State Department,* New York: W.W. Norton & Company, 1969, p.652 참고. 북중 측의 매월 사상자 수 통계가 부족하기 때문에 이 대략적인 추정치는 전체 전쟁 기간의 사망자 수의 절반이다. 지원군의 사망자 총수는 약 180,000명으로, 다음 자료를 참고하였다. 徐焰, 「中國犧牲十八萬志願軍」, 『文史參考』, 2010年 第6期, 83쪽. 조선중앙통계국(朝鮮中央統計局)의 보고에 따르면, 전쟁 기간 282,000명의 북한인이 적기의 폭격에 의해 사망했다. 「蘇聯使館關於朝鮮在戰爭期間所受損失的報

유'를 얻을 때마다 거의 미군 사병 한 명이 사망했다고 할 수 있다. 또는 중국 포로 한 명이 타이완에 가는 것을 막기 위해 6명의 지원군과 10명의 북한인, 그리고 알려지지 않은 수의 북한군이 사망하였다고 할 수 있다. 지난 70년 동안 미국과 중국대륙, 타이완, 남북한 그 어디에서도 이 끔찍한 등식에 대해 논의하지 않았다. 그러나 '전쟁 포로를 위한 싸움'이 잔인하고 무의미한 희생을 가져왔다는 것이 바로 후반부 한국전쟁의 본질이다.

유엔군이 제안한 자원송환 정책은 정전 협상 과정에서 포로 문제를 예상치 못한 걸림돌이 되게 하였고, 그 결과 한국전쟁은 최소 15개월 이상 연장되었다. 이 점은 학계에서 이미 널리 인식된 바이다. 그러나 미국 정부가 자원송환 정책을 제안한 이유나 정책 형성 과정에 대한 분석은 아직 부족한 상태다. 먼저 중국학자 선즈화[沈志華]와 양쿠이쑹[楊奎松], 중국계 학자 천젠[陳兼] 등의 정전 협상에 관한 연구는 중국공산당 지도자의 태도 변화에 집중하면서, 미국 측의 정책 동기, 의사 결정 기제, 내부 의견의 분기와 경쟁[博弈], 정책의 변천에 대해서는 소홀히 하였다.[6] 타오원자오[陶文釗]는 미 국무부와 군부의 차이를 인식하고 있지만, 양자의 경쟁 과정에 대해서는 "이러한 논쟁은 미국 정부 내에서 수 개월간 계속되었고, 최후에는 자원송환의 주장이 우세하게 되었다"라고 간단히 언급하는 데 그쳤다.[7] 샤야펑Xia Yafeng은 자원송환 정책이 "이

告」(1954年3月), 『朝鮮戰爭: 俄國檔案館的解密文件』下冊, 臺北: 中央研究院近代史研究所, 2003, 1341쪽. 미군이 전쟁 후반부 북한에 대한 폭격을 확대했기 때문에, 이 기간의 사상자 수는 전쟁 총사상자 수의 반을 넘을 수 있다.

6 沈志華, 「1953年朝鮮停戰: 中蘇領導人的政治考慮」, 『冷在亞洲: 朝鮮戰爭與中國出兵朝鮮』, 北京: 九州出版社, 2013, 273-295쪽; 楊奎松, 「中國對朝鮮停戰問題態度的變化」(2019年5月29日), 近代中國網, www.modernchina.org/6589.html(accessed by month year); Chen Jian, Mao's China and the Cold War, Chapel Hill, NC: University of North Carolina Press, 2001, pp.85-117.

례적"이라고 지적하며 정책의 변화 과정을 간략하게 서술하였지만, 트루먼 대통령과 딘 G. 애치슨^{Dean G. Acheson} 국무장관의 의사 결정 동기와 과정에 대해서는 분석하지 않았다.[8]

덩펑[鄧峰]은 전쟁 중 미국이 포로를 억류하기 위해 음모를 꾸몄다는 북중 측의 지탄을 이어받아, 미국이 정전을 방해하기 위해 포로 문제를 이용했다고 단언한다. 그에 따르면 "미국이 전 지구적 패권을 장악하기 위한 확고한 군사적 기반을 확립하기 위해", "트루먼은 북중 측의 기본 입장을 충분히 이해하고 의도적으로 반대 방향으로 행동한 것으로, 포로 문제를 이용해 일의 단초를 만들어 협상의 진전을 막았다. 이로 인해 북중 측은 필연적으로 미국과 함께 정전 협상을 지연시킬 수밖에 없었다"는 것이다.[9] 하지만 어떠한 중대한 정책 결정도 모두 그 배후에 다중의 동기, 각종 이익과 의견 간의 경쟁이 존재한다. 물론 덩펑의 지적대로 패권을 추구하고 강화하는 것은 트루먼의 고려 사항 중 하나였을 것이다. 하지만 그것만으로 다른 반대 의견을 압도하기에는 충분하지 못했다. 모든 미국 대통령에게 재선은 핵심적인 이익이다. 정전을 지연시킨 결과 트루먼은 민심을 잃었고, 1952년 3월, 재선 출마를 포기할 수밖에 없었다. 트루먼은 자원송환을 고집했기 때문에 한국전쟁의 정전을 실현하지 못했고, 그 결과 정치 인생의 마감이라는 엄청난 대가를 치렀다. 이 결과는 결코 트루먼이 사전에 계획한 것이 아니었다.

트루먼이 자원송환 정책의 최고 결정권자였던 것은 맞다. 하지만 덩펑이 믿고 인용한 트루먼의 회고, 즉 "평화 회담 막사로부터 매일

7   陶文釗, 『中美關系史』 第二卷(修訂本), 上海: 上海人民出版社, 2016, 51쪽.
8   Yafeng Xia, *Negotiating with the Enemy: U.S.-China Talks during the Cold War, 1949-1972*, Bloomington, IN: Indiana University Press, 2006, pp.68-69.
9   鄧峰, 「追求霸權: 杜魯門政府對朝鮮停戰談判的政策」, 『中共黨史研究』, 2009年第4期, 45쪽.

협상 상황 전부에 관해 보고받았다"라는 주장은 사실이 아니었다.[10] 이 논문에서는 트루먼과 애치슨이 포로 협상 초기에 정신을 다른 곳에 쏟았다고 주장한다. 1951년 10월 말, 애치슨은 장기간의 유럽행으로 인해 워싱턴의 정책 변론에 참여하지 못했다. 트루먼의 경우에는 북중 측 입장에 대해 거의 알지 못하는 상태에서 포로의 전원교환을 반대하는 지시를 내림으로써 본의 아니게 강력한 개입을 하였다. 애치슨은 1952년 2월 초가 되어서야 뒤늦게 자원송환 문제가 곧 정전 협상의 유일한 근본 문제가 될 것이라는 사실을 깨달았다. 그러나 이 시점에서는 미국 정부의 명성이 이미 자원송환 정책에 묶여 있었기 때문에 워싱턴은 도중에 그만둘 수 없었다.

사실 자원송환 정책이 형성되기까지의 과정은 매우 복잡했다. 지난 40년 동안 바턴 번스틴Barton Bernstein, 로즈메리 풋Rosemary Foot, 윌리엄 스툭William Stueck 등의 영미권 학자들은 이 과정에 대해 상당히 상세하게 서술하였고, 트루먼과 애치슨의 동기에 대해서 합리적인 분석을 내놓았다.[11] 이 글의 주안점은 트루먼과 애치슨의 의사 결정 과정에서 비합리적, 우연적 요소를 부각시키는 데 있다. 미국의 최고 의사 결정권자들은 포로 문제에 대한 심도 있는 이해가 부족했고, 또한 선견지명이나 계획도 갖고 있지 않았다. 음모는 더욱 말할 것도 없다. 이를 위해 이 글은 미국 외교사료집 『미국의 대외 관계Foreign Relations of the United States, FRUS』에서 미국 대통령, 국무부 및 군부 관련 문서, 트루먼과 애치슨의 일정표,

---

10 같은 책, 40쪽.
11 Barton Bernstein, "The Struggle over the Korean Armistice: Prisoners of Repatriation?," Bruce Cumings ed., *Child of Conflict: The Korean-American Relationship 1943-1953*, Seattle, WA: University of Washington Press, 1983, pp.261-307; Rosemary Foot, *A Substitute for Victory: The Politics of Peacemaking at the Korean Armistice Talks*, Ithaca, NY: Cornell University Press, 1990, pp.87-101; William Stueck, *The Korean War*, pp.244-267.

그리고 새롭게 기밀 해제된 중앙정보국^{CIA} 문서를 심층적으로 재검토하여, 자원송환 정책의 변화와 확립 과정을 재구성하고, 이 정책이 어떻게 예기치 않게 워싱턴에서 부결한 제의에서 미국 정부의 '최종적이고 돌이킬 수 없는' 입장으로 변화하였는지 그 과정을 상술하고자 한다.

자원송환 정책이 형성되는 과정은 극적인 반전과 감정적 요소, 타조 효과로 가득 차 있었다. 대립하던 국무부와 군부의 입장은 모두 180도 바뀌어 결국 계속 대립 상태에 있었다. 우선 트루먼은 군부의 전원교환 방안, 즉 방대한 수의 북중 측 포로를 모두 송환하고 상대적으로 적은 수의 유엔군 포로를 돌려받는 방안을 거부하였다. 그러나 전원 송환하지 않는다면 그 필연적인 결과는 일부 중국 포로를 타이완으로 보내는 것이었다. 장제스[蔣介石]를 경멸하고 배척했던 트루먼과 애치슨은 이를 원하지 않았다. 1953년 1월 퇴임할 때까지, 트루먼과 애치슨은 자원송환 정책의 불가피한 결과였음에도 불구하고 포로 일부를 타이완으로 보내는 문제를 공식적으로 논의하지 않았다. 워싱턴 최고위층은 일부 포로들에게 망명을 제공하라고 요구하면서도 포로를 타이완으로 보내는 것은 피하려는 현실 도피의 심리를 지니고 있었고, 그 결과 상호 모순적인 정책 결정을 내렸다. 합동참모본부는 처음부터 유엔군 대표단에 모순적이고 실행 불가능한 지시를 내렸다. 즉 일대일 교환^{one-for-one exchange}을 제안하면서도 실제로는 협상을 통해 전원교환을 준비해야 했고, 또한 이 과정에서 송환을 거부하는 포로를 강제로 송환하기 위해 무력을 사용해서는 안 되었다.

2. 정전 협상 제1-3 의제에 대한 신속한 합의

1951년 7월 10일, 개성에서 한국전쟁 정전 협상이 시작되었다. 조선인민군(이하 '인민군') 총참모장 남일南日은 즉각 북중 측 의제 초안을 제시하였는데, 그 내용은 38선을 군사분계선으로 설정할 것, 폭 20㎞의 비무장지대를 설정할 것, 전쟁 포로를 교환하고 한반도에서 외국군대를 철수시키는 문제에 대해 논의할 것 등이었다.[12] 펑더화이[彭德懷]는 북중 측의 가장 기본적인 원칙이 일정 기간 안에 북한 영토에서 모든 외국군이 철수하는 것이며, 그다음은 38선을 다시 군사분계선으로 복원하는 것이라고 보았다. 그 밖에 포로 교환과 같은 의제는 부차적이거나 기술적인 문제였다.[13] 비록 양측의 포로 수에 큰 차이가 있긴 했지만, 중국 측 지도자들은 포로 교환에 문제가 발생할 것이라고는 예상하지 못했다.

중국 측의 낙관은 사실과 법률적 근거에 기초하고 있었다. 첫째, 애치슨은 38선 방안을 이미 공개적으로 수락하였다. 해결되지 않은 유일한 문제는 외국군 철수뿐이었다. 둘째, 미국은 제네바 제3협약에 서명한 상태였다. 비록 아직 미국 상원이 비준하지는 않았지만, 유엔군과 북중 측은 모두 협약을 준수하기로 약속하였다. 게다가 미국은 전쟁 포로 문제를 제기한 적이 없었다. 따라서 중공 지도자들은 포로 교환이 순조롭게 완료될 것이라고 믿었다. 7월 5일 마오쩌둥[毛澤東]은 정전 후 3개

---

12   "Ridgway to the Joint Chiefs of Staff(이하 JCS)"(10 July 1951), John P. Glennon, Harriet D. Schwar and Paul Claussen eds., *Foreign Relations of the United States, 1951, Korea and China*, vol.7, pt.1(이하 *FRUS, 1951*, KC-VII-1), Washington, DC: United States Government Printing Office, 1983, p.650.

13   中國軍事博物館 編, 『抗美援朝戰爭紀事』, 北京: 解放軍出版社, 2008, 144쪽.

월 이내에 모든 포로 교환을 완료해야 한다는 내용을 포함한 6개 항의 의견 초안을 작성했다.[14] 그러나 그 후 이어진 협상은 마오의 판단이 지나치게 낙관적이었음을 드러냈다.

7월 26일, 협상 절차에 관한 2주간의 논쟁 끝에 제1 의제인 '의제의 수락'에 대한 합의가 타결되었다. 마지막의 실질적 의제인 포로 문제는 제4 의제에 포함되었다. 한편 제5 의제인 '쌍방 관련 국가들의 정부에 권고하는 문제'는 북중 측이 더 이상 외국군의 한반도 철수를 고집하지 못하도록 하기 위해 모호한 용어가 사용된 것으로 보인다. 유엔군 대표단 수석 대표 C. 터너 조이C. Turner Joy 미 해군 중장은 의제에 따라 항목별로 협상할 것을 제안했고, 남일도 동의했다. 따라서 제4 의제인 포로 문제에 대한 논의는 제2, 3 의제인 군사분계선과 정전 조치 문제가 합의된 후에야 시작될 수 있었다.[15] 북중 측이 이 의제에 대해 중대한 양보를 한 것은 미국의 예상을 크게 뛰어넘었고, 애치슨은 이를 "놀라운 성과"라고 표현하였다.[16]

7월 27일, 협상은 실질적인 단계로 접어들어 제2 의제 군사분계선 문제가 논의되었다. 하지만 유엔군의 도발과 개성 회담 장소에 대한 일련의 습격 사건으로 인해 북중 측이 8월 23일 휴회를 선언하였고, 양측은 전투를 재개했다. 10월 25일, 63일간 중단되었던 정전 협상이 개성에서 동쪽으로 약 10㎞ 떨어진 무인 지역 판문점에서 재개되었다. 회담 장소를 판문점으로 이전하기로 합의한 것 자체가 중국 측이 타협한 것이었다. 그리고 중국 측은 다시 한번 중대한 양보를 준비했다. 바로 마오쩌둥, 저우언라이가 개성과 판문점의 막후에서 협상을 지휘했던 리커

14 「毛澤東關於停戰協定草案致史達林電」(1951년 7月 5日), 『朝鮮戰爭』中冊, 856쪽.
15 "Ridgway to JCS"(26-27 July 1951), *FRUS, 1951*, KC-VII-1, p.735, p.740.
16 Acheson, *Present at the Creation*, p.535.

눙[李克農] 외교부 부부장 겸 중앙군사위원회 총정보부 부장에게 38선 대신 현재의 실질적 통제선을 군사분계선으로 대체하라고 지시한 것이다.[17] 11월 27일, 양측은 군사분계선과 비무장지대 문제에 대해 합의하고 실제 통제선을 확정하였다.[18] 이로써 북중 측은 상징성이 큰 38선을 고수하는 것을 포기하였다.

마오쩌둥은 서둘러 협상을 진전시켜 제4 의제인 전쟁 포로 교환 문제를 해결하고자 했다. 11월 14일, 마오쩌둥은 스탈린에게 전보를 보내 중국이 6-12개월 더 전투를 치를 준비가 되어 있지만 "올해 정전을 위해 노력한다"는 중국 측의 계획을 설명했다. 즉 1개월 반 후에 정전을 실현하겠다는 것이었다. 아마 마오쩌둥은 당시 소련에서 정보를 입수하여 유엔군 대표단이 일대일 교환을 제안할 가능성이 높다는 사실을 알고 먼저 전원교환을 제안해 기선을 제압하려 했던 것인지도 모른다. 마오는 "이 문제에 대해 합의에 도달하는 것은 어렵지 않을 것"이라고 했고, 스탈린은 "전쟁 포로 교환 문제에 있어 당신의 의견이 절대적으로 옳으며, 적이 이에 대해 이의를 제기하기는 매우 어려울 것이다"라고 동의했다.[19] 마오쩌둥의 지시를 받은 후 북중 측 협상대표단은 20일 공동 회의를 열었다. 리커눙을 비롯한 참석자 대부분은 매우 낙관적인 태도를 보였다. 리커눙의 주요 고문 차오관화[喬冠華]만이 포로 문제에 대해 우려를 표시했다.[20] 그리고 그 후 일어난 사건들은 곧 차오관화의 선견지명을 증명해 주었다.

17　中國軍事博物館 編, 『抗美援朝戰爭紀事』, 811쪽.
18　"Ridgway to JCS"(27 November 1951), *FRUS, 1951*, KC-VII-1, p.1186.
19　「遠東委員會蘇聯代表處關於朝鮮停戰談判的報告」(1951年10月3日), 「毛澤東關於朝鮮停戰談判和中國國內情況等問題致史達林電」(1951年11月14日), 「史達林關於朝鮮停戰談判問題致毛澤東電」(1951年11月19日), 『朝鮮戰爭』下冊, 1054쪽, 1103쪽, 1108쪽.
20　柴成文, 趙勇田, 『板門店談判』(第二版), 北京: 解放軍出版社, 1992, 179-183쪽.

마오쩌둥은 11월 25일 리커농에게 두 차례 전보를 보내 일대일 교환에 대한 반대를 강조했다.[21] 미국 측도 포로 문제에 대한 북중 측의 입장을 탐색하고 있었다. 27일 조이는 제3 의제를 논의하기 전에 먼저 포로에 관한 자료를 교환하자고 요구하였으나, 남일은 이를 회피하였다. 12월 4일, 조이는 두 개의 분과위원회를 설치하여 제3, 4 의제를 동시에 논의할 것을 제안하였으나 북중 측은 즉각 동의하지 않았다.[22]

　　12월 11일, 제4 의제와 관련한 분과위원회가 협상을 시작하였지만 워싱턴은 여전히 전원교환과 일대일 교환, 자원송환 사이에서 포로 교환 정책을 결정하지 못하고 있었다. 이 때문에 유엔군 대표단은 이후 3주간 워싱턴의 지시를 초조하게 기다리며 포로 교환 원칙에 대한 논의를 피할 수밖에 없었다. 1952년 1월 2일이 되어서야 유엔군 대표단은 마침내 워싱턴의 지시를 받아 자원송환 원칙을 공식적으로 제기하였다(이와 관련해서는 아래에서 상술한다). 이에 대해 북중 측은 포로를 억류해 이승만과 장제스 정권에 넘기려는 음모라며 격렬히 반응했다.

　　그러나 사실 중국 측은 미국 측의 모략을 과대평가하였다. 미국의 군사사軍事史 연구자 월터 헤르메스Walter G. Hermes의 평가처럼 자원송환 정책은 "유엔군 사령부가 계획한 것도 계획하지 않은 것도 아닌" 기이한 정책이었다.[23] 스툭은 이를 "즉흥적인 행동flirtation"이라고 표현했다.[24]

<hr>

21　中共中央文献研究室 編,『毛澤東年譜(1949-1976)』第一卷, 北京: 中央文献出版社, 2013, 423-424쪽.
22　"Ridgway to JCS"(27 November 1951), FRUS, 1951, KC-VII-1, pp.1186-1187; C. Turner Joy, How Communists Negotiate, New York: Macmillan, 1955, p.148.
23　Walter G. Hermes, Truce Tent and Fighting Front, Washington, DC: Center of Military History, United States Army, 1992, p.139.
24　Stueck, The Korean War, p.250.

3. 일대일 교환: 미국 측의 기존 입장

국제법상 전쟁 포로의 대우에 관한 규정은 매우 명확하다. 1929년 '포로의 대우에 관한 1949년 8월 12일자 제네바협약'에 따르면 모든 전쟁 포로의 송환은 당연한 일이다. 전쟁이 끝나면 전쟁 포로를 신속하게 자국으로 돌려보내야 한다는 것이 각국의 일반적인 인식이기 때문이다. 제2차 세계대전 이후 소련은 수많은 일본군과 독일군 포로를 장기간 억류해 고된 노동을 강제했다. 제네바 제3협약은 이 같은 현상의 재발을 방지하기 위해 상술한 것처럼 118조에서 "포로는 적극적인 적대행위가 종료된 후 지체 없이 석방되고 송환되어야 한다"라고 규정하였다. 따라서 일대일 교환이든 자원송환이든 모두 사실상 국제법을 위반한 부분 송환에 해당하며, 특히 자원송환은 인도주의로 포장된 부분 송환이다. 워싱턴은 자원송환 정책의 법적 근거가 부족하다는 점을 고려해 나중에 국제법을 재해석하려고 시도하였다. 즉 "제네바협약의 정신은 전쟁 포로의 최선의 이익을 보호하는 것"이며, 자원송환 역시 이와 마찬가지라고 주장하였다.[25] 그러나 미국 측이 인도주의를 원용한 것은 사후적인 보완 조치일 뿐, 이 정책을 제기한 최초의 동기는 군사적인 고려였다.

일찍이 1950년 12월 12일, 지원군이 제2차 전투에서 유엔군을 매섭게 몰아붙이고 있을 때, 인도를 중심으로 한 11개 유엔 회원국이 정전을 제안했다. 합동참모본부는 조지 C. 마셜George C. Marshall 국방부 장관에게 보낸 문서에 정전 조항 및 조건을 제시하였는데, 이 안에 바로 일

25　Joy, *How Communists Negotiate*, p.153.

대일 교환이 포함되어 있었다. 하지만 이 시점에서 지원군이 연달아 승리를 거두고 있었기 때문에 중국 측은 정전을 거부했다. 따라서 양측은 정전의 구체적인 조건에 대해 논의할 기회가 없었고, 합동참모본부의 일대일 교환안 역시 공개되지 않았다. 1951년 3월, 매슈 리지웨이Matthew Ridgway 유엔군사령부 총사령관이 전쟁의 흐름을 바꾸기 시작하자 워싱턴은 다시 한번 정전을 고려하였고, 애치슨은 마셜에게 이러한 조항들이 여전히 유효한지 물었다. 이때 합동참모본부는 일부 조항을 수정하였지만 일대일 교환은 그대로 유지하였다. 정전 협상이 시작되기 11일 전인 6월 30일, 합동참모본부는 국무부와 국방부가 공동으로 승인한 세부 지침을 리지웨이에게 보내어, 다시 한번 "포로는 가능한 한 빨리 일대일로 교환해야 한다"라는 내용을 천명하였다.[26]

    미 국방부가 일대일 교환을 제안한 것은 주로 양측의 병력 비율에 대한 고려 때문이었다. 1950년 3월부터 1951년 11월까지 국무부 동아시아태평양담당국 차관보를 맡았던 딘 러스크Dean Rusk의 설명에 따르면 북중 측의 수중에 있는 유엔군 포로는 약 10,000명에 불과하였던 반면, 유엔군에는 약 15,000명의 중국 포로, 135,000명의 북한 포로가 있었다. 따라서 만약 전원교환을 하면 "북한군의 병력을 전쟁을 개시했을 때와 같은 수로 회복시키는 것과 같아, 전체 전황을 바꾸게 될 것"이었다.[27] 유엔군 대표단은 나중에 모든 포로를 돌려보내면 "상대방에게 12개 사

26 "Memorandum by JCS to Marshall"(12 December 1950), John P. Glennon ed., *Foreign Relations of the United States, 1950, Korea*, vol.7, Washington, DC: United States Government Printing Office, 1976, p.1530; "Robert A. Lovett to the Secretary of State"(31 March 1951), "JCS to Ridgway"(30 June 1951), *FRUS, 1951*, KC-VII-1, pp.285-288, p.599.

27 "Memorandum of Conversation, by Rusk"(29 June 1951), "Memorandum of Conversation, by Frank P. Lockhart of the Bureau of Far Eastern Affairs"(3 July 1951), *FRUS, 1951*, KC-VII-1, p.596, p.617.

단의 우위를 주는 것"과 같다고 주장했다.[28] 그러나 이 주장은 그럴듯하지만 억지스러운 것이었다. 왜냐하면, 1950년 10월 말 중국이 참전한 이래, 유엔군의 주적은 더 이상 북한이 아니라 중국이었기 때문이다. 중국은 병력의 공급원을 넘칠 만큼 보유하고 있었기 때문에, 전쟁 포로가 다시 지원군에 편입되었는가의 여부가 양측의 병력 대비에 어떠한 실질적 영향을 미치지 못했다. 중국의 참전으로 형세가 완전히 상황이 완전히 바뀌었고 병력의 비율 역시 바뀌었는데, 워싱턴은 그에 맞춰 정책을 조정하지 않은 것이다.

워싱턴의 입장에서는 유엔군이 상대편보다 열 배 이상 많은 포로를 통제하고 있었기 때문에 이것은 큰 우위로 보였다. 포로의 전원교환은 이러한 우위를 포기하는 것으로 아까운 일이었다. 리지웨이는 전장에서 더 많은 희생을 치르고 싶지 않았고, 또한 전쟁 포로 수에서의 우위를 쉽게 포기하고 싶지 않았다. 이 때문에 그는 정전 협상에서 강경한 입장을 취하여 상대방이 양보하도록, 즉 '싸우지 않고 적을 굴복'시키고자 했다. 그러나 중국 측은 미국 측의 계획을 일찌감치 간파하고 적에게 교훈을 주기로 결심하였다. '전장에서 얻을 수 없는 것은 회의장에서도 얻을 수 없다'는 사실을 말이다.[29]

워싱턴은 협상이 상당히 어려워질 것임을 알고 있었음에도 불구하고 여전히 북중 측이 일대일 교환을 받아들일 것이라는 착각에 빠져 있었다. 6월 30일, 합동참모본부는 리지웨이에게 "우리 측의 최소 조건보다 더 유리한 초기 입장"을 제시하라고 지시했고, 9가지 "중요한 최소 조건" 가운데 하나가 일대일 교환이었다. 일대일 교환은 북중 측은 유

---

28 "Ridgway to JCS"(23 December 1951), *FRUS, 1951*, KC-VII-1, p.1422.
29 柴成文, 趙勇田, 『板門店談判』(第二版), 166쪽.

엔군 포로를 전원 신속하게 돌려보냄으로써 모든 협상 카드를 잃지만, 유엔군은 여전히 십수만 명의 중국, 북한 포로를 가지고 있음을 의미했다. 이것이 만약 미국이 가진 비장의 카드 또는 최소 조건이라면, 유엔군에게 이보다 더 유리한 협상 입장은 없을 것이다. 그렇다면 최고 조건은 무엇일까? 미국이 이처럼 논리적으로 혼란스럽고 상대방이 도저히 수용하기 어려운 조건을 제시한다는 것은 상상하기 어려운 일이다. 합동참모본부는 또한 리지웨이에게 경고하길, 협상에서 "미국의 국가적 명예와 협상 입장을 연결시킴으로써, 최소 조건으로 후퇴하는 것을 불가능하게 만들어서는 안 된다"라고 경고했다.[30] 그러나 일대일 교환은 곧 자원송환으로 발전했고, 미국의 국가적 명예 역시 이 이 정책과 함께 묶이지 않을 수 없었다. 미국 정부는 이 문제에서 퇴로가 없었다.

4. 미군의 자원송환 방안에 대한 애치슨의 거부

미군 고위층의 기본 입장은 일대일 교환이었지만, 미 육군 심리전부 부장 로버트 A. 매클루어(Robert A. McClure)는 정전 협상이 시작되기 5일 전인 1951년 7월 5일, 자원송환을 제안하였다. 그는 2차 세계대전 후 소련군 포로들의 귀국 후 운명처럼 많은 중국 및 북한 포로가 송환 후 "박해받거나 노동수용소로 보내지고 심지어 처형될 것"이라고 경고하면서 미국은 자발적으로 투항한 포로를 미국이 승인한 중화민국 정부가 있

---

30 "JCS to Ridgway"(30 June 1951), *FRUS, 1951*, KC-VII-1, pp.598-599.

는 타이완으로 보내야 한다고 주장했다.[31]

합동참모본부는 긍정적인 반응을 보이며 8월 8일, 마셜에게 "적의 수중에 있는 유엔군 포로의 안전이 보장될 수 있다는 전제하에, 유엔군 사령관은 타이완 국민당 정부가 받아들이길 원하는, 국민당원 출신이나 국민당에 동조하고 타이완으로 가기로 선택한 모든 포로를 타이완으로 송환할 권한을 부여한다"라고 하였다. 합동참모본부는 인도주의와 정치 선전이라는 두 가지 측면에서 이 방안의 장단점을 분석했다. 첫째, 북중 측 포로는 송환된 후 "처형되거나 노동개조형에 처해질 가능성이 높다." 둘째, 한국전쟁 당시 유엔군 심리전 부대는 상대측 병사의 항복을 유도하기 위해 유엔군사령부의 이름으로 "자발적으로 투항하는 공산군 사병에게 안전과 망명을 보장하겠다"라고 하였다. 만약 유엔군이 강제송환을 한다면 이 약속을 위반하는 것이 된다. 셋째, 이 방안은 하나의 새로운 정책을 수립하게 될 것인데, 바로 "유엔은 테러리즘을 피해 도망친 자에게 망명을 제공한다"라는 것이다. 마지막으로, "공산군 사병들이 우리 손에 넘어가는 즉시 망명을 얻을 수 있다"는 상황을 만들면 이는 향후 심리전의 효과를 크게 높일 것이다. 합동참모본부는 이 정책이 군부가 결정할 수 있는 사안이 아니라는 점을 인정하면서도 "이 정책이 심리전의 효과에 극히 크게 기여할 것"임을 고려해 자원송환을 지지하였다.[32]

애치슨은 본래 명망 높은 변호사로, 법률적 관점에서 매클루어의 제안을 거부했다. 8월 27일, 애치슨은 마셜에게 서한을 보내어, "국무부는 이 제안된 정책이 모든 유엔 및 남한 포로의 조속한 귀환을 위태롭

31   Hermes, *Truce Tent and Fighting Front*, p.136; Foot, *A Substitute for Victory*, pp.87-88.
32   "Memorandum by JCS to Marshall"(8 August 1951), *FRUS, 1951*, KC-VII-1, pp.792-793.

게 할 가능성을 심각하게 우려하고 있다"라며, 아군 포로를 "최우선적으로 고려해야 한다"라고 경고하였다. 애치슨은 "미국의 이번, 그리고 미래에 있을 분쟁에 대한 이익은, 미국이 반드시 제네바협약을 엄격하게 준수해야 한다는 것을 요구한다"라고 결론지었다. 그러나 그는 바로 이어서 다음과 같은 타협안을 내놓았다. "원하는 심리전 및 인도주의의 목표를 최대한 달성하기 위해, 정전 협정 체결 전 제네바협약의 관련 조항에 따라 유엔군에 탁월한 공로가 있거나 송환 후 사망에 이를 가능성이 있는 포로를 가석방할 것을 제안한다."[33] 애치슨의 입장은 매우 특이했다. 그는 한편으로는 자원송환을 거부하면서도 다른 한편으로는 그 배후에 있는 원칙을 지지했다. 번스틴의 지적처럼 애치슨이 거부한 것은 "매클루어의 방안이지, 그 목적은 아니었다."[34]

애치슨과 매클루어의 방안에는 두 가지 차이점이 있었다. 첫째, 매클루어는 타이완을 중국 포로의 송환 목적지로 명시했지만, 애치슨은 가석방된 포로를 어디에 배치할지 언급하지 않았다. 둘째, 애치슨은 송환 없이 조기 가석방을 받을 수 있는 포로의 자격을 비교적 엄격히 제한한 반면, 매클루어는 보다 폭넓은 기준을 제안하였다. 그 목적은 적군으로부터 대규모의 탈주를 장려하기 위함이었다. 다시 말해 애치슨의 방안은 매우 제한적인 자원송환으로, 포로 교환 전 특정 포로를 가석방하여 기정사실fait accompli로 만들되, 그 최종 목적지를 명시하지 않는 것이었다. 애치슨의 이처럼 모순적으로 보이는 입장을 어떻게 설명해야 할까? 아마도 그의 장제스에 대한 증오가 가장 주요한 이유였을 것으로 보인다. 일대일 교환과 매클루어의 방안은 모두 제네바 제3협약에 위배

---

33 "The Secretary of State to Marshall"(27 August 1951), *FRUS, 1951*, KC-VII-1, pp.857-858.
34 Bernstein, "The Struggle over the Korean Armistice," p.277.

되는 것이었지만, 애치슨은 그 이전의 몇 달 동안 일대일 교환에 반대하지 않았다. 그런데 매클루어가 타이완을 언급하자 애치슨의 예민한 신경이 촉발되면서 반대를 외치게 된 것이다.

애치슨의 영향으로 합동참모본부는 빠르게 입장을 뒤집었다. 정책 전환을 추동한 중요 인물은 신임 국방부 장관 로버트 러벳Robert A. Lovett 으로, 9월 17일 71세의 나이로 퇴임한 마셜의 후임이었다. 그는 부임한 후 바로 북중 측이 일대일 교환을 수용할지에 대해 의문을 제기했다. 그는 "우리 포로들의 석방을 위해 필요 시 유엔군 협상 대표가 포로의 전원교환에 동의할 수 있는 권한을 부여받아야 한다"라고 주장했다. 27일, 미 국가안보회의National Security Council 참모진 회의에서 심리전략위원회 Psychological Strategy Board, PSB는 포로 정책을 재검토하라는 명령을 받았다. 10월 15일, 합동참모본부는 애치슨의 의견에 동의를 표하며, 포로 정책은 합동참모본부가 국무부와 협의하여 해결해야 하며 "국가안보회의까지 개입할 필요는 없다"라고 제안하였다.[35] 이렇게 되자 매클루어의 방안은 애치슨에 의해 무산되면서 트루먼의 책상 위에 오르지 못했다.

━ 35 Gordon Gray, "Preliminary Report on the Situation with Respect to Repatriation of POWs"(19 October 1951), Freedom of Information Act Electronic Reading Room(FOIA), CIA, www.cia.gov/readingroom/docs/CIA-RDP80R01731R003200010023-5.pdf(accessed by month year); "Report on the Situation with Respect to Repatriation of POWs"(22 October 1951), www.cia.gov/readingroom/docs/RDP80R01731R003200010024-4.pdf(accessed by month year).

5. 트루먼, 두 차례에 걸쳐 전원교환을 거부하다

10월 25일, 판문점에서 정전 협상이 재개되었다. 같은 날 애치슨은 SS 아메리카호를 타고 프랑스 노르망디의 작은 항구 도시 르아브르^{Le Havre}로 항해하여 바다 위에서 "비교적 여유롭고 평온한 날들"을 즐겼다. 그런 다음 그는 81명의 미국 대표단을 이끌고 파리에서 열린 제6차 유엔 총회(뉴욕의 유엔 본부 건물은 1952년 완공되었다)에 참석했고, 12월 12일, SS 인디펜던스호를 타고 이탈리아 나폴리에서 미국으로 돌아왔다. 항공 시대에 이처럼 49일에 달하는 긴 항해는 이례적인 일이었다.[36] 애치슨 이 장기간 부재하는 동안, 트루먼은 의도치 않게 포로 송환 정책의 변론 에 개입하게 되었고 자원송환 정책을 되살리게 되었다.

리지웨이는 10월 27일, 합동참모본부에 전보를 보내 일대일 교환 에 관한 6월 30일의 지시에 의문을 제기했다. 그는 모든 포로 교환 방 안의 근본적인 목표가 가능한 한 많은 수의 유엔군 포로를 최대한 빨 리 석방하는 것이며, 심리전은 "언제나 부차적인 것으로, 근본적인 목 표 달성을 전제로 하는 것이다"라고 주장했다. 그는 근본적인 목표를 달성하고 협상의 결렬을 막기 위해 "전원교환 방식을 포함한 전쟁 포로 의 대규모 교환에 동의"할 수 있는 권한을 요청했다. 한발 더 나아가 리 지웨이는 "유엔군에 자발적으로 협조한 포로들"을 조기 가석방하는 애

---

36   "Editorial Note," David H. Stauffer, John A. Bernbaum, William Z. Slany, Lisle A. Rose, Charles S. Sampson, Fredrick Aandahl and William Z. Slany eds., *Foreign Relations of the United States, 1951, European Security and the German Question*, vol.3, pt.1, Washington, DC: United States Government Printing Office, 1981, p.1312; Acheson, *Present at the Creation*, pp.576-578.

치슨의 제안을 실명을 거론하지 않고 반박했다. 그는 "가석방이나 다른 방법으로 포로를 조기 석방하는 것은 공산당에 의해 배신행위로 간주될 것"이며 이로 인해 유엔군 포로의 석방을 위태롭게 할 것이라고 예측했다. 리지웨이는 자원송환을 열렬히 지지한 적이 없었지만 7월 초에는 그것이 "하나의 개념으로서 분명 그 장점이 있다"라고 말한 바 있다. 그러나 10월 말에는 어떤 형태의 자원송환에도 단호하게 반대하였다.[37]

합동참모본부와 국무부는 리지웨이의 이처럼 강한 언사를 사용한 전문을 받았는데도 결단을 내리지 못했고, 제임스 E. 웹^{James E. Webb} 국무장관 대행이 대통령에게 의견을 요청해야 했다. 10월 29일, 트루먼은 국무부 고위 간부들과의 주간 회의에 참석했다. 이 30분간 열리는 짧은 회의의 주요 의제는 미국과 인도의 과학 협력이었다. 웹은 회의 종료 후 트루먼이 오찬이 참석하기 전의 막간을 이용해 정전 협정의 기본 상황에 관한 세 문단짜리 메모를 대통령에게 전달했다. 트루먼은 메모를 빠르게 읽은 후 포로 수에 있어 유엔군의 엄청난 우위를 고려할 때 전원 교환은 "공평하지 않다"고 판단했다. 또한 그는 자발적으로 투항하여 유엔군에 협조한 포로들을 송환시키고 싶지 않았다. 그가 보기에 이 사람들은 송환 후 "즉시 제거될 것"이기 때문이었다. 웹은 "정전 협상의 최종 타결은 포로 교환 문제에 달려 있을 것"이라는 점을 강조하고 전원을 교환하지 않는 방식들이 가져올 위험을 열거하였다. 그러나 트루먼은 설득되지 못한 듯 약간의 양보만을 하며 "우리가 다른 방법으로는 얻을 수 없는 중대한 양보를 받지 않는 한 전원교환에는 결코 동의하지 않을 것이다"라고 말하였다.[38] 트루먼은 훗날 회고록에서 "내 생각에 전

---

37 "Ridgway to JCS"(27 October 1951), *FRUS, 1951*, KC-VII-1, pp.1068-1071; Walter G. Hermes, *Truce Tent and Fighting Front*, p.137.
38 "Daily Appointments of Harry S. Truman"(29 October 1951), www.trumanlibrary.gov/

쟁 포로 송환은 협상의 대상이 아니었다"라고 굳게 주장했다.[39] 그러나 회담 기록을 보면 트루먼은 협상의 가능성을 제기했다. 물론 트루먼의 인도주의는 의심할 바 없다. 그의 동기는 인도주의와 이데올로기에 대한 고려를 모두 포함하고 있었다.[40] 다만 문제는 인도주의 원칙에 대한 고려가 교환할 포로 수 및 정치적 선전에 대한 고려와 얽히게 되면 전자가 위선으로 보일 수밖에 없다는 것이었다.

웹에 대한 답변은 트루먼 대통령이 포로 문제에 대해 처음으로 의견을 드러낸 것이었다. 놀라운 것은 그가 이처럼 적은 정보에 근거해 급작스럽게 중대한 정책을 결정했다는 점이다. 그는 거의 몇 분 만에 전원 교환 원칙을 거부하면서 북중 측이 "중대한 양보"를 한다면 자신의 입장을 협상할 수 있다고 말하였다. 이 혼란스러운 사고와 모순된 정책 결정으로 인해 유엔군 대표단은 상상할 수 없는 임무를 수행해야 했다. 즉 먼저 새로운 인권 원칙, 즉 적군 포로가 망명권을 누릴 수 있다는 제안을 하되, 만약 북중 측이 중대한 양보를 할 경우 협의에 도달하기 위해 그 새로운 원칙을 포기할 수 있어야 했다.

U. 알렉시스 존슨 U. Alexis Johnson 국무부 극동문제 부차관보는 웹의 메모를 읽고 "우리는 대통령에게 어떻게 포로 문제에 대한 교육을 제공할지 고려해야 한다"라고 적었다.[41] 그러나 존슨이 대통령을 "교육"할 기회를 찾기 전에 트루먼은 이미 한 달간의 휴가를 위해 플로리다로 떠

- calendar(accessed by month year); "Memorandum by the Acting Secretary of State"(29 October 1951), *FRUS, 1951*, KC-VII-1, p.1073.
39 Harry S. Truman, *Memoirs by Harry S. Truman*, vol.2, *Years of Trial and Hope*, New York: New American Library, 1965, p.460.
40 Stueck, *The Korean War*, p.264; Sheila M. Jager, *Brothers at War: The Unending Conflict in Korea*, New York: W. W. Norton & Company, 2013, p.203.
41 "Memorandum by the Acting Secretary of State", *FRUS, 1951*, KC-VII-1, p.1073.

났다.[42] 정전 협상이 곧 관건적 시점에 도달해 미국 측이 최고 정책 결정자들의 지도를 가장 필요로 할 때, 대통령과 국무장관은 해외 출장이나 휴가로 워싱턴을 오랜 시간 멀리 떠나 있었다. 애치슨은 49일간의 유럽 방문 동안 협상 전략에 관한 논의에 전혀 참여하지 않았고, 트루먼은 휴가가 끝날 무렵인 12월 초에야 정전 협상에 관심을 품게 되었다.

상술하였듯이 북중 측이 38선 문제에 관해 타협함으로써 정전 협상은 빠르게 진전되었고, 제4 의제의 처리가 임박하였다. 극도로 초조해진 리지웨이는 합동참모본부에 계속 전보를 보내 6월 30일의 지시를 철회해 줄 것을 요청했다. 합동참모본부는 유엔군이 8월의 심리전 작전 중 적군 사병에게 망명을 약속했다고 주장했지만, 리지웨이는 이를 단호히 부인했다. 그는 유엔군사령부가 약속한 것은 식량, 의료, 좋은 대우뿐이며, 중국 병사들에게는 "목숨을 구할 기회를 제공"했을 뿐 망명을 제공하지 않았다고 말했다.[43] 따라서 전원교환 방안이 유엔군의 약속을 위반한 것이 아니라는 것이다. 리지웨이의 설득에 합동참모본부는 8월의 입장을 뒤집고 11월 15일 러벳에게 유엔군이 한국 전장에서 "망명을 약속하지 않았으며, 또한 비송환 문제를 엄격하게 회피했다"라는 내용의 문서를 보냈다. 그뿐만 아니라 합동참모본부는 애치슨의 조기 가석방 방안을 배제하고 새로운 지침 초안을 작성하였다. 바로 일대일 교환을 협상의 초기 입장으로 제시하되 "유엔군 포로 전원 또는 최대 수의 석방을 보장"하기 위해 리지웨이가 전원교환에 동의할 권리를 가진다는 내용이었다. 하지만 이 무렵 합동참모본부 의장 오마르 브래들리[Omar N. Bradley]와 러벳은 애치슨과 함께 유럽에서 북대서양조약기구

42   "Daily Appointments of Harry S. Truman"(8 November-9 December 1951).
43   Hermes, Truce Tent and Fighting Front, p.138.

NATO 회의에 참석하고 있었기 때문에 이 지침의 승인은 지연되었다.[44]

11월 27일, 판문점에서 양측은 군사분계선에 대한 합의에 도달하였다. 이제 포로 문제를 논의할 차례였다. 다음 날, 리지웨이는 다시 한번 긴급 요청을 보냈다. 그는 "설사 모든 포로를 공산당에 넘길지라도 유엔군 대표단은 반드시 포로의 전원교환에 동의할 권한이 있어야 한다"라고 주장했다. 그 포로들은 "유엔군에 자발적으로 협력한 포로들"과 "대다수의 중국 포로들"을 포함하는 것이었다. 후자 가운데 "비록 많은 자가 자신은 중공에 의해 강제로 징집된 충성스러운 국민당원이라고 탄원서를 제출해 주장"했지만 말이다. 12월 3일, 합동참모본부는 러벳에게 공식 서한을 보내 "유엔군을 위해 탁월한 기여를 한 포로"의 조기 가석방을 명확히 반대하였다.[45] 1년 전 합동참모본부는 일대일 교환을 제안했지만, 지금은 완전히 180도로 방향을 전환한 것이다. 기존의 적군의 병력 규모와 심리전에 대해 고려하던 입장은 이미 군 고위층에 의해 폐기되었다. 이 시점에서 군부는 전원교환을 제외하고는 어떠한 방안도 고려하지 않았다. 애치슨이 매클루어의 자원송환 방안을 억누르고 제한적인 조기 가석방 기제를 허용했다고 한다면, 합동참모본부는 후자 역시 철저히 억누르기로 결심한 것이다.

12월 5일, 국무부는 합동참모본부와 합동 회의를 열어 강제송환과 자원송환, 일대일 교환과 전원교환 사이의 선택에 대해 논의했다. 비록 대통령은 아직 플로리다에 있었지만, 회의 참석자는 그의 존재감을 느

---

44 "Memorandum by JCS to Lovett"(15 November 1951), "Memorandum of Conversation, by Walter N. Treumann of the Office of Northeast Asian Affairs"(26 November 1951), *FRUS, 1951*, KC-VII-1, p.1169, p.1180, n.1.

45 "Ridgway to JCS"(28 November 1951), "Memorandum by JCS to Lovett"(3 December 1951), *FRUS, 1951*, KC-VII-1, pp.1197-1198, pp.1224-1227.

낄 수 있었다. H. 프리먼 매슈스^{H. Freeman Matthews} 국무부 부차관은 "대통령께서 포로 문제에 대해 개인적으로 강한 관심을 품고 있다"라며 전원교환은 "공평하지 않다"라는 트루먼의 경고를 반복했다. 유럽에서 막 돌아온 브래들리는 다음과 같이 덧붙였다. "대통령께서는 또한 포로와 관련된 모든 지시는 자신의 승인이 필요하다고 말씀하셨다. 대통령께서 보시기에 [일부 사람들이] 이 문제에 대해 모호한 생각을 품고 있는 것 같았다."⁴⁶ 트루먼의 훈계는 전원교환에 대한 합동참모본부의 열정을 꺼트렸다. 앞서 합동참모본부는 국무부와 협력해 매클루어의 제안을 트루먼이 알지 못하게 억눌렀었다. 하지만 대통령의 아이디어에 대해서도 똑같이 억누를 수는 없었다.

대통령의 엄중한 언사에 겁을 먹은 듯 합동참모본부는 12월 7일, 리지웨이에게 보낸 지시 초안에서 전원교환에 대한 언급을 없앴다. 하지만 여전히 유엔군 대표단이 우선 일대일 교환을 제안하도록 지시했다. 만약 설득에 실패하면 "실행 가능한 유일한 방법"은 모든 포로를 선별하는 것이며, 송환을 거부하는 포로는 남을 수 있지만 "향후의 처리에 대한 어떠한 약속도 없을 것"이다.⁴⁷ 이 지시는 북중 측이 이 방안을 거부할 경우 미국 측이 어떻게 대응할 것인지에 대해서는 설명하지 않았다. 사실상 합동참모본부는 포로의 최종 행선지 문제를 의도적으로 피하면서 동시에 전원교환의 가능성은 열어 두고 있던 셈이다. 물론 합동참모본부가 의도적으로 송환을 거부한 포로의 최종 행선지 문제에 대해 회피한 것을 비난하는 것은 부당하다. 사실 매클루어를 제외하고는 고위층 정책 입안자 가운데 이 문제를 제기한 사람은 없었다. 타이완

46　"Memorandum of Conversation, by Johnson"(5 December 1951), *FRUS, 1951*, KC-VII-1, p.1245, n.4.

47　"JCS to the President"(7 December 1951), *FRUS, 1951*, KC-VII-1, p.1277.

은 중국 포로가 갈 수 있는 유일한 목적지였음에도 불구하고 그들을 장제스의 품으로 보내는 것은 트루먼 정부에서 금기시되는 주제였다.

합동참모본부는 이 시각 플로리다 앞바다에 있는 대통령 전용 요트 USS 윌리엄스버그호에 승선하고 있던 트루먼에게 전보를 보내 지시 초안에 승인을 요청했다.[48] 그런데 초안을 받은 트루먼은 12월 9일, 예정보다 일찍 워싱턴으로 돌아왔고 이튿날 오전, 합동참모본부를 소집했다. 대통령은 한바탕 질책으로 회의의 말문을 열었다. "한국의 우리 협상 대표는 좀 지나치게 맞춰 주기만 했습니다. … 그들[북중 측]은 줄곧 요구를 해 왔고, 우리는 계속 양보만 했습니다." 브래들리는 북중 측이 실제로는 "매우 큰 양보"를 했고, 또한 타협이나 협상이 "중국과의 전면전보다 낫다"고 조심스럽게 설명했다. 한편 초안이 "나쁘게 보이는 이유"는 그것이 "최종적인 협상 입장[비장의 카드]을 찾으려는 과정에서의 시도일 뿐"이기 때문이라고 해명했다. 트루먼은 이러한 궁색한 변명을 깊이 따지고 들지 않았다. 회의는 곧 다음의 장황한 토론으로 넘어갔는데, 바로 중국이 향후의 정전 협정을 위반하지 않도록 경고하기 위해 강경한 성명을 발표할 것인가의 문제였다. 마치 정전 협정이 곧 달성될 것처럼 말이다. 윌리엄 M. 펙틀러 William M. Fechteler 해군 작전부장은 반대를 표시했다. "위협적인 성명을 발표하는 것은 중국에 별다른 소용이 없을 것"이라는 이유였다. 이것은 사실 솔직하고 정확한 판단이었다. 트루먼은 장군들에게 국내의 사기를 떨어뜨리지 말 것을 상기시키며 이 결론이 없는 회의를 끝냈다. 두 시간 반 동안 진행된 회의에서 아무도 포로 교환이라는 곤란한 문제를 언급하지 않고 조심스럽게 피했다.[49] 포로

---

48 "JCS to the President"(7 December 1951), *FRUS, 1951*, KC-VII-1, p.1278, n.1.
49 "Daily Appointments of Harry S. Truman"(9-10 December 1951); "Memorandum for the President"(10 December 1951), *FRUS, 1951*, KC-VII-1, pp.1290-1296.

문제가 지난 몇 주 동안 대통령과 합동참모본부, 국무부 사이 논쟁의 초점이었음에도 말이다. 트루먼은 묻지 않았다. 합동참모본부 역시 언급하지 않았고, 일주일 제안했던 전원교환 방식에 대해 감히 옹호하지도 않았다.

회의가 끝나자 합동참모본부는 6월 30일의 지침을 공식적으로 철회했다. 12월 10일의 새로운 지침은 12월 7일의 초안과 기본적으로 동일하되, 다음과 같은 새로운 문장으로 시작했다. "협상의 초기 입장은 우선적으로 일대일 교환을 모색하는 것이다. 이 입장은 협상의 결렬을 초래하지 않는다는 전제하에 협상 대표가 가능한 한 적극적이고 지속적으로 유지해야 한다."[50] 이 문구의 후반부는 국무부가 대통령의 견해에 부합하기 위해 추가한 것으로 보인다. 합동참모본부와 국무부 관리들은 북중 측이 이 방안을 수용할 가능성이 거의 없다는 것을 알고 있었다. 하지만 대통령에 맞추기 위해 설익은 정책을 짜깁기했다. 바로 일대일 교환 방식과 포로 심사를 결합하면서 포로의 최종 행선지 문제는 회피하는 것이었다. 트루먼은 포로 문제의 복잡성에 대해서 거의 알지 못했고, 그의 부하들은 반대 의견들을 숨겼다. 합동참모본부는 대통령 앞에서 순종적으로 굴며 원칙을 지키지 않았고 반대 의견을 역설하지도 않았다. 그 결과는 바로 유엔군 대표단에게 책임이 전가되는 것이었다. 이들은 모순된 정책과 불가능한 임무를 수행하도록 강요받았다.

50 "JCS to the President," "Editorial Note," *FRUS, 1951*, KC-VII-1, p.1276, p.1296.

6. 정전 협상에서 전쟁 포로 의제로 진입하다

12월 11일, 포로 문제에 관한 분과위원회 회의가 처음으로 열렸다. 유엔군 협상 대표는 루스벤 E. 리비[Ruthven E. Libby] 해군 소장과 조지 히크면[George W. Hickman] 육군 대령, 북중 측 협상 대표는 미국 측에게는 가장 강력한 상대인 이상조[李相朝] 인민군 소장과 차이청원[柴成文] 지원군 중령이었다.[51] 이상조와 차이청원은 정전 후 신속하게 포로를 송환해야 한다는 원칙을 제시하였다. 유엔군 대표단은 입장 표명을 거부하며 두 가지 조건을 제시하였다. 바로 "공평하고 합리적인 기초 위에서, 그리고 적절한 감독하에서 조기에 규제된 포로 교환"을 하고, "교환 전 및 과정에서 포로를 인도적이고 안전하며 편안하게 대우하도록 보장"하는 조치를 요구하였다. 이 조건을 이행하기 위해 유엔군 대표단은 우선 포로 정보를 교환하고, 국제적십자위원회[ICRC] 대표가 포로수용소를 방문하도록 허용해 줄 것을 요구하였다.

북중 측 대표단은 이것들이 단지 기술적인 문제이기 때문에, 유엔군이 먼저 포로의 전원교환 원칙을 수용해야 한다고 주장하였다. 회담이 있었던 날, 조이는 일기에 "회담 첫날부터 우리는 이후 회담의 초점이 일대일 교환인지 아니면 전원교환인지, 아니면 다른 포로 교환 방안일지의 문제에 맞춰질 것"이라는 불길한 예감이 들었다고 적었다.[52] 유엔군 대표단은 전원교환 여부에 대한 논의를 회피했지만, 트루먼의 "공

---

51 Hermes, *Truce Tent and Fighting Front*, p.139.
52 Allan E. Goodman ed., *Negotiating While Fighting: The Diary of Admiral C. Turner Joy at the Korean Armistice Conference*, Stanford, CA: Hoover Institution Press, 1978, pp.115-116; "Ridgway to JCS"(12 December 1951), *FRUS, 1951*, KC-VII-1, p.1311.

평하고 합리적인 기초"라는 표현을 가져온 것 자체가 전원교환에 대한 반대 입장을 표명한 것과 같았다. 이것은 마오쩌둥이 줄곧 우려하던 국면이었다.

다음 날, 리지웨이는 합동참모본부에 "공산당 측이 포로의 개인적 선택을 허용하는 교환 방안에 동의할 가능성은 매우 낮다"라고 보고했다. 그는 유엔군이 결국 "공산권으로의 귀환을 원하지 않는 포로들에 대한 강제송환까지 포함한 전원교환"에 동의할 수밖에 없을 것이라고 예상했다.[53] 12월 15일, 합동참모본부는 리지웨이에게 우선 일대일 교환을 추진하라고 지시했지만, 동시에 "전원 송환 없이는 합의에 도달할 수 없다고 판단될 경우 전원 송환에 대해 논의할 수 있다"라고 제안하였다. 그러나 그 전제는 "강제송환을 필요로 하는 모든 협상 입장은 반드시 사전에 워싱턴의 승인을 받아야 한다"라는 것이었다. 주목할 점은 전원교환의 논의를 허용하는 이 모순된 지침이 10일의 새로운 지침을 명백히 위반하고 있음에도 불구하고 애치슨과 J. 로턴 콜린스[J. Lawton Collins] 육군 참모총장의 심의를 통과했고 트루먼의 승인도 받았다는 사실이다. 이때 애치슨은 불과 사흘 전 유럽에서 배를 타고 미국에 돌아와 8월 27일 이후 처음으로 포로에 관한 정책 결정에 참여한 것이었다. 애치슨은 트루먼과 마찬가지로 유엔군이 상대방보다 훨씬 더 많은 포로를 갖고 있기에 협상에서 우위에 있다고 생각했다.[54] 그들은 포로 수의 '우위'가 그저 함정이라는 사실을 전혀 인식하지 못했다.

그 후 며칠 동안 북중 측 대표단은 전원교환 원칙을 받아들이라고

---

53 "Ridgway to JCS"(12 December 1951), *FRUS, 1951*, KC-VII-1, pp.1316-1317.
54 "JCS to Ridgway"(15 December 1951), *FRUS, 1951*, KC-VII-1, pp.1340-1341. 주의할 점은 트루먼의 12월 15일의 일정에는 애치슨 또는 콜린스와의 만남이 기록되어 있지 않다는 것이다. "Daily Appointments of Harry S. Truman"(15 December 1951) 참고.

부단히 요구했지만, 유엔군은 계속 입장을 밝히지 않았다. 양측은 거친 말을 주고받으며 논쟁을 벌였다. 차이청원은 유엔군이 포로 정보를 먼저 교환해야 한다고 주장하는 것은 본말이 전도된 행위라며, "말 앞에 수레를 두는 것put the cart before the horse"과 같다고 표현했다. 이에 유엔군 대표단은 협상을 할 때는 두 눈을 부릅뜨고 지켜봐야지, "자루를 열어 보지 않고 안에 든 돼지를 사는 일buy a pig in a poke"은 절대 할 수 없다고 응수했다. 유엔군은 정전을 원했지만 그렇다고 "모든 것을 포기하고 아무것도 얻지 못하는" 정전은 원하지 않았다.[55] 유엔군 대표단은 거침없는 것 같았지만 사실 시간을 끌고 있었다. 조이는 일대일 교환을 협상의 초기 입장으로 하라는 지시가 실행 불가능한 것임을 알고 있었기 때문이다. 12월 14일, 조이는 리지웨이에게 이러한 입장을 취하면 "유엔군은 불필요한 역선전의 공격을 받아 … 적이 파놓은 함정에 빠질 것"이라고 경고했다. 대신 조이는 자원송환 내지 일대일 교환과 자원송환을 결합한 방안을 제안했는데, "협상 전술과 선전의 관점에서 분명히 유리할 것"이기 때문이었다.[56] 조이의 논리에 따르면 북중 측이 이미 일대일 교환을 사실상의 인신매매나 노예 거래라고 효과적으로 낙인찍은 상황이기 때문에, 인도주의에 호소해 자원송환을 제안하고 개인의 선택을 허용하면 적의 선전에 성공적으로 대처할 수 있을 것이었다. 비록 일대일 교환이나 자원송환 모두 본질적으로는 포로의 부분 송환이지만 말이다.

조이의 분석에 큰 흥미 보인 리지웨이는 12월 17일, 문산汶山의 유엔군 대표단 주둔지로 날아가 조이와 의논했다. 유엔군 대표단은 자정이 넘도록 일해 합동참모본부에 보낼 전문의 초안을 마련했다. 다음 날 아

---

55   "Ridgway to JCS"(13 December 1951), *FRUS, 1951*, KC-VII-1, pp.1329-1330.
56   Goodman ed., *Negotiating While Fighting*, pp.122, p.126.

침 일찍, 존 J. 무초^{John J. Muccio} 주한 대사와 제임스 밴 플리트^{James Van Fleet} 미 8군 사령관도 문산에 도착했다. 리지웨이가 조이의 막사에서 회의를 주재하였고, 미국의 극동 지역 최고위 관리 4명이 공동으로 장문의 제 안서를 검토해 워싱턴에 발송하기로 합의하였다.[57] 이 제안서는 오직 전원교환을 통해서만 "우리 측 전쟁 포로를 최대한 많이 돌려받을 수 있 다"라고 강조하고, 정치적 선전과 법률적 관점에서 일대일 교환을 단호 하게 거부하였다. 왜냐하면 "제네바협약 118조는 전원교환이라는 그들 [상대방]의 입장을 선호하는 경향이 있기 때문"이다. 이에 더해, 그에 따 르면 만약 유엔군이 자원송환을 고집할 경우, "위험한 선례를 남길 수" 있었다. 왜냐하면, "향후 전쟁에서 적이 더 많은 우리 측 포로를 생포하 고 그들 모두 송환을 원하지 않는다고 주장한다면 우리는 속수무책일 것"이기 때문이다. 더 심각한 문제는 자원송환 정책이 "포로들에게 망 명을 제공한다는 점에서 인도주의적 호소력은 강하지만, 일단 공론화 되면 우리 국민은 정부가 어떠한 대가를 치르더라도 이 정책을 고수하 도록 요구할 수 있으며, [이럴 경우] 정부는 입장을 바꾸지 못할 것"이라는 점이다. 제안서는 마지막으로 다음과 같이 결론을 내렸다. "가능한 방법 은 단 하나뿐인 것으로 보인다." 바로 일대일 교환과 자원송환을 조합 한 방안을 "커다란 곤봉"으로 삼아 협상을 전개하되, 동시에 모든 유엔 군 포로의 석방을 보장하기 위해, 필요한 경우 전원교환에 동의할 수 있 도록 하는 것이다.[58] 결국 최종 합의에 도달하기 위해서 자원송환이라 는 이 "커다란 곤봉" 역시 내려놓을 수 있어야 한다는 것이었다.

한편 18일 오전, 양측은 판문점에서 전쟁 포로에 대한 정보를 교환

---

57 *Ibid.*, pp.132-137.
58 "Ridgway to JCS"(18 December 1951), *FRUS, 1951*, KC-VII-1, pp.1366-1372.

했다. 이 역시 북중 측이 다시 한번 양보한 것이었다. 리비는 즉시 유엔
군이 명단을 검토할 수 있도록 휴회해 달라고 요청했다. 조이는 일기에
서 "물론 우리가 휴회를 요청한 진짜 이유는 합동참모본부의 회신을 기
다리고 있었기 때문이었다"라고 인정했다.[59] 12월 19일, 합동참모본부는
전보를 보내 리지웨이, 조이 등이 18일에 보내온 제안을 승인했다. "유
엔군 수중에 있는 전쟁 포로와 공산당 수중에 있는 전쟁 포로 및 민간
인을 교환하는 것은 일대일 방식으로 진행될 것이다. 적군에 구금된 모
든 전쟁 포로와 민간인이 모두 석방될 때까지 말이다. 나머지 포로들은
자원송환의 원칙에 근거하여 석방될 것이다."[60]

　　12월 18일에 리지웨이 등이 보낸 제안과 그에 대한 19일의 합동참
모본부 답변은 자기모순의 결작이라 할 수 있다. 조이와 리지웨이는 북
중 측이 일대일 교환이나 자원송환을 거부할 것임을 일찍부터 알고 있
었다. 그들이 어떻게 일대일 교환에 자원송환을 더한 "이중의 모욕"을
받아들일 수 있겠는가? 새로운 방안은 인도주의로 포장한 자원송환 개
념과 노골적으로 이익을 추구하는 일대일 교환을 한데 묶은 것으로, 유
엔군을 그저 냉담하고 원칙이 없어 보이게 할 뿐이었다. 이처럼 미국 측
은 상대방이 이 방안을 받아들이리라 기대하지 않았다. 그들의 목표는
그저 "다수의 공산군 사병이 본국 송환을 거부하는" 상황을 이용해 상
대방을 모욕하는 것이었다. 하지만 이 전략은 미국 정부에 있어 리스크
가 컸다. 왜냐하면, 일단 교환 방안이 공표되면 여론의 압박으로 인해
입장을 철회할 수 없기 때문이었다. 따라서 전략의 성공 여부는 비밀 유
지에 달려 있었다. 리지웨이는 유엔군 대표단에게 북중 측과 논의할 때

　59　Goodman ed., *Negotiating While Fighting*, p.138.
　60　"JCS to Ridgway"(19 December 1951), *FRUS, 1951*, KC-VII-1, p.1380.

"가능한 한 노출을 피하라"라고 제안했다.[61]

그러나 리지웨이가 포로 문제를 비밀리에 논의해야 한다고 제안하자마자 비밀 유지 계획은 실패하였다. 12월 18일, AP 통신이 타이베이에서 "자유 중국은 포로의 의사에 반하는 포로 교환에 반대한다"라고 보도한 것이다. 하버드와 케임브리지를 졸업한 예궁차오[葉公超] 외교부장은 이날 타이베이에서 다음과 같은 담화를 발표하였다. "자유의 의미를 막 깨달은 중공과 북한 포로들을 공산주의 폭정의 손아귀로 강제송환하는 것은 비민주적이고 기독교 교의를 저버리는 것이다. … 이 문제는 정치적인 임시방편으로 다룰 수 없고 다뤄서도 안 된다. 그것은 유엔 헌장에 명시되어 있고 인권선언에서도 거듭 확인하고 있는 인권 관념과 인류의 존엄에 따라 해결되어야 한다." 기자는 예궁차오에게 유엔군 수중에 있는 포로가 본인의 의사에 반해 교환되지 않도록 중립위원회를 설치해야 하는가 질문했고, 그는 이에 동의했다.[62] 예궁차오의 담화는 최초로 자원송환 원칙을 공개적으로 제시한 것으로, 1952년 1월 2일, 판문점에서 유엔군 대표단의 공식 제안이 있기 2주 전이었다.

유엔군 대표단은 온갖 방법을 써서 시간을 끌며 포로 송환 원칙에 대한 최종 입장을 표명하지 않았다. 이로 인해 북중 측 대표단이 실망했을 뿐만 아니라 수천 ㎞ 떨어진 장제스도 불안하고 초조해졌다. 장제스는 일기에 다음과 같이 썼다. "고통스럽구나. 미국이 붙잡은 공산당 포로 중 일부가 우리 정부에 충성을 서명하고 타이완에 있는 옛 가족을 돌려 달라고 요청하였는데, 저 미국은 도의道義를 저버리고 사악한 의도

61 Goodman ed., *Negotiating While Fighting*, pp.136-137.
62 「葉公超就韓境和談換俘事發表談話」(1951年12月18日), 周琇環 編,『戰後外交史料彙編: 韓戰與反共義士篇』第一卷, 臺北: 國史館, 2005, pp.172-173;「葉公超發言稿」(1951年12月18日), 中央研究院近代史研究所檔案館, 外交部檔案, 633.43-530944.

로 돌려보내려 하는가[이 부분은 붓필로 지워져 있었다]. 공비共匪는 우리 정부의 항의를 무시하고 그들을 도살할 것이다." 그는 한탄으로 끝을 맺었다. "미국에 과연 인도주의와 정당한 도리[公理]가 있는가? 심히 비통하다."[63] 그러나 이때 장제스가 몰랐던 사실은 전원교환을 거의 단독으로 막은 사람이 다름 아닌 자신의 숙적 트루먼이었다는 것이다.

7. 미국의 공식적인 자원송환 제안

1951년 12월 18일, 양측은 전쟁 포로에 대한 정보를 교환했지만, 모두 상대방이 제공한 명단에 큰 불만을 품었다. 북중 측은 과거 65,000명 이상의 유엔군 포로를 생포했다고 주장했지만, 현재 제출한 명단에는 11,559명뿐이었다. 여기에는 남한인 7,142명, 미국인 3,198명, 영국인 919명, 터키인 274명과 다른 나라의 포로가 포함되어 있었다. 유엔군이 제출한 명단은 총 132,474명으로, 지원군 20,700명, 인민군 111,774명이었으며 여기에 "민간인 억류자"(즉, 남한에서 출생한 인민군 포로) 37,000명이 포함되었다. 유엔군이 보유한 포로와 민간인 억류자를 합한 인원수는 169,000여 명이었는데, 북중 측이 주장하는 188,752명의 포로 또는 실종자 수와 큰 차이가 없었다. 그러나 북중 측이 보고한 유엔군 포로 수는 11,559명으로, 유엔군이 주장한 포로 또는 실종자 수인 한국군 88,000명, 미군 11,500명 등에 비해 훨씬 적었다. 유엔군 대표단은 이 같은 큰 차이

---

63   蔣介石,『蔣介石日記』, 1951年 12月 21日, 美國斯坦福大學胡佛研究所.

에 대해 설명을 요구했고, 북중 측 협상단은 많은 적군 포로가 "전선前線에서 교육을 받고 석방되었다"라고 주장하였다. 하지만 유엔군 협상단은 "전선에서 석방된 정확한 수치는 177명에 불과하다"라고 반박하였다.[64]

11월 27일, 양측이 체결한 임시 정전은 2월 27일에 만료될 예정이었지만, 양측은 12월 말까지도 포로 문제를 놓고 매일 논쟁을 벌였다. 전면적인 협의에 도달하는 것은 요원한 일로 보였다. 북중 측은 끈질기게 포로의 전원교환을 주장했고, 유엔군 대표단은 회피적인 태도로 일관했다. 이들은 북중 측 자료의 신빙성에 의문을 제기하며 국제적십자위원회ICRC가 양측 포로수용소를 방문할 수 있도록 허용해 달라고 계속 요구했다. 그들은 전원교환이 "양호한 상태의 중국 및 북한 포로 120,000명과 상태 불명의 유엔군 포로 11,000명을 교환하는 것"을 의미한다고 주장했는데, 이전과 마찬가지로 유엔군 대표단은 시간을 끌기 위해 화제를 전환한 것일 뿐이었다. 왜냐하면, 그들은 합동참모본부의 승인을 애타게 기다리고 있었기 때문이다. 이때 미국에서는 마침 크리스마스와 연말연시 휴가 기간으로 인해 워싱턴 공무원들이 모두 휴가 중이었다. 리지웨이는 매일 합동참모본부에 여러 차례 전문을 보냈고, 크리스마스 당일에는 최소 5개의 전문을 보냈다. 하지만 모두 감감무소식이었다.[65]

리지웨이는 할 수 없이 스스로 문제를 해결해야만 했고, 7단계로 이루어진 협상 계획을 고안해 냈다. 그것은 일대일 교환을 초기 입장으로 하고, 마지막 비장의 카드는 역시 전원교환이었다. 12월 23일, 리지

---

64 Hermes, *Truce Tent and Fighting Front*, pp.141-143; Joy, *How Communists Negotiate*, p.104, pp.107-108; "Ridgway to JCS"(24 December 1951), *FRUS, 1951*, KC-VII-1, p.1434.

65 "Ridgway to JCS"(23 December 1951), "Matthew Ridgway to JCS"(25 December 1951), *FRUS, 1951*, KC-VII-1, p.1422, pp.1440-1447.

웨이는 조이에게 일대일 교환 방안으로 협상을 시작하라고 말했다. 왜냐하면, 이것이 유엔군에게 "최대의 협상력"을 부여하여, "유엔군이 이후 취하는 모든 입장이 양보로 보이게 할 것"이기 때문이었다.[66] 놀라운 점은 리지웨이가 유엔군이 제창한 인도주의적 입장을 7개의 조각으로 나누어 단계적으로 담판을 진행하고 거래할 수 있다고 여겼다는 것이다. 물론 북중 측이 리지웨이의 각본대로 행동할 리 없었다.

1952년 1월 2일, 합동참모본부의 회신을 받은 유엔군 대표단은 마침내 판문점에서 6개 항의 제안을 밝혔다. 그중 두 가지 핵심 사항은 "송환을 선택한 포로는 일대일로 교환하고, 일방이 이러한 종류의 포로를 모두 교환할 때까지 한다"와 "송환을 선택하지 않은 포로는 가석방한다"였다.[67] 수개월에 걸쳐 시간을 끌었던 유엔군은 마침내 일대일 교환과 자원송환을 더한 송환 원칙을 밝혔다. 이상조는 다음 날, 북중 측을 대표해 이 "야만적이고 수치스러운" 방안을 단호히 거부했다. 그는 격분하며 미국 측을 엄중히 질책했다. "당신들은 전쟁 포로의 석방과 송환이 인신매매가 아니며, 20세기인 오늘날은 야만적인 노예 시대가 아님을 알아야 한다!" "전 세계 사람들은 당신들의 제안을 저주할 것이며, 당신 자신의 포로와 그 가족들도 저주할 것이다. 왜냐하면, 당신들의 제안은 전체 포로의 석방과 송환을 가로막을 것이며, 조속히 정전 협정에 도달할 길을 가로막을 것이기 때문이다."[68] 차이청원은 이 제안이 "수치스러울 뿐만 아니라 위험하다"라고 비난했다. 그는 중국 포로들이 타이완 송환을 요청하였다는 유엔군 신문 보도를 인용하며 자원송환은 속임수로, 포로들의 의지가 아니라 "장제스의 의지를 표현한 것일 뿐"

66 "Ridgway to JCS"(23 December 1951), pp.1423-1424.
67 Goodman ed., *Negotiating While Fighting*, pp.174-179.
68 柴成文, 趙勇田, 『板門店談判』(第二版), 205쪽.

이라고 말했다. 유엔군 대표단은 제안서에 타이완이 언급되지 않았다고 변명했다. 그러나 2주 후 리비는 "두 개의 중국 정부"가 있었기 때문에 포로들이 공산당과 국민당 가운데 선택할 수 있다고 말했다. "두 개의 중국"이라는 발언은 차이청원을 완전히 격분하게 만들었다. 차이청원은 "누구든 감히 지원병 포로를 중국 인민의 원수인 장제스에게 넘긴다면, 중국 인민은 결코 용납하지 않고 반드시 끝까지 싸울 것"이라고 말했다.[69]

자원송환은 중국 포로를 억류해 타이완으로 보내려는 음모였을까? 중국 측 협상 대표는 그렇다고 확신했다. 그들은 미국 심리전 부대의 타이완인 직원이 포로수용소에서 활동해 반공 포로 조직이 대부분의 중국 포로를 장악했다고 지적했다. 이는 정확한 사실이었다.[70] 리비는 유엔군이 "많은 중국계를 고용했다"라는 사실을 인정하면서도, 그들 대부분이 통역, 문화, 위생 또는 전문 기술 교육에 종사했다고 주장했다. 포로들이 이러한 교육 프로그램을 통해 "민주주의의 기본 개념 … 민주적 삶의 기본 원칙, 언론의 자유, 종교의 자유, 결핍과 질병, 공포로부터 벗어날 자유"를 배운다는 것이었다. 그는 "이 과정에서 어떠한 강압이나 위협의 요소도 없었다"라고 강조했다.[71]

리비는 거짓을 말하거나 아니면 잘못된 정보를 받았을 것인데, 후자의 가능성이 더 높아 보인다. 리비뿐만 아니라 많은 미국 관리들은 수용소 상황을 이해하지 못했다. 사실 이 시점에서 미국의 정책 결정자들, 즉 워싱턴의 트루먼과 애치슨부터 도쿄의 리지웨이, 판문점의 조이까

—
69   Goodman ed., *Negotiating While Fighting*, p.199.
70   *Ibid.*, p.191.
71   「停戰談判會議紀錄」(1952年1月12日), 申載洪 編, 『南北韓關係史料集』第五卷, 首爾: 國史編纂委員會, 1994, 532쪽.

지, 포로수용소에서 어떤 일이 벌어지고 있는지 제대로 이해하는 사람은 한 명도 없었다. 그들은 포로수용소의 상황에 대해 거의 알지 못하는 상태에서 일련의 결정을 내려서 자원송환 정책을 추진하였다. 그리고 이 정책은 일단 발표되자 빠르게 "최종적이고 돌이킬 수 없는" 최종적 입장이 되었다. 이는 마치 리지웨이가 정성 들여 만든 7단계 협상 계획을 조롱하는 것 같았다.

8. 미군, 자원송환에 반대하는 입장으로 전환하다

1월 6일, 유엔군 대표단이 판문점에서 자원송환을 제안한 때로부터 나흘 뒤, 미국을 방문 중이던 윈스턴 처칠^{Winston Churchill} 영국 총리는 애치슨에게 정전 시기를 예측해 달라고 요청했다. 이에 대해 애치슨은 "1월 말까지는 합의가 이루어질 것 같다"라고 답했다.[72] 공교롭게도 마오쩌둥도 이때 매우 낙관적이었다. 1월 31일, 마오쩌둥은 스탈린에게 전보를 보내 자원송환은 "경솔한 요구"이지만 "적은 원칙적으로 모든 전쟁 포로의 석방에 반대할 수 없을 것이다. 따라서 협상은 너무 오래 끌지 않을 것"이라고 말했다.[73] 그러나 이후 역사에서 알 수 있듯이 협상은 16개월이나 더 계속되었다. 애치슨과 마오쩌둥은 모두 상대방의 완고함과 포로 송환 문제의 복잡성을 과소평가했다.

---

72 "Memorandum of Conversation at British Embassy, Jan. 6, 1952," Acheson, Dean G. Papers, Harry S. Truman Library.

73 「毛澤東關於中立國觀察機構等問題致史達林電」(1952年1月31日),『朝鮮戰爭』下冊, 1144쪽.

북중 측이 자원송환을 강력하게 반대하였기 때문에 회담은 교착 상태에 빠졌다. 리지웨이는 유엔군 대표단이 타협할 수밖에 없음을 깨 닫고, 1월 12일, 합동참모본부에 전보를 보내 "송환 문제에서 우리 측이 수용 가능한 최종 입장을 조속히 파악해야 한다"라고 요청했다. 애치 슨과 다른 국무부 고위 관리들이 어떠한 형태의 강제송환에도 반대하 는 상황에서 합동참모본부는 사흘 후 리지웨이에게 다음과 같이 답했 다. "우리의 최종 입장은, 포로의 전원교환에 동의할 수 있는 권한을 부 여하지만, 포로의 강제송환은 있을 수 없다는 것이다." 합동참모본부는 "향후 우리의 입장을 수정할 필요가 있을 수 있다"라는 점을 인정하면 서 동시에 리지웨이에게 "이것이 우리의 최종 입장인 것처럼 행동해 달 라"라고 요청했다. 그런데 회신 마지막에는 "이 의견은 참고만 하라"라 고 덧붙였다.[74] 리지웨이는 합동참모본부로부터 최종 입장을 듣기 위해 많은 노력을 기울였다. 하지만 그가 얻은 것은 이처럼 애매모호하고 자 기모순적인 "최종 입장"이었다. 이 지침은 사실상 1951년 12월 15일의 지 침과 거의 동일했다. 즉 원칙적으로 전원교환에 동의할 수 있는 권한을 부여하지만, 일부 포로를 강제송환할 필요가 있을 경우 반드시 워싱턴 의 승인을 받아야 한다는 내용이었다. 그러나 알다시피 전원교환을 위 해서는 송환을 원하지 않는 반공 포로들을 강제송환해야 한다. 전원교 환을 요구하면서 동시에 강제송환할 수 없다는 것은 완전히 자기기만 이었다.

국무부 관리는 "[송환 가능한] 포로의 수를 정확히 파악"해 상대방에 게 넘겨주기 위해 전쟁 포로의 심사를 건의하였고, 합동참모본부는 리

━ 74 "Ridgway to JCS"(12 January 1952), "JCS to Ridgway"(15 January 1952), Edward C. Keefer ed.,
    Foreign Relations of the United States, 1952-1954, Korea, vol.15, pt.1(이하 *FRUS, 1952-1954*, K-XV-
    1), Washington, DC: United States Government Printing Office, 1984, p.18, p.25.

지웨이에게 자문을 구했다. 리지웨이는 포로 심사가 그저 애치슨이 앞서 제안한 조기 가석방 기제의 서곡에 불과하다고 보고 1952년 1월 19일, 답신을 보내 심사에 강력히 반대했다. 그는 포로들이 "교환 당일 교환 사무소에서 한 번의 선택 기회만 가질 수 있다"라고 주장했다. 게다가 북중 측은 그 어떠한 경우에도 심사 결과를 받아들이지 않을 것이었다. 그는 북중 측이 "송환을 거부한 사람의 숫자에 대해서는 별로 신경 쓰지 않는다"라며, 그들이 진정으로 반대하는 것은 개인 선택의 원칙이라고 판단했다.[75] 그러나 얼마 지나지 않아 리지웨이는 자신의 판단이 잘못된 것임을 깨닫게 된다. 그는 "양적 변화에서 질적 변화로"라는 유물론적 변증법에 무지했고, 이 때문에 중국 측이 송환자 수에 신경 쓰지 않는다는 잘못된 결론을 도출했다.

국무부는 군의 협조 없이 송환을 원하는 포로의 수를 파악할 방법이 없었다. 이 시점에서 할 수 있는 일은 국제법을 재해석하는 것뿐이었다. 1월 22일, 국무부는 제네바 제3협약 제6조를 원용했다. "각 당사국은 별도의 규정이 필요하다고 판단되는 모든 사항에 대해 특별협정을 체결할 수 있다. 그러한 특별협정은 전쟁 포로의 처우와 관련한 이 협약의 규정에 불리한 영향을 미쳐서는 안 되며, 이 협약이 포로에게 부여한 권리를 제한해서는 안 된다." 국무부는 협약의 "정신"이 전쟁 포로의 개인적 권리를 보호하는 것이며, 따라서 자원송환이 "특별 조치"로서 협약을 위반하지 않는다고 주장했다.[76]

같은 날, 국무부는 존슨을 의장으로 하는 실무 그룹을 조직해 북중

75 "Memorandum of Conversation, by McWilliams"(15 January 1952), "Ridgway to JCS"(19 January 1952), *FRUS, 1952-1954*, K-XV-1, pp.21, 27.
76 Bernstein, "The Struggle over the Korean Armistice," p.279; *Geneva Convention Relative to the Treatment of Prisoners of War*.

측이 자원송환을 받아들이도록 하기 위한 "가능한 모든 방법"을 논의하
도록 했다. 만약 포로 문제로 인해 정전 협상이 결렬될 경우에는 어떻
게 국내외 지원을 극대화할 수 있을지도 모색하였다. 이 같은 목표들은
국무부 고위층이 자원송환을 지지하기로 결정했음을 확실하게 보여 준
다.[77] 애치슨은 지원군의 대규모 탈주를 장려하고 포로를 타이완으로 보
내려는 매클루어의 자원송환 프로그램을 이전부터 거부해 왔지만, 유
엔군에 협력하였거나 송환 후 처형될 가능성이 있는 포로에 대한 조기
가석방(즉 소규모의 자원송환)에 대해서는 지속적으로 건의해 왔다. 포로의
최종 행선지에 대해서 언급한 적은 없지만 말이다. 자원송환의 또 다른
주요 옹호자는 국무부 고문 찰스 E. 볼런Charles E. Bohlen이었다. 그는 소련
전문가이자 훗날의 주소련 대사로, 제2차 세계대전이 끝난 후 영미인들
이 서유럽에서 소련 시민들을 소련으로 강제 송환할 때 발생한 "엄청난
고난과 트라우마, 유혈 사태"를 직접 목격했다. 많은 사람이 소련으로
돌아가기보다는 차라리 자살을 선택했다. 송환된 수천수만 명은 "살해
되거나 또는 감금되고 시베리아로 보내졌다." 그는 미국이 한국에서 같
은 실수를 반복하지 않기를 바랐다.[78]

그러나 국무부 중간층의 실무자들 사이에서는 다른 목소리가 나
왔다. 찰스 스텔Charles Stelle 정책기획국policy planning staff, PPS 참모는 전략사
무국Office of Strategic Services, OSS 관리 출신으로, 1944년부터 1945년까지 미
군 시찰단으로 옌안[延安]을 방문했었다. 그는 "우선 우리가 기억하든 기

▬ 77 "Memorandum for the Record, by Johnson"(4 February 1952), *FRUS, 1952-1954*, K-XV-1, pp.32-
          33; Stueck, *The Korean War*, p.259.
      78 U. Alexis Johnson, with Jef O. McAllister, *The Right Hand of Power*, Englewood Cliffs, NJ:
          Prentice Hall, 1984, p.133; "U. Alexis Johnson Oral History Interview"(19 June 1975), www.
          trumanlibrary.gov/library/oral-histories/johnsona(accessed by month year), pp.71-72; Charles E.
          Bohlen, *Witness to History, 1929-1969*, New York: W. W. Norton & Company, 1973, p.300.

억하지 않든 법은 공산당 편에 서 있다"라고 지적했다. 그는 한국 거제도 중국 포로수용소의 직접 보고를 인용하며 다음과 같은 불편한 진실을 밝혔다. "우리가 수감하고 있는 중국 포로수용소는 폭력적인 전체주의violently totalitarian의 통치 아래 있다. 그리고 이 포로수용소를 통제하고 있는 폭력배들thugs은 우리의 미국 포로와 마찬가지로 포로 정책의 관심 대상이다." 스텔은 조속한 정전을 위해 자원송환 정책을 "최대한 점잖게 포기"해야 한다고 촉구했다. 이 때문에 미국이 반드시 "불쾌한 일, 즉 3,000여 명의 중국인을 돌려보내 총살당하게 하는 것(비록 사실상 그들 대부분이 벌을 받아야 마땅하지만 말이다), 그리고 고통스럽지만 해야 하는 일, 즉 약 30,000-40,000명의 한국인을 돌려보내 총살당하게 하는 것(비록 그들은 죄를 짓지 않았을 수도 있지만 말이다)"을 해야 할지라도 말이다.[79]

스텔과 유사한 입장에서 정책기획국 관리 찰스 B. 마셜Charles B. Marshall은 한국 포로의 자원송환을 지지했다. 그는 1951년 5월 홍콩에 가서 중국공산당과 접촉을 시도했지만, 빈손으로 돌아온 바 있다. 그는 이 문제가 "공산주의와 우리가 기대고 있는 전통 사이 투쟁의 핵심을 건드리고 있으며, 개인이 보호를 선택하고 요구할 권리와 관계되기" 때문이라고 주장했다. 중국 포로에 관련해서는 다음과 같이 말하였다. "우리는 중국[국민당] 정권을 보호하거나 중국인을 보호하기 위해 한국에 있는 것이 아니다. 우리는 그들을 강제로 돌려보낼 수 있으며, 그렇다고 해서 이것이 한국에서의 우리 행동의 정당성을 훼손하는 것은 아니다."[80]

▬ 79 "Stelle to Nitze, Jan. 24, 28, 1952," National Defense Force History Research Institute ed., *Records of the Policy Planning Staff of the Department of State: Country and Area Files: Korea II (1952-1954)*, vol.5, Seoul: National Defense Force History Research Institute, 1997, pp.1-6.
    80 "Marshall to Nitze, Jan. 28, 1952", *Records of the Policy Planning Staff of the Department of State*, vol.5, p.11; Robert L. Beisner, *Dean Acheson: A Life in the Cold War*, Oxford: Oxford

국무장관을 비롯한 고위층의 태도가 단호했고 중간층 관리의 반대 의견은 대수롭지 않게 넘길 수 있었지만, 군부의 완강한 저항은 심각한 도전이었다. 애치슨의 회고에 따르면 "군부의 주요 관심사는 당연히 자국민을 집으로 돌려보내는 것이었다. … 국방부는 북중 측 포로와 민간인 억류자에 대해서는 의사와 상관없이 송환할 것을 지지했다."[81] 전쟁이 끝난 후 조이의 비판에서도 이 점을 알 수 있다. "자원송환 정책은 공산군 포로의 복지를 유엔군 포로의 복지보다 우선시했고 최전방에서 싸우고 있는 우리 장교와 사병의 복지보다도 우선시했다."[82]

애치슨은 이전 몇 달 동안의 소홀한 태도와 대조적으로 1952년 1월 말부터 트루먼의 자원송환 정책이 실현될 수 있도록 전념을 다했다. 1월 28일부터 2월 1일까지 애치슨은 국무부와 합동참모본부 합동 회의를 국무부에서 두 차례, 국방부에서 두 차례, 도합 네 차례 연속 소집하여 포로 문제를 논의했다. 애치슨의 언변으로 마침내 군부가 비강제 송환과 조기 석방에 마지못해 동의했고, 다시 "기정사실을 공산당에게 전달할 것"에 동의했다. 2월 4일, 존슨은 애치슨과 러벳을 대표하여 트루먼에게 보낼 제안서를 작성했다. 그 첫 문장은 다음과 같이 엄숙하게 시작하였다. "자원송환 문제는 곧 한국 정전 협상의 유일한 근본적 문제가 될 것이다." 이 문서는 북중 측이 자원송환을 받아들일 가능성이 낮다는 점을 인정하면서도 "이 정책을 실현할 수 있는 유일한 행동 방안은 처음부터 돌이킬 수 없는 조치를 취하는 것이다"라고 주장했다. "이 정책이 적군 수중에 있는 유엔군 포로들이나 정전 협정의 실현에 그 어떠한 후과(後果)를 초래할지에 관계없이 말이다." 즉 먼저 포로의 송환 의

University Press, 2006, pp.424-426.
81   Acheson, *Present at the Creation*, p.653.
82   Joy, *How Communists Negotiate*, p.152.

사를 심사하고, 송환을 거부하는 자를 포로 명단에서 삭제한 다음에 이것을 기정사실로서 상대방에게 제시하는 방안이다.[83]

그러나 존슨이 이 문서를 국방부에 보냈을 때 예상치 못하게도 "후방 부대에서 심각한 탈주"가 발생했다. 러벳 국방부 장관은 심각한 우려를 표명하며 더 나은 해결책을 찾기 위해 "양키의 독창성Yankee ingenuity"을 발휘하길 바란다고 말하였다. 호이트 반덴버그Hoyt Vandenberg 공군 참모총장은 간단명료하게 반대를 표명했고, 펙틀러는 심지어 "이전의 동의를 완전히 철회"한다고 하였다. 군부의 변심에도 불구하고 애치슨과 다른 국무부 고위 관리들은 입장을 고수했다. 2월 7일, 애치슨은 매슈스, 볼런, 존슨, 국무부 정책기획국장 폴 니츠Paul H. Nitze 등의 대군을 이끌고 국방부를 방문했다. 러벳과 다른 국방부 관리 두 명을 제외한 모든 군 고위층은 "정전을 위해 유엔군 수중에 있는 모든 포로를 송환하는 데 동의한다. 만약 필요하다면, 민간인 억류자로 분류된 44,000명의 남한인도 포함시킬 수 있다"라고 명확히 말하였다. 훗날 볼런이 군부를 "냉혹하고 무감각하다"라고 묘사한 것도 이상하지 않다. 이후 군을 달래기 위해 포로 심사나 기정사실이라는 표현은 삭제되었다. 그럼에도 불구하고 러벳은 "반대하지는 않으며, 다음 날 대통령과 이 문제를 논의할 준비가 되어 있다"라고만 말하며 배서하지 않았다.[84]

다음 날 오전 11-12시, 트루먼의 정례 내각 회의가 끝나고 또 다른 백악관 회의가 열리기 직전, 애치슨과 러벳은 막간의 시간을 이용해 트

83 "Memorandum for the Record, by Johnson"(4 February 1952), "Draft Memorandum by the Secretary of State and the Secretary of Defense for the President"(4 February 1952), FRUS, 1952-1954, K-XV-1, pp.32-34, pp.35-37.

84 "Memorandum for the Record, by Johnson"(8 February 1952), FRUS, 1952-1954, K-XV-1, pp.41-42; Johnson, The Right Hand of Power, p.135; Bohlen, Witness to History, p.300.

루먼에게 분쟁을 조정해 줄 것을 요청했다. 대통령은 즉시 제안서를 검토했다. 이 문서의 서두에서 애치슨은 포로 송환이 "극히 중요한 문제"라고 천명했으며, "강제송환에 대한 어떠한 합의도 … 모두 개인에 대한 존중이라는 우리의 도덕적, 인도주의 원칙에서 심각하게 벗어나는 것이며, 또한 공산주의 폭정에 대한 미국의 심리전을 심각하게 위태롭게 할 것이다"라고 주장했다. 애치슨은 상대방 수중에 있는 약 3,000명의 미군과 8,000명의 유엔군 포로의 운명이 위태롭다는 사실을 인식하고 있으면서도 비강제송환을 굳게 주장했다. 그리고 마지막에는 미국 측이 강제송환을 받아들이지 않고 또한 북중 측이 자원송환을 받아들일 필요가 없는 해결방안을 찾는 것은 "가능하지만 확실하지는 않다"라고 하였다.[85] 여기서 명확히 제시되지 않은 해결방안은 사실 애치슨이 항상 선호하였던 방법, 즉 포로 심사를 통해 기정사실을 만들어 내는 것이었다.

러벳은 자신감이나 시간이 부족했는지 대통령이 가장 신뢰하는 애치슨에게 정면으로 이의를 제기하지 않았다. 그는 애치슨의 분석이 설득력이 있다는 것을 인정하면서도 그에 대한 군부의 합의가 부족함을 지적했다. 그는 트루먼에게 이 문서가 애치슨이 이해한 대로 "최종적이고 돌이킬 수 없는" 것인지 물었지만, 이어서 "우리는 즉시 이행할 수 있다"라고 말했다." 러벳의 말이 끝나자마자 트루먼은 즉시 문서에 "승인함, 1952년 2월 8일, 트루먼"이라고 서명하고, 그중 한 부를 러벳에게 주었다. 트루먼은 일필휘지로 자신의 입장을 명확하게 표현하였다.[86] 트

85 "Daily Appointments of Harry S. Truman"(8 February 1952); "Memorandum by the Secretary of State"(8 February 1952), "Memorandum by the Secretary of State to the President"(8 February 1952), FRUS, 1952-1954, K-XV-1, pp.43-45.

86 "Memorandum by the Secretary of State," "Memorandum by the Secretary of State to the

루먼은 불과 몇 분의 시간 안에 한마디 말로 강제송환을 다시 한번 철저하게 거부하였다.

9. 조사단, 트루먼 대통령과 최종 결정을 내리기 위해 일본과 한국을 방문하다

트루먼 대통령이 강제송환에 단호하게 반대하는 상황에서 관리들은 상호 모순된 정책 목표를 동시에 만족시킬 방안을 고안해야 하는 엄청난 도전에 직면했다. 세 가지 목표란 바로 (1) 비강제송환, 즉 송환 과정에서 무력 사용 금지, (2) 북중 측에 있는 유엔군 포로에 초래할 위험의 최소화, (3) 북중 측이 비강제송환을 수용하도록 해 성공적으로 정전을 실현하는 것이었다. 2월 11일, 존슨과 존 E. 헐[John E. Hull] 육군 참모차장이 현지 상황을 파악하기 위해 일본과 한국에 파견되었다.[87]

존슨과 헐은 3일간 도쿄에 머물며 유엔군사령부 고위 관계자들을 만났다. 도일 O. 히키[Doyle O. Hickey] 유엔군사령부 참모장은 중국 포로 15,000명을 포함해 약 28,400명의 북중 측 포로가 송환을 받아들이지 않을 것이며, 15,900명의 북중 측 포로(그중 중국인은 11,500명으로, 전체 중국 포로 수의 55%)가 송환 조치에 격렬히 배척할 것으로 예상된다고 보고하였다.[88]

President," *FRUS, 1952-1954*, K-XV-1, pp.43, 45, n.2.
87　"Memorandum by the Secretary of State to the President," "Memorandum for the Record, by Johnson"(10 March 1952), *FRUS, 1952-1954*, K-XV-1, pp.45, 76.
88　Bernstein, "The Struggle over the Korean Armistice," p.275, n.40.

존슨은 그 자리에서 이에 대해 질문할 입장이 아니었지만, 나중에 합동 참모본부에 "중국 포로의 수가 너무 많다고 생각했다"라고 말했다. 존 슨이 의구심을 가진 것은 아마 히키와 국무부의 추정치 사이에 큰 차이 가 있었기 때문이었을 것이다. 국무부는 부산에 자체 심문단을 두고 있 었는데, 필립 W. 맨하드[Philip W. Manhard] 미 대사관 정무 요원이 단장이었 고, 심문관으로 홍콩 주재 미 공보원에서 파견된 진우다이[金無怠] 등이 있었다. 1951년 11월, 무초 주한 대사는 "중국 포로 중 많아야 4분의 1만이 대륙으로의 귀환을 원하지 않고 있다. 아마도 약 15%는 진정한 국민당 지지자로 보인다"라고 보고했다.[89] 그런데 문제는 지난 3개월 동안 거제 도 포로수용소의 상황이 극적으로 변했다는 것이다. 반공 포로 조직이 친공 포로 지도자를 두 수용소에서 몰아내고 약 15,000명의 중국 포로 를 거의 완전히 장악하였다. 존슨은 11월의 수치가 이미 때 지난 것이 되 었음을 깨닫지 못했다. 반면 히키의 추정이 정확한 것으로 판명된다.

2월 17일, 존슨과 헐은 거제도 포로수용소를 잠시 시찰하기 위해 비행기로 방문했다. 존슨은 "수용소가 곧 무정부 상태에 빠질 것 같았 으며, 사방이 폭동의 기운으로 가득 차 있었다"라며 충격을 금치 못했 다. 당시 마침 거제도에 있었던 맨하드는 존슨에게 "포로들에게 있어 전쟁은 끝나지 않았다"라고 알려 주었다. 아니나 다를까 다음 날, 62호 포로수용동에서 소란이 발생해 한국 포로 77명과 미군 간수 1명이 사 망했다.[90] 존슨은 거제도에서 보낸 짧은 몇 시간 동안 "2류 시설, 2류 장 교", 과밀한 막사, 부족한 배급 등 여러 가지 문제점을 발견했다. 무엇보

- 89 "Muccio to Acheson"(12 November 1951), 695A.0024, RG59, National Archives, College Park, Maryland.
- 90 "U. Alexis Johnson Oral History Interview," pp.76-77; Johnson, *The Right Hand of Power*, pp.136-137; Hermes, *Truce Tent and Fighting Front*, p.239.

다도 그를 불안하게 한 것은 수용소 당국에 "중국어나 한국어를 할 줄 아는 장교가 거의 없어 수감자들이 무엇을 하고 있는지 이해할 방법이 없었다"라는 점이었다. "자칭 반공주의자"들은 수용소 간부가 되어 "수용소 내 행정과 사법권을 거의 완전히 장악하였고, 공산당 공모자를 밀고하고 검거함으로써 경쟁자를 제거했다. 또한 식량, 의복, 연료, 그리고 의료 서비스를 통제함으로써 자신의 권력을 강화했고, 포로들에게 반공 '전향'을 주입하는 교육에 참여하도록 폭력으로 강요했다."[91]

2월 18일, 존슨과 헐은 문산에서 유엔군 대표단을 만났다. 모든 협상 대표는 포로 심사를 통해 기정사실을 만드는 방안에 강력히 반대했다. 그들은 그것이 일종의 "배신행위"로, 북중 측의 통제하에 있는 유엔군 포로들에 대한 보복을 초래할 수밖에 없다고 보았다. 조이는 이 방안을 "불명예스러운 일"이라고 불렀고, 리비는 "공명정대하지 못하고, 부정직"하다며 심지어 자신은 이 방안과 "어떠한 관련도" 없다고 선언하였다. 그러나 이들의 강한 거부는 존슨과 헐이 대통령에게 보낸 보고서에는 모두 빠져 있었다. 보고서에서는 유엔군 대표단의 "강력한 반대"를 언급하였지만, 동시에 반대자들이 "강제송환 외에는 어떤 해결책도 제시하지 못했다"라고 강조하였다.[92]

워싱턴으로 돌아온 후 존슨은 비공식적으로 합동참모본부에 "수용소가 이미 통제 불능 상태이며 철저한 정비가 필요하다"라고 알렸다. 그러나 2월 25일, 존슨과 헐이 트루먼에게 15분간 보고한 내용에는 이 불길한 조짐이 빠져 있었다. 뿐만 아니라 워싱턴이 협상 초기에 "이미

91 Johnson, *The Right Hand of Power*, pp.136-137.
92 C. Turner Joy, "Discussions Held 18 Feb 1952 at Munsan-ni," C. Turner Joy Papers, Hoover Institution Archives; "Memorandum for the Record, by Johnson"(10 March 1952), *FRUS, 1952-1954*, K-XV-1, p.78.

자원송환을 주장하는 최초의 실수를 저질렀다"라는 유엔군 대표단의 집단적 판단도 보고하지 않았다. 리지웨이의 격렬한 반대 의사도 전달되지 않았다. 그들은 트루먼 대통령에 영합하면서 그가 선호할 만한 결론을 제시했다. 즉 모든 포로를 일방적 심사하는 것 외에는 더 이상 다른 실행 가능한 해결방안이 없다는 것이었다. 그들은 보고에서 수용소 당국이 하루 안에 10만 명 이상의 포로를 심사할 수 있기 때문에, 일부 포로들이 송환을 거부하는 것을 기정사실화하기만 하면 리지웨이가 이 결과를 상대방에게 내놓을 수 있다고 하였다.[93]

송환을 거부할 가능성이 있는 포로 수와 관련하여, 존슨이 히키의 추정치에 의문을 가졌음에도 불구하고 존슨과 헐은 약간의 조정만 가한 채 트루먼에게 보고했다. 보고에서는 북한 포로 5,000명과 중국 포로 11,500명이 송환에 격렬하게 저항할 것으로 예측하면서, "중국 포로 문제는 질적, 양적으로 모두 한국 포로 문제보다 훨씬 골치 아프다"라고 덧붙였다.[94] 그러나 그들은 이 수치의 중요성에 대해 대통령에게 설명하지 않았다. 아마 그들 자신도 예상하지 못했기 때문일 수도 있다. 5%에도 미치지 못하는 북한 포로가 송환조치에 격렬하게 저항하는 반면, 중국 포로의 경우 절반 이상이 그렇게 하였다.

존슨과 헐 뿐만 아니라 다른 관리들도 송환자의 수와 비율에 대한 중국 측의 민감성을 과소평가했다. 유엔군 대표단은 북중 측 대표단에서 중국 측이 주도적인 역할을 하고 있었음을 일찍부터 인식하고 있었

—— 93 "Daily Appointments of Harry S. Truman"(25 February 1952); "Memorandum for the Record, by Johnson"(25 February 1952), *FRUS, 1952-1954*, K-XV-1, pp.58-59; Johnson, *The Right Hand of Power*, pp.136-137; Joy, "Discussions Held 18 Feb 1952 at Munsan-ni."
94 "Memorandum for the Record, by Johnson"(25 February 1952), *FRUS, 1952-1954*, K-XV-1, p.59; Johnson, *The Right Hand of Power*, pp.136-137.

고, 리지웨이도 "공산당이 비강제송환 원칙을 받아들이는 것은 불가능하다"라고 정확하게 예상했다. 하지만 조이는 존슨에게 중국 측이 비강제송환을 받아들일 가능성이 "50 대 50"이라고 말했다. 그리고 존슨과 헐의 보고서에서 조이의 추정치는 다시 "어느 정도의 가능성"이라는 모호한 표현으로 수정되었다.[95] 그러나 실제로 당시 중국 측이 비강제송환을 받아들일 가능성은 없었다.

존슨과 헐이 트루먼에게 보고하였던 바로 그날, 예궁차오는 타이베이에서 공식적으로 다음과 같이 선포하였다. "중화민국 정부는 자발적으로 타이완에 와서 반공 및 반러시아 활동에 참여하려는 자로서, 유엔군 조사로 사실이 확인된 귀순한 중공군 포로 모두가 타이완에 오는 것을 받아들인다." 동시에 배포한 영문 선전자료에는 "Save them so others may live", 즉 "그들을 구해야 다른 사람들이 살 수 있다"라는 뜻의 감동적인 구호가 포함되어 있었다.[96] 장제스 정부는 다시 한번 포로 문제에 있어 워싱턴보다 한발 앞서 입장을 표명함으로써 도덕적 우위를 점하였다.

리지웨이는 자신의 항의가 트루먼에게 전달되지 않았다는 것을 깨닫고, 2월 27일, 합동참모본부에 전보를 보내어 기정사실화 방안을 맹렬히 공격했다. 그는 이 방안을 배신의 "속임수subterfuge"라고 부르며, 그 것이 "우리로 하여금 배신과 기만의 비난을 받게 할 뿐만 아니라(지금까지 이 용어들은 모두 공산주의자들의 행동을 묘사하는 데 사용된 것이다), 아군 포로를 보복에 노출시킬 것이다"라고 하였다. 그는 다시 한번 워싱턴에 진

---

95 Joy, "Discussions Held 18 February 1952 at Munsanni"; "Memorandum for the Record, by Johnson"(10 March 1952), p.78.
96 『戰後外交史料彙編』第一卷, 208-210쪽.

정한 "최종 입장"을 요구했다.[97] 그리고 몇 시간 후 트루먼은 답을 내놓았다.

2월 27일 오전 10시 30분, 애치슨의 비행기가 워싱턴 DC에 착륙했다. 그는 지난 2주 동안 런던에서 조지 6세 국왕의 장례식에 참석했고, 이어서 나토 회의에 참석하기 위해 포르투갈 리스본으로 날아갔다. 트루먼은 공항에서 그를 친히 마중했고, 백악관으로 이동해 국무부 및 군부 고위층과 만나 리지웨이의 전보에 대해 논의했다. 회의에서는 펙틀러를 제외한 모두가 비강제송환에 찬성했다. 이는 2월 초 군부에서 발생한 "후방 부대의 심각한 탈주" 이후 또 하나의 180도 태도 전환이었다. 매슈스는 "우리의 주요 동맹국들은 어떠한 반대 의견도 표명하지 않았다"라고 말하였다. 그러나 이는 사실이 아니었다. 캐나다가 이미 반대했기 때문이다. 마침내 트루먼은 "미국의 최종 입장은 전쟁 포로의 강제송환에 동의하지 않는 것"이라고 결론을 지었다. 몇 시간 후 합동참모본부는 리지웨이에게 보내는 전문의 초안을 작성했고, 트루먼이 서명하여 승인했다. 전문은 다음과 같았다. "요청에 대해서는 정부 최고위층에서 이미 충분히 고려하였다. 미국 정부는 송환에 격렬하게 저항하는 포로나 송환될 경우 생명이 위험에 처할 공산당 포로들을 송환하기 위해 무력을 사용해야 하는 어떠한 합의도 받아들이지 않을 것이다." 합동참모본부는 리지웨이가 썼던 "속임수"라는 단어에 상당히 불만을 품은 듯 의미심장하게 선언하였다. "이것은 미국 정부의 최종 입장이다. 우리는 어떠한 속임수를 쓸 필요도 없이 이 입장을 유지할 수 있다고 믿는다."[98]

---

97 "Ridgway to JCS"(27 February 1952), *FRUS, 1952-1954*, K-XV-1, pp.66-67.
98 "Daily Appointments of Harry S. Truman"(27 February 1952); Acheson, *Present at the Creation*, p.610, p.623; "JCS to Ridgway"(27 February 1952), *FRUS, 1952-1954*, K-XV-1, p.70.

놀라운 것은 이 75분간 진행된 이 회의가 사실 트루먼이 포로 문제를 논의한 첫 번째 공식 회의라는 사실이다. 그 이전의 논의는 모두 막간을 이용한 대화들이었을 뿐이었다. 1951년 10월 29일의 웹, 1952년 2월 8일의 애치슨 및 러벳과의 대화를 포함해서 모두가 트루먼의 빽빽한 일정 사이에 끼워 넣어진 짤막한 대화였다. 그리고 1951년 12월 9일, 트루먼이 합동참모본부와 휴전 협상을 논의할 때는 포로 문제에 대해 전혀 언급하지 않았다. 2월 27일에 이르러서야 트루먼과 애치슨이 처음으로 함께 회의에 참석해 포로 문제를 논의한 것이다. 그러나 두 사람 모두 포로 문제에 대한 정보가 부족했고 사실상 전혀 준비가 되어 있지 않았다. 애치슨이 비행기에서 내려 백악관에 도착할 때까지의 15분 동안 존슨이 그에게 수용소의 혼란 상황, 협상대표단과 리지웨이의 반대 의견, 그리고 송환을 거부하는 북중 측 포로 수의 현격한 차이에 대해 말할 기회는 없었을 것이다. 설사 있었다고 해도 애치슨이 대통령의 뜻에 반대했을 가능성은 거의 없다. 많은 것이 '최초'인 이 회의에서 트루먼은 "최종적이고 돌이킬 수 없는" 정책을 결정한 것이다.

10. 맺음말

1952년 1월, 정전 협상이 포로 문제로 인해 수렁에 빠지자 애치슨은 비로소 뒤늦게 포로 문제에 관심을 돌렸다. 그는 러벳에게 트루먼 앞에서 자원송환에 반대하지 말라고 설득하려 했지만, 존슨을 비롯한 다른 고위 관리들은 이 문제에 관해 대통령에게 "교육"하지 않았다. 2월, 존슨과 헐은 한국 및 일본 방문에 관해 대통령에게 보고할 때 수용소의 혼란스러운 상황을 감추었을 뿐만 아니라, 판문점과 도쿄의 군부가 내놓은 반대 의견을 대대적으로 축소시켰다. 마찬가지로 군 고위층에서는 자원송환에 대한 반대가 만연했음에도 불구하고, 펙틀러를 제외한 어떤 군인도 트루먼에게 감히 도전하거나 기꺼이 도전하려 하지 않았다.

만약 트루먼이 자원송환 문제에서 약간 망설이거나 양보했다면 합동참모본부는 분명 주저하지 않고 모든 포로를 송환하고자 했을 것이다. 트루먼은 입장이 확고부동하였는데, 이는 많든 적든 그가 사정을 몰랐기 때문이었다. 트루먼은 성격이 거의 충동적일 정도로 결단력이 강했지만, 지적 호기심은 부족했다. 그는 항상 참모들에 의해 고도로 여과되고 압축된 정보를 바탕으로 신속하게 결정을 내렸다. 또한 그는 질문을 거의 하지 않았고 심지어 아예 하지 않는 경우도 많았다.[99] 고위 관리와 참모들이 모두 포로 문제의 복잡성과 배후에 잠재된 잔혹성에 대해 숨긴 결과, 트루먼은 도덕적 딜레마의 고통에서 벗어나 그가 옳다고 내세우는 정책을 신속하게 결정할 수 있었다. 그것은 바로 어떠한 대가를 치르더라도 자원송환을 고집하는 것이었다.

애치슨과 존슨 같은 국무부 관리들이 자원송환 또는 조기 가석방을 주장했을 때 그들의 암묵적인 가정은 송환을 거부할 포로 수가 한정되어 있을 것이며, 따라서 북중 측이 약간 저항할지라도 협상을 통해 부분 송환을 받아들일 것이라는 것이었다. 번스틴이 지적한 것처럼 "그들은 이 때문에 전쟁이 길어져야 몇 달일 것이며 1년을 넘기지 않을 것이라 생각했다."[100] 합동참모본부는 내심 자원송환에 강력히 반대하였지

99 Foot, *A Substitute for Victory*, p.89, p.234, n.30.
100 Bernstein, "The Struggle over the Korean Armistice," p.282.

만, 대통령에게 감히 거역하고자 하지 않았다. 그래서 대세에 순응해 동의를 표명하였다. 그들은 아마도 정전 협상이 결렬되더라도 상관없다고 생각했을 것이다. 상대방이 굴복해 자원송환을 받아들일 때까지 북한을 폭격하면 되니까 말이다. 그러나 이 두 가지 가정은 모두 희망 사항임이 판명되었다.

　1952년 4월, 연합군 포로수용소 당국은 북중 측 포로를 심사하였고 약 21,000명의 중국 포로 중 14,000여 명이 송환을 거부한다고 주장했다. 중국 측에서는 당연히 이 결과를 단호하게 거부했다. 5월 7일, 트루먼은 어떠한 강제송환 방안도 반대한다고 공식적으로 선언했고, 정전 협상은 교착 상태에 빠졌다. 10월 8일, 유엔군 대표단은 협상 막사에서 걸어 나와 무기한 휴회를 선언했고 회담은 결렬되었다. 상황에 변화가 생긴 계기는 1953년 3월 초, 스탈린의 갑작스러운 사망이었다. 새로운 소련 지도자는 중국공산당 측에 포로 문제에 대해 타협할 것을 요구하였다. 6월 8일, 중국 측이 태도를 바꾸어 부분 송환을 수용하면서 양측은 포로 교환에 합의하였다. 그리고 7월 27일, 정전 협정이 체결되었다. 1951년 12월 11일, 양측이 판문점에서 포로 문제에 관해 협상을 시작한 이래 총 19개월이라는 시간이 소모되었다. 이 기간 가장 중요한 시점은 1952년 2월 27일, 트루먼 대통령이 비강제송환이 미국 정부의 "최종적이고 돌이킬 수 없는" 입장임을 확인하면서 정전 협상을 교착 상태에 빠지게 한 때이다. 포로 문제로 인해 한국전쟁은 최소 15개월 이상 더 지속되었다.

　후반부의 한국전쟁에서 양측의 영토 변화는 거의 없었다. 가장 주요한 결과는 1954년 1월에 14,000여 명의 중국 포로가 타이완으로 보내진 것이었다. 당시에 흔들리던 장제스 정권은 한국전쟁으로 인해 기사회생하였고 이 전쟁의 예상치 못한 승자가 되었다. 이 결과는 분명히 트루먼 행정부의 계획에 포함되지 않았던 것이다. 아마도 이 때문에 역대 미국 정부는 전쟁 포로 문제에서의 '심리전의 승리'를 자랑하지 않았고 한국전쟁 역시 미국에서 '잊힌 전쟁'이 되었다.

7장

1950년대 세계 민족해방운동에 대한
남한에서의 젠더적 재현 양상

김 도 민

1. 머리말: 탈식민과 냉전 그리고 젠더

1950년대 세계는 민족해방운동^{民族解放運動}의 시대였다. 1945년 2차
대전이 끝나고 미국과 소련이라는 양극^{兩極}을 중심으로 하는 냉전질서
가 도래하는 상황에서도, 약소민족^{弱小民族}들은 식민지에서 벗어나기 위
한 '독립전쟁'을 펼치거나, 갓 독립한 신생국들은 대내외적으로 자립하
기 위한 '혁명'을 시도했다.[1]

한반도에는 1945년 8·15해방과 1948년 남북한 분단 정부 수립, 그리
고 1950년 6·25전쟁의 발발로 '탈식민^{脫植民}−분단^{分斷}−냉전^{冷戰}'이 중층적

---

[1] 권헌익은 냉전이란 미국과 소련을 정점으로 하는 양극(bi-polar, 兩極)적 질서일 뿐 아니라 동시에
민족해방운동이라는 탈식민 과정도 함께 전개됐음을 강조했다. 권헌익, 『또 하나의 냉전: 인류학
으로 본 냉전의 역사』, 민음사, 2013.

으로 전개되고 있었다. 이에 당대 한반도 사람들은 미국과 소련에 대한 소식만큼이나 전 지구적으로 발생하는 민족해방운동에도 큰 관심을 보였다. 1950년대 남한 사람들에게 세계 소식을 전달해 주는 주요 매체이던 일간지 신문을 기준으로 하면, 민족해방운동의 성격을 지닌 사건으로 베트남독립전쟁(1950-1954)과 이집트혁명(1952), 수에즈전쟁(1956), 알제리독립전쟁(1954-1962), 헝가리혁명(1956) 등이 크게 보도됐다.

본고는 민족해방운동의 성격을 지닌 '전쟁과 혁명'의 세계사적 사건들에 대해 남한의 신문과 시인^{詩人}들이 이를 어떻게 재현했는지 그 양상을 정리하고자 한다. 이로써 본고가 제기하고자 하는 주요 질문은 크게 다음의 두 가지이다.

첫째, 남한 신문들은 세계 민족해방운동의 소식을 어떻게 보도했으며, 그 보도를 접한 시인들이 동일한 사건을 작품으로 형상화하는 과정에서 어떠한 '변형'이 발생했을까?

둘째, 본고는 '탈식민과 냉전'에다가 '젠더' 문제를 겹쳐 보고자 한다. 이미 한국 민족주의와 젠더의 관계를 다룬 연구가 상당수 축적됐다.[2] 그리고 2000년대 후반부터 냉전과 젠더의 관계를 분석한 문학 쪽 연구들도 진행됐다.[3] 그런데 이 연구들은 '탈식민과 젠더'의 관계에만

---

2 권명아, 「여성 수난사 이야기, 민족국가 만들기와 여성성의 동원」, 『여성문학연구』 7호, 2002; 권명아, 『식민지 이후를 사유하다』, 책세상, 2009; 김복순, 「신식민지 시기 반미소설의 계보와 서사원리로서의 젠더」, 『한국문학이론과 비평』 60권, 2013. 이나영은 2015년까지의 민족주의와 젠더에 대한 연구사 정리를 통해 페미니즘의 연구과제를 다음과 같이 제시했다. "지금까지 존재하고 변형되어 온 민족주의'들'의 전개/경합 과정에 개입되는 젠더 관계/질서를 역사적으로 분석하는 작업" 특히 "해체적인 독해를 통해 한국 국민의 무의식에 뿌리 깊게 자리 잡고 있는 젠더 차별적 사고를" 드러내야 한다. 이나영, 「민족주의와 젠더: 도전과 변형을 위한 이론적 지형도 그리기」, 『한국여성학』 제31권 2호, 2015, 249-250쪽.
3 김복순, 「소녀의 탄생과 반공주의 서사의 계보: 최정희의 《녹색의 문》을 중심으로」, 『한국근대문학연구』 1권 18호, 2008; 김복순, 「학술교양의 사상형식과 '반공 로컬-냉전지'의 젠더」, 『여성문학연구』 29호, 2013; 김복순, 「《사상계》 기행문에 나타난 아시아 리저널리즘의 재편양상과 재건의 젠더」, 『여성문학연구』, 39호, 2016; 이명희, 「반공주의와 성차별주의: 1950년대 남성작가 소

주목하거나, 또는 '냉전과 젠더'의 관계만을 살펴보는 경향이 있었다. 그런데 "탈식민 역사와 양극화 역사"는 "분석상으로 나눌 수" 없는 동시대의 역사였다.[4] 특히 아시아와 아프리카 지역에서는 탈식민과 냉전이 함께 전개됐다. 국제 냉전사 연구를 조망한 권헌익은 "탈식민주의와 냉전을 같은 공간에 두고 조명"해야 한다고 강조했다.[5] 홍석률도 한국 현대사를 연구할 때, "탈식민과 냉전의 교차", 즉 "동서대립과 남북대립의 문제"를 함께 볼 필요성을 제기했다.[6] 이에 본고는 민족해방운동이라는 탈식민적 사건에 대해 냉전의 최전선 남한에 위치한 신문사와 시인들이 여성 주체를 어떻게 그려 내는지 살펴봄으로써, '탈식민–냉전–젠더'의 상호 관계성을 드러내고자 한다.[7]

이를 위해 본고는 먼저 민족해방운동의 성격을 지닌 '전쟁과 혁명' 관련 사건을 보도하는 신문 기사를 분석했다.[8] 다음으로 신문 보도가 끝나는 시점에서 동일한 사건들을 다시 형상화한 시詩 작품들을 검토했다.[9]

설을 중심으로」, 『아시아여성연구』, 제46권 1호, 2007.

4   권헌익, 『또 하나의 냉전』, 38쪽.

5   권헌익, 『또 하나의 냉전』, 6쪽.

6   홍석률, 「냉전의 예외와 규칙: 냉전사를 통해 본 한국 현대사」, 『역사비평』 110호, 2015, 114쪽.

7   한국 현대사의 1945년 8·15해방과 1960년 4·19혁명 관련된 여성 주체를 분석한 연구는 다음과 같다. 박지영, 「여성 혁명가의 귀환, 그 이후: 해방기 여성혁명가의 형상과 가족 서사」, 『여성문학연구』 24호, 2010; 김미란, 「'젊은 사자'들의 혁명과 증발되어버린 '그/녀들」, 『혁명과 여성』, 선인, 2010; 김주현, 「'의거'와 '혁명' 사이, 잊힌 여성의 서사들」, 『혁명과 여성』, 선인, 2010; 박지영, 「혁명, 시, 여성(성): 1960년대 참여시에 나타난 여성」, 『여성문학연구』 23호, 2010.

8   신문은 『경향신문』, 『동아일보』, 『한국일보』 등을 활용했다.

9   시 문학 작품의 분석 대상은 김학동의 『한국 전후 문제시인 연구』, 예림기획, 2005에 등장하는 시인들과 그 외 50년대 시 작품에서 선정했다. 민족해방운동을 시로 형상화한 시인은 전봉건, 김춘수, 조병화, 김상옥이었다. 그런데 시인들은 처음 발표한 작품을 이후 시선(詩選)이나 전집에 개작(改作)하여 싣는 경우가 많았다. 따라서 본고는 발표 당시 시인들의 시각을 이해하기 위해 1950년대 처음 발표된 작품을 확보하여 분석했다.

2. 신문, '투사(鬪士)'에서 '희생자'로

1950년대 남한 신문사들이 어떠한 세계 민족해방운동에 관심을 보였는지를 확인하기 위해서, 1950년 1월 1일부터 1959년 12월 31일까지의 『경향신문』과 『동아일보』 사설을 기준으로 헝가리와 이집트, 베트남, 알제리 등이 언급된 횟수를 검색했다. 그 결과는 베트남(130건), 이집트(124건), 헝가리(104건), 알제리(65건) 순이었다.[10]

기존 연구에서 언급됐듯이, 1950년대 발생한 민족해방운동 성격의 '전쟁과 혁명'에 대해, 남한 신문들은 자유 진영과 공산 진영의 대립이라는 냉전의 '동서문제'로만 바라보지 않고, 강대국의 약소민족 지배라는 탈식민의 '남북문제'로서 바라보기도 했다. 예를 들어 1956년 10월과 11월 발생한 헝가리혁명과 수에즈전쟁에 대해, 당시 『경향신문』은 "동구에서나 중동에서나" "공산 진영이나 자유 진영이나 약소민족의 자각에 부딪혀" 문제가 발생하고 있다고 보았다. 그렇다고 이때 신문사들의 관점이 냉전의 틀을 완전히 넘어선 것은 아니었다. 왜냐하면 당시 신문사설들은 "냉전의 진영논리에 따라, 영국과 프랑스의 무력침공에도 미국도 반대하는 상황이었기 때문에 자유 세계의 단합을 저해한다는 비판을" 가했기 때문이다.[11]

---

10 네이버뉴스라이브러리 상세검색(https://newslibrary.naver.com/search/searchDetails.naver)을 활용하여 2023년 9월 27일 검색했다. 검색은 언론사(동아일보, 경향신문), 지면(전체보기), 섹션(전체선택), 유형(사설), 범위(전체보기) 등으로 설정하여 진행했다. 당대 신문에는 헝가리는 '항가리'와 '홍아리(洪牙利)' 등으로, 이집트는 '애급'으로 알제리는 알제리아와 알제리야 등으로 표기됐다. 따라서 관련 단어를 모두 검색하여 합계를 산출했다. 특히 베트남은 당시에는 인지(印호, 인도차이나)가 통용되는 표현이었는데, '인지'로 검색하면 인도차이나를 의미하지 않는 사설도 검색되기 때문에 '인지문제(印호問題)'로 검색했다. 단어별 구체적인 숫자는 항가리 99건, 홍아리 5건, 애급 124건, 인지문제 130건, 알제리아 59건, 알제리야 5건 등이었다.

1950년대 남한 신문에 민족해방운동의 주체로서 여성은 이집트와 헝가리 관련하여 등장했다. 1956년 7월 이집트 대통령 가말 압델 나세르Gamal Abdel Nasser는 수에즈운하를 국유화했다. 이는 운하의 소유주인 영국 및 프랑스와의 '전쟁' 위기를 낳았다. 나세르는 유사시에 대비하여 남녀노소 모든 국민을 총동원하기 위한 준비에 나섰다.[12] 남한 신문에는 이집트 여성이 1956년 국민(민족) "해방군 조직을 제안한 나세르 대통령의 호소에 응하여 오랜 전통인 '베일'을 벗고 총을 들고" 나섰다며 다음과 같은 〈그림 1〉의 사진이 실렸다.[13]

　　외신을 인용한 신문 보도는 "카이로 근방에는 이러한 여성 수백 명을 집단수용하여 훈련하고 있는 특별훈련소가" 있으며 "여자 손에 쥐어

〈그림 1〉 베일을 벗고 총을 들고 나선 애급여성
출처: 『경향신문』 1956.8.23. 3면; 『동아일보』 1956.8.23., 3면.

11　김도민, 「1956년 헝가리 사태에 대한 남한의 인식과 대응」, 『역사비평』 119호, 2017, 309-331쪽.
12　『동아일보』 1956. 8. 17., 3면.
13　『경향신문』 1956. 8. 23., 3면; 『동아일보』 1956. 8. 23., 3면.

진 총이 영국제인 것은 재미있는 대조"라고 표현했다.[14] 그렇다면 이 신문 보도는 이 사진을 어떠한 맥락에서 보도했던 것일까. 당시 신문들은 대체로 동일한 외신을 그대로 가져다 썼기 때문에 대다수 신문에 동일한 사진이 실렸다. 그런데 이후 관련 신문사의 사설이나 논평이 이어지지 않았다. 다만 사진이 보도된 다음 날짜 『경향신문』 1면의 '여적餘滴'란에 관련 사실이 다음과 같이 소개됐다.

- 우리나라 여성문제연구원에서는 여성법률상담소를 개설하여 억울한 여성들에게 구원의 손을 뻗치리라 한다
- 풍운이 급박한 애급에서는 여성들이 전통적인 '베일'을 벗고 총을 들고서 국민해방군의 조직에 참가하고 있다는 소식
- 지난번 일본의 참의원선거 때에는 여성중에서 전국최고득점자가 나왔다고
- 여성들의 이와 같은 사회적 진출의 배후에는 실로 수천년 동안의 눈물어린 억압사가 있었다
- 봉건적인 유교사상에 있어서는 여성을 천시하여 여성을 소인과 같이쳐서 여성은 죄악의 화근이라고 생각되어 "암탉이 울면 집안이 망한다"고까지 떠들어 왔다. 요사하다니 간사하다니 등의 타기할 부도덕은 모두 '여(女)' '자(字)'가 붙은 글자이다. …
- 해방후 우리나라에서도 여장관 여선량(選良)[15] 여총장 여최고위원 여사장 여판사 여변호사 등이 배출하여 실로 그 사회적 진출은 눈

---

14 "재미있는 대조"라고 표현한 까닭은, 1956년 당시 이집트의 수에즈운하 문제를 둘러싸고 영국과 이집트는 대치하는 형국이었는데, 영국에 저항하는 무기가 영국에서 생산됐기 때문이었다. 『경향신문』 1956. 8. 23., 3면.
15 선량(選良)은 국회의원을 의미한다.

부신 바가 있다.

○ 때마침 대영제국에서는 엘리자베스 2세가 군림하고 있으니 20세기 후반기 여성들에게 광영이 있으라[16]

이 가십성 기사는 "여성법률상담소 개설"과 "일본 참의원 선거에서" "여성 중에서 전국최고점자가" 배출되는 사례 등을 제시했다. 이 기사 끝부분에는 해방 후 남한에서 여성들의 사회적 진출이 "눈부시"며, 영국 엘리자베스 2세 여왕을 언급한 후, "20세기 후반기 여성들에게 광영이 있으라"라는 논평으로 끝맺었다. 직접적으로 베일을 벗고 총을 든 이집트 여성에 대한 논평은 없었으나, 적어도 이집트 여성을 적극적인 정치의 주체로서 등장하는 시대의 맥락 속에 위치시킨 것은 분명해 보인다.

그런데 1956년 실제 이집트와 이스라엘이 격돌한 수에즈전쟁이 세계의 주목을 받으며 남한 신문에 연일 보도됐으나, 정작 '베일을 벗은 이집트의 여성'은 다시 등장하지 않았다. 반면 비슷한 시기 동유럽에서 발생했던 헝가리혁명에서는 다수의 여성이 등장했다.

1956년 10월 23일에 시작된 헝가리혁명은 1956년 11월 4일, 소련 탱크의 헝가리 침공으로 수많은 사상자가 발생하기 시작했다.[17] 11월 4일 이후 남한 신문에는 혁명에 참가했던 헝가리 여성들이 보도되기 시작했다. 11월 8일 자 『동아일보』와 『경향신문』은 헝가리 부다페스트에서 "부인婦人들"은 거리로 "돌진하여 소련군 전차에 향하여 수류탄을 투척하였으며 다른 부녀婦女 의거민들은 건물창구로부터 소련 군인들을 저

---

16   『경향신문』 1956. 8. 24., 1면
17   1956년 헝가리혁명이 남한에서 어떻게 보도됐는지는 다음의 논문을 참고. 김도민, 「1956년 헝가리 사태에 대한 남한의 인식과 대응」.

격하였다"고 보도했다.[18]

1956년 11월 24일 자 『경향신문』은 「피에젖은 '부'시市 여성활동 전차와 대결한 주부, 매춘부들도 천사와 같이 봉사」라는 제목의 기사를 내보냈다. 이 기사는 "UP통신의 '부다페스트' 주재 특파원이며 반공산주의자들의 봉기와 소련군의 공격 그리고 아직도 항가리를 마비시키고 있는 총파업의 와중을 지나 생존한 2명의 '항가리' 소녀의 어머니인 '아로나 니라스' 여사"가 기록한 내용으로 다음과 같다.

> (…) 나는 10대의 소녀들이 전차(戰車)와 싸우고 그 어머니들이 그들을 싸우게 하고 또 여성 노동자들이 자동소총을 손에 들고 '키리아' 병사 부근의 골목길을 수색하고 있는 것을 보았다. … 나는 또 전투가 끝났을 때 폐허로 변한 자기집의 무너진 벽돌 조각위에 갈피를 읽고 섰는 늙은 부인을 보았다. 몇 시간씩 찬바람을 맞으면서 조금씩의 식량을 얻겠다고 쫓아다니는 부인들도 보았다.
> 그러나 나에게 가장 깊은 감명을 준 것은 전투가 끝난 지금 부다페스트의 여인들이 소련군의 전차를 완전히 무시해버리고 있다는 사실이다.
> 10대의 소녀들은 공산정권으로부터 전차와 총기의 사용법을 훈련받은 젊은 병사들과 합류하여 소련군의 전차를 파괴하였던 것이다.
> 오늘 거리에서 볼 수 있는 여인들은 가정의 주부들이다. …
> 지난 주일에 적어 놓은 수백 '페이지'에 달하는 메모를 뒤져보면서 나는 자유 '항가리'를 위한 전투에 직접 참가했던 여자들의 경우를 수많이 기억해 낼 수 있다.

━━ 18 『경향신문』 1956. 11. 8., 1면; 『동아일보』 1956. 11. 8., 2면.

이 여성영웅들의 업적은 한권의 책으로써 발표하기에 충분하다. 여기에는 소수의 예를 드는 것만으로써 그치겠다.

자기 키만한 구식 소총을 들고 '키리아' 병사 근방의 일(一) 도로 끝을 지키고 있던 16세의 '쬬리스카'의 일이 생각난다.

화장이라는 것을 모르는 그 얼굴의 불같은 결심의 빛이 떠올라 있었다. 괴상한 군복보다는 진홍빛의 댄스·파티의 복장이 어울릴 소녀였다.

그들의 다른 한끝에서 전형적인 '프로레타리아' 여성이 거대한 권총을 내어 흔들면서 우리를 차에서 내리도록 하였다.

우리의 신분을 안 후에야 그는 우리를 '다 우호적인 서방의 기자'들이라 하여 통과를 허가해주었다.

3명의 어린 소녀를 거느리고 '모스코바' 광장에서 '모르토프·칵텔' 화염병을 던져 소군 전차에 불을 질러 놓은 14세의 붉은 머리 소녀 일도 기억난다. 날쌘 작은 그 모습이 눈에 선하다.

총탄이 비오듯한 가운데 비스듬히 담배를 입에 물고 부상자들에게 붕대를 감아주면서 태연히 왔다갔다 하던 매춘부도 있었다. 그 매춘부의 얼굴에서는 천사의 성스러움을 엿볼 수 있었다.[19]

이 기사에 등장하는 헝가리혁명의 여성 주체들은 10대 소녀에서 주부, 프롤레타리아 여성, 매춘부 등 다양했다. "갈피를 읽고 섰는 늙은 부인"이나 "조금씩의 식량을 얻겠다고 쫓아다니는 부인" 등도 일부 언급되지만, 기사의 대부분은 소련 전차와 당당히 마주하는 "여성 영웅들"을 다루었다.

특히 16세와 14세의 소녀에 관한 소식은 이 기사에서 처음 등장했

━ 19 『경향신문』 1956. 11. 24., 3면.

다. "14세의 붉은 머리 소녀"는 "3명의 어린 소녀를 거느리고" 모스크바 "광장에서 몰로토프 칵테일 화염병을 던져 소군 전차에 불을 질렀다."[20] 여기서 14세 소녀는 자신보다 더 어린 3명의 소녀를 이끄는 리더였다. 소녀는 몇 달 전 소련의 외무장관에서 물러났으나 소련 외교를 대표하는 인물인 몰로토프Molotov의 이름을 붙인 화염병을 들고 소련 탱크에 불을 질렀다. 이처럼 신문 기사 속 소녀들은 소련에 능동적으로 저항하는 그야말로 투사鬪士였다.

이러한 14세의 '소녀'는 12월 12일 자『동아일보』기사인 「불덩어리 된 소녀, 국민 모두가 영웅: 죤슨 특파원의 홍洪의거 목격기」에도 다음과 같이 등장했다.

(…) 어떠한 특정한 '항가리'인을 영웅으로 선정한다는 것은 똑같이 싸운 다른 '항가리'인에 대한 모욕이 된다. 그러나 나의 기억에는 특히 다음과 같은 헝가리인들의 영웅적 행위가 생생히 살아있다. 14세의 가냘픈 일(一)소녀가 세 대의 소련군 전차와 대포를 염상(炎上)시킬 목적으로 그 자신의 몸 자신을 불덩어리로 만들었다. 이 소녀는 불꽃에 휩쓸려 타죽은 6명의 소련병들과 같이 사망하였다. 기자는 살아있을 때의 그의 모습을 볼 수 없었으나 '키란' 병사(兵舍) 앞에 쓸어져 있는 새까맣게 탄 그의 유해만을 보았다. 그의 시체 위에는 자유 '항가리' 기(旗)와 인조화의 화환이 덮혀 있었다. '항가리' 기 위에 붙어있는 편지에 쓰여있는 문구를 일(一)노인은 눈물과 더불어 다음과 같이 나에게 번역하여 주었다.

"이곳에 14세의 '항가리' 소녀가 누워 있다. 그는 나라를 위하여 생명

▬   20 『경향신문』1956. 11. 24., 3면.

을 바쳤다. 전 '항가리'인 국민은 그에게 애도의 뜻을 표한다." (…)[21]

이 기사에서도 소녀 투사가 등장했다. 14세 소녀는 "세 대의 소련
군 전차와 대포를 염상시킬 목적으로 그 자신의 몸 자신을 불덩어리로
만들었다." 결국 "이 소녀는 불꽃에 휩쓸려 타죽은 6명의 소련 병들과
같이 사망"했다. 헝가리 국민은 "나라를 위하여 생명을" 바친 소녀에게
"애도를" 표했다.

실제 헝가리혁명에서 활약한 15세의 '소녀 전사戰士'가 있었다고 한
다. 그녀의 이름은 셀레쉬 에리카였다. 소녀는 "혁명이 발발하자 자신의
남자친구가 조직한 반공레지스탕스에 참여했고, 참여 직후 반자동 소

〈그림 2〉 소녀 전사 셀레쉬 에리카(15세)
출처: 대한민국역사박물관, 「헝가리혁명 60년 기념 특별사진전(2016)」

---

21 『동아일보』 1956. 12. 12., 2면.

총사용법을 배운 후 수차례 소련과의 전투에 참여했다. 11월 8일 부다페스트 시내에서 벌어진 소련군과의 치열한 전투에서 비무장상태로 적십자 유니폼을 입고 부상병을 간호하다 총격으로 사망했다."[22]

'14세 소녀'를 묘사하는 기사 내용은 곧바로 '13세 소년' 이야기로 이어졌다.

> 소련군에 삭발을 당한 13세된 일(一)소년의 경우는 이렇다. 이 소년은 최초의 봉기와 소련군의 공격이 있을 때 다같이 나라를 위하여 싸웠다.
>
> 소련군은 이 소년을 다른 2천명의 '항가리' 소년들과 같이 가축차로 추방하고 있었는데 동 소년은 도중에 피신하여 도보로 '부다페스트'로 돌아왔던 것이다. 그는 소련군에게 삭발을 당하였기 때문에 모자를 부자연스럽게 귀 있는 데까지 덮어쓰지 않으면 안되었었다.
>
> 사실 이 소년의 키는 그가 가지고 다니는 소총의 기리밖에는 되지 않았다. 나는 12세의 혁명을 위하여 싸웠다는 미국의 '잭슨' 소년을 회상하였다.[23]

이 기사에서 확인되듯이, 성별과 무관하게 어린 10대의 소녀·소년은 모두 총을 들고 소련 전차에 맞서는 투사적인 이미지로 보도됐다.

신문사들은 헝가리혁명에 대하여 외신 보도를 직접 인용 보도했을 뿐 아니라 신문사의 '만평漫評' 만화 형태로 내보내기도 했다. 『경향신문』「경향만평」은 헝가리혁명에 참여한 여성의 모습을 탱크와 대비하

— 22 대한민국역사박물관, 「헝가리혁명 60년 기념 특별사진전(2016)」, http://www.much.go.kr/online_exhi/hungary/index.html의 해설 참조.
23 『동아일보』 1956. 12. 12., 2면.

여 총칼을 들고 있는 이미지로 형상화했다(〈그림 3〉).[24] 나이는 정확히 등장하지 않지만, 헝가리 "민족의 긍지"로서 소녀는 당시 남한 신문에도 아래 사진과 함께 소개되기도 했다(〈그림 4〉).[25] 한편 비슷한 시기의 『경향신문』은 「압살되어가는 '항가리' 의거」라는 제목의 연재기사를 실었는데, 여기에 오스트리아 국경을 거쳐 스위스로 피난해온 헝가리인 모자母子들의 사진을 설명하면서 "순진난만한 소녀들 표정"이라고 설명했다.[26]

〈그림 4〉는 투사적인 영웅의 이미지인 반면, 〈그림 5〉는 어리고 연약한 소녀의 이미지를 보여 주고 있다. 그렇다면 「경향만평」의 만화 속 여성의 이미지는 어떻게 이해되어야 할까. 이 이미지를 그린 만화가와 이를 읽는 신문 독자는 만화 속 여성을 소련 전차에 총칼로 대항하는 투사로서 이해했을까? 아니면 여리고 약한 여성과 아이가 소련 전차라

〈그림 3〉 「경향만평」, 항가리의 애소
출처: 『경향신문』 1956. 11. 9., 3면

24 『경향신문』 1956. 11. 9., 3면.
25 『동아일보』 1956. 11. 26., 4면.
26 『경향신문』 1956. 11. 16., 3면.

〈그림 4〉 자유와 민족의 긍지에 빛나는 항가리 소녀

출처: 『동아일보』 1956. 11. 26., 4면

〈그림 5〉 순진난만한 소녀들

출처: 『경향신문』 1956. 11. 16., 3면

는 무자비한 공격에 수동적으로 '학살'당하는 이미지로 이해했을까? 혹은 두 개의 이미지가 혼재되어 있었던 것일까? 어느 이미지로 형상화됐는지 판단하기 위해서는 이 시기 헝가리혁명 관련 보도를 전체적으로 확인할 필요가 있다.

먼저 「경향만평」 전날의 『경향신문』 1면에는 "어린이들까지도 무기들고 항전", "부인들은 소蘇전차에 육탄공격"이라는 제목의 기사가 크게 실렸다. 그런데 동일 기사의 가장 큰 헤드라인 제목은 「처절극慘絕極한 항가리의 반소봉기」였다. 이처럼 동일한 기사에서도 여성은 직접 공격을 펼치는 투사이면서도 동시에 소련군 만행의 대상으로 규정되기도 했다.[27]

그렇다면 직접 인용 보도가 아닌 신문사의 관점이 담긴 사설은 헝가리 여성에 대해 어느 쪽에 초점을 맞추었을까? 11월 6일 자 『경향신문』은 「소련군의 폭력에서 항가리를 구출하라」라는 제목의 사설을 다음과 같이 실었다.

> 대소對蘇항쟁에 있어서 자유 '항가리'의 열화와 같은 투혼은 여실히 시현示顯되고 있다. 지성을 지닌 노동자는 말할 것도 없고, 철부지의 소년소녀나 노동자들까지 결사 궐기하여서 맨주먹 혹은 휘발유병 또는 보잘것없는 소小무기를 들고서 소련군의 중전차와 응전하였던 것이다. 그들은 처음부터 생사를 도외시하였다. 그렇기 때문에 그처럼 대량학살의 위협에 의해서도 조금도 투지는 저상沮喪시키지는 못하였던 것이었다.[28]

---

27 『경향신문』, 1956. 11. 8., 1면.
28 『경향신문』, 1956. 11. 6., 1면.

이 사설은 소련군이 "처음부터 생사를 도외시"하는 잔혹성을 가지고, 민간인을 "대량학살"했다는 점을 강조했다. 비슷한 논조는『동아일보』12월 10일 자 '소년동아' 코너에서도 확인된다.「세계는 어떤 상태에 있나?」라는 제목의 기사는 "소련은 수십 개 사단이라는 굉장한 수효의 군대를 쳐들어넣어 침략을 감행함으로써 '항가리'는 피바다가 되어 있고, '항가리'의 국민들은 부녀자이고 심지어 어린아이들까지 그 침략 소련군에 항거하고 있다"고 적었다.

12월 14일 자『경향신문』은「역사상의 전환점: 병신년 세계 10대 뉴-스」라는 제목하에 헝가리혁명도 다루었다. 이 기사는 "'항가리'의거義擧"라는 소제목하에 "부다페스트의 학생들과 공산청년동맹의 일부를 중심으로 하는 시민들"이 주도했으며 "봉기민들의 투쟁은 계속되어 도처에서 처절한 유혈의 참극이 벌어졌다"고 정리했다. 그런데 이 기사에서는 학생과 청년동맹, 시민 등이 혁명 주체로 등장했지만, 앞서 살펴본 투사로서의 여성은 언급되지 않았다.

이처럼 외신을 그대로 전재轉載하는 기사에서 소녀와 부녀는 능동적인 투사적 이미지로 등장했다. 그런데 신문사가 헝가리혁명을 논평하는 사설이나 만평 등에서는 여성 주체는 소련군의 만행에 학살당하는 수동적인 '피해자'의 이미지로 묘사됐다. 즉 외신 인용 보도의 형태로 남한 신문에 틈입해 출몰했던 투사로서 여성 이미지는 시간이 지날수록 남한 신문에서 자취를 감추었다.[29]

29 1956년 헝가리혁명 관련한 남한 신문 보도에 여성 주체는 투사로서든 피해자로서든 자주 등장했다. 그런데 비슷한 시기 베트남과 알제리 그리고 이집트에서도 민족해방운동이 격렬하게 펼쳐지고 있었다. 그리고 남한 신문들은 관련 보도를 쏟아 내면서도 헝가리혁명 같은 여성 주체 관련 보도는 거의 없었다. 사실 제1차 인도차이나전쟁은 1954년 디엔비엔푸 전투로 종결됐는데, 1952년 전투에 참가한 여성 게릴라들의 수는 북베트남 84만 명, 남베트남 14만 명이었다고 한다. 신은영,「베트남전쟁시 여성의 역할에 관한 연구」,『베트남전쟁 연구총서 3』, 국방부 군사편찬연구소,

3. 시(詩), '탈식민-냉전-젠더'의 합작품

1950년대는 6·25전쟁이 만들어 놓은 냉전과 분단의 적대성이 압도하는 시대였다. 이에 1950년대 초 남한에서 발표된 다수의 시는 6·25전쟁이 남긴 "참혹한 피해와 이의 복구"라는 "시대사적 명제"에 따라 "전쟁현장"을 주로 다루었다.[30] 그런데 1950년대 중반부터 시 작품에는 냉전과 분단의 적대적인 선을 넘어서는 이야기가 등장하기 시작했다. 이제 시인들은 세계 민족해방운동의 성격을 지닌 사건들을 '노래'하기 시작했다. 1950년대 격렬하게 전개되던 민족해방운동 관련한 사건을 형상화한 시인으로 전봉건全鳳健이 주목된다. 그는 「장미의 의미」(1956.2.)에서 당대 민족해방운동 관련한 사건들을 다음과 같이 형상화했다.[31]

장미는 나에게도 / 피었느냐고 당시의 / 편지가 왔을 때 / 오월에…나는 보았다. 탄피에 이슬이 아롱지었다. // (…) 그것은 총격이 계속하는 / 바람에 나브끼는 **대만해협**이 젖은 나의 발자욱소리. / '**알제리아**'의 모래알도 묻은 발자욱소리. / (…) 1955년. 그리고 / 나는 믿었다. / 지금 전쟁의 '**베르나므**'의 불붓는 / 다릿목에서 뿌려진 '**베르나므**'의

2005, 117쪽; 최용호, 「제1·2차 베트남전쟁 당시 베트남 여성의 참전배경 연구」, 『베트남연구』 제10권, 2010, 147쪽. 또한 알제리에서도 많은 여성이 민족해방운동의 주체로서 적극적으로 참여했다고 한다. 파농은 1959년 발간한 책에서 1954년부터 본격화된 알제리 민족해방운동에서 히잡을 쓰고 벗으면서 적극적으로 참여했던 여성 독립투사들을 주목하기도 했다. Frantz Fanon/홍지화 역, 『알제리 혁명 5년』, 인간사랑, 2008, 7-8쪽; 변기찬, 「알제리전쟁 기간 알제리 여성 지위의 변화 요인」, 『지중해지역연구』 제13권 제1호, 2011.

30 최동호, 「1950년대 시적 흐름과 정신사적 의의」, 『한국현대문학사』, 현대문학, 2005, 341-343쪽.
31 필자가 검토한 1950년대 발표된 시 작품 중에서 『신세계』 1956년 2월 호에 실린 전봉건의 「장미의 의미」가 가장 먼저 베트남과 알제리의 민족해방운동을 형상화한 것으로 보인다.

불붙는 / 다릿목에서 뿌려진 인간의 피방울을 / (…) **삼천만의 꽃과**
열매와 가지 또 뿌리가 흐터진 **155마일의 철조망**의 밤과 검은 나의
나신(裸身)과 (…)[32]

이 작품에서는 대만해협에 위치한 대만의 영토인 금문도金門島에 대
한 중국의 포격[33]과 알제리, 그리고 베르나므(베트남)전쟁이 차례로 제시
된 다음, 한반도 "삼천만"이 "155마일의 철조망"에 의해 분단된 현실이
언급됐다. 또한 이 작품은 대만과 알제리, 베트남, 한반도 지역을 모두
동일하게 "탄피에" "인간의 피방울"이 맺힌 전쟁의 아픔이 존재하는 곳
으로 설정했다.[34]

사실 냉전의 이분법적인 진영논리에 따른다면, '중공'이 '자유중국'
의 영토를 공격하는 것과 자유 진영에 속한 프랑스가 일으킨 전쟁은 함
께 다뤄지지 않거나, 다르게 형상화됐어야 했다. 그럼에도 이 시에는 강
대한 '중공'과 과거 제국주의 세력인 프랑스가 모두 약소민족인 대만과
알제리, 베트남을 공격한다는 점에서 동일하게 그려졌다. 특히 공격당
하는 약소민족은 "인간의 피방울"이 "뿌려진" 전쟁의 아픔이라는 측면
에서, 6·25전쟁을 겪은 우리와 다를 바 없었다.

1959년 전봉건은 「강하江河」라는 시에서도 헝가리혁명과 수에즈전
쟁을 함께 형상화했다. 헝가리혁명은 공산 소련군의 헝가리 침공이었
으며, 수에즈전쟁은 자유 진영인 프랑스와 영국 연합군이 이집트를 공
격하여 발생한 전쟁이었다. 그럼에도 이 시는 이분법적인 냉전의 진영

---

32 강조는 인용자.
33 『경향신문』 1954. 9. 5., 1면.
34 김도민, 「냉전과 탈냉전 시기 한국 민족주의의 역사적 전개와 성격: 전쟁과 평화, 통일 문제를 중
    심으로」, 『강원사학』 제32집, 2019, 117쪽.

논리를 가로지르며 "아름다운 '다뉴브' 기슭에 피가 흐르고", "'스에즈' 運河는 피를" 흘린다고 표현했다.[35]

1958년 김춘수 시인도 「그 이야기를…」이라는 작품에서, 프랑스군과 소련군, 그리고 미군을 다루었다.[36] 이 시에는 프랑스군의 튀니지 마을 폭격과 소련군의 헝가리혁명 진압, 그리고 인천에서 미군의 총탄에 맞아 사망한 어린이 사건 등이 함께 형상화됐다. 즉 그는 냉전의 진영을 가로지르며, 미군과 소련군, 프랑스군을 모두 민간인을 죽인 가해자로 표현했다.[37] 이렇게 1950년대 중후반 시 작품들에는 냉전의 이분법적인 진영논리를 넘어 약소민족의 아픔에 공감하는 '탈식민'의 관점이자 전쟁에 반대하는 '반전反戰' 사상이 담겨 있었다.[38]

이처럼 남한에서는 1956년부터 민족해방운동의 성격을 지닌 사건들을 다룬 시 작품이 발표되기 시작했다. 특히 일부 시인들은 헝가리혁명을 단독으로 다룬 작품을 발표했다. 그리고 이 작품들에는 유독 여성 주체가 자주 등장했다.

1956년 11월 22일 자 『한국일보』에는 「"항가리" 하늘에 뿌리는 노래」라는 기사 제목하에, 전봉건의 「歐羅巴의 어느 곳에서」라는 시 작품이 다음과 같이 실렸다.[39]

---

35 김춘수 시 「호(壺)」에도 다음과 같은 유사한 표현이 등장한다. "부다페스트의 학살과 / 카이로의 폭격은 모두 / 싸늘한 마음이긴 하나 / 신의 마음은 보다 차갑다." 『현대문학』, 1958. 11.

36 이 작품은 1958년 『자유문학』 10월 호에 처음 발표됐다.

37 1958년 2월 8일 프랑스의 공군기들은 튀니지의 한 마을을 공습하여 5명이 죽고 40명이 부상을 입었다. 『동아일보』 1958. 2. 10., 2면. 실제 시를 발표하기 1년 전쯤 1957년 7월 6일, 인천에서 송유관에 앉았다가 총탄에 맞아 사망한 3세의 조병군 어린이의 사건이 발생했다. 이 사건은 사회적 이슈가 되어 한국인의 민족 감정을 촉발하는 우려를 낳기도 했다. 『동아일보』 1957. 7. 14., 3면; 『동아일보』 1957. 8. 29., 3면; 『동아일보』 1957. 9. 29., 1면.

38 이강하와 전병준은 「그 이야기를…」이라는 시에는 1950년대 당시 제3세계적 약소민족의 정체성이 투영되어 있다고 분석했다. 이강하, 「김춘수의 〈부다페스트에서의 소녀의 죽음〉 연구: 개작 과정에 나타난 시의식의 전회」, 『한국어문학연구』 제63집, 2014; 전병준, 「김춘수 시의 변화에서 역사와 사회가 지니는 의미 연구」, 『한국문학이론과 비평』 58권, 2013.

「다뉴ㅂ」江물에 기슭한 어느 곳에서 / 오늘 **아름다운 少女와 少年들**
은 / 노래한다. 一自由는 우리의 것一. 붉은 / '탱크'도 붉은 戰鬪機도
피로 부르는 /이 노래를 죽일 수는 없다. 그것은 地 / 球를 보듬은 하
늘처럼 크고 / 한없는 우리들 人間들의 노래였기 / 때문이다.
// 世界의 어느 곳에서 // 오늘 **아름다운 少女와 少年들**은 / 노래한다.
(…) 불붙는 길 위에서, **이쁜 아버지의 시체** / 를 '바리케이트'로 하고.
이제 숨박꼭 / 질 놀 수 없는, …무너져 내리는 길모 / 퉁이, **이쁜어**
머니의젖가슴도 '바리케이트'. / 一오 自由여 '항가리'여, 祖國이여!一
/ 오 祖國이여, '항가리'여 自由여 / !一 / **이 아름다운 少女들의 치마를**
찢어헤 / **쳐서 이 아름다운 少年들의 이마를 산** / **산히 까부셔야**, 人
類의 繁榮을 꾸민다는 / '와르샤와' 條約을 지키는 일이라면, / 이것은
얼마나 엉터리없는 수작인가. / 멎으라. 뒤돌아서라. 붉은 '탱크'여, /
戰鬪機여. 물러나라. 그리고 / 世界의 어느 곳에서 / 사라지라. (…)[40]

1956년 11월 22일이면 소련 탱크의 헝가리 공격으로 수많은 유혈사
태가 발생하던 시점이었다. 그리고 앞서 신문 보도 분석에서 살펴봤듯
이, 항쟁의 주체로 부녀와 소녀 같은 여성이 등장하기도 했다. 이 시에
서도 "아름다운 少女와 少年들은" 조국 헝가리의 자유를 위해 소련의

---

39 앞선 신문 기사와 달리 시 작품은 단어 하나가 작가의 창작 의도가 포함된 것으로 봐야 하기 때문
에, 한자도 원문 그대로 옮겼음을 밝혀 둔다. 강조는 인용자.
40 『한국일보』1956. 11. 22., 4면. 전봉건 관련 연구들은 이 시의 첫 출전을 1957년 출간된『전쟁과
음악과 희망과』라는 연대시집으로 제시했다. 전봉건, 『전봉건 시론선』, 문학선, 2015, 427쪽. 그
러나 이 시는 1956년 11월 신문 지상에 먼저 발표됐다. 이후 전봉건은 이 시를 1959년『사랑을 위
한 되풀이』(춘조사)라는 시집에 다시 수록했다. 1956년 발표된 이 작품은 1957년과 1959년 다시
실릴 때는, 띄어쓰기, 행 나누기, 문장부호 등이 일부만 수정됐다. 그러나 1960년대 이후 전집에
실리는 시 작품은 1950년대와 달리 내용상 상당한 수정이 이뤄졌다. 남진우 편, 『전봉건 시전집』,
문학동네, 2008, 147쪽.

붉은 탱크 앞에서 당당히 피로 노래를 부를 뿐 아니라 불타는 길 위에서도 바리케이드를 치며 적극적으로 저항했다. 이들의 저항은 말 그대로 아버지 나라인 조국祖國 헝가리를 위한 것이었다. 소년과 소녀는 모두 헝가리혁명에 직접 참여하는 능동적인 투사의 모습으로 가시화됐다.

그런데 소년과 소녀는 시의 전개 과정에서 젠더적으로 구별되었다. 먼저 소년과 소녀의 신체적 손상 부위는 상이했다. 여성인 소녀의 신체는 "아랫도리"라는 성적인 것, 즉 순결한 헝가리 민족의 정조가 유린당하는 것으로 표현됐다. 반면에 남성인 소년은 이성理性의 상징인 머리의 이마를 다쳤다. 나아가 바리케이드에 사용되는 아버지와 어머니의 신체 부위도 달랐다. 아버지는 "시체" 그 자체였지만, 어머니는 "이쁜 젖가슴"이었다.

이처럼 남성 주체들과 다르게, 소녀는 헝가리 민족의 순결을 표상했으며, 어머니는 헝가리 민족을 배태하고 기르는 모성母性의 이미지로 재현됐다. 즉 이 시는 일차적으로 여성을 헝가리혁명의 능동적 주체로서 가시화했지만, 그 가시화된 모습은 남성과 달리 모성적이자 성애화된eroticized 이미지였다.[41]

1957년 들어 헝가리혁명을 가장 먼저 형상화한 시인은 김상옥金相沃이었다. 그는 시 언어의 형식미를 추구하는 시조 시인이었기 때문에 외부 세계를 형상화한 시 작품을 거의 남기지 않았다고 한다.[42] 그런데 김상옥은 「슬기로운 꽃나무」(1957.3.)라는 시에 소녀를 등장시키며, 당대 헝가리 상황을 짧지만 다음과 같이 언급했다.

41 여성 신체에 대한 상징분석은 권명아, 「여성 수난사 이야기, 민족국가 만들기와 여성성의 동원」, 115쪽.
42 민영 편, 『김상옥 시전집』, 창작과비평사, 2005.

꽃나무 內部에는 수많은 少女가 있어, 땅밑 깊은 곳에서 드레박으로 샘을 길어 올리고 있다. (…) 저기 가장 높은 가지에 매달린 꽃망울! 어쩌면 꼭 너는 무슨 소리를 외칠 때의 입모습을 닮았는가…오직 사람이 사람에게만 하곺은 말을 마친 然後에 마지막 '쇼팡'이라도 부를 수 있을 저 '항가리'의 炎炎한 心境의 흐느낌이 어찌 이 기가 차는 한 그루 꽃나무엔들 無關할꺼냐. (…)[43]

시인은 "꽃나무 내부에 수많은 소녀"가 있으며 이를 묘사하는 과정에서 헝가리혁명이라는 사건을 등장시켰다. 그리고 소녀가 주어로 등장하지는 않지만, "항가리의 염염한 심경의 흐느낌"의 주체는 이것과 무관하지 않은 "기가 차는 한그루 꽃나무" 내부에 존재하는 소녀일 가능성이 크다. 따라서 이 시 작품에서 형상화되는 소녀는 흐느끼는 꽃나무 내부의 아름답고 연약한 주체로 보인다.

다음으로 헝가리혁명을 전면으로 다룬 시인은 김춘수金春洙였다. 그는 『사상계』 1957년 4월 호에 「부다페스트에서의 소녀의 죽음」이라는 시를 다음과 같이 발표했다.

다늅江에 살얼음이 지는 東歐의 첫겨울 / 街路樹 잎이 하나 둘 떨어져 딩구는 黃昏 무렵 / 느닷없이 날아온 數發의 쏘련製 彈丸은 / 땅바닥에 / 쥐새끼보다도 초라한 모양으로 너를 쓰러뜨렸다. / 瞬間 / 바쉬진 네 頭部는 소스라쳐 三十步 上空으로 튀었다.
頭部를 잃은 목통에서는 피가 / 네 낯익은 거리의 舖道를 적시며 흘

43 『현대문학』 1957년 3월 호. 그런데 이 시는 이후 개작을 거쳐 1973년 시집 『삼행시육십오편』(아자방)에 실렸는데, 헝가리혁명 관련 부분은 완전히 삭제됐다. 이후 『김상옥 시전집』에서도 헝가리 관련 내용은 다시 등장하지 않았다.

렀다. / ――너는 열 세 살이라고 그랬다. / 네 죽음에서는 한송이 꽃
도 / 흰 깃의 한 마리 비둘기도 날지 않았다. / 네 죽음을 보듬고 부다
페스트의 밤은 / 목놓아 울 수도 없었다. (…) / 音樂에도 없고 世界地
圖에도 이름이 없는 / 漢江의 모래沙場의 말없는 모래알을 움켜쥐고
/ 왜 열 세 살난 韓國의 少女는 영문도 모르고 죽어 / 갔을가, / 죽어갔
을가, 惡魔는 등 뒤에서 웃고 있었는데 / 韓國의 열 세 살은 잡히는 것
하낱도 없는 / 두 손을 虛空에 저으며 죽어갔을가, / 부다페스트의 少
女여, 네가 한 行動은 / 네 혼자 한 것 같지가 않다. / 漢江에서의 少女
의 죽음도 / 同胞의 가슴에는 짙은 빛갈의 아픔으로 젖어든다. / 記憶
의 憤한 江물은 오늘도 내일도 / 同胞의 눈시울에 흐를 것인가, / 흐를
것인가, 英雄들은 쓰러지고 두달의 抗爭 끝에 / 너를 겨눈 같은 銃부
리 앞에 / 네 아저씨와 네 오빠가 무릎을 꾼 지금, / 人類의 良心에서
흐를 것인가, (…) / 나의 恥辱은 살고 싶다는 데에서부터 시작되었을
가 / 부다페스트에서의 少女의 내던진 죽음은 / 죽음에 떠는 同胞의
恥辱에서 逆으로 싹튼 것일가. / 싹은 非情의 樹木들에서보다 / 恥辱
의 푸른 멍으로부터 / 自由를 찾는 少女의 뜨거운 핏속에서 움튼다. /
싹은 또한 人間의 卑屈 속에 생생한 이마아쥬로 / 움트며 威脅하고 /
한밤에 不眠의 炎炎한 꽃을 피운다. / 人間은 쓰러지고 또 일어설 것
이다. / 그리고 또 쓰러질 것이다. 그칠 날이 없을 것이다. / 惡魔의 銃
彈에 딸을 잃은 / 부다페스트의 兩親과 함께 / 人間은 存在의 깊이에
서 戰慄하며 痛哭할 것이다. / 다늅江에 살얼음이 지는 東歐의 첫겨울
/ 街路樹 잎이 하나 둘 떨어져 딩구는 黃昏 무렵 / 느닷없이 날아온 數
發의 쏘聯製 彈丸은 / 땅 바닥에 / 쥐새끼보다도 초라한 모양으로 너
를 쓰러뜨렸다. / 부다페스트의 小女여.[44]

이 시의 주인공은 부다페스트의 13세 소녀였다. 그런데 소녀는 예상치 못하고 "느닷없이 날아온" "소련제 탄환"에 맞아 "쥐새끼보다도 초라한 모양으로" 쓰러진 수동적 존재였다. 시의 도입부와 끝에 반복적으로 제시되는 문장도 소련제 탄환이 '주어'이며, 소녀는 탄환에 희생되는 대상이었다. 또한 "싹은" "치욕의 푸른 멍으로부터" "자유를 찾는 소녀의 뜨거운 핏속에서 움튼다"는 부분은, 푸른 멍이라는 희생을 겪은 '소녀의 뜨거운 핏속'으로부터 자유가 도래할 수 있다는 의미로 해석 가능할 것 같다.[45] 즉 헝가리 소녀의 희생은, 일종의 헝가리 민족의 수난受難을 상징하는 것으로 보인다.

이 시에는 여성인 소녀와 관계된 남성 인물로 아저씨와 오빠가 등장했다. 소련제 탄환이 소녀를 쓰러뜨릴 때 그녀를 지켜 주는 투사는 전형적인 가부장적 이데올로기의 문법대로 아저씨와 오빠라는 남성 가족이었다. 그런데 아저씨와 오빠 같은 남성 주체는 느닷없이 날아온 탄환에 맞아 초라하게 죽는 소녀와 다른 능동적 주체였다. 즉 "아저씨와" "오빠는" "두달의 항쟁 끝에" "무릎을" 꿇었다. 부다페스트의 소녀는 피흘리며 쓰러져 "죽어서 한결 가비여온" 순결한 "영혼"이었으나, 두 남성 주체는 "무릎을" 꿇는다는 일종의 상징적이고 정치적인 행동을 취하는 것으로 형상화됐다.

또한 이 시는 머나먼 부다페스트의 소녀를 묘사하다가, 곧바로 한강의 13살 소녀의 죽음과 연결시켰다. 즉 헝가리혁명은 6·25전쟁을 떠올리게 하며 소녀의 죽음은 "동포의 가슴"에 "아픔"과 눈물을 흘리게

---

44 강조는 인용자.
45 이강하는 "이 시의 최종적인 은유는 '희생당한 소녀는 자유의 식물이다'가 되고", "시인은 '식물'이 함의하는 여러 속성 중에서 자연스러운 성장의 이치로 '소녀'의 희생에 연결"시켰다고 해석했다. 이강하, 「김춘수의 〈부다페스트에서의 소녀의 죽음〉 연구」, 399쪽.

만들었다. 이러한 시적 전개는 한국 민족주의 서사가 "제국주의의 침탈과 민족의 수난, 그 속에서 여성의 수난이라는 식의 가해, 피해의 직선 구조"에 따라 구축됐기 때문에 가능했다.[46]

이 시는 1959년 일부가 삭제된 채 『부다페스트에서의 소녀의 죽음』이라는 시집에 재수록됐다. 김춘수는 일제 식민지 시기 "세다가야[世田谷]" 감옥에서 수감되던 "치욕"스러운 시절을 형상화한 부분을 삭제했다.[47] 그리고 이후 작품에서도 삭제된 부분은 다시 등장하지 않았다. 전병준은 "김춘수는 자신의 나약함과 무능력함이 그대로 드러난 부분을 숨김으로써 얼룩과도 같은 상처를 없애고자 한 것"이었다고 설명했다.[48]

그렇다면 왜 김춘수의 식민지 경험은 처음 작품에는 포함됐을까? 1956년 겨울 연일 쏟아지던 헝가리혁명 관련 신문 기사를 김춘수도 읽었을 것이다. 그는 소련이라는 강대국에 희생당하는 헝가리 민족의 아픔에 (무)의식적으로 공감했을 것이다. 따라서 그는 22살 대학생 시절 "일본 동경 세다가야서[署] 감방에 불령선인不逞鮮人으로 수감"되어 겪었던, 그 "창자를 비비꼬는 소리가 새어" 나올 수밖에 없었던 자신의 고통이 떠올랐을 것이다. 즉 남한 신문사들은 헝가리혁명을 냉전의 관점에서 '반공의거反共義擧'로 규정하며 관련 기사를 내보냈지만, 식민지를 경험한 김춘수는 약소민족이라는 '(탈)식민' 문제를 더 적극적으로 형상화하고자 했던 것이 아닐까.

---

46   권명아, 「여성 수난사 이야기, 민족국가 만들기와 여성성의 동원」, 106쪽.

47   김춘수가 개작하면서 삭제했던 내용은 다음과 같다. "나는 스무 두 살이었다. / 大學生이었다. / 日本 東京 세다가야署 監房에 不逞鮮人으로 收監 / 되어 있었다. / 어느날, 내 목구멍에서 / 창자를 비비꼬는 소리가 새어 나왔다. / '어머니, 난 살고 싶어요!' / 난생 처음 들어보는 그 소리는 까마득한 어디서, / 내것이 아니면서, 내것이면서… / 나는 콩크리-트 바닥에 머리를 부딪고 / 북받쳐 오르는 울음을 참을 수가 없었다. / 누가 나를 우롱하였을가."

48   전병준, 「김춘수 시의 변화에서 역사와 사회가 지니는 의미 연구」, 180쪽.

그러면 왜 김춘수는 1959년 시점에서 자신의 식민 경험을 완전히 시 작품에서 삭제했던 것일까. 사실 시 전체적으로 소녀라는 수동적이 며 연약하고 희생적 이미지와 자신의 식민지 경험인 "창자를 비비꼬는 소리가 새어" 나와 "어머니, 난 살고 싶어요!"를 외치는 것은 자연스러운 연결고리이다. 이는 또한 약소민족의 수난적 이미지와 자연스럽게 연결된다. 그런데 김춘수 자신은 정작 남성이었다. 개작하면서 수난적인 이미지를 형상화하는 시 작품에 남성은 어울리지 않는다는 '젠더적 (무)의식'이 작동했던 것은 아닐까. 1957년 4월 김춘수가 시를 처음 발표하던 시점은 헝가리인들의 처절한 아픔에 압도되어, 자신의 식민 경험이 강하게 떠올랐기 때문에, 창작 과정에서 젠더적 문법이 '완벽하게' 작동하지 못했던 것은 아닐까. 즉 시인의 창작과 개작 시점에 따라, '냉전과 탈식민, 젠더'의 문법은 각기 다른 영향력을 미쳤던 것은 아닐까.

시인 조병화도 1957년 11월 20일 헝가리혁명을 단일 주제로 하는 「헝가리 하늘에 녹슨 비는 내리고: 헝가리 반공 의거 사건의 비극을 슬퍼하며(56.10.23)」라는 시를 다음과 같이 발표했다.

…항가리 하늘에 녹슬은 비는 내리고 / 젊은 대학생 그 시체 앞에 / 흐느껴 우는 부다페스트 늙은 부녀들 / 가슴 가슴에 비는 내리고 / (…) '우리는 자유가 없는 빵도 싫고 / 빵이 없는 자유도 싫다 / 여편네도 아들딸들도 이제는 모두 버리고 / 오직 싸울뿐 / 세계 자유시민들이여 / 구원의 길이 있으면 알려주오' (…) 장막(帳幕)에서 무수히 기어나오는 탱크여 / 무자비한 침략에 피녹슬은 탱크여 / 진정 무자비한 정치여 살육이여. (…)[49]

---

49 조병화, 『서울』. 성문각, 1957. 이후 작품은 상당히 개작됐다. 조병화문집간행위원회, 『조병화 시

이 시에는 싸우는 주체로 "여편네"와 "아들딸들"이 등장하는데, 시의 도입부와 끝부분에서 "흐느껴 우는 부다페스트 늙은 부녀들"이 반복하여 등장한다. 그리고 늙은 부녀(여성)는 "흐느껴 우는" 수동적인 존재이자 소련의 "무자비한 침략"과 "살육"을 드러내는 대상으로 형상화됐다.

이처럼 세계 민족해방운동에 대해 1950년대 시인들은 같은 약소민족의 관점에서 동병상련을 느꼈을 것이다. 그래서 냉전의 이분법을 가로지르는 시적 형상화가 가능했다. 그런데 냉전 진영을 벗어나 연대를 가능케 하는 약소민족이라는 관점은 민족해방운동의 주체인 여성을 어리고, 순결하고, 연약하고, 모성적인 이미지로 재현하게 만들었다. 즉 남한의 시인들은 6·25전쟁 이후 1950년대 한국 소설에서 등장하는 한국 여성 수난사의 문법을 세계에서 펼쳐지는 약소민족의 해방운동에도 투영하여 시를 창작했다.[50] 최정무가 주장했듯이 "식민지 또는 신식민지의 사회·역사적인 현실 속에서 여성 주체의 위치"는 "성애화된 민족 sexualized nation"이자 "성별화된 민족주의gendered nationalism"로 재현되어야 했다.[51]

—   전집 1』, 국학자료원, 2013, 386-388쪽.

50   한국전쟁 이후 여성 주체의 재현 문제는 다음의 논문을 참조했다. 권명아, 『한국전쟁과 주체성의 서사 연구』, 연세대학교 박사학위논문, 2001.

51   최정무, 「한국의 민족주의와 성(차)별 구조」, Elaine H. Kim, Chungmoo Choi/박은미 역, 『위험한 여성: 젠더와 한국의 민족주의』, 삼인, 2001, 31쪽.

4. 맺음말: 민족해방운동을 재현하는 역사적 문법과 기억정치

1950년대 세계 민족해방운동의 성격을 지닌 '전쟁과 혁명'의 소식들은 남한 신문을 통해 거의 실시간으로 전달됐다. 그런데 그 신문이 보도하는 정보의 출처는 대부분 자유 진영의 언론사를 통해서였다. 따라서 남한 신문에서 자주 소개되고 주목받았던 1950년대의 베트남전쟁, 알제리전쟁, 이집트혁명과 수에즈전쟁, 헝가리혁명 등에 대한 정보는 냉전이라는 프리즘을 통해 남한 사람들에게 제공됐다. 민족해방운동에 대한 신문 보도가 끝나 가는 시점에서 남한의 시인들은 다시금 자신들만의 관련 이미지를 창조했다. 신문에서 전투적이고 능동적이던 소녀는 시 작품 안에서는 연약하고 수동적인 모습으로 재현됐다.

일반적으로 냉전의 동서문제와 탈식민의 남북문제는 상충한다. 그런데 본고에서 살펴봤듯이, 냉전과 탈식민은 모두 젠더 문제에 대해서는 젠더 차별적 질서를 강화하는 쪽으로 작동하기도 한다. 즉 적대적인 냉전의 맥락에서 공산주의 소련의 잔혹함이 강조될수록, 그리고 약소민족으로서 반제反帝와 반식민反植民이 강조될수록, 시인들이 형상화하는 시 작품 안에서의 여성과 남성은 젠더 차별적 질서에 따라 선명하게 구별되어야 했다.

이처럼 탈식민-냉전-젠더의 합작품인 시(詩)는 1950년대 민족해방운동에 대한 우리의 기억을 지배해 왔다. 1950년대 만들어진 시 작품들은 시선집이나 시전집에 다시 실리곤 했다. 특히 김춘수의 「부다페스트에서의 소녀의 죽음」은 1974년부터 1981년까지 고등학교 3학년 국어 교과서에 수록되기도 했다.[52]

지금 우리가 1950년대 세계 민족해방운동을 형상화한 시 작품을 무심코 읽는다면, 우리도 당대 시인이 (무)의식적으로 구축해 놓은 젠더 차별적 시각에 따라 그 사건을 이해할 가능성이 크다. 그런데 만약 우리가 당대 발행된 신문을 펼쳐서 본다면, 소련 전차에 맞서 싸우는 헝가리 소녀와 부녀의 존재에 놀라지 않을 수 없을 것이다. 즉 문학 작품의 창작 과정에서 무엇이 배제 또는 재구성됐는지 세심히 살펴봄으로써, 현재 우리의 기억 속에서 사라졌으나 1950년대 출몰했던 다양한 민족해방운동의 양상과 그 주체들의 당대 모습을 재발견할 수 있을 것이다.

---

52 권순긍은 이 작품에 대해 "민족적 동질성이나 통일에의 열망을 적대시하여 통치체제를 더욱 확고히 하는 데 의미가 있는" "반공이데올로기"를 주입하기 위한 "교과서의 작품 중에 대표적인 것"이었다고 비판했다. 권순긍, 「파시즘 문학의 해부」, 『실천문학』 제18호, 실천문학사, 1990, 54쪽.

8장

오만과 타협
-W. W. 로스토와 근대화론의 변화-

김 일 년

1. 머리말: 오만의 기원

1961년 가을, 하버드의 사회학자 데이비드 리스먼^{David Riesman}은 워싱턴 DC의 한 카페에서 전직 대학교수 출신 외교 정책 입안자들을 만났다. 자리를 잡기가 무섭게 토론이 벌어졌다. 주제는 경제성장과 군사 개입 사이의 관계였다. 그들은 고기를 썰며 세계의 운명을 결정했다. 터키는 다음 단계로 넘어가도 되겠어. 한국도 이제 슬슬 준비해야 하겠지. 베트남? 거기는 아직 멀었어. 옛 동료들의 대화를 들으며 리스먼은 묘한 불안감에 휩싸였다. "너희들 유타^{Utah}는 한 번이라도 가 봤니?" 그는 식사를 멈추고 뜬금없이 물었다. 좌중은 당황했다. "유타? 아니 안 가 봤어. 그런데 거기는 갑자기 왜?" 케네디 정부의 저 사회과학자들은 그들의 이론에 대한 과도한 자신감을 지니고 있었고, 세계가 그 이론대로 움직일 것이라 믿어 의심치 않았다. 리스먼이 보기에 이는 위험천만한 착각이었다. 세계는 그렇게 움직이지 않기 때문이다. 유타를 보라. 주민 대다수가 종말을 믿고, 일부다처제가 허용되며, 커피가 죄악의 씨앗인 땅. 그곳은 저 동부 엘리트들이 아는 사회와는 전혀 다른 방식으로 움직인다. 미국 한복판에 위치한 주^州가 그럴진대 하물며 구만리 떨어진 베트남 같은 곳이랴.[1]

오만^{hubris}과 응보.^{nemesis}. 오늘날 미국 학계에서 이 두 단어는 베트남전쟁을 설명하는 인과의 쌍으로 사용된다. 이제 이 전쟁을 린든 B. 존슨^{Lyndon B. Johnson, LBJ}만의 책임으로 돌리는 연구자들은 없다. 존슨 특유의 패배에 대한 강박증적 공포가 그 하나의 동인이었음은 부정할 수 없지만, 이 망설이는 대통령에게 확신에 찬 목소리로 확전을 권했던 이들은 그를 둘러싼 국가안보보좌관들이었다.[2] 전임 대통령 존 F. 케네디^{John F. Kennedy}가 그에게 남겨준 저 보좌관들, 그들은 리스먼을 불안에 떨게 했던 바로 그 동부 출신 엘리트들이었다. 이들의 면면은 화려했다. 최연소 하버드대학교 학장 출신의 국가안보보좌관 맥조지 번디^{McGeorge Bundy}, 록펠러재단의 대외정책 담당관이었던 국무장관 딘 러스크^{Dean Rusk}, 미국 최대기업인 포드^{Ford}의 중역이었던 국방장관 로버트 맥너마라^{Robert McNamara}. 도대체 어떤 이유로 이 당대 "최고의 인재들^{the best and the brightest}"은 미국 외교사 최악의 참사로 기억될 베트남전쟁을 결정했던 것일까? 지금까지 이 질문에 대한 대답은 한 단어로 요약된다. '오만.' 이들은 자신의 능력과 미국의 힘을 과신했고, 세계를 그들 뜻대로 좌지

1   David Halberstam, *The Best and the Brightest*, New York: Random House, 2002, pp.45-46.
2   Fredrik Logevall, *Choosing War: The Lost Chance for Peace and the Escalation of War in Vietnam*, Berkeley and Los Angeles, CA: University of California Press, 1999.

우지할 수 있으리라 믿었다는 것이다.[3]

이 오만의 근저에 근대화 이론이 있었다. 특히 케네디와 존슨의 외교정책 보좌관이었던 W. W. 로스토[W. W. Rostow]는 1960년 작 『경제성장의 단계[The Stages of Economic Growth]』를 통해 가장 전형적인 형태의 근대화론을 제시했다. 그에 따르면, 경제성장이야말로 한국에서부터 동남아시아, 인도, 이슬람 국가들, 그리고 아프리카에 이르기까지 모든 저개발 지역이 안고 있는 각양각색의 문제들을 단번에 해결할 만병통치약이었다. 나아가서 그는 경제성장에 대한 뚜렷한 로드맵까지 제시했는데, 그것은 곧 미국식 자본주의의 발자취를 부지런히 따르는 것이었다. 미국이 한 것처럼만 하면 저들도 할 수 있다. 저 모든 가난한 나라는 운명적인 고속성장의 단계, 즉 경제적 '이륙[take-off]'을 거쳐 언젠가 미국과 같은 대량소비의 사회로 나아갈 수 있을 것이다.[4] 이러한 로스토의 이론은 미국의 정책 결정권자들에게 저개발 지역에 대한 단순하면서도 명쾌한 해법을 제시했다. 그 해법이란 미국식 자본주의의 전파였고, 따라서 미국은 필요하다면 군사행동을 비롯한 강압적인 방법을 동원해서라도 이를 강제해야 했다. 저들에게 좋은 것은 저들보다 우리가 더 잘 안다. 고로 저들의 미래는 우리가 결정한다. 베트남전쟁은 이러한 오만이 낳은 응보였던 셈이다.[5]

3   Gareth Porter, *Perils of Dominance: Imbalance of Power and the Road to War in Vietnam*, Berkeley and Los Angeles, CA: University of California Press, 2005; Andrew Preston, *The War Council: McGeorge Bundy, the NSC, and Vietnam*, Cambridge, MA: Harvard University Press, 2006.

4   Walt W. Rostow, *The Stages of Economic Growth: A Non-communist Manifesto*, New York: Cambridge University Press, 1960.

5   Michael E. Latham, *Modernization as Ideology: American Social Science and "Nation Building" in the Kennedy Era*, Chapel Hill, NC: The University of North Carolina Press, 2000; Nils Gilman, *Mandarins of the Future: Modernization Theory in Cold War America*, Baltimore, MD: Johns Hopkins University Press, 2007.

이 글은 오만의 기원에 대한 성찰이다. 나의 주장은 간명하다. 로스토의 단선적이고 강압적이며 오만한 형태의 근대화론은 역설적으로 그의 겸손한 성격, 이론적 유연성, 정치적 현실주의, 그리고 무엇보다 그가 권력과 맺은, 쉬운 지적 타협compromise이 낳은 산물이었다. 로스토는 실로 복잡한 인물이었다. 그의 정책은 그 옹호자들마저 혀를 찼을 만큼 호전적이었으나, 그의 성품은 그의 비판자들조차 탄복했을 정도로 부드러웠다. 그는 지구 반대편 낯선 이들의 빈곤에 마음 아파했던 따뜻한 사람이었지만, 동시에 그의 이론은 그들이 식민지 시절 겪은 압제와 착취, 그리고 차별을 차갑게 외면했다. 이러한 불균형이 처음부터 정해진 것은 아니었다. 물론 로스토의 초기 사상에서도 오만의 씨앗, 즉 미국이 후원하는 근대화의 효과에 대한 과신을 어렵지 않게 찾을 수 있다. 그럼에도 불구하고 1950년대 초반 그가 출판한 저작들은 제국주의의 잔재와 지역적 특수성에 관한 진지한 고려를 담고 있었다. 제국주의는 제3세계 신생 독립국들에 어두운 그림자를 남겼고, 따라서 경제성장은 그들에게 결코 만병통치약이 될 수 없다. 그들은 우리와 다르므로 미국의 모델을 강요하는 것은 바람직하지도 가능하지도 않다. 한때 로스토는 이런 상식들을 분명히 알고 있었다. 그의 변화는 서서히, 그리고 자신도 모르는 사이에 진행되었다. 그 변화의 끝에 한 동료의 표현처럼 "양의 탈을 쓴 광신도"가 탄생했다.[6]

이 변화를 이해하기 위해서는 지금껏 역사가들이 외면해 왔던 로스토의 이력, 즉 미국이 베트남에 개입하기 전까지 그의 정치적 활동을

---

6   David Milne, *America's Rasputin: Walt Rostow and the Vietnam War*, New York: Hill & Wang, 2008, pp.6-7.

돌아봐야 한다.[7] 1953년 드와이트 아이젠하워^{Dwight Eisenhower}가 대통령에 취임한 이후, 공화당 내 자유주의자들은 기존의 강경 반공노선을 대체할 새로운 외교 정책의 필요성을 느꼈다. 이에 아이젠하워의 대외정책 보좌관이었던 C. D. 잭슨^{C. D. Jackson}은 그 과업을 로스토에게 부탁했다. 원래 로스토가 제안했던 외교 정책은 온건하고 합리적이었다. 하지만 늘 그렇듯 권력은 쉽고, 빠르고, 단순한 해결책을 요구했다. 이 요구에 맞추어 로스토는 그의 정책을 조금씩 수정해 나갔다. 『경제성장의 단계』는 그러한 수정의 결과물이었다. 제국주의와 인종주의, 그리고 개별 국가의 특수성에 대한 고려는 삭제되었다. 대신 경제성장은 저개발 국가의 모든 문제를 일소할 만병통치약으로, 미국식 자본주의는 세계 모든 국가가 추종해야 할 보편적 모델로 재해석되었다. 이것은 명백히 오만한 생각이었다. 이 오만은 작게는 로스토의 정치 경력을, 크게는 미국의 전성기를 끝장내게 될 것이었다. 그러나 로스토의 정치 여정에서 그러한 생각을 키운 것은 오만함과는 사뭇 다른 특성이었다. 오만의 기원, 그곳에는 권력에 대한 지식인의 쉬운 타협이 있었다.

---

7   데이비드 핼버스탬(David Halberstam)의 고전 『최고의 인재들』(1972)부터 프레드릭 로지벌(Fredrik Logevall)의 대작 『전쟁을 선택하다』(1999), 데이비드 밀느(David Milne)의 로스토 전기 『미국의 라스푸틴』(2008)에 이르기까지, 수많은 역사가가 오만이라는 키워드로 로스토의 근대화론과 베트남전쟁을 연결했지만, 그 오만이 구체적으로 어떤 과정을 거쳐 형성되었는지에 대해서는 누구도 깊이 있게 분석하지 않았다. 핼버스탬과 로지벌, 밀느의 연구는 위의 각주들을 참조하라.

2. 근대화와 제국주의

근대화 이론이 절정을 맞이했던 1960년대, 그것은 미국의 정책 결정권자들이 널리 공유했던 하나의 세계관이었다. 이 세계관의 핵심에 3차원의 공간을 4차원의 시공간 위에 재배열하는 작업이 있었다. 아시아와 아프리카라는 공간은 시간적 발전 도상에서 뒤떨어진 것으로 분류되었고, 미국은 후진국들이 도달해야 할 미래로 제시되었다. 어떤 측면에서 이것은 희망의 메시지였다. 근대화 이론가들은 저 후진국들 역시 언젠가는 빈곤과 악습의 과거에서 벗어나 경제적 풍요와 정치적 민주주의의 밝은 미래로 나아갈 것이라고 믿었다. 이는 먼 훗날의 이야기가 아니었다. 산업혁명 이래 미국과 서유럽은 두 세기에 걸친 지난한 근대화의 과정, 즉 착취와 투쟁, 혁명과 전쟁의 과정을 헤쳐 나왔다. 지금 저 후진국들에 이 피와 눈물로 점철된 과정을 강요할 수는 없었다. 그들에게는 이제 공산주의라는 그럴듯한 대안이 나타났기 때문이었다. 따라서 근대화론은 후진국들에 선진국이 겪었던 시행착오의 과정을 단기간에 건너뛸 방법을 제시해야 했다. 이는 물론 쉬운 일은 아니겠지만 그렇다고 불가능한 일도 아니었다. 후진국들이 공산주의의 유혹을 뿌리치고 올바른 근대화의 길을 성실하게 걸어가는 한, 미국은 그들에게 아낌없는 기술과 자본 원조를 제공할 것이기 때문이다. 이런 측면에서 근대화론은 미국이 세계를 향해 보내는 나름의 노블레스 오블리주였다.[8]
로스토가 근대화론에 끼친 가장 중요한 공헌은 개발 경제학과 근

8 David Engerman, Nils Gilman, Mark Haefele and Michael E. Latham eds., *Staging Growth: Modernization, Development, and the Global Cold War*, Amherst, MA: University of Massachusetts Press, 2003.

대화 이론의 결합, 즉 경제성장을 근대화의 엔진으로 제시했다는 점에 있었다. 공산주의는 헐벗고 굶주린 자들에게 부의 평등한 분배를 속삭인다. 민족주의는 제국으로부터의 해방, 식민 잔재의 청산, 그리고 민족의 통일을 부르짖는다. 그렇다면 자본주의는 후진국에 무엇을 줄 수 있는가? 이 질문에 대한 로스토의 답이 바로 경제성장이었다. 그것은 단순히 피죽도 못 먹던 자가 꽁보리밥이라도 먹고, 나아가서 진수성찬을 차려 먹게 된다는 그런 이야기가 아니었다. 로스토에게 경제성장은 훨씬 더 심대한 의미를 담고 있었다. 그에 따르면, 경제는 정치와 문화, 인간관계, 외교 등 사회의 모든 영역과 밀접하게 얽혀 있고, 따라서 경제성장은 이 영역들의 근대화를 견인하는 원동력이었다. 다시 말해, 인간은 먹고살 만하게 되면 신문이라도 하나 받아 보고, 아들만이 아니라 딸도 학교에 보내며, 정치 문제와 사회 부조리에도 눈을 돌리게 된다는 것이다.[9] 로스토의 표현을 빌리자면, 경제성장이란, 곧 "민족주의의 건설적 배출구이자 사회의 윤활유, 새로운 리더십이 자라나는 토양인 동시에 민주주의에 대한 자신감을 싹틔우는 모판이자 종국에는 국제 화합을 가능하게 할 수단"이었던 것이다.[10]

로스토의 초기 이력을 보면, 근대화론은 마치 그의 운명이었던 것처럼 보인다. 그는 1916년 뉴욕의 러시아 출신 유대계 가정에서 태어났다. 열혈 사회주의자였던 그의 부모는 세 아들에게 각각 사회당 당수 유진 데브스^Eugene Debs, 미국 저항정신의 상징 월트 휘트먼^Walt Whitman, 노예 해방주의자 랠프 월도 에머슨^Ralph Waldo Emerson의 이름을 붙여 주었다. 이

---

9 Michael E. Latham, *The Right Kind of Revolution: Modernization, Development, and U.S. Foreign Policy from the Cold War to the Present*, Ithaca, NY: Cornell University Press, 2010.

10 Walt W. Rostow, *Concept and Controversy: Sixty Years of Taking Ideas to Market*, Austin, TX: University of Texas Press, 2003, p.199.

시기 뉴욕의 사회주의자들이 대개 그랬듯, 월트 휘트먼 로스토는 1930년 대를 거치며 강경한 반공주의자로 성장했다. 트로츠키 암살, 스탈린의 대학살, 1939년 소련이 나치 독일과 맺은 상호불가침조약, 그리고 사회 당을 접수하거나 아니면 무너뜨려 버리려는 미국 공산당의 끊임없는 획 책까지. 이 모든 사건은 젊은 로스토로 하여금 공산주의를 불구대천의 적으로 인식하게 만들었다. 예일대학교 재학 당시 그는 마르크스의 이 론을 대체할 새로운 세계사 해석을 제시하는 과업에 평생을 바치리라 다짐했다.[11] 냉전은 그에게 이 다짐을 실현할 기회를 제공했다. 1950년 로스토가 경제사 교수로 임용되었을 때, MIT는 이른바 군산학복합체의 전형이었다. 그곳에 보금자리를 마련했던 연구자들은 그들의 지식을 공산주의에 맞선 조국의 이데올로기전쟁에 기꺼이 동원할 태세가 되어 있었다. 로스토는 그런 '냉전의 사회과학자' 가운데 하나였다.[12]

로스토와 근대화론의 관계에서 한국전쟁은 중요한 계기였다. 유럽 에서 미국은 공산주의의 야욕을 큰 어려움 없이 막아 냈다. 북대서양조 약기구NATO는 효율적으로 작동했고, 마셜 플랜은 놀라운 성공을 거두었 다. 그런데 어떤 이유로 저 동아시아의 반도 국가에서는 그 많은 돈과 인명을 쏟아붓고도 성공을 거두지 못했는가? 로스토의 대답은 간단했 다. 그것은 한국의 인민들이 못 먹고, 못 살고, 못 배웠기 때문이다. 공산 주의의 진정한 힘은 소련의 붉은 군대에 있는 것이 아니다. 세계가 빈곤 과 무지에 시달리는 한 공산주의의 유혹은 언제나 강력할 것이다. 따라

---

11 Walt W. Rostow, "Marx was a City Boy: or, Why Communism May Fail," *Harper's Magazine*, vol.250, 1955, pp.25-30.

12 Bruce Kuklick, *Blind Oracles: Intellectuals and War from Kennan to Kissinger*, Princeton, N.J.: Princeton University Press, 2006; Mark Solovey, *Shaky Foundations: The Politics Patronage Social Science Nexus in Cold War America*, New Brunswick: Rutgers University Press, 2013.

서 냉전의 최전선은 서유럽의 '철의 장막'이 아니라 남한에서부터 아프리카까지 이어진 저 방대한 '굶주린 세계'가 되어야 마땅하다.[13] 로스토의 이러한 생각은 맥스 밀리컨Max Millikan을 비롯한 MIT 동료들 사이에서 광범위한 공감을 얻었다. 1951년, 이들은 근대화론 연구의 산실인 국제문제연구소Center for International Studies, CENIS를 설립했다. 미국 정부는 두 팔 벌려 환영했다. CIA 자금이 연구소로 흘러갔고, 이곳의 연구자들은 그들의 설립 목적에 따라 "자유 세계의 역동성과 안정성을 증대하고 공산주의의 유혹에 맞설 역량을 강화할 정책"들을 쏟아 내기 시작했다.[14]

이 쏟아지는 연구서 가운데 로스토의 첫 정책 제안서 『미국의 아시아 정책An American Policy in Asia』이 있었다. 이 책에서 우리에게 친숙한 로스토의 모습을 발견하기는 그리 어렵지 않다. 냉전에서 아시아의 중요성에 관한 그의 지론은 이 책에서도 그대로 반복된다. "비록 미국인 대다수가 아직 깨닫지 못하고 있지만, 미국은 이미 아시아의 운명과 깊이, 심지어는 불가분의 관계로 얽히게 되었다"는 것이다. 상아탑에 대한 경멸과 정치를 향한 열망 역시 확인할 수 있다. 로스토는 동료 사회과학자들에게 이제는 "학문과 정책 사이의 인위적 경계"를 넘어서서, 정치가들을 도와 새롭고 합리적인 정책을 개발하는 일에 보다 적극적으로 나서라고 주문했다. 그가 말하는 새로운 정책이란 미국이 후진국들에 군사, 자원, 자본, 기술을 망라하는 "총체적인 원조"를 제공해야 한다는 것이었다. 무엇보다 낯익은 측면은 이러한 원조의 기대효과였다. 여기서

13 Milne, *America's Rasputin*, pp.43-46; Nick Cullather, *The Hungry World: America's Cold War Battle against Poverty in Asia*, Cambridge, MA: Harvard University Press, 2013.

14 Max Millikan, "Economic Policy as an Instrument of Political and Psychological Policy (1951)," CIA, *Psychological Aspects of United States Strategy* (1955), CIA-FOIA Collections, https://www.cia.gov/- library/readingroom/docs/CIA-RDP86B00269R000300120001-4.pdf (accessed by August 2020).

로스토는 그의 트레이드 마크인 경제성장의 단계를 언급한다. 그가 보기에 미국의 대외원조는 결코 돈 낭비가 아니었다. 그것은 아직 "전통 사회의 단계"에 머물러 있는 대다수 아시아 국가들이 위대한 "이륙의 단계"를 거쳐 마침내 "자력 성장의 단계"로 나아가기 위해 필수 불가결한 마중물 역할을 할 것이었다.[15]

　이 낯익은 주장들 이면에 우리에게 사뭇 낯선 로스토의 모습이 숨어 있었다. 로스토 이론은 흔히 미국 자본주의의 보편성을 맹신한 나머지 후진국이라고 통칭되는 상이한 지역들이 가지고 있던 개별성을 무시했다는 비판을 받는다. 『경제성장의 단계』(1960)를 비롯한 그의 전성기 이론에 관해서라면 이 비판은 전적으로 옳다. 그러나 로스토의 초기 저작들은 반드시 그렇지만은 않았다.[16] 특히 『미국의 아시아 정책』의 경우, 그는 시작부터 "세계 다른 지역을 우리 자신의 이미지에 맞추어 건설할 수 없다"라는 입장을 분명히 밝혔다. 이러한 오만한 시도는 필연적으로 실패할 것이었다. 미국 사회는 "기독교와 봉건제, 그리고 자본주의"라는 특수한 역사적 경험에 바탕을 두고 있으며, 따라서 미국 모델은 결코 "아시아의 맥락에 쉽게 적용할 수 없을 것"이기 때문이다. 대신 아시아 각국은 미국의 원조를 마중물 삼아 저마다 다른 근대화의 길을 개척해 나갈 것이었다. 로스토의 결론은 명확했다. "설령 아시아의 국가들이 언젠가 자력 성장의 단계에 들어서고 … 민주적 제도를 공고히 구축하는 시절이 오더라도, 그때 저들 사회의 모습은 우리 미국과는 전적으로 다를 것이다."[17]

━━
15　Walt W. Rostow, *An American Policy in Asia*, Cambridge, MA: The Technology Press of MIT, 1955, p.1, v, pp.44-45.
16　Walt W. Rostow, *The Process of Economic Growth*, New York: Norton, 1952; Walt W. Rostow, *The Prospects for Communist China*, Cambridge, MA: The Technology Press of MIT, 1954.

여기서 로스토가 무엇보다 강조했던 것은 제국주의의 어두운 유산
이었다. 아시아인들은 물론 지긋지긋한 가난을 벗어나 우리도 한번 잘
살아 보자는 열망을 품고 있다. 그러나 그들 마음의 심층에는 또 다른
의식이 자리하고 있었다. 그것은 "식민 지배의 쓰라린 기억"과 "인종 및
피부색과 관련된 강렬한 감정"이었다. 로스토가 보기에 미국이 아시아
에서 어려움을 겪는 이유는 바로 여기에 있었다. 영국과 프랑스는 미국
의 핵심 동맹국이었고, 따라서 미국은 2차 대전 이래 세계 각지에서 이
제국주의 국가들의 편에 서서 싸웠다. 서유럽은 이른바 '자유 진영'의
중심축이었으므로 미국은 유럽의 백인들을 위해 마셜 플랜이라는 아낌
없는 원조를 쏟아부었다. 그런데 왜 '아시아를 위한 마셜 플랜'은 없는
가? 탈식민지 투쟁에서 미국이 유럽 제국주의의 편이라면, 아시아의 식
민지들이 냉전에서 미국 편에 서야 하는 이유는 도대체 무엇인가? 이런
의심은 경제성장만으로는 해소될 수 없는 것이었다. 만약 그렇다면 아
시아에서 무작정 미국식 자본주의를 선전하는 것은 실패가 예정된 전
략이었다. 미국의 당면과제는 아시아 국가들이 가지고 있는 억압과 차
별의 경험에 세심한 주의를 기울이고, 대외정책을 "저들의 진정한 관심
사와 문제점"에 맞추어 재조정하는 일이었다.[18]

이것이 1950년대 초반 로스토의 생각이었다. 그는 경제성장이 만
병통치약은 아니라는 것을, 그것은 근대화의 필요조건이지 충분조건
은 아니라는 것을 알고 있었다. 식민 지배의 기억과 인종 차별에 대한
분노, 그는 이 감정들을 외면하지 않았다. 어떤 면에서 1955년 반둥회의

17　Rostow, *An American Policy in Asia*, p.5, p.9, p.14. 아울러 David Ekbladh, *The Great
American Mission: Modernization and the Construction of an American World Order*,
Princeton, NJ: Princeton University Press, 2011, pp.191-197.

18　Rostow, *An American Policy in Asia*, p.4, pp.9-13.

Bandung Conference를 통해 폭발하게 될 저 불타는 감정들은 눈 뜨고 귀만 열고 있으면 알 수 있는 것이었다. '근대화'된 아시아의 모습이 미국과 근본적으로 다를 것이라는 결론 또한 마찬가지다. 역사적 경험과 사회적 조건이 다를진대 어떻게 미국의 모델을 그대로 적용할 수 있겠는가? 한마디로 말해, 1950년대 초반 로스토의 주장은 지극히 상식적이었다. 물론 그의 상식은 오만의 씨앗을 배태하고 있었다. 세계는 선진국과 후진국으로 구성되어 있다는 전제, 후진국은 부지런히 배우고 선진국은 성의껏 가르쳐 주어야 한다는 믿음, 그리고 경제성장이야말로 근대화의 엔진이라는 확신. 이러한 논지는 로스토가 후일 베트남전쟁 당시 견지했던 입장을 예고했다. 그럼에도 불구하고 그는 이런 생각을 적절히 제어할 수 있었다. 제국주의와 지역적 특수성에 대한 그의 인식이 저 오만의 정령을 램프 속에 가두어 두었던 것이다.

3. 유연한 협상가

1950년대 중후반은 로스토의 인생에서 독특한 시기였다. 그는 1930년대 프랭클린 D. 루스벨트^{Franklin D. Roosevelt}에 열광했던 이른바 뉴딜 세대의 일원이자 평생 당적을 유지했던 민주당 당원이었다. 그의 이론 역시 민주당 정부의 정책들, 즉 멀게는 뉴딜의 테네시강 개발^{Tennessee Valley} ^{Authority, TVA}과 보다 직접적으로는 해리 트루먼^{Harry Truman}의 저개발 지역 원조 정책(Point IV)에 영향을 받은 것이었다. 1950년대 들어 정치에 곁눈질하는 와중에도, 로스토는 공화당 쪽으로는 눈길을 돌리지 않았다. 실제로 그는 1952년 대통령 선거에서 민주당 후보 아들라이 스티븐슨Adlai Stevenson을 공개적으로 지지했다. 그런 그에게 공화당 아이젠하워의 당선은 그의 정계 진출의 야심을 부득이 몇 년 뒤로 미루게 만든 사건으로 느껴졌을 것이다. 그러나 상황은 예상하지 못한 방향으로 흘러갔다. 새로 들어선 공화당 행정부가 로스토에게 러브콜을 보냈던 것이다.[19]

흔히 뉴룩New Look이라고 불렸던 아이젠하워의 외교 노선은 그 애매한 이름만큼이나 복잡한 내용을 담고 있었다. 그것은 한편으로 소련에 대한 핵전쟁 불사의 '벼랑 끝 전술brinkmanship'을 의미했으나, 다른 한편으로는 군비 감축과 미소 간 회담의 정례화를 의미했다. 이 노선은 프로파간다의 중요성을 강조했으나, 이는 CIA를 동원한 음지의 심리전과 미 공보원USIA을 통한 양지의 홍보 활동이라는 사뭇 성격이 다른 두 방향을 동시에 가리켰다. 이런 뉴룩의 특성은 정부 내 노선 투쟁의 양상을 반영했다. 국무장관 존 포스터 덜레스John Foster Dulles를 위시한 냉전 강경파는 민주당의 봉쇄 정책을 나약한 겁쟁이 전략이라고 비난하면서, 공산권에 대한 '공세적 반격rollback'을 주장했다. 반면 공화당 진보파는 덜레스의 강경책을 위험한 도박이라고 배격하고, 대외원조 확대와 국제 기구의 활용을 옹호했다. 이 노선 투쟁을 더욱 복잡하게 만든 것은 공화당 특유의 작은 정부 이념이었다. 소위 아이젠하워의 구두쇠들thrifters이라고 불렸던 재무장관 조지 험프리George Humphrey, 예산국장 조지프 도지Joseph Dodge, 국무차관 허버트 후버 2세Herbert Hoover Jr.는 군비확충을 주장하는 강경파와 대외원조를 강조하는 진보파 양자 모두를 밑 빠진 독spenders으로 보고 좀처럼 예산 주머니를 풀어주지 않았다.[20]

---

19 Rostow, *Concept and Controversy*, pp.137-187.
20 Kenneth Osgood, *Total Cold War: Eisenhower's Secret Propaganda Battle at Home and Abroad*, Lawrence, KS: The University Press of Kansas, 2006; Jooyoung Lee, "Forming a

이러한 상황에서 공화당 진보파가 시선을 돌린 곳이 바로 학계였다. 이들은 근대화론이 덜레스의 호전적인 반격 노선에 대한 평화적 대안을 제시하는 동시에 돈줄을 잡고 있는 구두쇠들에게 대외원조의 긴급성을 설명해 줄 것으로 기대했다. 이들 중 특히 진보파의 수장 넬슨 록펠러^{Nelson Rockefeller}는 후진국의 경제성장에 각별한 관심을 지니고 있었다. 그는 1951년 발표한 한 정책 제안서에서 "저개발 지역의 경제 역량을 강화"하고 "그 지역 인민들의 생활 수준을 향상"시키는 일은 미국의 안보에 있어서 국방력만큼이나 중요하다고 역설했다. 이 일명 「록펠러 리포트」는 해럴드 스테이슨^{Harold Stassen}을 비롯한 당내 강경 반공주의자들 사이에서 예상 밖의 높은 호응을 끌어냈다.[21] 록펠러는 고무되었다. 대외원조의 중요성을 보다 체계적으로 제시할 수만 있다면, 덜레스 등 냉전 강경파들과 험프리-도지-후버 구두쇠 삼총사, 나아가서 아이젠하워까지 설득할 수 있을 것으로 보였다. 이에 록펠러의 오른팔이자 대통령 특임보좌관이었던 C. D. 잭슨은 이 과업을 도와줄 적절한 인사를 찾기 시작했다. 머지않아 그의 눈에 로스토가 들어왔다.[22]

찰스 더글러스 잭슨, 일명 C. D. 잭슨^{Charles Douglass "C. D." Jackson}. 흔히 간과되는 사실이지만, 이 인물은 로스토의 이력에 결코 무시할 수 없는 흔적을 남겼다. 우리에게 이 잭슨이라는 이름은 주로 2차 대전 이후 미국의 선전전, 즉 프로파간다의 역사를 통해 알려져 있다. CIA의 개국공

Democratic Society: South Korean Responses to U.S. Democracy Promotion, 1953-1960," *Diplomatic History*, vol.39, iss.5, 2015, pp.844–875.

21 "Five Key Report to the Government: A Summary," 3-4, box 83, folder on Princeton Economic Conf. 5/54: Misc. (1), C. D. Jackson Papers, Dwight E. Eisenhower Library; Stewart Alsop, "Asia Can't Wait for Our Aid," *The Washington Post* (December 19, 1954), E5.

22 Rostow to Nelson Rockefeller, June 17, 1955, box 91, folder on "Rostow 1955 (1)," Jackson Papers.

신, 라디오 프리 유럽Radio Free Europe의 설계자, 미 공보원 시스템의 기획자, 심리전psychological warfare 개념의 창시자. 그가 냉전기 세계인의 마음을 사로잡기 위해 벌인 선전 활동은 실로 끝이 없었다. 그러나 그를 단순히 유능한 선전가 정도로만 본다면 이 복합적 인물의 또 다른 모습을 놓치게 된다. 1940년대 초반 그는 정파를 초월한 반反나치 압력단체 민주주의 위원회Council for Democracy를 결성하여 성공적으로 운영했으며, 끝내 미국의 2차 대전 참전을 끌어내는 데 힘을 보탰다. 트루먼 행정부에서 그는 민주당 출신 조지 F. 케넌George F. Kennan을 도와 CIA의 밑그림을 그렸고, 아이젠하워가 당선된 후에는 견원지간이었던 록펠러와 덜레스 사이의 중재자 역할을 자임하여 두 사람의 불협화음을 억제하기 위해 최선의 노력을 다했다. 이 일련의 경력은 선전가 이미지에 가려진 잭슨의 또 다른 정체성을 드러내 보여 준다. 그는 다른 무엇보다 '유연한 협상가'였다.[23]

잭슨은 이 협상가의 자세를 헨리 루스Henry Luce 언론 제국의 중간관리자로 일하는 과정에서 내면화했다. 루스는 1940년대 초 잭슨의 민주주의 전파 활동을 보며 이 젊은이가 '미국의 세기'를 이끌어 갈 인재라고 확신했다. 이후 잭슨은 『포천Fortune』과 『라이프Life』의 편집장을 거쳐 루스 언론의 노른자인 『타임Time』 매거진의 발행인까지 올라갔다. 루스 제국의 기업 문화는 미묘했다. 잘 알려져 있듯이, 루스 자신은 강경한 반공주의자이자 보수적 공화당원이었다. 그러나 그의 제국은 온통 민주당 계열의 진보적 필자들로 가득했다. 대니얼 벨Daniel Bell이 『포천』의 편집인이었으며, 존 케네스 갤브레이스John Kenneth Galbraith 역시 『라이프』

23 "A Fighting Faith," pamphlet published by Council for Democracy, 1942, box 43, Jackson Papers; Laura A. Belmonte, *Selling the American Way: U.S. Propaganda and the Cold War*, Philadelphia, PA: University of Pennsylvania Press, 2008, pp.51-65.

에 몸을 담았다. 이는 루스의 철칙을 반영하는 것이었다. 그는 이념보다 능력을 우선시했고, 그가 늘 불평했듯이 "공화당 녀석들은 도대체가 제대로 글을 쓸 줄 몰랐다(Goddam Republicans can't write)." 이러한 상황에서 편집장 잭슨의 일과는 보수적 사주와 진보적 필진 사이의 충돌을 조율하는 것이었다. 마감일에 맞춰 글이 하나둘 들어오면, 그는 루스에게 달려가 필자의 입장을 열심히 옹호했고, 다음 날이면 필자들을 달래 루스의 요구에 따라 원고를 수정해 달라고 부탁했다.[24]

　잭슨이 아이젠하워 행정부에서 로스토와 맺었던 관계는 이와 근본적으로 다르지 않았다. 이제 그의 과제는 로스토를 공화당 정부로 끌어들이는 것과 정부 고위급 인사들로 하여금 저 민주당원의 이론에 귀를 기울이게 만드는 것이었다. 잭슨은 그의 재능을 십분 발휘하여 정부 내에서 로스토의 이름을 알렸다. 실제로 그는 로스토의 이론에 깊이 공감하고 있었다. 심리전 전문가로서 잭슨의 지론은 프로파간다란 무턱대고 미국의 위대함을 찬양하는 것이 아니라 대상 지역에 구체적인 증거, 이를테면 '아시아를 위한 마셜 플랜' 같은 증거를 제시함으로써 그 위대함을 증명해야 한다는 것이었다. 그가 보기에 근대화론은 그러한 프로파간다의 요체를 담고 있었고, 따라서 로스토는 "최상의 심리전 해설자"로 대접받을 자격이 있었다. 잭슨이 요약한 로스토의 이론은 정부 보고서에 인용되어 여러 경로를 통해 백악관과 국무부로 흘러들었다. 잭슨은 정부 각층의 인사들과 좋은 관계를 유지하고 있었고, 로스토에

━　24　Robert Vanderlan, *Intellectuals Incorporated: Politics, Art, and Ideas Inside Henry Luce's Media Empire*, Philadelphia, PA: University of Pennsylvania Press, 2010; Alan Brinkley, *The Publisher Henry Luce and His American Century*, New York: Knopf, 2010. 인용은 Robert Herzstein, *Henry R. Luce: A Political Portrait of the Man Who Created the American Century*, New York: Scribner, 1994, p.80.

대한 아이젠하워 행정부의 관심은 점차 커져 갔다.[25]

로스토는 그에게 주어진 기회를 잡기로 결정했다. 1954년 4월, 그는 「세계경제계획World Economic Plan」이라는 제목의 정책 제안서를 아이젠하워 행정부에 제출했다. 이 제안서는 그 이름만큼이나 야심 찬 내용을 담고 있었다. 그 요체는 마셜 플랜과 유사한 사업을 아시아와 아프리카로 확대하자는 것이었다. 전작들에서와 마찬가지로 로스토는 이 제안서에서 미국식 자본주의를 이식하려는 시도를 경계했다. 그에 따르면, "인종 문제, 식민 지배의 역사, 그리고 잘 나가는 자top-dog를 향한 일반적인 반감 등이 복합적으로 작용한 결과, 아시아와 아프리카 사람들은 서양에 대해 상당한 적개심을 가지고 있었다." 이때 미국이 가져야 할 태도는 우리 편 아니면 전부 소련 편이라는 이분법을 버리고, 제3세계 국가들이 나름의 경제성장 방식을 찾을 수 있도록 도와주는 것이었다. "반둥회의를 한번 보게." 로스토가 잭슨에게 말했다. "바로 여기에 우리가 앞으로 잘 활용해야 하는 힘이 있네. 자와할랄 네루Jawaharlal Nehru는 밖으로는 중립주의자 행세를 하고 있지만, 인도 내부로 눈을 돌려 보면 그는 자유 진영 최고의 반공 전사 중 하나 아닌가." 아시아와 아프리카의 민족 감정을 섬세하게 다루고 또 적극적으로 활용할 수 있다면, 그때 비로소 우리는 경제성장이라는 "인류 공통의 희망과 염원 위에 새로운 세계를 만들어 갈 수 있을 걸세."[26]

비록 그 포부가 지나치게 원대한 면은 없지 않았으나, 그래도 「세

---

25 Jackson to Paul T. Carroll, August 13, 1954; box 40; Jackson to Rostow, December 31, 1952, box 91, folder on Rostow 53-54; Jackson Committee's log dated June 10, 1953, box 63 folder on Log-1953 (2); "The United States Program for World Order," box 63, folder on Jackson Committee (2), Jackson Papers.

26 Rostow to Jackson, September 15, 1955, box 56, folder on William Gowen (2), Jackson Papers.

계경제계획」의 골자는 실현 불가능한 것이 아니었다. 실제로 국무부와 CIA가 이 계획에 관심을 보였고, 몇몇 임시위원회에서는 구체적 프로그램들을 검토하기 시작했다. 정부 밖의 상황은 더욱 호의적이었다. 민주당은 대외원조에 공화당보다 더 적극적이었고, 저개발 지역의 상황을 개선할 정책을 가져오라고 연일 아이젠하워 행정부를 압박했다. 해외의 상황 역시 로스토의 주장을 뒷받침하는 듯했다. 호치민이 이끄는 베트남 공산주의자들은 무장과 전력의 열세를 뒤집고 마침내 프랑스 군대를 그들의 조국에서 몰아내는 데 성공했다. 1954년 디엔비엔푸^{Dien Bien Phu}에서 증명된 제3세계 민족주의의 힘은 이듬해 반둥회의를 통해 세계만방에 울려 퍼졌다. 한마디로 말해, 로스토가 「세계경제계획」을 제출했을 때, 그의 이론을 현실로 옮기기 위한 국내외의 분위기는 한껏 무르익었던 것이다.[27]

4. 타협의 덫

이론을 현실로 옮기기 위해 필요한 것, 잭슨은 그것이 무엇인지 알고 있었다. 그것은 바로 설득이었다. 이는 결코 자신의 입장을 그대로 관철하는 과정이 아니었다. 그에게 설득이란 무엇보다 타협의 예술이었다. 누군가 어떤 일을 이루고자 한다면, 그는 그 일의 핵심을 제외한 나

27 Rostow, *Concept and Controversy*, pp.207-213; William Hitchcock, *The Age of Eisenhower: America and the World in the 1950s*, New York: Simon & Schuster, 2018.

머지 부분은 기꺼이 양보할 자세가 되어 있어야 한다. 이것이 설득에 임하는 잭슨의 기본 자세였다. 로스토의 이론을 정책적 현실로 옮기기 위해서는 이 설득의 과정을 통해 넘어야 할 관문이 몇 개 있었다. 그중 첫번째가 덜레스였다. 잭슨은 이 과묵하고 권위적이었던 국무장관을 조심스럽게 다루었다. 덜레스가 연설을 하면 잭슨은 그것을 꼼꼼하게 분석한 후, 국무장관실로 찾아가 로스토의 정책이 왜 장관님 하시는 일에 도움이 되는지를 공손한 목소리로 전달했다. 이 방식은 효과적이었다. 1954년 8월, 덜레스는 마침내 로스토의 정책에 "100% 동의한다"고 밝혔다. 그는 잭슨에게 말했다. "공산주의자들이 [저개발 지역의] 생산력 향상을 위해 저토록 열심인데, 우리가 어떤 식으로든 저들의 노력을 따라 하지 않는다면 세계 대부분의 지역이 공산주의로 넘어가게 생겼소."[28]

설득이란 무릇 받는 것이 있으면 주는 것도 있는 법. 덜레스를 만나고 온 날이면 잭슨은 종종 로스토에게 정책 제안서의 "사소한 수정"을 부탁했다. "자네, 내가 이런 말 해도 너무 실없는 사람으로 보지 말게. 우리 제안서를 조금 손봤으면 좋겠는데, 내가 국무장관께 보낸 메모에서 몇 문장 갖다 쓰면 어떨까 싶어." 로스토는 덜레스를 대하는 잭슨의 태도, 즉 "존경, 공감, 찬동, 심지어는 아첨"으로 점철된 태도가 못마땅했다. 학자들이 으레 그렇듯, 로스토 역시 정치적 필요에 의해 자신의 글을 고치는 것이 꺼림칙했다. 그러나 절호의 기회가 눈앞에 있는데 달리 어쩌겠는가? 게다가 잭슨에게 듣자 하니, 덜레스는 그 나름의 고충이 있어 보였다. 제국주의에 대한 언사는 유럽 동맹국들의 심기를 건드릴 우려가 있었고, 국내 반공주의자들로부터 소련의 입장을 옹호한다

28 Jackson, memorandum to Secretary of State, April 9, 1954; Dulles, memorandum to President, February 26, 1954, box 49, folder on Dulles (4), Dulles to Jackson, August 24, 1954, box 49, folder on Dulles (3), Jackson Papers.

는 비난을 받을 수도 있었다. 더욱이 국무부가 로스토의 정책을 수용한다고 한들, 그 앞에는 "험프리 라인"이니 "도지 라인"이니 하는 예산 편성상의 장애물들이 또 있었다. 예산을 따내기 위해서라도 보다 쉽고 단순한 논리를 제시할 필요가 있어 보였다. 잭슨이 로스토에게 썼듯이, 제안서 내용의 부분적인 수정은 "그 핵심을 살리기 위해(keep the concept alive)" 피할 수 없는 과정으로 느껴졌다.[29]

설득과 타협, 그리고 '사소한' 수정. 몇 차례 반복된 이 일련의 과정은 로스토에게 근대화론의 알곡과 쭉정이를 두부 자르듯 구분할 것을 강요했고, 이를 통해 그의 이론은 서서히 변화해 나갔다. 1957년 1월, 그의 정책 제안서가 출판되어 나왔을 때, 그 변화의 결과가 만천하에 공개되었다. 이제 그의 이론에서 경제는 절대적인 지위를 차지하게 되었다. 심지어 경제성장은 "식민주의의 다이너마이트까지도 제거"할, 아시아와 아프리카를 대상으로 한 만병통치약이었다. 가장 놀라운 것은 제국주의에 대한 그의 입장 변화였다. 전작인 『미국의 아시아 정책』에서 그는 미국이 제국주의 국가들과 식민지 사이에서 "중립"을 취하고 있다고 비판했다. 이 비겁한 중립은 "언젠가 감당할 수 없는 파국을 낳을 것"이며, 따라서 미국의 과제는 "제국주의 동맹국들을 강하게 압박"하여 식민지 해방을 돕는 일이었다. 불과 3년이 지난 후, 이 단호한 목소리는 잦아들었다. 제국주의에 대한 그의 입장은 이제 잘해야 위선적이었다.

---

29 Jackson to Rostow, May 17, 1954, box 83, folder on Princeton Economic Conf., 5/54-: Misc. (1); Jackson to Dulles, Jan. 13, 1956; December 2, 1956, box 49, folder on Dulles (3), Jackson Papers; Rostow, *Concept and Controversy*, 2003, p.159.

우리는 물론 피지배 인민의 자유와 독립을 돕기 위해 더욱 노력해야한다. 그러나 유럽 동맹국들의 일에 개입하는 것이 쉽지 않다는 사실은 차치하고라도, 저 식민지인들에게 그들의 에너지를 난폭한 혁명따위에 쏟으라고 부추기는 짓이 과연 세계 평화와 안정에 도움이 되는 일인지는 매우 의심스럽다. 제국주의 국가의 주장이 다 틀린 것도아니다. 만약 식민지 국가들이 자기 앞가림을 하기도 전에 무턱대고지배의 끈을 풀어 버린다면, 그것은 저 식민지들은 물론이고 세계 전체에도 몹쓸 짓을 하는 것이다.[30]

잭슨의 말처럼, 이러한 입장은 로스토가 그의 이론을 정책에 반영하기 위해 받아들였던 일종의 타협이었다. 탈식민주의의 대의와 유럽동맹국들의 입장 사이의 충돌은 냉전기 미국 정책 결정권자들에게 가장 골치 아픈 문제 중 하나였으니 말이다.

로스토에게는 유감스럽게도, 그의 타협이 그가 원하는 결과를 만들지는 못했다. 개발차관기금Development Loan Fund을 비롯한 몇몇 프로그램들이 시작되기는 했으나, 그의 핵심 제안인 체계적이고 광범위한 저개발지역 경제성장 지원 사업은 차일피일 미루어졌다. 로스토는 잭슨을 졸라댔고, 잭슨은 덜레스에게 우는소리를 했다. 문제는 예산이었다. 덜레스는 나름대로 부통령 리처드 닉슨Richard Nixon을 끌어들여 로스토의 정책을 추진해 보려고 시도했으나, 재무부와 예산국에서 지갑을 열어 주지않는데 그로서도 어찌할 도리가 없었다. 그는 잭슨에게 조만간 저 "험프리-도지-후버 연합"이 무너질 터이니, 그때 다시 사업을 재개해 보자고

---

30 Walt W. Rostow, *Proposal—Key to an Effective Foreign Policy*, New York: Harper, 1957, pp.34-41; Rostow, *An American Policy in Asia*, p.12.

달랬다. 그러나 이 연합을 대체할 균형 예산주의자들은 언제나 넘쳐났고, 공화당은 나라 재정을 늘 그런 이들에게 맡겼다. 그리고 이 예산의 구두쇠들이 보기에 로스토의 정책은 무의미하고 무책임한 돈 낭비로밖에 보이지 않았다. 대략 1958년을 전후하여 그의 정책은 폐기되었고, 로스토와 공화당 행정부 사이의 어색한 교류 역시 막을 내렸다.[31]

로스토의 정책은 폐기되었으나, 그가 공화당 행정부에서 겪었던 경험은 그의 이론에 지울 수 없는 흔적을 남겼다. 이때 그는 처음으로 권력이라는 실체에 직면하여 그것과 대화하고 교섭했다. 그는 자신의 이론을 실현하기 위해서는 권력이 필요하다는 사실을 깨달았다. 정책을 승인하고, 인력을 편성하고, 예산을 집행하는 주체가 곧 권력이었기 때문이다. C. D. 잭슨은 훗날 이에 대해 다음과 같이 회고했다. 우리들의 정책에 관한 한 "[아이젠하워] 행정부의 주요 결정은 대개 아래에서 출발해 위로 흘러갔다(flow from the bottom up)."[32] 로스토는 관료제의 밑바닥에서 정책을 만들었고, 잭슨은 그것을 열과 성을 다해 관료제 사다리의 꼭대기로 밀어 올렸다. 이를 위해 필요한 기술이 바로 설득이었다. 그것은 부드러운 목소리, 정책을 그럴듯하게 포장하는 능력, 모나지 않은 인간관계, 그리고 무엇보다 얻을 것을 얻기 위해 버릴 것은 버리는 타협의 자세를 필요로 했다. 자신의 이상을 실현하기 위해 권력을 움직이는 기술, 로스토가 잭슨으로부터 배운 것이 바로 이 설득의 기술이었다. 어떤 측면에서 권력을 향한 그들의 설득 과정은 그 대상보다 주체에, 즉 아이젠하워 행정부보다 로스토에게 더욱 뚜렷한 흔적을 남긴 셈이다.

31 Walt W. Rostow, *The Diffusion of Power*, New York: Macmillan, 1972, pp.87-88; Jackson to Dulles, January 13, 1956, box 49, folder on Dulles (3); Richard Nixon to Jackson, July 8, 1959, box 80, folder on Nixon, Jackson Papers.

32 Jackson to Rostow, December 12, 1960, box 92, folder on Rostow, 1960-61, Jackson Papers.

공화당에서 뜻한 바를 이루지 못하게 되자, 로스토는 그의 정치적 고향, 민주당으로 돌아갔다. 옛 동료들은 그의 귀환을 반겼다. 민주당의 자유주의자들은 로스토의 이론이 냉전에서 제3세계의 중요성을 환기시킴으로써 딘 애치슨Dean Acheson과 조지 케넌으로 대표되는 대서양 중심의 대외정책에 대한 보완재 역할을 할 것으로 기대했다. 이들 중 특히 코네티컷 주지사와 인도 대사를 지낸 당내 진보파의 대표주자 체스터 볼스Chester Bowles는 로스토의 안내자 역할을 자처했다. 그는 근대화론에 지대한 관심을 지니고 있었고, 그 자신이 제3세계의 경제성장과 반제국주의 문제에 관해 몇 권의 책을 저술한 지식인이기도 했다. 볼스를 통해 로스토는 스티븐슨과 린든 존슨을 비롯한 민주당 거물들과 안면을 텄고, 케네디와 휴버트 험프리Hubert Humphrey 등 차세대 지도자들과도 친분을 맺었다. 그는 이들 모두를 정중하게 대했으며, 자신의 이론에 대해 친절하게 설명했다. 오래지 않아 '단계'니 '이륙'이니 하는 로스토 특유의 개념이 민주당 내에서 상식처럼 통용되기 시작했다.[33]

이때 볼스는 로스토가 불과 몇 년 후 워싱턴 정가에서 "기관총을 장착한 체스터 볼스Chester Bowles with a machine gun"라는 별칭으로 불리게 될 줄은 꿈에도 상상하지 못했을 것이다. 그는 로스토 저작들을 읽었고, 거기에는 이 젊은 이론가가 후일 베트남전쟁을 그토록 열렬하고도 집요하게 밀어붙일 것이라는 단서가 거의 없었기 때문이다. 대신 그가 발견한 것은 이론적 언어로 표현된 자기 자신의 생각이었다. 볼스는 미국 정계에서 가장 대표적인 대외원조 옹호자인 동시에 확고부동한 제국주의 비판자였다. 그에게 이 둘은 결코 뗄 수 없는 것이었다. 미국 경제는 유

---

33 Milne, *America's Rasputin*, pp.55-56; "The Democratic Approach to Foreign Policy and United States Defense" Democratic Advisory Council policy report, October 19, 1957, box 15, folder 4, Paul Butler Papers, University of Notre Dame.

럽 제국주의 국가들과의 교역을 통해 성장했고, 그 수익 중 일부는 식민지에서 착취한, 따라서 응당 그들에게 돌아가야 마땅한 것이었다. 근대화 역시 마찬가지였다. 그것은 아시아와 아프리카 사람들을 위한, 또 그들에 의한 것이어야지, 미국식 자본주의를 이식하려는 시도는 바람직하지도 가능하지도 않을 것이다. 더군다나 군대를 끌고 가서 이를 강요하는 짓은 제국주의의 비극을 반복할 뿐이었다. 이러한 생각은 이론이랄 것까지도 없었다. 볼스에게 그것은 그저 상식이었다. 로스토도 한때 이 상식을 공유했다. 이 상식으로부터 한 발짝씩 멀어져 갈수록, 램프 속에 갇혀 있던 오만의 정령이 조금씩 모습을 드러냈다. 그리고 그 정령은 로스토에게 기관총을 쥐여 주었다.[34]

한 손에는 근대화론, 다른 손에는 기관총. 말할 것도 없이 이는 오만한 제국주의자의 형상이었다. 그것은 우리에게 익숙한 로스토의 모습, 즉 미국식 자본주의만이 제3세계 근대화의 유일한 길이고, 경제성장은 그들의 모든 어려움을 일소할 것이라고 확신에 찬 목소리로 외쳤던 광신도의 모습이었다. 그것은 하노이에는 융단폭격을, 정글 마을에는 네이팜탄 투하를 건의하면서도, 이것이 다 궁극적으로는 베트남 인민을 위한 행동이라고 굳게 믿었던 한 확신범의 모습이었다. 그러나 잊지 말아야 할 점은 로스토가 이러한 오만한 확신에 빠져들게 된 것은 얼핏 오만이나 확신과는 어울릴 것 같지 않은 과정을 통해서였다는 사실이다. 그 과정은 이상과 현실 사이의 조율, 권력의 작동 방식에 대한 고려, 그리고 자신의 이론을 주어진 정치적 조건하에서 추진하기 위해 받아들였던 일련의 타협들로 이루어져 있었다. 로스토는 지구 반대편

— 34   Chester Bowles, "A Fresh Look at Free Asia," *Foreign Affairs*, vol.33, no.1, 1954, pp.54-71; Howard Schaffer, *Chester Bowles: New Dealer in the Cold War*, Cambridge, MA: Harvard University Press, 1993, p.204.

의 헐벗고 굶주린 사람들을 돕고 싶었고, 그러기 위해서는 우선 미국의 권력자들을 설득해야 했다. 따라서 그는 일단 과거와 현재의 제국주의에 대해 침묵했다. 그 침묵은 망각을 낳고, 망각은 다시 확신으로 이어졌다. 제국주의의 그림자는 그의 마음속에서 점점 주변부로 밀려나더니 어느 순간 사라졌다. 그 자리를 이제 경제성장이라는 만병통치약과 네이팜탄이라는 사랑의 매가 채웠다. 이 과정이 로스토가 걸린 타협의 덫이었다.

5. 맺음말: 권력의 역설

"알겠네, 내 대답은 '예스'네. 하지만 내 판단은 여전히 '노'일세(My answer is 'yes,' but my judgment is 'no')." 1965년 3월, 린든 존슨은 국방장관 맥너마라에게 무거운 목소리로 대답했다. 이것은 그가 베트남에 대한 전면적인 공중 폭격, 즉 저 악명 높은 롤링선더작전Operation Rolling Thunder을 승인하는 순간이었다. 맥너마라는 이 작전이 오래지 않아 전쟁을 종식시킬 것이라고 약속했다.[35] 그러나 그것이 끝낸 것은 베트남전쟁이 아니라 2차 대전 이후 이어진 미국의 전성기였다. 위의 인용구가 보여 주듯, 존슨은 베트남에서의 전망에 회의적이었다. 그는 결코 미국의 힘을 맹신했던 텍사스 카우보이가 아니었다. 베트남전쟁을 소위 'LBJ의 전

---

35 Telephone conversation with Robert McNamara, White House tape record, March 6, 1965, 2:32 pm, Michael Beschloss ed., *Reaching for Glory: Lyndon Johnson's Secret White House Tapes, 1964-1965*, New York: Simon & Schuster, 2001, p.215.

쟁'으로 만든 것은 오만한 확신보다는 차라리 강박증적 공포에 가까웠다. 그는 1949년 중국의 공산화가 가져온 정치적 여파를 생생하게 기억했다. 이 '중국의 상실loss of China'은 매카시즘 광풍을 낳았고, 트루먼의 개혁 정책인 페어딜(Fair Deal)을 좌절시켰으며, 뉴딜부터 계속된 민주당의 20년 집권을 무너뜨렸다.[36] 존슨에게 '베트남의 상실'은 끔찍한 상상이었다. 그것은 매카시즘 부활의 신호탄이자 그의 야심 찬 위대한 사회Great Society 정책의 사망 선고였다. 그것은 곧 천신만고 끝에 재건한 민주당 정권의 붕괴를 의미했다. 베트남전쟁은 존슨이 마지못해 집어 든 그의 타협안이었다.[37]

　　베트남전쟁이 미국의 오만에 대한 응보였다면, 그 출처는 대통령이 아니라 다른 곳에 있었다. 맥너마라, 딘 러스크, 맥조지 번디. 존슨을 둘러싼 이 엘리트 보좌관들은 미국의 힘과 선의를 맹신한 채, 더 많은 군대, 더 잦은 공습, 더 강력한 반격을 부르짖었다. 비유컨대 1965년 당시 존슨이 사느냐 죽느냐의 갈림길에서 머뭇거리며 죽음의 길을 택해 걸어갔던 햄릿이었다면, 저 '미국 최고의 인재들'은 한 치의 망설임 없이 이 전쟁을 향해 날아갔던 이카로스였다. 저들이 장착한 이카로스의 날개가 바로 로스토의 근대화론이었다. 이것은 일종의 자기 암시적 예언이었다. 경제성장은 보다 높은 생활 수준을 보장할 뿐만 아니라 보다 좋은 교육, 보다 평등한 관계, 보다 진취적인 문화, 보다 민주적인 정치를 제공할 것이었다. 지금 저들이 해방이니 평등이니 하는 말에 넘어가는

36　Ilnyun Kim, "The Vital Center for United States-China Relations in the 1950s," *Diplomatic History*, vol.44, iss.4, 2020, pp.609-635.

37　Larry Berman, *Planning a Tragedy: The Americanization of the War in Vietnam*, New York: Norton, 1982; Lloyd C. Gardner, *Pay Any Price: Lyndon Johnson and the Wars for Vietnam*, Chicago, IL: Ivan Dee, 1995.

이유는 여전히 전통사회의 단계에 머물러 있는 베트남인들이 근대화가 얼마나 좋은 것인지 아직 경험하지 못했기 때문이다. 이제 막 위대한 고속성장의 단계, 운명의 이륙이 시작되려 하고 있다. 이 이륙의 날갯짓은 대를 이은 가난에서부터 공산주의의 유혹, 그리고 엇나간 민족주의까지 모든 문제를 일거에 날려 버릴 것이었다. 그날이 오면, 평화가 전쟁을 영원히 대체할 것이었다. 폭격은 딱 그때까지만 지속될 것이었다. 이것이 베트남전쟁을 추동했고, 또 끊임없이 정당화했던 근대화론의 오만함이었다.

이러한 로스토의 장담은 불안한 존슨에게 큰 위안을 주었다. 그는 끊임없이 대통령이 듣고 싶어 했던 말을 속삭였지만 동시에 실제로 자신도 그 말을 믿었다. 권력이 원하는 말과 자신이 믿는 바, 당시 로스토에게 이 둘 사이의 간극은 거의 존재하지 않았다. 어떤 면에서 그가 지난 몇 년간 걸었던 정치적 여정은 이 간극을 좁히는 과정이었다. 처음에 그는 아시아와 아프리카의 역사적 경험이 미국과 달랐으므로 저들 앞에 놓인 근대화의 길 또한 같지 않으리라는 것을 알고 있었다. 1950년대 중반, 그는 아이젠하워 행정부에 자신의 이론을 설득하는 과정에서 처음으로 권력과 마주하게 되었다. 그리고 권력 없이는 그 어떤 이상도 실현할 수 없고, 권력을 움직이기 위해서는 자신의 이상을 타협할 수 있어야 한다는 것이 로스토가 유연한 협상가 C. D. 잭슨으로부터 배운 교훈이었다. 로스토는 훗날 잭슨에 대해 그가 윗사람들을 "존경, 공감, 찬동, 심지어는 아첨으로 가득한 태도"로 대했다고 회고했다. 정치 무대에 적응하고 타협이 거듭될수록, 로스토는 자신도 모르는 사이에 점점 잭슨을 닮아 갔다. 베트남전쟁의 강경한 비판자였던 갤브레이스는 이 변화를 느낀 사람 가운데 하나였다. "월트 로스토, 나의 이 오랜 친구는 원래 맹목적 반공주의자는 아니었다. … [베트남전쟁에서] 그의 잘

못은 너무 쉽게 권력과 주류 정치 흐름에 자신을 맞추어 가려는 태도에 있었다."[38]

— 38 Rostow, *Concept and Controversy*, p.159; John Kenneth Galbraith, *A Life of Our Times: A Memoirs*, Boston, MA: Houghton Mifflin, 1981, p.469.

9장

"베트남 이전에 라오스가 있었다"

-라오스의 인도차이나전쟁과 민족국가 건설, 1945-1975- [1]

현 시 내

1. 머리말: 라오스 내전은 누구에 의한,
그리고 누구를 위한 전쟁이었는가

2013년 2월, 텍사스주의 한 작은 마을에서 필자는 "빌 레어"라고 불리는 제임스 윌리엄 레어James William "Bill" Lair를 처음 만났다. 미 중앙정보부Central Intelligence Agency 요원이었던 빌 레어는 1960년대 초 라오스 북부 지역에서 몽Hmong 출신 군인이었던 왕 빠오Vang Pao를 만났고, 이들은 의기투합하여 몽 청년들을 베트남과 라오스 공산당에 대항할 특수게릴라 부대로 만들었다. 하지만 제2차 인도차이나전쟁이 공산당의 승리로 끝

---

[1]   이 논문은 2019년 대한민국 교육부와 한국연구재단의 지원을 받아 수행된 연구임(NRF-2019S1A5C2
A01080959). 이 논문은 동남아시아연구 32권 1호에 게재되었음.

나자 이들은 라오스 공산정권의 주적이 되었다. 수만 명의 몽 난민들이 전쟁 막바지에 미 중앙정보부가 제공한 화물 수송기에 몰려들어 탈출을 시도했지만, 그들 모두를 데리고 나가는 것은 애초부터 불가능했다. 그들이 시작한 작전 때문에 오랜 삶의 터전에서 쫓겨나게 되었음에도, 그리고 1975년에 탈출하지 못한 몽 군인들이 아직도 라오스 공산정권의 반격을 피해 정글에 숨어 살고 있음에도 불구하고, 왕 빠오와 같이 탈출에 성공해 이후 미국에 살게 된 몽 사람들에게 왕 빠오는 몽 민족의 아버지, 그리고 빌 레어는 생명의 은인이 되었다.

정글 깊숙이 숨은 몽 군인처럼 제2차 인도차이나전쟁 기간(1955-1975)에 일어났던 라오스 내전은 수만 명의 민간인이 희생되었음에도 베트남전쟁에 가려져 조명을 받지 못해 왔다. 1969-1970년 캄보디아에 대한 미국의 폭격 작전에 미국의 반전운동가들이 즉각적으로 저항했지만, 더 긴 시간 동안 대규모로 이루어진 라오스에서의 미국의 공습 작전은 냉전이 끝날 때까지도 대중의 관심을 거의 받지 못했다.[2] 베트남을 중심으로 인도차이나전쟁을 연구하는 서구 학자들이 라오스를 볼 때 주목하는 부분은 호찌민 트레일Ho Chi Minh Trail을 차단하고 남베트남의 국경을 보호하는 데 있어서의 라오스의 전략적, 지정학적 중요성이다.[3] 또한 이들은 베트남전쟁을 통해 널리 알려지게 된 광범위하고 무차별적

—   2   Marilyn B. Young, *The Vietnam Wars, 1945-1990*, New York: HarperPerennial, 1991, pp.236-238.
    3   John Prados, *Presidents' Secret Wars: CIA and Pentagon Covert Operations from World War II Through the Persian Gulf*, Chicago, IL: I.R. Dee, 1996; Timothy N. Castle, *At War in the Shadow of Vietnam: US Military Aid to the Royal Lao Government, 1955-1975*, New York: Columbia University Press, 1993; William M. Leary, "The CIA and the 'Secret War' in Laos: The Battle for Skyline Ridge, 1971-1972," *Journal of Military History*, vol.59, iss.3, 1995; Sutayut Osornprasop, *Thailand and the American Secret War in Indochina, 1960-1974*, Corpus Christi College, University of Cambridge Ph.D dissertation, 2006.

인 공습 전략, 게릴라 전투 전술 등이 모두 그 이전에 라오스 내전에서 사용되었다는 점에도 주목한다. 이에 미국의 유명 칼럼니스트이자 작가인 재커리 카라벨Zachary Karabel은 "라오스는 베트남이 존재하기 전의 베트남"이라고 했다.[4]

물론 라오스 내전과 베트남전쟁의 성격과 양상이 완전히 같았다고 할 수는 없고, 베트남전쟁 기간에 라오스에서의 내전이 소강상태로 들어갔던 것도 아니다. 그럼에도 1953년 독립 이후에 라오스에서 일어난 무력충돌은 베트남전쟁의 그늘에 갇혀 내전이라기보다는 미 중앙정보부가 일으킨 "비밀전쟁secret war" 혹은 "비밀작전covert ops"의 일부인 것처럼 여겨져 왔다. 이는 이 작전에 참여했던 다수의 전 미 중앙정보부 요원들 또는 미군과 정부 관료들의 비망록과 증언에서 나타난 미국 중심적 시각을 주로 반영한 것으로,[5] 이 전쟁이 라오스, 더 나아가 인도차이나 역사에서 가지는 "해방전쟁war of liberation"으로서의 성격을 가리는 한계를 가지고 있다. 라오스 역사를 연구하는 서구 학자나 라오스 학자들은 내전이 일어났던 1960-1975년을 대체로 라오스의 독립과 민족국가 건설 기간으로 보고 있다.[6] 다만, 1975년에 공산정권이 들어서면서 라오스 국내 학자들이 베트남의 혁명 사관을 따라 내전을 프롤레타리아트 계급의 사회주의혁명의 일부로 서술하기 시작하면서, 라오스 내전의 성격과 영향력에 대한 논의가 미국 제국주의 대 인도차이나 공산당의

4   Zachary Karabell, *Architects of Intervention: the United States, the Third World, and the Cold War, 1946-1962*, Baton Rouge, LA: Louisiana State University Press, 1999, p.206.

5   Roger Warner, *Shooting At the Moon: The Story of America's Clandestine War in Laos*, South Royalton: Steerforth Press, 1998; Joshua Kurlantzick, *A Great Place to Have a War: America in Laos and the Birth of a Military CIA*, New York: Simon & Schuster, 2017.

6   Grant Evans, *A Short History of Laos: The Land in Between*, Sydney: Allen & Unwin, 2002, pp.39-92; Martin Stuart-Fox, *A History of Laos*, Cambridge: Cambridge University Press, 1997, pp.59-98.

대결로 축소되는 경향을 보였다.

그러다 최근 라오스의 독립과 민족국가의 건설nation-building과 공산당이 주도한 사회주의혁명의 완수라는 양분화된 기존 연구에 대한 변화의 요구가 증대되었다. 전쟁 난민으로 미국에 망명한 라오스 출신의 몽 후손이 자신들의 역사를 새로 쓰기 시작하면서 내전의 성격을 단순히 라오스 정부 대 공산당의 대결로 규정하는 데 문제를 제기한 것이다. 물론 여전히 미국에 정착한 몽인들의 대다수가 왕 빠오에 호의적이어서 내전을 정의하는 데 있어서 앞서 말한 미국 중심의 시각을 그대로 받아들이는 경우도 적지 않다. 하지만 신진학자들이 몽 공동체 내의 씨족 간 대결과 분열이 전쟁의 확대에 미친 영향에 대해 문제를 제기하면서 라오스 내전의 성격을 새롭게 규정해야 한다는 데 대해 공감대가 형성되고 있다.7

이와 함께 주목해야 하는 부분은 미 중앙정보부의 조력자였던 태국 군인들과 민병대원들이 냉전이 종결된 1990년대부터 태국과 미국 정부로부터 참전에 대한 보상을 받기 위한 운동을 시작했다는 점이다. 이들의 존재를 태국 정부가 공식적으로 인정한 2003년 이후에는 참전 군인들의 증언 자료도 나오고 있다. 논의의 전제를 냉전이라는 이념전쟁에 제한하지 않고 베트남전쟁, 더 나아가 약 33년에 걸쳐 일어난 세 차례의 인도차이나전쟁 기간(1946~1979), 동남아시아 대륙에서 이루어진 탈식민화decolonization와 국가 건설nation-building 과정에 둔다면, 이 16년간의

---

7   Mai Na M. Lee, *Dreams of the Hmong kingdom: The Quest for Legitimation in French Indochina, 1850-1960*, Madison, WI: The University of Wisconsin Press, 2015; Chia Youyee Vang, *Hmong America: Reconstructing Community in Diaspora*, Urbana, IL: University of Illinois Press, 2010; Keith Quincy, *Hmong: History of a People*, 3rd edition, Marshall, WA: GPJ Books, 2017.

전쟁의 성격을 좀 더 다각적으로 볼 수 있게 하는 여건이 마련되고 있다는 것이다.

이 논문의 목적은 기존의 사료들과 몽 학자들의 최근 연구, 그리고 참전 군인들과 피해자들의 증언을 종합적으로 비교 분석하여 라오스 내전이 가지는 근대 민족국가 건설^{nation-building}의 성격을 알아보는 데 있다. 논문의 전반부에서는 태평양전쟁 이후 라오스와 미국의 정치적 상황과 역사적 전환점을 기존의 사료와 연구자료들을 바탕으로 재구성한다. 세부적으로는 먼저 내전이 시작하기 이전인 1945년부터 1960년 사이의 역사적 배경을 정리하여 라오스가 왜 내전의 상황으로 몰리게 되었는지를 살펴본다. 그러고 나서 라오스 내전 상황의 해결을 두고 존 F. 케네디^{John F. Kennedy} 대통령이 대외정책을 시행함에 있어서 왜 공식 외교 라인이 아닌 정보기구들을 통한 비밀작전에 더 무게를 두기 시작하게 되었는지를 알아본다. 라오스의 중립국화가 결정된 1962년 이후에도 미 중앙정보부는 라오스 비밀작전을 멈추지 않았다. 이 작전이 케네디 대통령에게 가진 의미가 무엇이었는지, 그리고 그 주변국에서는 어떠한 일들이 벌어졌는지를 함께 보면 라오스 내전에 미 중앙정보부가 전개한 비밀전쟁 이상의 의미가 있었음을 알 수 있다.

이 논문의 후반부에서는 내전에 참전했던 미국, 라오스, 몽, 그리고 태국 관계자들의 증언과 이를 바탕으로 한 최근 연구를 분석하여 몽 공동체와 태국군이 미 중앙정보부의 비밀작전에 참여한 목적은 무엇인지, 그리고 참전을 통해 무엇을 얻었는지를 살펴본다. 앞서 언급했듯 지금까지의 연구들은 라오스 내전을 단순히 베트남전쟁의 전초전 또는 국지전으로 보는 경향이 주류를 이루었다. 특히 1965년부터 1968년까지 베트남을 불바다로 만들었던 전 미 국방장관 로버트 맥너마라^{Robert McNamara}가 주도한 롤링 선더 작전^{Operation Rolling Thunder}을 위한 준비작업이 이미 1950년대부터 태국과 라오스에서 시작됐다는 점을 부각했다. 이 논문이 주목하는 부분은 미 중앙정보부의 비밀작전이 1964년에 공습전이라는 재래전의 형태로 발전하게 된 계기와 배경이다. 이를 이해하기 위해서는 일단 라오스 내전과 베트남전쟁이 동시에 벌어졌지만, 완전히 다른 역사적, 정치적, 경제적, 사회적 조건에서 일어났음을 전제하고, 주변국, 특히 태국과의 관계와 동남아시아 지역 내 정치질서 재편성 과정의 특성을 본다.

마지막 부분에서는 앞서의 논의를 바탕으로 라오스 내전의 성격을 종합적으로 살펴보며 소위 냉전이라는 이념전쟁에 가려진 근대 민족국가 건설의 의미, 그리고 더 나아가 과연 이 전쟁이 동남아시아에서의 냉전의 성격을 규정하는 데 어떠한 기여를 할 수 있는지에 대해 고찰해 본다.

2. 세 명의 왕자와 라오스 내전의 기원, 1945-1960[8]

1945년 태평양전쟁이 일본의 조건 없는 항복으로 끝나자 프랑스는 베트남-라오스-캄보디아를 아우르는 인도차이나반도를 재식민화하려 했고 이 과정에서 각국 왕실과 구정치세력과 협력하여 괴뢰정권을 세웠다.[9] 그리하여 150년 동안 베트남을 다스렸던 응우옌(Nguyen) 왕조의

---

8 이글에서 사용된 라오 지명과 이름의 영문 표기는 Stuart-Fox의 *A History of Laos*에 나온 표기법을 따랐다.

9 Bruce Lockhart, "Monarchy and Decolonization in Indochina," Marc Frey, Ronald W.

직계손인 바오다이(Bao Đai) 황제가 1949년에 베트남에서 즉위했지만, 프랑스 식민주의자들과 전쟁을 벌이고 있었던 호찌민(Ho Chi Minh)의 인기는 사그라들지 않았다. 1946년 제1차 인도차이나전쟁이 시작된 이후 호찌민은 공산당을 넘어 독립운동가이자 민족의 지도자로 거듭나고 있었다. 그에 비해 인도차이나 3국 중 하나인 라오스는 특출나게 뛰어난 지도자도, 라오스 국민이라는 자부심을 줄 통일 정부도 부재한 약소국일 뿐이었다. 이는 시민들에 의한 반식민주의 민족주의 운동이 부재한 원인이자 결과였다고 볼 수 있다.[10]

베트남과 달리 라오스의 민족주의 운동은 왕실을 중심으로 일어나기 시작했다. 태평양전쟁이 일어나기 전 프랑스는 씨앙쿠앙$^{Xiang\ Khuang}$, 참파사크^{Champasak}, 그리고 현 라오스 수도인 비엔티안^{Vientiane}을 수도[11]로 한 공국^{principality}을 직접 지배했는데, 루앙프라방 공국은 자치국 상태로 보존하고 있었다. 라오스의 민족주의 운동은 바로 이 루앙프라방 공국에서 시작되었다. 프랑스 유학파이고 시사왕웡^{Sisavangvong} 왕 정부의 총리이기도 했던 루앙프라방 왕실의 펫사랏 랏타나웡사$^{Phetxarat\ Rattanavongsa}$ 왕자는 라오스의 통합을 꾀하고 이를 기반으로 프랑스에 대한 전국적인 저항운동을 조직하려 일본과 공조했다. 태평양전쟁이 일본의 패배로 끝나자, 1945년 9월 15일, 펫사랏 총리는 프랑스에 친화적이었던 시사왕웡 왕과 구엘리트에 대항하여 라오스의 독립과 통일을 선언했다. 프

Pruessen and Tan Tai Yong eds., *The Transformation of Southeast Asia: International Perspectives on Decolonization*, Armonk, NY: M.E. Sharpe, 2003, pp.62-65; Stein Tonnesson, "National Divisions in Indochina's Decolonization," Presenjit Duara ed., *Decolonization: Perspectives from Now and Then*, London: Routledge, 2004, p.258.

10 Ryan Wolfson-Ford, "Sons of Khun Bulom: The Discovery by Modern Lao Historians of the 'Birth of the Lao Race'," *Journal of Southeast Asian Studies*, vol.47, no.2, 2016, pp.170-172.

11 "이 도시들의 라오어식 발음은 시앙쾅(Xiang Khuang), 짬빠싹(Champasak), 위앙짠(Vientiane)이지만 여기에서는 일반적 외래어 표기법을 따랐다.

랑스로부터의 독립에 반대한 왕이 그를 총리직에서 해임시키자, 펫사 랏은 이틀 뒤 10월 12일에 "라오이사라^{Lao Issara}('해방 라오스')"라는 라오스 독립단체를 기반으로 한 임시정부를 세웠다.[12] 하지만 일본군이 떠나자 마자 라오스를 재점령한 프랑스에 맞서기에는 역부족이었기에 1946년 4월에 태국으로 건너가 방콕에 망명정부를 세웠다.[13]

1947년 군부 쿠데타로 다시 정권을 잡은 태국의 피분 송크람 총리 가 강도 높은 반공 정책과 안보정책으로 태국 내 망명 인사들의 활동을 제한하자 후일 "붉은 왕친^{Red Prince}"이라고 불리는 펫사랏 왕자의 동생 수파누웡^{Suphanuvong} 왕자와 이복동생 수완나 푸마^{Suvanna Phuma} 왕자는 형 펫사랏 왕자를 방콕에 남기고 라오스로 돌아오게 된다. 이후 라오이사 라 운동 진영 내 친프랑스파와 라오스 독립파 간의 분열로 수파누웡은 1949년 5월에 라오이사라와 결별했고, 결국 10월 25일에 라오이사라 망 명정부는 공식적으로 해체된다. 프랑스와 베트남에서 유학했고 호찌민 의 열렬한 지지자였던 수파누웡 왕자는 1950년 8월, 베트남의 독립동맹 회(Viet Minh, 월맹)와 유사한 라오스 공산주의 조직 "빠텟 라오^{Pathet Lao}('라 오의 나라')"를 조직했고, 곧 월맹군과 동맹을 맺었다. 그의 이복형인 수 완나 푸마 왕자는 1951년 11월에 프랑스 통치하에 있었던 라오스 정부의 총리가 된다. 라오스 북부의 루앙프라방 왕실 출신인 이들 형제와 달리 남부 참파사크 왕실의 후계자 분 움^{Bunum na Champasak} 왕자는 친프랑스에 가까운 왕정파였다. 수완나 푸마 왕자가 방콕에서 돌아올 무렵 그는 라 오스 정부의 총리직을 맡고 있었다. 이들 세 왕자를 지지하는 세력도 왕

---

12 소병국, 『동남아시아사: 창의적인 수용과 융합의 2천년사』, 책과함께, 2020, 503-504쪽.

13 Soren Ivarsson and Christopher Goscha, "Prince Phetsarath (1890-1959): Nationalism and Royalty in the Making of Modern Laos," *Journal of Southeast Asian Studies*, vol.38, no.1, 2007, pp.68-72.

자들의 정치적 성향에 따라 나뉘어 있었다. 공산주의자와 중립주의자, 그리고 왕정주의자 사이의 간극은 제1차 인도차이나전쟁에서 프랑스의 패색이 점점 짙어질수록 더 커져 갔다.

이들 세 왕자 중 미국이 가장 두려워했던 이는 단연 수파누웡이었다. 제1차 인도차이나전쟁에서 암암리에 프랑스를 지원했던 미국은 프랑스가 전쟁에서 이겨 인도차이나의 공산화를 막기를 바랐다. 그래서 1949년에 프랑스가 바오다이 황제를 꼭두각시 대통령으로 세웠을 때 해리 트루먼 대통령도 적극적으로 지지를 선언하고 경제적 지원도 약속했다. 하지만 프랑스나 바오다이 모두 호찌민이 이끄는 월맹을 제압하기에는 역부족이었다. 이와 같은 상황에서 월맹군이 1953년 3월부터 라오스 루앙프라방까지 전장을 확대하고 후아판^{Houaphan}주의 삼느아 ^{Xamneua} 지역에 빠텟라오 본부를 세우자 라오스를 주시하기 시작했다. 전장이 국경을 넘어 라오스로 확대되는 것을 경계했던 프랑스는 그해 10월에 서둘러 라오스의 독립을 인정했다.[14]

1954년 5월 7일 베트남의 디엔비엔푸^{Điện Biên Phủ} 전투에서 프랑스는 쓰라린 패배를 맛보게 된다. 인도차이나전쟁을 종결시키기 위해 제네바에 모인 각국의 대표들은 디엔비엔푸 전투의 결과를 듣고 프랑스의 후퇴가 불가피하다는 결론에 이르렀다. 1954년 7월 20일, 베트남 민주공화국, 소련, 그리고 중국의 대표들은 미국의 반대에도 불구하고 정전협정을 발표했다.[15] 협정에 따라 베트남은 북위 17도선을 따라 남북으로

---

14 소병국, 『동남아시아사』, 505-508쪽.
15 Pierre Asselin, "Choosing Peace: Hanoi and the Geneva Agreement on Vietnam, 1954-1955," *Journal of Cold War Studies*, vol.9, no.2, 2007, pp.97-100; David Marr, "Vietnam: Harnessing the Whirlwind," Robin Jeffrey ed., *Asia: The Winning of Independence —The Philippines, India, Indonesia, Vietnam, Malaya*, London: Macmillan Press, 1981, p.205.

분할되었고 프랑스는 모든 군대를 17도선 밑으로 이동해야 했다. 17도선 경계선을 자유로이 넘나들 수 있는 기간은 협정이 효력을 가지는 날로부터 300일 동안이었다. 1956년 7월에 무기명 투표로 총선을 치르는 것으로 베트남은 완전한 독립을 이루고 자치정부를 가지게 될 것으로 계획되었다.[16] 문제는 그 2년 동안 베트남이 통일을 이룰 수 있을지의 여부였다. 그리고 통일이 이루어진다면 어떤 정부가 들어설지가 모두의 관심 대상이었다. 워싱턴의 외교정책 전문가들이 바빠지기 시작했다.

제네바 회의가 끝나자마자 드와이트 D. 아이젠하워Dwight D. Eisenhower 행정부는 안보회의를 소집하여 정전협정을 위반하지 않는 범위에서 동남아시아 내 공산주의의 확장을 막고 반공 정부와 우호적인 관계를 맺기 위해 모든 노력을 다하겠다는 입장을 확인했다.[17] 이를 위해 아이젠하워 행정부는 1955년부터 라오스에 대한 경제원조를 시작했고, 국무부 장관 존 포스터 덜레스John Foster Dulles는 아세안의 전신인 동남아시아조약기구Southeast Asia Treaty Organization 창립총회 모임에 참석하기 위해 방콕을 방문했을 때 일부러 라오스 수도 비엔티안을 방문하여 라오스군을 위한 군비 증강을 약속했다. 결국 라오스로 흘러 들어간 약 5천만 달러에 이르는 경제원조의 90% 가까이가 군비 증강에 사용되었고, 이 돈으로 당시 2만 5천 명에 이르는 라오스 국군의 월급이 지급되었다.[18] 1960년을 기준으로 총인구 2백만이 조금 넘었던 라오스에 미국이 이렇게 후하

16 The Avalon Project, Yale Law School, "Indochina - Agreement on the Cessation of Hostilities in Viet-Nam, July 20, 1954,", n.d., https://avalon.law.yale.edu/20th_century/inch001.asp(accessed by May 2021).

17 Karabell, *Architects of Intervention*, p.209.

18 International Cooperation Administration, Office of Statistics and Reports, *U.S. External Assistance: Obligations and Other Commitments, July 1, 1945 through June 30, 1959*, Washington, DC: International Cooperation Administration, n.d.

게 경제·군사원조를 한 이유는 라오스가 마지노선이었기 때문이다. 베트남이 공산화가 되더라도 공산주의가 태국과 미얀마, 그리고 말레이시아로 퍼지지 않기 위해서는 라오스가 완충 국가buffer state가 되어야 했다.

수파누웡이 지휘하는 빠텟라오 정부가 공식적으로 점령하거나 통치한 지역은 없었지만 아이젠하워 정부는 이 공산주의 조직의 존재 자체만으로도 불안했다. 하지만 1954년 제네바협정에 따라 직접적으로 미군을 파견하거나 라오스의 내정에 간섭하는 것은 피해야 했다. 유럽에서 그러했듯 동남아시아조약기구를 통해 영향력을 행사할 수 있다고 하여도 실제 지역 정치에서의 미국의 영향력은 제한적이었다. 동남아시아조약기구의 합의에 따라 미국과 태국은 조약 서명 국가들이 공산당의 공격을 받을 경우 직접 군대를 파병할 수 있었지만 이 역시 공산주의 조직의 확산을 막기에는 역부족이었다. 그러던 중 1955년 응오딘지엠Ngô Đình Diệm이 바오다이를 국민 투표에서 꺾어 남베트남의 대통령이 되었고, 1956년에 총선거를 거부하면서 베트남의 분단 상태는 더욱더 공고화되었다. 라오스에서는 북베트남 공산당의 지원에 힘입어 1955년 3월에 라오 인민당Phak Paxaxon, 혹은 Lao People's Party이 설립되었는데, 이는 이후 1956년 1월에 수파누웡 왕자를 수장으로 하는 라오애국전선(Naeo Lao Hak Xat, 혹은 Lao Patriotic Front)이라는 전국적 조직으로 출범했다. 라오애국전선은 창당대회에서 1954년, 제네바협정 지지를 비롯하여 미국의 제국주의 반대, 민주주의 사회 건설과 보통선거 실시 등을 포함한 12가지 정치 프로그램을 채택했다. 1957년 3월에는 10여 년간의 방콕에서의 망명 생활을 정리하고 펫사랏 왕자가 라오스로 돌아왔다. 이어 11월에 수완나 푸마 총리가 빠텟라오와 연정할 것을 공표하고, 라오스의 조속한 통일을 위해 빠텟라오 군인들을 라오스 국군에 흡수하기 시작하면서 미 외교계는 급격한 혼란에 빠진다. 아이젠하워가 1954년 한 기자간담

회에서 말했던 공산주의 도미노가 실제로 인도차이나에서 일어나는 것처럼 보였다.

1957년에 공산주의자와 중립주의자가 협력하여 만든 연합정부에 대항하기 위해 미 중앙정보부는 발 빠르게 자신들과 함께 일할 라오스 정계 인사들을 물색했다. 확실한 반공주의자이자 미국의 요청에 쉽게 라오스 국군을 움직여 줄 현지 조력자를 찾던 과정에서 프랑스에서 군사학교를 졸업한 왕정파 지지자 푸미 노사완Phumi Nosavan 중령을 발견했다. 푸미 노사완은 태국의 총리였던 사릿 타나랏Sarit Thanarat의 친척이기도 했다.[19] 곧 미 중앙정보부는 1958년 5월에 열린 총선에서 푸미 노사완이 당선될 수 있도록 도왔다.[20] 하지만 총선에서 빠텟라오 지지자들이 예상 외의 실적을 거두자 1958년 7월에 미국은 수완나 푸마의 사임을 유도하기 위해 라오스에 대한 대외원조를 중단했고, 결국 8월에 친미 왕정파들이 장악한 보수 정권을 세우는 데 성공했다. 이에 더해 푸미 노사완은 1959년 7월에 수도 비엔티안에서 대대적인 빠텟라오 인사 숙청에 나섰고, 9월에는 월맹군이 라오스에 침투하고 있다는 이유로 유엔의 개입을 요구하며 계엄령을 내렸다. 미국의 압력으로 라오스를 방문한 유엔조사단은 실질적인 증거를 찾지 못하고 돌아가야 했다. 푸미 노사완의 정치적 야망을 이미 잘 알고 있었던 푸이 사나니꼰Phuy Xananikon 총리가 그가 속한 우파 조직을 정부에서 배제하자, 푸미 노사완은 1959년 크리스마스에 쿠데타를 일으켜 정권을 장악했다.

19 Douglas S. Blaufarb, *The Counterinsurgency Era: U.S. Doctrine and Performance, 1950 to the Present*, New York: Free Press, 1977, p.141; 「제임스 윌리엄 레어(James William "Bill" Lair) 인터뷰」(인터뷰 날짜: 2013. 2. 13.-17., 텍사스주 메리디안시).

20 Alfred W. McCoy, "America's Secret War in Laos, 1955-1975," *A Companion to the Vietnam War*, Marilyn B. Young and Robert Buzzanco eds., Oxford: Blackwell Publishing, 2002, p.286.

하지만 반년도 지나지 않아 이전 쿠데타에 동참했던 라오스 국군 소속의 공레Kong Lae 대위가 1960년 8월에 푸미 노사완에 대항하여 다시 쿠데타를 일으키고 수완나 푸마 총리를 복귀시켰다. 수완나 푸마 정부와 공레를 수도 비엔티안에서 몰아내기 위해 푸미 노사완은 몽의 리더였던 투비 리파웅Touby Lyfoung과 결탁하고 분 움 왕자와 미 중앙정보부의 도움을 받아 수도 비엔티안을 공격한다.[21] 공레와 그의 지지 세력들은 비엔티안에서 동북부 지역으로 퇴각했다. 몇 달간의 후퇴 끝에 이들은 1961년 1월에 씨앙쿠앙주에 있는 단지평원Plaine des Jarres에 자리를 잡았다. 북베트남 국경으로부터 그리 멀지 않은 곳에 자리한 단지평원은 곧 공레가 이끌고 온 라오 중립주의자들과 월맹군, 그리고 빠텟라오 군인들의 중앙본부가 된다. 이윽고 소련도 이들을 지원하기 위해 단지평원으로 항공기를 보내기 시작했다는 소문이 들리면서 미국은 라오스의 내전이 불가피하다고 판단했다.[22]

요약하자면 1953년 말 프랑스로부터 독립했지만, 라오스 정계와 사회는 지극히 분열된 상태였다. 베트남처럼 대규모의 독립운동이 일어나거나 민족주의 지도자들이 등장하지 않았고 라오스 영토 내에 사는 사람들이 라오스라는 국가에 대해 갖는 소속감도 그리 강하지 않은 편이었다. 라오스 학자들은 대체로 펫사랏 왕자를 프랑스에 의지해 루앙프라방 왕실을 지키려 한 시사왕웡 왕과 외세의 힘을 빌려서라도 라오스 독립 정권을 세우려고 했었던 두 동생과 달리 라오스의 온전한 통합과 독립을 함께 외쳤던 라오 민족주의의 상징으로 보지만, 또 한편으로는 그로 인해 시작된 왕실 엘리트 중심의 민족주의 운동이 오히려 라오

---

21 Prados, *Presidents' Secret Wars*, p.266.

22 McCoy, "America's Secret War in Laos, 1955-1975," p.286; Castle, *At War in the Shadow of Vietnam*, pp.56-58.

스 사회의 분열을 가속시켰다고 여기는 이들도 있다.[23] 비슷한 맥락에서 수파누웡이 이끈 빠텟라오가 미국과 라오스 반공주의자들과의 전쟁에서 승리하고 결국 1975년에 라오스에 공산 정권이 들어섰지만, 수파누웡이 베트남에 너무 의지한 나머지 빠텟라오가 월맹군의 하위 조직처럼 여겨지고, 이후 라오스 역사도 베트남의 사회주의혁명사에 매몰되어 버리게 되었다는 지적도 있다.[24] 1940년대 말부터 라오스 정부와 정계를 장악하기 시작했던 민족주의자 펫사랏 왕자, 공산주의자 수파누웡 왕자, 중립주의자 수완나 푸마 왕자, 왕정주의자 분 움 왕자, 그리고 1959년 10월에 왕이 된 시사왕와타나Savangvatthana 왕 중에서 라오스 시민들로부터 압도적 지지를 받은 지도자나 세력은 없었다. 푸미 노사완은 1958년에 정계에 처음 등장했을 때에는 미 중앙정보부의 열렬한 지지를 받았으나 몇 년이 지나지 않아 그의 변덕에 미국 정부는 피로를 느꼈다. 공레 대위가 일으킨 쿠데타로 수완나 푸마는 세 번째 라오 정부를 세울 수 있었지만, 쿠데타가 일어난 1960년이 끝나기도 전에 비엔티안은 다시 전쟁의 화염 속에 놓이게 된다.

23 Vatthana Pholsena, "The Changing Historiographies of Laos: A Focus on the Early Period," *Journal of Southeast Asian Studies*, vol.35, no.2, 2004, pp.235-236; Stuart-Fox, *A History of Laos*, pp.77-78.

24 Christopher E. Goscha, "Revolutionizing the Indochinese Past: Communist Vietnam's Special Historiography on Laos," Christopher E. Goscha and Søren Ivarsson eds., *Contesting Visions of the Lao Past: Laos Historiography at the Crossroads*, Copenhagen: NIAS Press, 2003, pp.266-267; Lockhart, "Monarchy and Decolonization in Indochina," pp. 147-150.

3. 존 F. 케네디 대통령과 반공 민족국가 건설, 1961-1963

1954년에 프랑스가 정전협정에 서명한 순간부터 미국은 인도차이나에서의 공산주의 확산을 막을 수 있는 행동 계획이 필요하다고 생각했다. 하지만 이미 한국전쟁 참전으로 기하급수적으로 늘어난 국방비에 대한 미국 내 반대 여론과 의회의 비판은 점점 더 거세어졌고, 이에 아이젠하워 대통령은 인도차이나전쟁에 직접적으로 개입하는 것을 피하려 노력했다.[25] 직접적인 외교적, 군사적 개입을 제한할 수밖에 없는 미국의 정치적 상황에서, 실질적인 전쟁이 일어나지도 않은 라오스에서의 공산주의 확산을 막는 방법은 전시가 아닌 평시에 첩보 활동을 하도록 만들어진 중앙정보부[CIA]를 최대한 활용하는 것이었다. 미 중앙정보부는 1947년 창립 이후 정보 수집을 목적으로 동남아시아 주요 국가에 요원을 파견해 둔 상태였다.

존 F. 케네디 상원의원이 대통령에 당선되고 정권을 이임받은 1960년 말부터 1961년 초에 미국의 아시아 전문가들은 직접적인 전쟁이나 충돌은 피하되 경제적 근대화와 성장을 지원하여 이들 신생 국가들이 미국 또는 소련이나 중국의 도움을 받지 않고 홀로서기를 하게 해야 한다고 주장했다. 그러면서 동시에 공산당이 라오스를 지배하게 되면 동남아시아에서 공산주의가 빠른 속도로 확산될 것이라고도 경고했다. 1961년 1월 19일 아이젠하워 대통령 역시 백악관을 찾아온 케네디 당선자와의 대화 중에 다음과 같이 조언했다.

— **25** Robert Jervis, "The Impact of the Korean War on the Cold War," *Journal of Conflict Resolution*, vol.24, no.4, 1980, pp.578-581.

"케네디 상원의원은 아이젠하워 대통령에게 라오스 공산당과의 연정과 동남아시아조약기구Southeast Asia Treaty Organization, SEATO를 통한 간섭 중 어떤 쪽을 선호하냐고 물었다. 아이젠하워 대통령은 후자가 훨씬 나은 선택이라고 하면서 조지 C. 마셜George C. Marshall 장관이 중국 공산당과 시도했던 연정의 실패를 이유로 들었다. 아이젠하워 대통령은 미국의 일방적인 간섭은 라오스를 살리기 위한 최후의 수단이 되어야 한다고 하면서도, 라오스는 병을 막는 코르크 마개와 같다고 강조했다. 중동을 잃기 시작한 때를 상기시키면서 말이다."[26]

군 출신이고 전쟁 영웅이었던 아이젠하워와 달리 케네디는 민간인들과 민간 자본의 직접적인 개입을 통해 미국식 자유 자본주의와 반공주의가 제3세계 신생 국가들에 뿌리내리기를 원했다. 그런 그의 믿음은 1950년대부터 미국의 아이비리그 학교들의 열렬한 지지를 받았던 월트 휘트먼 로스토Walt Whitman Rostow의 근대화 이론에 기반을 두었다. 실제로 로스토는 케네디 대통령의 국가안보 담당 특별부 보좌관이 되어 케네디가 외교정책을 만드는 데 멘토 역할을 했다. 케네디의 외교정책은 크게 두 가지 특징을 갖고 있었다. 첫째로, 근대화 이론에 따라 원조 개발 정책을 확대했고 중앙정보부와 같은 첩보 기구들을 이용한 비공식적인 외교 채널의 이용을 늘렸다. 일단 기존의 해외원조 정책을 손보아 1961년 6월에 새로운 대외원조법Foreign Assistance Act을 만들었는데, 군사원조와 비군사원조를 나눈 뒤 국제개발처United States Agency for International

— 26 "Notes of Conversation Between President-Elect Kennedy and President Eisenhower, Washington, January 19, 1961," United States Department of State, *Foreign Relations of the United States, 1961-1963: Laos Crisis*, Volume XXIV, Washington, DC: U.S. Government Printing Office, 1994, p.21(Explanation added).

Development를 신설하여 비군사원조를 담당하게 하였다. 이는 곧 남아메리카의 "진보를 위한 동맹Alliance for Progress" 정책이나 "평화봉사단Peace Corps"과 같은 프로그램의 창설로 이어졌다. 이를 통해 미국은 비밀작전이나 재래식 전쟁 전략 전술에 의지했던 기존의 반공 정책에서 벗어나 반공을 표방한 제3세계 신생 국가들에 막대한 경제지원을 약속하면서 동맹 관계를 강화하는 방향으로 기본 방침을 전환했다.

둘째로, 국제개발처에 치안국Office of Public Safety을 신설하여 미 중앙정보부와 같은 민간인 중심의 내란기도 진압counterinsurgency 프로그램을 기획하고 실행하게 했다. 앞서 말한 평화봉사단이나 미 공보원United States Information Service은 반공산주의 선전 활동의 대표 조직이라고 비난을 받기도 했는데, 이는 바로 이러한 민간 개발 추진 단체들이 국제개발처 치안국의 보조를 받아 케네디 행정부의 비공식적 외교 채널로 기능했기 때문이었다.[27] 라오스의 수도 비엔티안에서 활동했던 전 중앙정보부 요원 더글라스 블라우파브는 케네디 행정부가 집중적으로 투자했던 민간 중심의 내란기도 진압 활동에 칭찬을 아끼지 않았다. 특히 라오스와 같이 개발이 미진한 약소국에서는 지방 중심의 안보 의식 고취와 게릴라 전투 전술로의 전환을 꾀한 케네디의 정책이 지역민들에게 "미래의 발전 덕분에 향상될 삶의 질과 희망을 적극적으로 방어할" 기회를 준 것이라고 했다.[28] 물론 그렇다고 해서 모든 군사적 활동이 중단되거나 축소되지는 않았다. 실제로 케네디가 집권한 3년 동안 미국의 개발원조를 받은 국가들의 경우 특수 경찰조직이 신설되거나 강화되었다. 라오스에서도 미국의 특수 기동 부대인 화이트 스타 팀의 숫자가 1960년 말

---

27 Thomas David Lobe, *U.S. Police Assistance for the Third World*, University of Michigan Ph.D Dissertation, 1975, pp.111-117.

28 Blaufarb, *The Counterinsurgency Era*, pp.128-129.

부터 눈에 띄게 늘어나기 시작했다.[29]

아이젠하워에게 라오스 내전은 도미노의 시작을 의미했다. 그렇다면 케네디 행정부에게 이는 어떠한 의미였을까? 케네디는 이미 미 중앙정보부를 맹신했다가 1961년 4월에 쿠바에서 피그만Bay of Pigs 공습의 대대적 실패로 망신을 당한 경험이 있었다. 중앙정보부는 이듬해 쿠바에서 소련 미사일 기지를 발견하여 그들의 실수를 만회하려 했지만, 케네디 정부의 미숙한 대응으로 인해 오히려 "쿠바 미사일 위기"로 확대되었고, 미국 본토 전체가 한 달여간을 핵무기 공격의 위협에 시달려야 했다. 취임 전부터 연약한 반공주의자라는 비난을 받았는데 취임하고 나서도 쿠바 상황에 관한 판단 착오로 문제가 발생하자 케네디 대통령의 위기 판단과 대처 능력이 도마에 올려졌다. 그런 그에게 인도차이나는 반드시 해결해야 할, 앞선 모든 실수를 만회할 수 있는 다시없는 기회였다. 특히 친미국가인 태국과 반미국가인 북베트남의 가운데에 위치해 임시로나마 완충지대 역할을 하고 있던 라오스는 무슨 일이 있어도 지켜야 했다. 미 중앙정보부의 라오스 작전에 대한 지원을 결정한 것도 이러한 맥락에서였다.[30]

더 나아가 라오스뿐만 아니라 동남아시아에서 공산주의 확산을 막기 위해 무엇보다 중요한 것은 지역 내 친미 반공 동맹의 강화였다. 로스토는 케네디 대통령에게 라오스의 푸미 노사완, 태국의 사릿 타나랏, 남베트남의 응오딘지엠 간의 연합전선 강화를 강조했고, 이들 정권은 동남아시아에서 미국의 대외원조 정책의 최대 수혜자가 되었다.[31] 하지

— 29 Robert Shaplen, "Our Involvement in Laos," *Foreign Affairs*, vol.48, no.3, 1970, p.480.
30 Fredrik Logevall, "The Indochina wars and the Cold War, 1945-1975," Melvyn P. Leffler and Odd Arne Westad eds., *The Cambridge History of the Cold War, Volume II Crises and Detente*, Cambridge: Cambridge University Press, 2010, p.293.

만 이 동남아시아의 친미독재자들 개개인에게는 무시할 수 없는 약점이 많았다. 1961년 8월, 로스토는 케네디에게 보낸 메모에서 "우리가 당면하고 있는 가장 본질적인 약점"은 "지엠의 집착, 사릿의 불확실성, 그리고 푸미의 무능력"이라고 했다. 지엠은 여전히 반정부 세력의 확장에 대한 사태 파악을 제대로 하지 못한 채 자신을 위대한 근대화의 아버지로 만드는 작업에 집착하고 있고, 사릿은 완전히 친미로 돌아선 것인지가 확실하지 않으며, 푸미 노사완은 빠텟라오에 대항할 능력이 없다는 의미였다.[32]

결국 케네디와 로스토가 의지하게 된 이는 태국 총리 사릿이었다. 지엠은 내부 저항 세력을 진압하는 데 집중해야 해서 라오스에 보낼 지원 병력이 없었고, 푸미 노사완은 자신의 부대조차도 완전히 장악하고 있는지 확실치 않았다. 충성도는 미더웠지만 다른 둘에 비해 내부 저항 세력도 잘 통제하고 있고, 미국의 대외원조를 잘 활용하여 근대화 정책을 발 빠르게 추진하고 있는 사릿이 그나마 가장 믿을 만했다. 사릿에게 적절한 지원을 해 준다면 빠텟라오나 월맹군이 라오스에서 우세하게 되더라도 태국을 전초기지로 삼아 효과적인 방어를 할 수 있겠다고 생각했다. 다행히 사릿은 이러한 미국의 생각에 부응하듯 1954년에 세워진 동남아시아조약기구를 유럽의 북대서양조약기구와 같은 군사 동맹으로 전환하자고 주장하였다.[33] 1962년 4월에는 라오스와 국경이 맞닿은 태국의 동북부 지역에서 조약기구 회원국 간의 합동군사훈련도 주최했다. 이러한 사릿의 열의에 부응하듯 케네디 대통령은 곧 태국으로

31 United States Department of State, *Foreign Relations of the United States, 1961-1963*, p.344.
32 United States Department of State, *Foreign Relations of the United States, 1961-1963*, p.371.
33 Daniel Fineman, *A Special Relationship: The United States and Military Government in Thailand, 1947-1958*, Honolulu, HI: University of Hawai'i Press, 1997, p.196.

의 미군 파병을 발표했고, 1966년까지 3만 5천여 명의 미군을 태국에 보냈다.[34] 이미 트루먼 행정부가 1950년에 태국과 군사원조 조약에 서명하여 대외원조를 시작했으며, 이와 동시에 3500만 달러에 달하는 개발 차관을 태국에 지원하도록 세계은행에 압력을 넣었다. 이 원조를 통해 1950년대 후반부터는 미군기지가 태국 곳곳에 지어지기 시작했는데, 특히 공군기지가 라오스와 캄보디아 접경 지역인 동북부와 북부에 집중적으로 지어졌다.[35]

1962년대부터 공식적으로 태국에 파병된 미군들은 동북부 지역의 우돈타니Udon Thani, 나콘파놈Nakhon Phanom, 우본라차타니Ubon Ratchathani, 그리고 나콘라차시마Nakhon Ratchasima, 4개 주에 지어진 공군기지에 집중적으로 배치되었다. 태국 정부는 이들 지역에 대한 개발 지원을 1960년의 8.9%에서 1965년의 15.5%로 늘려 기지 주변에 발전소와 통신소 등을 지었다.[36] 그리고 기지와 방콕과 같은 대도시들을 효과적으로 잇기 위해 고속도로를 건설하고 편의시설을 지어 태국에서 가장 척박하고 가난했던 농촌 지역이 미국식 근대화 정책의 전시장이 되도록 하였다.

이들 기지는 베트남전쟁 동안 베트남, 라오스, 캄보디아에 대한 공습을 전담했다. 특히 북부 지역 나콘사완Nakhon Sawan주의 따클리Takhli공군기지, 동북부의 우돈타니와 나콘파놈주의 공군기지에는 베트남전쟁 내내 미군과 미 중앙정보부 요원, 그리고 수백만 톤의 폭탄을 라오스와 베트남으로 날랐던 헬리콥터, 경비행기, 폭격기가 미국이 1964년에 베

34 Charles W. Koburger Jr., "Thailand, A Confrontation," *Military Review*, vol.47, no.11, 1967, pp.51-55.

35 Thak Chaloemtiarana ed., *Thai Politics: Extracts and Documents*, Bangkok: Social Science Association of Thailand, 1978, pp.814-815.

36 George Viksnins, "United States Military Spending and the Economy of Thailand, 1967-1972," *Asian Survey*, vol.13, no.5, 1973, pp.441-457.

트남전쟁에 대한 공식 개입을 선언하기 이전부터 마련되어 있었다.[37] 1969년까지 미 중앙정보부가 소유한 에어 아메리카Air America는 헬리콥터 29대, 경비행기 20대, 그리고 중화물선 18대를 이들 기지에 배치해 놓은 상태였고, 이 항공회사가 고용한 인력만 해도 8천 명이 넘었다.[38] 1966년 8월에는 대형 B52 폭격기를 수용할 수 있는 공군기지가 사따힙Sattahip 지역에 문을 열었다.[39] 이렇게 태국은 동남아시아에서 미국이 이끄는 반공주의 수호 전쟁의 전초기지가 되었다.

케네디는 민간 경제를 활성화하고 기간 산업의 발전을 위한 대외 원조 정책을 적극적으로 지원하고 강화하여 민간 중심의 반공 정책을 대대적으로 확대했다.[40] 하지만 동시에 정권 초기에 자신의 행정부에 절체절명의 위기를 안겨 주었던 미 중앙정보부를 배제하지 않았고, 국제개발처에 치안국을 만들어 미국의 원조를 통해 수혜 국가가 무장할 수 있도록 지원했다. 이는 미 중앙정보부의 라오스 비밀작전이 결국 수십만 명의 살상을 낳은 무차별 공습으로 귀결된 이유이기도 하다.

37 Prados, *Presidents' Secret Wars*, p.276.
38 Prados, *Presidents' Secret Wars*, p.277; Castle, *At War in the Shadow of Vietnam*, pp.70-71.
39 Harrison E. Salisbury, "Thailand: Officially, Nothing Is Happening There," *The New York Times*, September 4, 1966, p.137.
40 Michael E. Latham, *Modernization as Ideology: American Social Science and "Nation Building" in the Kennedy Era*, Chapel Hill, NC: University of North Carolina Press, 2000, pp.11-14; Blaufarb, *The Counterinsurgency Era*, pp.128-129.

4. 미 중앙정보부의 라오스 비밀작전과 공습, 1960-1975

씨앙쿠앙주의 단지평원으로 퇴각한 공레와 중립주의자, 그리고 빠 텟라오 세력은 중국과 소련, 그리고 북베트남 공산당의 도움으로 빠르게 전력을 회복할 수 있었다. 특히 1964년에 본격적인 미국의 공습이 시작되기 전에 이들이 단지평원에서 보낸 시간은 앞으로의 내전의 양상을 이해하는 데 매우 중요하다. 첫째로, 이들은 소련과 중국의 아낌없는 무기와 물자지원으로 군사력을 증강할 수 있었다. 동시에 북베트남 군사 고문들은 빠텟라오군과 중립주의자들을 대상으로 기존의 소규모 전력 중심의 게릴라 전투가 아닌 재래전에 적합한 정규군 훈련을 시작했다. 이 과정에서 온건파에 속했던 수완나 푸마 정부의 중립주의자들과 급진파 빠텟라오 세력 간의 분열도 일어나기 시작했다. 둘째로, 당시 씨앙쿠앙주와 후아판주에 집중되었던 몽 공동체의 분열 또한 일어났다. 특히 프랑스 식민지 시기부터 빠텟라오에 대항했던 씨앙쿠앙주 출신의 왕 빠오 군사령관은 공레의 퇴각 소식을 듣자마자 200여 개의 마을에 거주하던 7,000여 명의 몽 주민들에게 퇴각을 명령하고, 곧 미 중앙정보부와 태국 준군사 조직의 도움으로 이들을 특수 게릴라 부대 훈련에 참여시켰다.[41] 미 중앙정보부의 "비밀전쟁secret war"은 이렇게 시작되었다.

1961년에 딘 러스크 국무부 장관은 푸미 노사완이 미국으로부터 군사원조나 비자금을 더 얻어내기 위해 무슨 일이라도 할 것이라고 경고했었다. 이를 증명하듯 1962년 5월 푸미 노사완은 루앙남타Luang Namtha

━ 41 Stuart-Fox, *A History of Laos*, p.117.

주에서 공산당의 공격이 있었던 것처럼 조작했고, 이 때문에 푸미의 라오군이 메콩강을 넘어 태국에 이르는 사건이 일어났다. 당시 케네디는 니키타 흐루쇼프Nikita Khrushchev 소련 공산당 서기장을 빈에서 만나 라오스의 중립국화를 제안하고, 이를 공인할 제네바 회의를 6월에 개최하기 위해 준비하고 있었다.[42] 물론 케네디가 외교를 통한 평화적 위기 해결을 표방했다고 해서, 라오스에서의 군사력 증대 정책이 중단된 것은 아니었다. 소련이 동남아시아에 군사적으로 개입하는 것을 차단하기 위해 라오스의 중립국화를 주장했지만, 이는 미 중앙정보부가 라오스 비밀작전을 수행하는 데에 아무런 영향도 주지 않았다. 특히 루앙남타 사건 직후 미국은 태국의 국경을 보호하기 위해 3,000여 명의 미군을 태국으로 파병했다. 이에 소련은 라오스의 중립을 지지한다고 발표하여 미국과의 무력충돌을 피했다.[43]

이미 양치기 소년이 되어 버린 푸미 노사완보다 미 중앙정보부가 의지하게 된 이들은 라오스 국군 소속의 왕 빠오 대령과 항공 증원 예비 경찰부대Police Aerial Reinforcement Unit로 불리는 태국 국경수비대Border Patrol Police 소속의 낙하산 부대 '파루PARU'였다. 1950년대 초 미 중앙정보부와 태국의 군부는 비밀 첩보 활동을 위해 활동할 준군사경찰 조직을 만드는 데 합의했는데, 그 결과 내무부 직속으로 만들어진 조직이 국경수비대와 파루였다. 이들을 창시한 태국의 경찰청장 파오 시야논 장군은 사릿 타나랏 장군의 가장 강력한 정치적 라이벌이었다. 사릿 타나랏이 1957년에 쿠데타를 일으키자 파오는 스위스로 망명을 했고, 그의 오른팔과 같았던 국경수비대와 파루는 해체될 위기에 놓였다. 이들을 훈

— 42 McCoy, "America's Secret War in Laos, 1955-1975," p.287.
    43 Castle, At War in the Shadow of Vietnam, pp.45-46.

련하고 지휘했던 미 중앙정보부 요원들도 태국을 떠나거나 이웃 나라로 피신해야 했다. 1950년대 초에 파루를 구상하고 조직했던 이가 바로 앞서 언급했던 빌 레어였다. 빌 레어는 자신의 자식과도 같은 이 태국 경찰 낙하산 부대를 살리고자 방법을 모색하는 가운데 라오스에서의 비밀작전을 기획했다. 이 낙하산 부대는 산악 지대나 밀림 지역에서의 게릴라 전투에 능했고, 전시뿐만 아니라 평시에도 국경의 고산 지대를 따라 첩보 활동과 순찰을 지속적으로 해왔기 때문에 지역 상황에도 밝았다. 이미 1950년대 초부터 버마(미얀마), 라오스, 캄보디아, 그리고 말레이시아 국경 지대에 침투하여 활동을 해 왔기 때문에 왕 빠오 대령과 같은 지역 유력자에 관한 첩보도 수집할 수 있었다.[44] 이들은 1960년 12월 푸미 노사완과 연합하여 비엔티안에서 공례 세력을 몰아내기 위한 전투에도 참가했다.

이들은 몽 민간인과 군인들을 특수 게릴라 부대Special Guerrilla Units로 만들기 위한 비밀작전을 1960년 크리스마스 즈음에 시작했다. 특수 게릴라 부대 훈련은 파루 대원들이 주로 담당했다. 몽 마을에 투입된 이들은 일단 마을 주민들을 모아 헬리콥터가 이착륙할 수 있는 간이 활주로를 만들었다. 그리고는 마을의 청년들을 모아 군사훈련과 총기 훈련을 시작했다. 훈련이 진행되는 동안 마을 주민들을 통해 주변 지역에 수상한 활동을 하는 이들이나 집단이 있는지 첩보를 수집하고 반공 선전 작전도 수행했다. 어느 정도 훈련이 마무리될 무렵에는 자경단이나 민병대를 조직하여 이들에게 무기를 나누어 주었다. 훈련이 이루어지는 동안 이들의 생계를 보장하고 왕 빠오와 미국에 대한 긍정적 인상을 주기

---

44 Kenneth J. Conboy, *Shadow War: The CIA's Secret War in Laos*, Boulder, CO: Paladin Press, 1995, p.59.

위해 국제개발처 치안국이 투입한 요원들이 새로운 농작물을 기르는 방법을 가르쳐 주거나 농기계를 사용하는 방법을 가르치는 등의 활동도 병행했다.[45] 훈련이 끝나면 파루 팀은 다른 마을로 이동해 특수 게릴라 부대 훈련을 이어 나갔다. 이러한 방식으로 훈련을 받은 몽 특수 게릴라군은 1963년 말에 2만여 명에 이르렀다.[46] 1961년에 동남아시아 내에서의 비밀작전 지휘로 명성을 얻은 미 공군 소장 에드워드 랜스데일 Edward Lansdale은 케네디 대통령의 국방 고문에게 보낸 메모에서 당시 라오스에 18명의 미 중앙정보부 요원을 지원하기 위해 99명의 파루 요원이 투입되었는데, 이들의 성과가 너무 뛰어나 미군의 추가적인 지원이나 투입은 필요하지 않을 수도 있다고 평가했다.[47]

1960년 12월 비엔티안 전투 이후 들어선 분 움 왕자의 정부에게 가장 시급한 과제는 수파누웡과 수완나 푸마 연합정부의 잔재 척결과 푸미 노사완이 거느리고 있던 라오스 국군의 재정비였다. 하지만 미국뿐만이 아니라 비엔티안 시민들에게도 환영받지 못했던 푸미 노사완에 반해, 단지평원에서는 빠텟라오 세력이 온건파 중립주의자들을 넘어 군사적으로, 그리고 정치적으로 빠르게 성장하고 있었고 간헐적으로 라오스 국군을 공격하여 자신들의 지지기반을 확장하고 있었다. 케네디 대통령은 제네바 회의를 통해 라오스를 공식적으로 중립국화하여 자유 진영 Free World으로 안착시키고 싶어 했지만, 회의 기간에 빠텟라오

---

45 Sinae Hyun, *Indigenizing the Cold War: Nation-Building by the Border Patrol Police of Thailand, 1945-1980*, University of Wisconsin-Madison Ph.D Dissertation, 2014, pp.286-350.

46 Leary, "Foreword," *Covert Ops: the CIA's Secret War in Laos*, New York: St. Martin's Paperbacks, 1997, p.xiv.

47 Neil Sheehan, *The Pentagon Papers*, as published by *The New York Times*, based on investigative reporting by Neil Sheehan, written by Neil Sheehan, Hedrick Smith, E. W. Kenworthy and Fox Butterfield, New York: Bantam Books, 1971, pp.132-133.

군의 대대적인 공격으로 단지평원 남쪽의 몽 세력의 중심지였던 파동 Phadong 지역을 왕 빠오가 잃게 되면서 내전은 오히려 악화일로로 치닫기 시작했다. 빠텟라오는 제네바 회의에서의 발언권을 요구했고, 그러던 와중에 푸미 노사완이 앞서 언급한 루앙남타 사건을 일으킨 것이다. 1962년 5월, 푸미 노사완이 이끈 라오스 국군의 루앙남타 점령 실패는 미국에게 있어서 1954년 5월의 월맹군의 디엔비엔푸 전투의 승리와도 같았다. 결국, 1962년 6월 23일, 수파누웡, 수완나 푸마, 그리고 분 움 왕자는 단지평원에서 열린 회의에서 두 번째 연합 정부Provisional Government of National Union를 세우는 데 합의하고, 수완나 푸마가 총리로, 정계 은퇴를 하는 분 움을 대신한 푸미 노사완과 수파누웡이 부총리로 임명되었다. 7월 23일에 종료한 제네바 회의는 라오스의 중립국화를 공식 천명했다.[48]

1963년은 어떻게 보면 케네디 또는 미국이 베트남전쟁이라는 소용돌이에서 빠져나올 수 있었던 마지막 기회였는지도 모른다. 케네디의 결정적 실수는 여전히 미 중앙정보부의 능력을 과대평가했던 데 있었다. 1963년에 벌어진 빠텟라오와 월맹군과의 전투에서 몽 게릴라 부대는 적에게 결정적 타격을 주지 못한 산발적이고 작은 승리들에 만족해야만 했다. 수많은 전투와 훈련으로 다져진 적들을 상대하여 얻어 낸 승리도 아직 훈련에 제대로 적응하지 못한 몽 게릴라들의 압도적 사상자 수를 보면 승리라고 말하기도 힘들었다. 비밀작전이 시작한 지 얼마 지나지 않아 이미 패배의 조짐이 보였다. 베트남의 상황도 특별히 나아 보이지는 않았다. 응오딘지엠의 실정으로 남베트남에서마저 반정부 운동이 통제 불가능한 상태로 확산되자, 케네디 대통령의 암묵적 동의하에

---

48 Stuart-Fox, *A History of Laos*, p.123.

11월 2일, 쿠데타가 일어나고 남베트남군이 응오딘지엠을 암살한다.[49]
20일 뒤, 케네디 대통령 자신도 텍사스주에서 암살을 당한다. 그리고
12월 8일, 케네디와 로스토가 그 누구보다도 신뢰했고 유일하게 푸미
노사완을 통제할 수 있었던 태국의 사릿 타나랏 총리가 지병으로 사망
한다.

1964년 2월 월맹군과 빠텟라오군은 라오스 남부 사완나켓주로의
진출에 성공하고, 5월에는 단지평원에서 중립주의자들을 몰아내는 데
도 성공한다. 수많은 사상자를 내고도 이들을 막지 못한 몽 게릴라군을
지원하기 위해 미 중앙정보부는 정부에 공습 지원을 요청했다.[50] 대규
모의 공습을 준비하기 위해 라오스 공군Royal Lao Air Force의 병력을 늘리고
2차 세계대전에서 이미 위력을 입증한 T28 군 훈련기가 라오스 공군에
지급되었다. 이들 훈련기에는 라오스 공군의 이름이 붙어 있었지만 실
제로 조종한 이들은 라오스 공군복을 입고 계급장을 단 태국 조종사들
이었다.[51] 1965년부터 태국 동북부 공군기지에 주둔한 미 공군들은 빠텟
라오 주둔지였던 북동부 지역과 호찌민 트레일이라고 알려진 월맹군의
보급선으로 의심되는 라오스 남부 지역을 중심으로 공습을 시작했다.[52]
셀 수 없이 많은 공습 작전이 이루어졌는데 그 중 북동부 지역, 특히 씨
앙쿠앙주의 단지평원을 중심으로 이루어진 미 공군의 공습 작전은 배
럴 롤 작전Operation Barrel Roll이라고 불렸고, 남부에서 이루어진 작전은 스

▬ 49 Seth Jacobs, *Cold War Mandarin: Ngo Dinh Diem and the Origins of America's War in
        Vietnam, 1950-1963,* Lanham, MD: Rowman & Littlefield Publishers, 2006, pp.157-160.
    50 Leary, "Foreword," p.xviii.
    51 Blaufarb, *The Counterinsurgency Era*, p.160; Salisbury, "Thailand: Officially, Nothing Is
        Happening There," p.137.
    52 Castle, *At War in the Shadow of Vietnam*, pp.67-69.

틸 타이거 작전Operation Steel Tiger이라고 불렀다.[53] 1968년까지 라오스로의 출격은 하루 평균 10-12회였다. 하지만 베트남에서 1968년 구정에 일어난 뗏Tet 대공세 이후에 출격이 급격히 증가해 하루 평균 300회에 이르게 되었다.[54] 1970년 2월 케네디의 후임자 린든 베인스 존슨Lyndon Baines Johnson 행정부는 빠텟라오의 본부로 알려져 있었고 1964년 이후로 빠텟라오와 몽 게릴라군의 주 전투 지역이 된 씨앙쿠앙주에 있는 단지평원으로 B52 폭격기를 보내기 시작했다. 1970년부터 1973년 사이 미 공군 폭격기들이 총 2,518번 출격하여 58,374톤의 폭탄을 라오스 북부에 투하했다.[55]

대량의 무차별 공습에도 불구하고 몽 게릴라군의 숫자는 급격히 줄어들기 시작했고, 이들을 지원했던 라오스 정부군도 끊임없이 밀려드는 월맹군과 빠텟라오군을 상대하기에는 역부족이었다. 이에 반해 빠텟라오군은 확장을 거듭하며, 1965년 10월에는 라오 인민해방군이라는 정식 군부대로 성장하게 된다. 1968년 초에는 북베트남군과 라오 인민해방군이 협력하여 푸파티Phu Pa Thi라는 반공군의 전략 요충지를 점령하여 미군의 사기 저하에 막대한 영향을 끼쳤다.[56] 이에 1969년 9월에 몽 게릴라군이 힘겹게 단지평원을 점령하지만 결국 이도 1970년 2월에 북베트남군과 라오 인민해방군에게 뺏기게 된다. 전세는 엎치락뒤치락하며 결정되지 않는 듯했지만 이미 라오스 정부군과 몽 게릴라군에게는 패색이 짙어져 가고 있었다. 1970년 3월 17일에 월맹군이 씨앙쿠앙주

53   John Schlight, *A War Too Long: The USAF in Southeast Asia, 1961-1975,* Washington, DC: Air Force History and Museums Program, 1996, p.54.
54   Leary, "Foreword," p.xviii.
55   Leary, "The CIA and the 'Secret War' in Laos," p.508; McCoy, "America's Secret War in Laos, 1955-1975," pp.290-291.
56   Castle, *At War in the Shadow of Vietnam* pp.94-97.

의 쌈통Sam Thong 지역을 점령하자 라오 정부는 태국 정부에 도움을 요청했고, 3천여 명의 태국 지원군이 미 중앙정보부와 파루 부대의 중앙본부가 위치한 롱쩽Long Tieng 지역에 도착했다.[57] 1970년 6월 라오스 정부는 태국 정부에 추가 지원군을 요청했다. 월맹군과 빠텟라오군의 전투력이 위협적이었고 라오스가 함락되면 태국도 안전하지 않았지만, 사릿의 후임자였던 타놈 끼띠카쫀Thanom Kittikachorn 총리는 섣불리 라오스 내전에 뛰어들 수 없었다. 결국 타놈은 미국으로부터 월급과 무기의 지원을 약속받고 나서야 소위 "자원 부대"를 조직했고, 정규군 대신 이들을 라오스로 파병하기 시작했다.[58] 훗날 "이름 없는 군인들 333"으로 알려진 이들은, 종전 무렵 라오스에서 싸운 군부대 중 가장 큰 규모의 부대가 되었다. 1974년 태국군이 라오스에서 철수할 때의 병력은 1만 7천여 명에 달했다.[59]

1971년 12월부터 1972년 5월까지 씨앙쿠앙주에서 벌어진 전투의 결과로 왕 빠오가 이끄는 몽 게릴라 부대는 8,500여 명에 이르는 월맹군을 이기지 못하고 롱쩽 지역을 내주었다. 태국군의 도움으로 1972년 4월에 아주 잠시 이 지역을 회복했지만, 결국 한 달 만에 전세는 완전히 기울었다. 이에 반해 이미 1972년 2월에 비밀리에 열린 전당대회를 통해 라오 인민당은 라오 인민혁명당Lao People's Revolutionary Party으로 명칭을 바꾸고 조직을 정비했다. 같은 해 10월에 정부군과 라오 인민해방군 사이

— 57   Leary, "The CIA and the 'Secret War' in Laos," p.509.
   58   Leary, "Foreword," p.xix.
   59   Pattamanont, Theerevat trans., "Historical Background of Unknown Soldiers," Unknown Warrior Association 333 ed., *War to Guard Nation, Religion, Monarchy in the Kingdom of Laos: Program for Annual Conference of the Unknown Warrior Association 333 on April 2, 2011*, Bangkok: Unknown Warrior Association 333, 2011, pp.48-58: *Songkhram pokpong chat sasana kasat nai ratchanachak lao: suchibatkanprachumyai samanprachampi 2554 samakhom nakrop niranam 333, 2 mesayon 2554.*

에 정전 협상이 시작된 무렵에도 라오 인민혁명당은 세력 확장을 위한 노력을 지속했다. 1973년 1월 27일, 파리에서 미국과 북베트남은 정전 협정에 서명했고, 2월 21일을 기점으로 정전협정이 라오스에도 효력을 갖게 되었다. 같은 해 9월 라오스 정부는 빠텟라오와 세 번째 연합정부를 구성하고, 이듬해 연합정부가 공식적으로 출범한 이후 정부 개발 방안에 대한 논의들도 이어 갔지만, 1975년 4월 13일 왕명으로 의회가 해산하게 되었다. 1975년 4월 17일 크메르 루주가 프놈펜을 장악하고, 2주일 뒤 30일에 북베트남이 사이공을 점령하자마자 곧 라오스 곳곳에서도 우파주의자들에 대한 시위가 거세어져 갔다. 빠텟라오는 11월에 지방선거를 치르고, 결국 12월 1일을 기해 루앙프라방 왕실의 마지막 왕 시사왕와타나를 폐위시키고, 그 이튿날 라오 인민민주공화국Lao People's Democratic Republic의 시작을 선언한다.

라오스를 빠텟라오와 월맹군으로부터 구하겠다는 미 중앙정보부의 비밀작전은 이렇게 실패로 끝났다. 실패한 이유는 1950년과 1964년 사이에 일어난 다음의 두 가지 미국의 정책적 변화에 기인한다. 첫째로, 작전 초반에 미 중앙정보부는 미군 대신 몽 특수 게릴라 부대나 태국의 파루 부대와 같은 지역의 준군사paramilitary 조직을 적극적으로 이용했다. 그렇게 해야 국제적, 국내적 저항을 피할 수 있고, 전쟁의 책임 또한 피할 수 있으리라 믿었기 때문이다. 하지만 빠텟라오와 월맹군은 게릴라 전투가 아닌 재래전으로 대응을 했고, 이는 상대적으로 규모가 작은 준군사 조직들이나, 몽 특수 게릴라와 같이 짧은 시간의 훈련을 받은 용병들이 감당할 수 있는 수준이 아니었다. 공습전으로 대량의 폭탄을 투하해 몽 게릴라군을 도우려 했지만 이는 오히려 전쟁의 확대로 이어졌다. 둘째로, 1962년 라오스를 중립국으로 만들었음에도 불구하고, 미국은 결국 직접 군사적으로 개입하게 된다. 미 중앙정보부는 평시에 활동하는 민간첩보기구임에도 불구하고 행정부에 공습 지원을 요청하여 그들만의 비밀작전을 미군이 참전하는 재래전으로 확대하였고, 이는 민간인 사상자 숫자를 기하급수적으로 늘리는 결과를 초래했다. 공습의 시도 자체가 이미 작전 실패를 의미했다고 볼 수 있다.[60]

5. 탈식민화로부터 민족국가 건설까지, 1945-1975

라오스가 민족국가를 건설하는 과정에서 내전에 이를 수밖에 없었던 이유를 크게 세 가지로 정리할 수 있겠다. 첫째는 앞서도 언급했듯이 왕실과 소수의 귀족 가문을 중심으로 일어난 민족주의 운동이 분열된 상태로 지속되었다는 점이다. 1945년에 일어난 라오이사라 운동의 뿌리는 1941년 태국과의 국경분쟁으로 영토를 잃은 라오스 엘리트가 타이 중심주의에 대항하여 일으킨 "라오 혁신 운동"이라고 불리는 문화 운동에 있다. 프랑스 식민정부는 이를 적극적으로 지지했고, 이에 친프랑스 엘리트도 라오스 민족주의의 확대를 적극 지지했다. 결국 이 라오 혁신 운동을 중심으로 온전한 라오 독립 국가를 바라는 민족주의 운동이 확장되기 시작했지만, 동시에 프랑스의 군사력과 경제력에 의지하여 주변 강대국인 시암이나 베트남으로부터 완전히 독립하기를 원했던 왕족과 귀족을 중심으로 한 구엘리트 세력 또한 성장했다. 이들이 이끌었던

---

60 Castle, "'Operation MILLPOND': The Beginning of a Distant Covert War," *Studies in Intelligence*, vol.59, no.2, 2015, pp.8-9, p.12.

라오 민족주의 운동이 내부분열로 갈등을 겪다가 결국 정권을 얻기 위한 충돌로 이어진 것은 어찌 보면 처음부터 예상된 결과였다.

둘째는 외부세력의 지원에 대한 라오스 엘리트들의 지나친 의존이 오히려 미국이 비밀작전을 계획하고 시행할 수 있는 여건을 만들어 주었다는 점이다. 미 중앙정보부의 작전에 민족의 운명을 맡겨 버린 몽 공동체나, 내전 초기에 월맹군과 북베트남군에 주도권을 놓친 빠텟라오를 보더라도, 어떠한 이념과 사상을 좇느냐에 관계없이 라오스의 엘리트 대부분이 각기 다른 이해를 가진 외세를 라오스 내전에 끌어들였기에 연합정부는 성공할 수 없었고, 전쟁은 확장될 수밖에 없었다.

마지막으로 1953년에 라오스가 프랑스로부터 독립하고 나서 통합된 하나의 민족국가를 건설하지 못한 것은 궁극적으로 라오스 영토 내에 살던 라오인을 비롯한 수십 개의 소수민족이 라오스라는 국가에 소속감을 느끼지 못하여 일관되고 통합된 민족주의 운동을 일으키지 못한 데 있다. 특히 몽 공동체를 비롯한 다른 소수민족의 경우에 더더욱 그러했다. 제임스 스콧James Scott이 주장하듯 몽과 같이 고산 지대의 소수민족들이 저지대에 사는 라오인이나 다른 민족들보다 국가에 대한 저항성이 더 강했기 때문에 라오인과 분리되어 국가를 건설하려는 의지도 특별히 강했다고 가정해 볼 수 있다.[61]

라오스에는 다양한 민족이 존재해 왔다. 씨앙쿠앙만 하더라도 라오인들과 크무Khmu인, 타이Tai인, 푸안Phuan인 외에 베트남계, 중국계, 인도계 이주민과 상인들이 있었고, 서양에서 온 선교사들도 다수 존재했다. 그렇다면 왜 미 중앙정보부는 그중에서 몽을 주목했고 특수 게릴라 부

---

61   James C. Scott, *The Art of Not Being Governed: An Anarchist History of Upland Southeast Asia*, New Haven, CT: Yale University Press, 2010, pp.32-36.

대 양성 프로젝트와 같은 작전을 기획하게 되었을까? 이는 크게 세 가지 이유에서였다. 첫째는 몽이 호전적이라는 이전의 기록과 정보로 인해 형성된 편견 때문이었다. 몽을 비롯한 고산 지대 소수민족들은 19세기 후반 동남아시아가 서구 열강의 식민지가 되기 이전부터 편견과 차별의 대상이었다. 청나라 만주족의 탄압과 차별에 살길을 찾아 떠난 한족과 몽의 선조인 묘족과 같은 비한족들은 18세기 말부터 산줄기를 따라 동남아시아로 이주해 오기 시작했다. 중국의 한족이든 시암의 타이족이든, 그리고 이들을 개종시키려 했던 구미 출신의 선교사들이든 오지에 사는 소수민족에 대해 호의적으로 기록한 경우는 아주 드물었다. 특히 몽 공동체에 대한 기록들은 사냥과 전투로 대표되는 "호전성"에 주목하는 경우가 많았다. 냉전 시기에는 오히려 그러한 호전성이 게릴라군과 같은 비정규군에 적합한 조건으로 보였다. 특히 고산 지대에 살면서 주로 화전을 일궜던 소수민족일수록 산길에 눈이 밝고, 가파른 지세에 익숙하여 게릴라전과 같은 비정규전에 적합하리라 생각했다.[62] 이러한 일종의 인종차별적 가정, 혹은 편견들로 인해 미 중앙정보부 요원들과 태국의 군부는 저지대에 거주하는 다수민족보다는 몽과 같이 고지대의 삶에 익숙한 소수민족이 전투에 더 적합하리라고 믿었다.

몽 공동체가 식민지 시기에 보여 준 외세에 대한 개방성 또한 미 중앙정보부가 몽과의 협력을 꾀한 요인이었다. 몽 공동체는 씨족 중심적 사회였기 때문에 씨족 간의 우호적 관계 유지가 공동체 지속에 있어서 중요하다. 라오스에 거주하는 몽 공동체 내에서 비교적 영향력이 막강했던 "리" 씨족과 "로" 씨족 간의 경쟁 관계는 1차 세계대전을 전후하여

---

62   Sinae Hyun, "In the Eyes of the Beholder: American and Thai Perceptions of the Highland Minority during the Cold War," *Cold War History*, vol.22, iss.2, 2022, pp.12-17.

불화로 발전했고, 1939년에 프랑스 식민정부가 씨앙쿠앙주의 관료 자리를 "리" 씨족의 투비 리파웅에 주면서 씨족 간의 갈등은 정점에 이르렀다. 1946년에 지사 자리에까지 오른 투비 리파웅은 라오스 시민권을 획득한 뒤 푸미 노사완과 결탁하게 된다. 자연스럽게 친프랑스에서 친라오로 옮겨 간 투비는 미 중앙정보부의 입장에서도 환영할 만한 인물이었기에 그에 대한 경제적, 정치적 지원을 아끼지 않았다. 결국 1975년에 공산정권이 들어서자 미국의 용병 역할을 자처했던 투비 리파웅은 빠텟라오에 의해 감옥으로 보내졌고 1979년에 그곳에서 사망했다. 반면에 투비 리파웅이 속한 "리" 씨족과 불화 관계에 있었던 "로" 씨족은 빠텟라오와 협력하여 미국에 대항했고, 그중 대표적인 반미 지도자였던 이들은 1975년 이후 공산정권에서 고위직에 등용되기도 했다.[63]

마지막으로 왕 빠오라는 인물과 그가 부르짖은 몽 민족주의에 주목할 필요가 있다. 왕 빠오는 씨앙쿠앙주에서 정부 관료의 아들로 태어나 태평양전쟁 때 프랑스군에 지원하였고 리파웅이 이끌었던 일본군에 대항한 몽 저항군에 들어가 명성을 얻기 시작했다. 이후 푸미 노사완이 지휘하던 라오군에서 몽으로서는 유일하게 간부급에 진입하였기에, 미 중앙정보부 요원과 태국의 파루 요원의 눈에 띄는 건 시간문제였다. 빌 레어와 처음 만났을 때 왕 빠오는 바로 빌 레어가 타고 온 헬리콥터에 올라 씨앙쿠앙 주변에 퍼져 있던 몽 마을들을 보여 주었다. 얼마 지나지 않아 미 중앙정보부는 이들 마을에 태국 파루 요원들을 보내 간이 이착륙장을 짓고 게릴라 훈련을 시작하게 된다.[64] 농경사회의 경험이 적었

---

63   Lee, *Dreams of the Hmong kingdom*, pp.275-303; G. Linwood Barney, "The Meo of Xieng Khouang Province, Laos," Peter Kunstadter ed., *Southeast Asian Tribes, Minorities, and Nations*, Princeton, NJ: Princeton University Press, 1967, pp.272-275, p.280.

64   Choetchamrat Chitkarunarat, "Kamnoet tamruat phonrom[The Birth of Police

던 소수민족들은 화전을 통해 식량을 얻거나 보부상과 물물교환을 통해 생필품을 구했으며 무당이 처방해 준 약이나 무속 의식을 통해 병을 치료했다. 아편은 그들에게 세금을 내는 수단이자, 현금을 버는 수단이었고 동시에 종합진통제로 일상생활에서도 쓰였다. 하지만 양귀비 재배와 매매 금지령이 세계적으로 확대되면서 이들 고산 지대 화전민들의 주요 현금 수입원이 사라지게 되었고, 이로 인해 다수의 몽 마을이 경제적 어려움을 겪게 되었다. 이러한 사정을 잘 알고 있었던 왕 빠오는 몽 청년들을 게릴라로 훈련시켜 전투에 투입하는 대가로 미 중앙정보부로부터 막대한 경제적, 정치적, 군사적 지원을 약속받았고, 게릴라 훈련을 시작한 몽 마을에 헬리콥터로 식량과 필수품 등을 배달하기 시작했다. 왕 빠오는 미 중앙정보부와 파루가 계획한 비밀작전이 단순히 라오스와 베트남 공산당에 대항하는 것이 아니라 몽의 독립과 몽 민족국가 건설을 위한 작전이라고 선전했다.

월맹군과 빠텟라오군과의 전투가 확대될수록 몽은 다른 지역으로의 이동이 힘들어졌고, 이로 인해 더더욱 미 중앙정보부와 국제개발처 치안국의 지원에 의지할 수밖에 없었다. 수많은 사상자를 감당하지 못하자 10대의 어린 청소년들도 전쟁에 동원되기 시작했다. 왕 빠오는 게릴라군을 보내지 않으면 지원을 끊겠다고 위협했다. 지원물자가 오지 않으면 그 마을은 저지대로부터 또는 다른 마을로부터 고립되어 식량도 그 어떤 것도 구할 수 없었기 때문에 어린 소년이 기관총을 들 수만 있어도 전장에 보내졌다. 전쟁은 인종이나 종족에 관계없이 가혹했지만, 몽에는 더욱더 참혹한 결과를 낳았다. 라오스 반공주의자들은 라오스라는 국가를 공산당에게 잃었지만, 몽은 미국에 동조한 결과로 나

Paratroopers]," *Nittayasan tamruat sayam*[*Siam Police Magazine*], vol.11, 2011.

라 없는stateless 민족이 되었다. 월맹군과 빠텟라오군을 피해 산 정상에 몰려든 수만 명의 몽 중에 간신히 미국이 태국에서 보낸 화물 수송기에 탄 이들은 사이공이 함락되기 전에 라오스를 탈출해 태국 국경에 위치한 난민캠프로 보내졌다. 1975년 라오 인민혁명당이 공산정권을 수립할 당시 태국 국경 난민캠프에 수용된 이들 중 3만 명이 몽이었고, 약 5만 5천여 명의 몽이 미국으로 보내졌다.[65] 나머지는 수십 년 동안 국적 없는 난민으로 살거나 망명을 했다. 그럼에도 불구하고 왕 빠오와 미국에 함께 망명한 몽 사람들에게 왕 빠오는 민족의 아버지로 불리고 있다.[66]

6. 맺음말: 비밀이 아니었던 전쟁

정치 엘리트의 분열, 전국민적인 민족주의 운동의 부재 때문에 라오스에서 내전이 시작되었다고 본다면, 이 전쟁은 라오스에 사는 이들이 완전한 주권국가로의 독립을 위해 선택한 전쟁이자, 라오스라는 민족국가의 미래를 결정하는 국가 건설의 과정이었다고 보아야 할 것이다. 한반도에서 한국전쟁이 일어났듯, 인도차이나에서 베트남전쟁이 일어났듯, 그리고 1945년 태평양전쟁의 갑작스러운 종전으로 혼란에 빠진 수많은 동남아시아 민족국가들이 서구와 일본의 제국주의에서 벗어나 국경선 안에서 심화되고 있었던 이념적 갈등과 민족적 분열을 극

---

65   Prados, *Presidents' Secret Wars*, p.295.
66   Quincy, *Hmong*, pp.299-322.

복하고, 민족국가의 성격과 미래를 준비하기 위해 거쳐 간 하나의 과정이다. 다만 라오스 내전의 전개 과정에서는 베트남의 경우와 같이 미국의 영향력과 역할이 컸다. 미 중앙정보부가 기획한 소규모의 비밀작전은 대량살상을 초래한 전쟁으로 발전했고, 이는 오히려 라오스라는 신생 민족국가의 통합과 발전이라는 단계로 이어져야 할 국가 건설의 과정을 후퇴시켰다. 공산주의 대 반공산주의의 완충 지역을 마련하기 위해 시작한 미국의 "비밀작전"은 오히려 공산당이 1975년에 인도차이나를 장악하는 데 발판을 마련해 주었다고 볼 수도 있다.

북베트남과 미국이 1973년 1월에 정전협정에 서명하고 뒤이어 미군과 태국군이 인도차이나에서 철수하자 정전협정에 따라 포로 교환도 이루어지기 시작했다. 1975년 4월 30일, 북베트남군이 사이공을 함락하기 전에 이미 캄보디아에서는 일명 크메르 루주라고 불리는 캄보디아 공산당이 쿠데타로 프놈펜을 장악했고, 12월에는 라오스에도 공산 정권이 들어섰다. 1975년과 1976년은 말 그대로 전쟁 난민이 인도차이나를 둘러싼 모든 땅으로, 강으로, 바다로 물밀 듯이 쏟아져 나왔다. 특히 빠텟라오에 대항해 직접 전투에 투입된 몽과 공산당 정권에 저항했던 라오인들이 난민의 대부분을 이루었다. 1975년과 1984년 사이에 25만 명이 넘는 라오인들이 메콩강을 넘어 태국의 난민캠프로 모여들었다.[67]

태국 편 국경에 임시로 마련된 난민캠프에 수만 명의 라오인과 몽 전쟁 난민이 몰려들면서 태국과 라오스 정부 간의 갈등은 더 깊어졌다. 1975년 12월에 들어선 라오스의 공산 정권은 태국의 난민캠프 자체가 반공주의자 라오인과 몽 난민들이 조직적으로 봉기할 수 있는 발판이

---

67 Barbara Crossette, "Laotian Migration Worries Thailand," *The New York Times*, September 20, 1984.

될까 경계했다. 태국으로 흘러 들어간 약 2만 7천여 명의 라오인 난민 중에는 극우파 군부 장성과 정치인도 있었다. 이들이 미국의 라오스 공습을 지원했던 태국군 기지에 모여 라오스 공산 정권에 대항하여 반란을 일으킬 것이라는 예측이 끊임없이 나왔다.[68] 비슷하게 1975년 5월에 왕 빠오 장군을 따라 라오스를 탈출한 2,000여 명의 몽 난민과 개별적으로 태국 국경 지역으로 탈출한 몽 난민 또한 반란을 준비하고 있다는 첩보가 끊임없이 흘러들어 라오스 정부는 긴장을 늦출 수 없었다.[69] 태국 정부 역시 라오스의 공산 정권이 태국의 공산당과 반정부주의자들을 지지할 것이라는 의심을 하고 있었다.[70] 게다가 갑자기 몰려든 대량의 피난민을 감당해야 했던 지역의 경제가 어려움을 겪게 되면서 자연스럽게 난민들과 지역주민과의 갈등도 깊어지기 시작했다.[71]

10년이 넘게 지속된 내전과 공습은 라오스의 경제를 완전히 파괴했다고 해도 과언이 아니다. 1965년에서 1973년 사이 라오스에 투하된 폭탄이 210만 톤이다.[72] 지금까지도 라오스는 세계사에서 인구당 가장 많은 피폭을 당한 국가로 기록되어 있다. 이 중 3분의 1은 불발탄이어서 아직도 폭탄으로 인한 희생자가 끊이지 않고 있다. 농업이 주를 이루었던 라오스는 공습으로 논과 밭을 모두 잃은 주민들이 장기간의 전쟁으

— 68 MacAlister Brown and Joseph Zasloff, "Laos in 1975: People's Democratic Revolution — Lao Style," *Asian Survey*, vol.16, no.2, 1976, p.173.

69 John Everingham, "Meo Tribesmen Resist the New Regime," *Far Eastern Economic Review*, February 13, 1976.

70 Brown and Zasloff, "Laos in 1975," p.173.

71 Neil Davis, "A Thorny Problem for Thailand," *Far Eastern Economic Review*, October 24, 1975, p.20.

72 ESRI, "Bombing Missions of the Vietnam War," https://storymaps. esri.com/stories/2017/ vietnam-bombing/index.html(accessed by May 2021); McCoy, "America's Secret War in Laos, 1955-1975," p.291.

로 경제활동의 터전과 능력을 상실한 상태였다.[73] 이는 미 중앙정보부가 보낸 헬기로 배달되던 쌀과 생활용품에 의지했던 몽 공동체도 마찬가지였다. 이런 상태에서 미국의 급격한 경제원조 축소는 이들을 극도의 빈곤 상태로 몰아넣었다.[74] 설상가상으로 태국 정부는 1975년 11월 메콩강에서 일어난 태국 해군과 라오스 군인 간의 총격전을 핑계로 메콩강을 봉쇄했다. 소련을 비롯하여 다른 아시아 국가들로부터의 기부품이나 생활용품, 식료품의 수입이 완전히 봉쇄되면서 라오스 경제 전체가 심각한 타격을 받지 않을 수 없었다.[75]

물론 그렇다고 해서 지금 라오스가 겪고 있는 경제적, 정치적 어려움이 60년 전 미 중앙정보부와 태국의 준군사 조직이 벌인 작전에 기인한다고 보는 데에는 무리가 있다. 그리고 미국의 또는 타국의 책임을 묻는다고 해도 라오스가 겪은 전쟁의 상처가 사라지는 것도 아니다. 그 시대를 살았던 라오스 국민뿐만 아니라 그 이후로도 태어난 후손들이 아직도 50여 년 전에 떨어진 불발탄에 다리를 잃는 지금, 과연 라오스의 내전의 상흔이 완치될 수 있는지는 필자가 2013년 텍사스의 한 작은 마을에서 빌 레어를 만나는 그 순간까지도 의문이었다. 2013년에 필자가 만난 빌 레어는 여전히 몽이 자기 민족의 독립을 위해 라오 공산당에 용감하게 대항했던 사람들이라고 기억하고 있었다. 그리고 그 역시 라오스의 내전을 자신이 속했던 미 중앙정보부가 라오스의 자유주의자들을 공산주의라는 미몽에서 구해주기 위해 벌였던 비밀전쟁이라고 기억

73 Fred Branfman, *Voices from the Plain of Jars: Life under an Air War*, New York: Harper & Row, 1972, pp.17-18.
74 Norman Peagam, "A Gentle Brush-off from America," *Far Eastern Economic Review*, January 3, 1975, p.14.
75 Everingham, "Meo Tribesmen Resist the New Regime," p.16.

하고 있었다. 아직도 당시 작전에 대한 기밀 해제 작업이 진행되고 있어, 또 다른 전쟁의 시나리오가 나올지 모른다. 하지만 분명한 것은 라오스에서 일어난 전쟁은 그 누구에게도 비밀이 아니었다. 라오스 내전을 미 중앙정보부에 의한 비밀전쟁으로, 베트남전쟁 기간의 또 다른 대리전으로 여겨 왔던 기존의 연구를 비판적으로 바라보아야 하는 이유는 라오스가 수십만 톤의 폭격에도 불구하고 현재까지 독립된 민족국가로 존재할 수 있게 된 배경을 이해하기 위한 첫 번째 발걸음이기 때문이다.

10장

곡물 대탈취

-1973년 미국-소비에트 곡물 거래와 국제 식량 체계의 위기-

이 동 규

1. 머리말

미국 동부 롱아일랜드 그린베일 지역에 있는 대규모 유통업체 중
하나인 패스마크 슈퍼마켓은 저렴한 가격으로 인해 지역 주민들의 이
용이 많았다. 1973년 겨울, 마트를 방문한 고객들은 육류 가격이 매주
10센트 이상씩 오르고 있는 것을 발견했다. 고객들의 항의에 지점장은
"러시아 사람들 때문입니다"라고 대답했다. 소련이 미국을 포함한 서방
권으로부터 많은 곡물을 구매하면서 곡물 사룟값이 폭등했고, 그 때문
에 농장의 축산업자들이 가격을 올렸다는 설명이었다.[1] 당시의 가격 상
승은 육류에 그치지 않았다. 이는 빵, 채소, 유제품과 같은 식품 가격이

---

1   James Trager, *The Great Grain Robbery*, New York: Ballatine Books, 1973, p.2.

반영된 소비자 물가 지수Consumer Price Index, CPI에서 확인할 수 있다. CPI 지수는 1973년 1월에는 2.3%, 2월에는 2.4%, 3월에는 3.1% 상승하여, 3개월의 상승률이 전년도 전체 상승률 수치를 상회했다. 겨울이라는 계절적 요소를 고려하더라도 매우 가파른 추세였으며 심지어 연말에는 20% 이상의 상승이 예상되고 있었다.[2] 당시 미국인들의 생활비에서 식료품은 가장 큰 비중을 차지하고 있었기 때문에, 소득 수준에 아무런 변화가 없다면 식료품 가격의 상승은 소비자들에게 큰 부담이 될 수밖에 없었다. 계산대 앞에 선 사람들은 저녁에 자녀들과 함께 먹을 식품을 구매하면서 러시아인들이 미국의 곡물을 사들인 것이 어떻게 자신들의 삶에 영향을 주었는지 의문과 불평을 가지게 되었다.

식량은 인간 문명의 정치적, 경제적, 사회적 구조를 지탱해 준다. 식량의 생산과 분배 체계에서 발생하는 문제는 때때로 한 세대를 넘어서는 위기를 만들기도 한다. 특히, 2차 대전 이후 과학적인 영농 기술의 보급은 식량 공급을 급격히 증가시켰고, 국지적인 식량 위기들은 선진국의 식량 원조로 해결했다.[3] 대표적인 사례로서 마셜 플랜European Recovery Program(유럽부흥계획)은 이러한 선진국의 대외원조 기획 중 가장 적극적인 경우이다.[4] 트루먼 대통령은 국제적 안정과 민주주의 발전을 위

2   96개의 식료품이 소비자 가격 지수의 척도로 포함되어 있었다. CPI는 간편하게 생활 물가 지수를 의미하며 생활비를 측정하는 척도로 이해할 수 있다. 1970년대 CPI와 인플레이션에 관련 연구는 다음을 참고. Ann Dougherty and Robert Van Order, "Inflation, Housing Costs, and the Consumer Price Index," *The American Economic Review*, vol 72, no.1, 1982, pp.154-164.
3   Cormac Grada, *Famine: A Short History*, Princeton, NJ: Princeton University Press, 2009, p.3.
4   마셜 플랜에 대한 내용은 다음 연구들을 참조. Michael J. Hogan, *Marshall Plan: America, Britain and the Reconstruction of Western Europe, 1947-1952*, Cambridge: Cambridge University Press, 1989; Alan S. Milward, *Reconstruction of Western Europe, 1945-1951*, London: Routledge, 2003; Andrew Moravcsik, *Choice for Europe: Social Purpose and State Power from Messina to Maastricht*, Ithaca, NY: Cornell University Press, 1998; Benn Steil, *The Marshall Plan: Dawn of the Cold War*, New York: Simon & Schuster, 2019, Prologue; 양동휴, 「마셜 플랜의 경제적 성과와 의의: 서독의 재건과 유럽통합의 추진」, 『경제사학』 제37권,

해 자국 국경을 넘어 경제 지원의 필요성과 의무를 밝혔고, 이에 관한 실천 계획으로 마셜 플랜을 시행했다. 미국은 1948년부터 경제협력법에 근거를 두고 식량을 포함한 자금과 현물을 유럽 재건을 위해 제공했다. 이 과정에서 미국의 식량 자원은 효과적인 연성 권력으로서 냉전기 외교적 수단으로 활용되었다.[5] 미국의 농산물은 '포인트 포Point Four', '평화를 위한 식량Food for Peace' 등 일련의 프로그램을 통해 아시아와 아프리카에서 공산주의의 위협을 막는 강력한 외교적 수단으로 사용되었다.[6] 다만, 1960년대 말부터는 일련의 식량 위기로 인해 새로운 식량 안보 전략을 모색하게 되고 그 영향력은 축소하고 있었다.[7] 닉슨 독트린 이후 제3세계에 대한 미국의 대외원조 비중은 점차 줄어들게 된다.[8] 또한, 중동의 욤 키푸르전쟁 이후 1973년에 발생한 석유파동은 기계화 영농의 비중이 점차 커지고 있었던 미국을 비롯한 선진 자본주의 국가에서의 식량 공급에 영향을 주게 되었다.[9]

1970년대 들어 소련과 동유럽 지역에서 농업 생산량 역시 전반적인 감소 경향을 보여 주고 있었다. 1971년 소폭 상승했던 동유럽의 농업

       2004, 195-240쪽.
5   "U.S. Food Power: Ultimate Weapon in World Politics," *Business Week*, December 15, 1975, pp.54-60.
6   Nick Cullather, *The Hungry World: America's Cold War Battle against Poverty in Asia*, Cambridge, MA: Harvard University Press, 2013, pp.2-3; 농산물을 포함한 원조는 비단 냉전의 산물은 아니다. 미국은 이미 전간기에 사회주의 위협을 대처하기 위해 대외원조를 진행했다. 그러나 본 논문의 첫 장에서 다룬, 1956년 흐루쇼프의 소련에 대한 곡물 수출은 냉전 정치에서 식량 자원이 결정적인 수단으로 사용되는 계기가 되었다. Sara Lorenzini, *Global Development: A Cold War History*, Princeton, NJ: Princeton University Press, 2019, p.4.
7   Robert Paarlberg, "The Failure of Food Power," *Policy Studies Journal*, vol.6, no.4, 1978, pp.537-542.
8   박인숙, 「'전환'과 '연속': 닉슨(Richard Nixon) 행정부 '데땅트' 정책의 성격」, 『미국학논집』 제38권 제3호, 2006, 117-154쪽.
9   Asaf Siniver, *The Yom Kippur War: Politics, Diplomacy Legacy*, New York: Oxford University Press, 2013, pp.1-5; David Pimentel, "Food Production and the Energy Crisis," *Science*, vol.182, no.4111, 1973, pp.443-449.

생산은 소련에서의 흉작을 상쇄할 수준에는 미치지 못했다. 소련의 농업 생산은 전년도에 비해 크게 낮은 수준이었으며, 콩류를 포함한 곡물 생산량은 1억 8700만 톤에서 1억 8100만 톤으로 감소하였다. 사탕무(7900만 톤에서 7200만 톤으로 감소), 해바라기씨(610만 톤에서 570만 톤으로 감소), 감자(9700만 톤에서 9200만 톤으로 감소)를 포함한 주요 작물의 생산 역시 현격히 감소하였다.[10] 다만, 1971년 상반기에는 비교적 양호해진 기후로 인해 루마니아, 헝가리, 폴란드, 체코슬로바키아를 비롯한 동유럽 지역에서 밀을 포함한 곡물 생산량이 증가하였으나, 여름과 가을을 지나면서 사료용 곡물의 생산량은 감소 추세를 보였다.[11] 사료 생산이 감소하자, 과거 니키타 흐루쇼프Никита Хрущёв가 강조해 왔던 육류 생산 역시 감소했다. 소련과 동유럽은 1971년부터 5개년 계획을 수립해 농업 부문을 개선하고자 했으나, 전 세계가 농작물 감소 상황에 있었고 카자흐스탄과 시베리아 지역의 생산량에 큰 타격이 있었기 때문에 상황은 낙관적이지 않았다. 소련에 곡물을 확보하는 것은 선택의 문제가 아니었다. 나아가 같은 시기 농업 생산량 감소는 단지 소련과 동유럽에 국한되지 않았다. 1972년부터 1975년까지 전 세계적 규모의 기근으로 인해 1945년 이후 지속적으로 증가해 왔던 세계 식량 생산량이 최초로 감소했고, 그 감소폭은 연 3300만 톤에 이르렀다. 인구 증가를 고려하면 매년 6600만 톤의 부족분이 예상되었다.[12]

1972년의 식량 위기와 각 국가의 대응은 1960년대 후반부터 1970년

10 FAO, *The State of Food and Agriculture 1972*, FAO, 1972, p.54.
11 *Ibid.*, p.55.
12 Thomas G. Weiss and Robert S. Jordan, *The World Food Conference and Global Problem Solving*, New York: Praeger Publishers, 1976, pp.10-11.

전체에 걸친 국제 사회의 정치 경제적 변화와 맞물려 있다.[13] 전후 과학적 영농에 기반한 국가 주도의 농업 발전 모형과 선진국에서 개발도상국으로 진행되는 원조는 세계 식량 체계의 근간을 구성하고 있었다. 그러나 1972년 곡물 위기를 기점으로 기존의 식량 체계는 생산보다는 유통을 강조하는 시장 중심의 체계로 변모하게 된다. 본 논문은 이러한 과정에 앞서 발생했던 미국과 소련 사이의 흥미로운 사건에 주목한다. 1973년 7월, 소련의 곡물 대탈취Great Grain Robbery라고 불리는 사건은 미국의 농업보조금을 사용하여 소련이 대략 천만 톤의 곡물, 주로 밀과 옥수수를 미국으로부터 구매한 사건이다.[14] 미국 측은 전후 지속적으로 문제가 되어 왔던 잉여농산물을 소비하기 위해 곡물 판매에 나섰다. 또한, 닉슨 행정부의 데탕트 전략의 일환으로 소련과의 관계를 개선하면서 동시에 소련을 대상으로 미국의 농업 부문에 대한 종속성을 강화하려는 의도를 가지고 있었다. 그러나 소련 정부가 다수의 곡물 기업에 개별적으로 접근하여 계약을 진행했기 때문에 미국 정부는 대규모의 곡물이 한 번에 판매되는 것을 인지하지 못했다.[15] 이 사건으로 미국은 남북

---

13 본 논문은 1972년의 식량 위기와 이에 대한 조치들을 1960년대 후반부터 1970년대까지 진행된 냉전과 데탕트, 그리고 탈식민지 운동과 같은 국제 사회의 재편과 그에 연동하는 생태적 전환에서 이해하고 있다. 해당 시기에 대한 선행 연구는 다음을 참조. Jeremy Suri, *Power and Protest: Global Revolution and the Rise of Detente*, Cambridge, MA: Harvard University Press, Revised edition, 2005; Daniel J. Sargent, *A Superpower Transformed: The Remaking of American Foreign Relations in the 1970s*, Oxford: Oxford University Press, 2017; Poul Villaume and Rasmus Mariager, *The 'Long 1970s': Human Rights, East-West Detente and Transnational Relations*, New York: Routledge, 2016; Jan Eckel and Samuel Moyn, *The Breakthrough: Human Rights in the 1970s*, Philadelphia, PA: University of Pennsylvania, 2013.

14 1903년 제작된 무성 서부 영화와 1963년 영국에서 발생한 15인조 열차 강도 사건 'The Great Train Robbery'를 연상시키는 단어로써 상원의원 헨리 잭슨(Henry M. Jackson)이 명명한 것으로 알려졌다. Dan Morgan, "The Shadowy World of Grain Trade," *The Washington Post*, June 10, 1979.

15 Congressional Record, House of Representatives, September 21, 1972, 31796.

전쟁 이후, 가장 높은 곡물가를 경험하게 된다. 그에 따른 여파로 국제 곡물 시장에서의 가격 역시 급격하게 상승했고, 1972년 생산의 감소에서 시작한 식량 위기가 심화되는 결과로 이어진다. 본 논문은 곡물 탈취 사건을 통해 1970년대 초의 식량 위기의 단편을 살펴보는 데 그 목적을 두고 있다.[16] 이를 통해 1960년대에서 1970년대로 이어지는 국제 관계의 변화를 식량이라는 생태학적 주제를 중심으로 살펴보고자 한다.

2. 냉전과 식량: 풍요와 결핍, 1940-1972

1958년의 모스크바 박람회에서 전시장을 찾은 미국 부통령 리처드 닉슨Richard Nixon과 소련의 서기장 흐루쇼프는 미국 주부가 집에서 직접 만들 수 있는 케이크의 크기와 그가 사용할 수 있는 가전 기기를 대화의 주제로 삼았다. 당시의 기자들에 의해서 '부엌 논쟁' 또는 '주방에서의 토론Kitchen Debate'이라 이름 붙여진 45분 남짓의 대화에서 소비재, 특히 식량과 그 소비 방식은 냉전기 미소 관계에서 주목할 만한 하나의

---

16 Harriet Friedmann, "The Political Economy of Food: A Global Crisis," *New Left Review*, I/197, 1993, pp.29-57. 식량 자원에 대한 국제적 수준의 수급 방식, 그리고 방식을 가능케 하는 기구를 정의하는 단어는 여러 가지가 있을 수 있다. 체계(system), 체제(regime), 연결망(network)은 각각 연구자에 따라 다르게 채택되어 사용되고 있는 용어들이다. 브라이언 맥도널드와 같은 역사가들은 1945년 이후 1970년 초반까지의 식량 수급을 체계를 사용하여 정의하며, 1970년대 이후의 변화를 연결망으로 정의한다. 이에 반해 해리엇 프리드먼은 구체제에서 신체제로의 변화로서 체제를 선호한다. 흥미롭게도 한국에서 이 세 단어는, 학문적으로나 일상생활에서 영어 단어 자체로 사용되는 경우가 더 빈번하다. 본 연구에서는 권력 구성물로서의 체제와는 구별되는 의미로 체계를 식량 전달 및 유통 방식의 전체를 의미하는 단어로 사용한다.

장면을 만들었다.[17] 일반적인 미국 가정의 주방을 전시하기 위해 제너럴 밀스General Mills사는 9명의 인력을 모스크바에 파견했고, 하루 두 차례 대규모의 요리 시연을 비롯하여 미국의 가전기기와 주방 환경을 소개하는 크고 작은 행사를 마련했다. 전시장에서 식품은 주인공의 자리에 있었다. 소련의 관람객들은 직접 전시장을 방문하거나 텔레비전을 통해 행사를 지켜보았지만, 정부의 통제로 인해 음식을 시식하는 것은 금지되어 있었다.[18] 전시장을 둘러보면서 대화를 나눈 닉슨과 흐루쇼프는 별도로 준비된 장소에서 주택과 소비재, 가전제품, 식품을 주제로 20분 남짓의 대화를 이어 간다. '부엌 논쟁'은 미국과 소련의 체제 대결을 상징하는 대표적인 역사적 장면이 되었으며, 여기서 미국의 식량은 민주주의의 번영과 풍요로움을 상징했다. 이러한 풍요는 같은 시기 미국이 직면했던 잉여농산물로 인한 '농장 문제farm problem'의 이면을 포함하고 있다는 점에서 매우 흥미롭다고 할 수 있다.[19]

1950년대와 1960년대 미국과 소련은 농업 부문에서 서로 다른 어려움을 겪고 있었다. 우선, 미국의 정책가들은 농업 생산력의 비약적인 증대로 발생한 잉여농산물과 뉴딜 시기 확대된 보조금의 지속적인 지

---

17 '부엌 논쟁'은 냉전사의 문화와 소비주의를 이해하는 단편적이지만 매우 중요한 사건으로 다루어지고 있다. Sarah T. Phillips and Shane Hanilton, *Kitchen Debate and Cold War Consumer Politics: A Brief History with Documents*, Boston, MA: Bedford/St. Martin's, 2014; Jack Masey and Conway Lloyd Morgan, *Cold War Confrontation: US Exhibitions and Thier Role in the Cultural Cold War*, Baden: Lars Muller Publishers, 2008; 김남섭, 「모스크바 미국국립박람회와 소비에트 부엌: 흐루쇼프하의 소비주의와 소련 사회」, 『역사문화연구』 제55호, 2015, 161-163쪽.

18 본 논문에서는 식량과 식품의 용어가 함께 등장한다. 식량은 곡물을 포함한 사람들의 먹거리를 의미하며 식품은 가공을 거쳐서 상품화된 먹거리를 의미한다. 본 논문은 주로 식량 문제를 연구 주제로 다루고 있으며, 특별한 상황과 조건을 설명하지 않는다면 전자의 식량이라는 용어를 사용할 것이다.

19 William T. Weber, "The Complexities of Agripower: A review Essay," *Agricultural History*, vol. 52, no. 4, 1978, p.526; Bryan L. McDonald, *Food Power: The Rise and Fall of the Postwar American Food System*, Oxford: Oxford University Press, 2017, p.13, pp.48-49.

출이 결합 된 '농장 문제'를 겪고 있었다.[20] 미국은 전간기 금본위제하의 자유무역을 통해 국제 시장에서 농산물 수출에서 큰 이익을 얻었다.[21] 1870년대부터 1920년대까지 산업화로 인해, 농업 부문의 비중을 줄이고 있던 유럽은 미국의 농산물로 그 부족분을 채웠다. 수출 지향적인 미국 농업의 특성은 특정 지역에 농장과 곡물 생산을 집중시키는 효과를 가져왔으며, 중서부와 서부, 태평양 연안의 일부 지역에서 대규모의 농업 지대가 형성되었다.[22] 이 시기 미국의 농업 부문은 미국 내수 시장에서의 소비량과 대외 수출량을 합친 것을 상회하는 생산 능력을 보유했다.[23] 그러나, 농장주들은 생산량을 늘리면서도 생산물을 높은 가격으로 판매하기를 원했고, 정부는 농업 생산을 관리하면서 소비자들에게 낮은 비용으로 식량을 제공해야 했다.[24] 결국, 옥수수, 밀과 같은 곡물과 함께 유제품과 육류의 판매 가격이 하락하고, 농촌 지역의 불황이 야기되면서 농업 부문은 연방정부의 보조금 지급을 지속적으로 요구하게 된다.

---

20 1933년 5월에 통과한 농업조정법안(Agricultural Adjustment Act: AAA)은 미 연방정부가 농산물의 가격과 농업 종사자의 수입 보전을 위해 보조금을 직접 생산자에게 지급하는 것을 내용으로 한다. Theodore Saloutos, "New Deal Agricultural Policy: An Evaluation," *The Journal of American History*, vol.61, no.2, 1974, pp.394-416; Sarah T. Phillips, Dale Potts, Adrienne Petty, Mark Schultz, Sam Stalcup and Anne Effland, "Reflections on One Hundred and Fifty Years of the United States Department of Agriculture," *Agircultural History*, vol.87, no.3, 2013, pp.314-367.

21 Wilfred Malenbaum, *The World Wheat Economy, 1885-1939*, Cambridge, MA: Harvard University Press, 1953.

22 미국의 농업에 대한 역사는 다음의 대표적인 연구를 참조. David Danbom, *Born in the Country: A History of Rural America*, Baltimore, MD: Johns Hopkins University Press, 2017. 상기의 책은 댄봄이 1995년에 쓴 미국의 농업에 대한 소개서를 개정한 것임. 그 외 연구는 다음을 참조, Allan G. Bogue, *From Prairie to Cornbelt: Farming on the Illinois and Iowa Prairies*, Chicago, IL: University of Chicago Press, 1963; Geoff Cunfer, *On the Great Plains: Agriculture and the Environment*, College Station, TX: Texas A & M Press, 2005.

23 McDonald, *Food Power*, p.5.

24 Edward L. Schapsmeier and Frederick H. Schapsmeier, "Eisenhower and Ezra Taft Benson: Farm Policy in the 1950s", *Agricultural History*, vol.44, no.4, 1970, pp.369-378.

전후 미국 농업 부문이 생산한 잉여농산물 처리는 정치적 논쟁의 주요 주제가 되었다. 아시아의 간헐적인 기근 발생과는 달리 미국은 풍요의 시대 속에 있었고, 대외원조 및 교역의 확대에도 불구하고 농산물 비축량은 계속해서 증가했다. 만약 연방정부의 지속적인 보조금 지급이 없다면 곡물 가격은 쉽게 붕괴할 수 있었다.[25] 아이젠하워 행정부의 농무부 장관이었던 에즈라 벤슨Ezra Benson은 미국의 농장 문제를 냉전 전략으로 치환하여 식량 원조와 결합하는 정책을 준비했다.[26] 그리고, 2백만 명에 달하는 중서부 유권자들을 의식해 1954년 공법 480Public Law 480, PL480이라고 알려진 대외원조법안을 통과시켰다. 공법 480은 미국의 대외원조에서 농업 부문이 크게 늘어나는 데 일조했고, 전임 트루먼 행정부의 마셜 플랜보다 더 큰 규모의 농산물을 해외원조로 사용했다.[27] 공법 480으로 인해 비군사적 원조가 크게 늘었는데, 법안이 발의된 지 불과 4년 후에 주요 수혜국이었던 인도를 대상으로 그 규모가 6억 달러까지 늘어났다.[28] 미국은 식량 원조라는 '세련된 간섭'을 통해 개발도상국

25　Weber, "The Complexities of Agripower," p.526; FAO, *The State of Food and Agriculture 1955*, FAO, 1955, p.138.

26　Schapsmeir and Schapsmeir, "Esenhower and Ezra Taft Benson," p.374.

27　Vernon W. Ruttan, *United States Development Assistance Policy: The Domestic Politics of Foreign Economic Aid*, Baltimore, MD: Johns Hopkins University Press, 1996, pp.163-165. 존슨 행정부의 부통령이 된 휴버트 험프리(Hubert Humphrey)는 아이젠하워 재임 당시 상원위원회에서 PL-480의 인도주의적 확대를 위한 조사를 진행하면서 개정안을 수차례 시도하였으나 실패하였고, 존슨 행정부 기간 본인의 개정안 일부를 채택시켰다. Hurbert Humphrey, *Food and Fiber as a Force for Freedom: Report to the Committee on Agriculture and Forestry, United States Senate*, 85th Congress, 2nd sess., Government Printing Office, 1958; McDonald, *Food Power*, pp.144-145.

28　Aubrey Graves, "Farm Price Support Debate Gets Hotter," *The Washington Post*, August 6, 1954; 정부가 집행하는 농업보조금의 역사는 19세기 초 잉글랜드의 곡물법(English Corn Laws)까지 거슬러 올라간다. 미국에서는 1933년 뉴딜 프로그램의 일환으로 농업조정법안(Agricultural Adjustment Act)이 시행되었다. Murray R. Benedict, *Farm Policies of the United States, 1790-1950: A Study of Their Origins and Development*, Cambridge, MA: Twentieth Century Fund, 1953; 박진숙, 「영국의 곡물법: 제정과 폐지를 중심으로」, 『이화사학연구』 21집, 1993, 371-372쪽.

에 영향력을 행사했다.[29] 또한, 농촌 개발이나 식량 지원은 굶주림이라는 재앙에 대한 포석이며 안보 조치의 하나로 작동했다.[30]

결과적으로 미국의 농산물은 원조라는 냉전 전략의 일부분을 차지하게 되었다. 한편으로는 교역을 통해서, 또 한편으로는 인도주의적 도움을 통해서, 식량은 미국의 가장 중요한 외교적 수단이 되었다.[31] 케네디 행정부 역시 소련과 곡물 교역을 추진하고 제3세계에 인도적 지원을 확대했다.[32] 1961년 케네디 행정부는 식량 원조를 확대하기 위해 위원회를 만들고 대중적 인사들로 구성원을 채웠다. 냉전 시기 아시아에 대한 대중적 관심을 유도했던 제임스 A. 미치너James A. Michener 같은 소설가를 비롯하여 가수, 연기자들이 위원회에 참여하면서 미국 민간외교의 폭을 확대했다.[33] 이후에 민주당의 대통령 후보가 된 조지 스탠리 맥거번George Stanley McGovern이 '평화를 위한 식량Food for Peace'의 초대 사무국 국장이 되면서, 그는 케네디를 도와 식량 원조를 확대하기 위한 대외원조 법안을 통과시켜 국제발전국Agency for International Development, AID을 창설하는 데 기여했다.[34]

---

29 Marianne Gronemeyer, "Helping" Wolfgang Sachs, *The Development Dictionary*, London: Zed Books, 2010, pp.55-72; Wolfgang Sachs/이희재 역, 『반자본 발전사전』, 아카이브, 2010.

30 McDonald, *Food Power*, p.5.

31 Kristin L. Ahlberg, "Machiavelli with a Heart: The Johnson Administration's Food for Peace Program in India, 1965-1966", *Diplomatic History*, vol.31, no.4, 2007, pp. 665-701.

32 케네디 행정부는 국내 구호 정책의 일환으로 푸드 스탬프(food stamps)로 알려진 '보충 영양 지원 프로그램(Supplemental Nutrition Assistance Program: SNAP)'과 무료 학교 급식(free school lunches)과 같은 복지정책을 시행했으며 이는 닉슨 시기까지도 영향을 미쳤다. McDonald, *Food Power*, p.136.

33 특히 제임스 미치너는 태평양전쟁 시기 참전의 경험이 바탕이 되어 아시아를 배경으로 다수의 소설을 발표하였다. 그의 소설은 아시아에 대한 미국 대중의 인식과 정책을 구성하는 데 큰 역할을 했다. Christina Klein, *Cold War Orientalism: Asia in the Middlebrow Imagination, 1945-1961*, Berkeley, CA: University of California Press, 2003; Kristine L. Ahlberg, *Transplanting the Great Society: Lyndon Johnson and Food for Peace*, Colombia, MO: University of Missouri Press, 2008, pp.30-49. 케네디 행정부의 정책에 대해서는 다음을 참조, McDonald, *Food Power*, pp.145-148.

34 United States Congress, Senate, Committee on Foreign Relations, *International*

뉴딜의 마지막 계승자라고 할 수 있는 린든 B. 존슨Lyndon B. Johnson
은 그의 선임자들이 당파를 넘어 유지해 왔던 식량 전략을 보다 강력하
게 사용했다. 우선, 존슨 행정부는 케네디 행정부가 수립한 농업 정책을
연장하면서 대외원조법안(PL-480)에 기반한 외교적 수단을 통해 잉여농
산물을 적극적으로 해결하고자 했다.[35] 존슨의 '위대한 사회Great Society'는
빈곤 문제를 해결하기 노력이었으며, '평화를 위한 식량'은 미국 내에서
진행된 빈곤과의 전쟁을 국제적으로 확대한 것이었다.[36] 존슨 행정부의
'평화를 위한 식량'과 같은 원조 계획은 남미와 아시아 지역의 동맹국을
돕기 위한 수단으로 사용되면서 미국의 냉전 전략을 수행하는 도구였
다. 농산물과 소비재를 실은 선박이나 비행기가 아시아의 한 항구나 비
행장에 도착할 때, 미국의 풍요로움은 빛을 발했고, 공산주의와 비견되
는 가장 명확한 신호를 줄 수 있었다. 특히 1960년대는 이러한 식량 원
조가 국제문제에서 미국이 유리한 위치를 차지하는 데 가장 큰 역할을
했던 시기였다. 한편, 같은 시기 소련은 미국에서 대규모로 곡물을 구매
했는데, 이 역시 자유민주주의 진영의 농업 체계가 소련의 체계보다 우
월하다는 신호가 되었다.[37]

소련은 오랜 시간 농업 생산을 증대시키는 문제와 씨름했다. 1954년
에는 전쟁 이전의 인구 수준을 빠르게 회복하면서 농업 생산의 증대를
요구했다.[38] 흐루쇼프는 서기장이 된 이후 농업 생산량 증가를 선결 과

*Development and Security: Hearings Before the Committee on Foreign Relations, United
States Senate, Eighty-Seventh Congress*, Washington, DC: United States Government
Printing Office, 1961, pp.346-347.

35 McDonald, *Food Power*, p.142.

36 Ahlberg, *Transplanting the Great Society*, p.56.

37 McDonald, *Food Power*, p.136.

38 Lazar Volin, *A Century of Russian Agriculture: From Alexander II to Khrushchev*, Cambridge,
MA: Harvard University Press, 1970, p.328.

제로 잡았다. 그는 소련 국민의 생활 수준을 질적으로 개선하기 위해서는 식품 생산의 증대와 육류 소비의 확대가 중요하다고 생각했다. 흐루쇼프는 미국을 따라잡기 위해서는 식량의 양적 증대 못지않게 육류와 유제품 생산에 필요한 사료 생산량이 늘어야 한다고 강조했다.[39] '미개척지 개간 운동Virgin Lands Campaign'을 통해 곡물 생산지를 추가 확보하고자 경농에 부적합한 지역으로 알려졌던 카자흐스탄, 캅카스, 시베리아 지역까지 곡물 생산 지역으로 편입시켰고, 생산량 증가분은 주로 육류와 유제품 생산을 위한 가축의 사료로 쓰였다.[40] 그러나 새로운 개간지에서 나는 생산량은 초기를 제외하고는 기대에 미치지 못했다. 가축 사료와 연동되어 있었던 곡물 생산량의 감소는 육류와 유제품을 생산하는 축산에 직접적인 타격을 주면서 연관 식품 생산에까지 영향을 주었다. 1953년과 1960년 사이에는 곡물 보유량도 감소하고 있었다.[41] 미개척지 개간 운동은 종국에는 흐루쇼프의 실각에 영향을 주었지만, 스탈린 시기부터 관련 업무를 주로 수행해 왔던 그가 농업 생산에 집착했던 것은 우연이 아니었다.

1962년 무렵, 미국은 소련의 농업 생산력이 과장되어 있다는 것을 인식했다. 미국의 여러 보고서는 전 세계적 차원의 기근을 경고하고 있

---

39 흐루쇼프는 미국의 아이오와주의 옥수수 재배지에 자극을 받았고, 소련에서 옥수수를 재배하여 사료량을 늘리고 육류의 증산을 도모했다. 해당 내용을 다룬 로렌 소스의 사설은 1956년 퓰리처상을 수상했다. Lauren Soth, "If the Russians Want More Meat," *Des Moines Register*, February 2, 1955; Volin, *A Century of Russian Agriculture*, pp.327-328.

40 '미개척지 개간 운동(Virgin Lands Campaign)'은 한국에서 '처녀지 개간 운동'으로 번역된다. 본 연구에서는 의미를 해치지 않는 선에서 수정하여 사용한다. 소련의 만성적인 식량 자원 고갈을 타개하기 위해 시행되었으며, 곡물 생산에 필요한 기술, 자원, 인력의 부족으로 인한 실패로 평가되고 있다. Volin, *A Century of Russian Agriculture*, pp.484-496.

41 Phillips and Hanilton, *The Kitchen Debate and Cold War Consumer Politics*, pp.27-28; Volin, "Khrushchev and the Soviet Agricultural Scene," pp.1-21.

고, 소련 일부 지역에서도 농업 생산이 정체를 겪고 있음을 파악했다.[42] 소련은 곡물 부족으로 인해 동유럽 위성국가로의 수출을 중단할 수밖에 없었고, 식량을 배급하는 방식으로 공급을 조정했다. 1963년부터 소련은 캐나다를 시작으로 서방세계에서 대량의 식량을 구매하기 위한 준비를 했다. 미국은 우호국에 한정하여 농산물을 교역한다는 1961년의 라타 수정안Latta Amendment을 일반 협정으로 전환하여, 소련에 식량 판매를 허용하고, 이를 통해 '공산주의의 실패'라는 이미지를 그리고자 했다.[43] 1963년 10월, 소련은 미국에 대규모의 밀 구매 의사를 전달했고, 케네디 행정부는 미국 국적의 선박으로만 운송 가능하다는 조건을 걸어 소련과 체코슬로바키아, 불가리아, 헝가리를 포함한 공산주의 국가에 밀 수출을 승인했다.[44] 이 운송 조건은 존슨 행정부에서는 수출량의 50%에 한하여 미국 국적의 선박으로 운송하는 조건으로 변경된다.[45] 이어서 소련은 미국뿐만 아니라 캐나다, 호주, 아르헨티나와 서유럽 전역

---

42 1962년부터 시작된 기근 현상은 북미 지역을 제외하고 전 세계적 규모의 농업 생산력 저하에서 비롯되었다. Phillips and Hanilton, *The Kitchen Debate and Cold War Consumer Politics*, pp.146-148; Lester Brown, *Man, Land, and Food, Looking Ahead at World Food Needs*, Washington, DC: Agency for International Development, 1963, p.79.

43 1963년 소련은 1억 5천만에서 2억 달러 규모의 밀 구매 의사를 타진해 왔다. Summary Record of the Naitonal Security Council Meeting, Washington, October 1, 1963, Proposed Sale of U.S. Wheat to the USSR and Soviet Satellites, FRUS, 1961-1963, vol.V, Soviet Union.

44 케네디 대통령은 미국이 궁핍한 국가를 돕고 평화를 구축하는 나라임을 선전하고자 했다. 그러나 소련의 대중들은 곡물 구매가 궁극적으로는 미국의 경제에 도움이 된다고 생각했고, 당시 소련이 겪고 있던 농업 실패에 대해서는 정보를 통제당하고 있었다. 대통령이 되기 이전인 리처드 닉슨은 케네디의 조치를 비판하였다. John F. Kennedy, "The President's News Conference," *The American Presidency Project*, October 9, 1963; Trager, *The Great Grain Robbery*, p.16.

45 존슨 행정부에서 변경된 운송 조건은 미국 노동자들의 큰 반발을 샀지만, 노조 지도자의 도움을 받아 해당 조건을 확정 지을 수 있었다. "U.S. Flag Ruling Asked for Wheat," *The New York Times*, February 1, 1964; "Union Scores U.S. on Grain Cargoes," *The New York Times*, February 5, 1964; "Dockers Threaten a Boycott on Soviet Wheat," *The New York Times*, February 7, 1964; "Telegram to the President, AFL-CIO, Concerning the Union Refusal to Load Wheat to Russia," *Public Papers of the Presidents of the United States*, February 25, 1964, p.310.

에서 곡물을 수입하기 시작했다.[46]

3. 곡물 대탈취: 한 편의 서부극

1972년 4월, 미국의 농무부 장관 얼 버츠가 곡물 판매 협상을 위해 소련을 방문했을 때, 소련의 농무장관 블라디미르 마체비치^{Владимир Вла}димирович Мацкевич가 협상 대표자로 그를 맞았다. 몇 달여 전에 소련의 대표자가 미국의 중서부와 남서부 지역을 돌아본 것처럼, 두 국가의 농업 담당자는 소련의 곡창지대 크림 지역을 방문했다. 당시 봄 수확량은 준수한 편이었지만 마체비치는 "올해의 강수량은 432㎜였으며, 이 정도 강수량으로는 자본주의든 공산주의든 충분한 옥수수를 길러 낼 수 없습니다"라고 짐짓 불평하였다. 버츠는 검은 토양을 한 줌 집어 올리면서 "당신들은 비옥한 토양을 가지고 있는데 왜 개간하지 않나요?"라고 질문하였고, 비용이 상당히 많이 들기 때문에 개간이 어렵다는 설명에는 "국방비에서 가지고 오십시오"라고 했다. 마체비치는 "좋습니다만. 브레즈네프에게 가서 이야기하십시오"라고 응수했다.[47] 버츠와 마체비

---

46 "First Sale of Rice to Soviet Is Made," *The New York Times*, January 16, 1964; "U.S. Wheat Sales to Soviet Ended," *The New York Times*, March 3, 1964.

47 Hedrick Smith, "Butz in Moscow to Start Talks on Sale of Grain," *The New York Times*, April 9, 1972; 흐루쇼프 이후, 18년간 소련 서기장을 맡은 레오니트 브레즈네프(Леони́д Ильи́ч Бре́жнев) 치하에서 소련은 어느 정도 국민 생활의 개선을 이루고 있었다. 다음을 참조. 이홍섭, 「소연방의 경제개혁과 체제변동: 흐루시초프, 브레즈네프, 고르바초프 개혁의 비교」, 『국제정치 논총』 제40집 제1호, 2000, 141-160쪽.

치의 대화는 세계 농업 체계의 변화에 앞서 마지막 순간에 이루어졌다. 이후 미소 간의 냉전 대립에서 농업은 큰 변화를 겪게 되며, 그 변화는 전 세계 식량 체계Global Food System까지 확대된다.

먼저, 곡물 수출은 미소 간의 냉전 전략과 전후 대여금 상환과 같은 경제적 이해관계가 맞물린 정치적 협상과 타협의 산물이었다. 1960년대 케네디 행정부에서 소련으로의 농산물 판매는 매번 상무국 Department of Commerce의 허가를 받아야만 했던 일회성 판매였다. 해당 곡물은 미국 국적 수송선으로 운송되어야 했기 때문에 수송선의 가용 여부와 운송비로 인해 구매에 제한을 받기도 했다. 우선, 미국의 논평가들은 식량 문제를 중심으로 한 소련과의 외교전에서 미국이 우위를 점할 것을 주문했다. 일례로 『스탠더드 스피커Standard-Speaker』지는 1972년 12월의 군축 회의에서는 "소련의 경작이 계속 실패할 경우 미국은 곡물 공급을 통해 협상장에서 소련을 압박할 수 있을 것"이라고 하였다.[48] 또한, 헨리 키신저Henry Kissinger는 모스크바 정상회담과 베트남 문제와 관련된 협상을 지연시킬 것을 얼 버츠 농무장관에게 요구했다.[49]

1972년 초부터 닉슨 행정부는 소련과의 교역에 있어서 다양한 가능성과 조건을 면밀하게 검토하기 시작했다. 키신저 휘하의 국가안전보장회의National Security Council, NSC 특별 위원회는 닉슨 대통령에게 무기 대여금 상환과 연동된 농산물 판매의 이점을 전달했다. 또한, 농업 기술 협력과 여행 제한 조치 완화 등도 협상 내용으로 제안했다.[50] 1972년

---

48 "Slowing Down Arms Race," *Standard-Speaker*, December 1, 1972.
49 "From National Security Adviser Henry Kissinger to Secretary of Agriculture Earl Butz," The White House, April 12, 1972, document number: CK3100673320, Declassified Documents Reference System, McDonald, *Food Power*, p.166에서 재인용.
50 "US-Soviet Trading Relationships," National Security Study Memorandum 145, Council on International Economic Policy Study Memorandum 20, The White House, January 17, 1972.

2월, 상무국 장관 피터 피터슨^{Peter Peterson}은 키신저에게 해당 거래가 미국과 소련 상호 이익에 부합한다며 긍정적인 의견을 전달했다. 그리고 한발 더 나아가 소련이 미국의 농산물에 종속적 위치에 서게 될 것이라고 전망했다.[51] 또한, 닉슨 행정부는 미소 간 해사 협정 수립에 도움을 줄 수 있었고, 이에 더불어 2차 대전 이후 지불이 지연된 무기 대여 원조 금액의 상환을 유도하려는 속내가 있었다. 2차 세계대전 당시 미국은 무기대여법을 기반으로 우방국으로서 소련에 식량을 포함하여 13억 달러에 이르는 군수품을 지원했다.[52] 종전 후 상환 협상에서 소련은 2차 세계 대전에서 함께 전체주의에 대항했던 동맹국에 무리한 비용을 전가한다고 미국을 비난하였고, 1억 7천만 달러만의 상환금을 제시하면서 상환금 협상은 1960년대까지 진행되지 못했다. 1970년대 초까지 미지불된 비용은 데탕트 상황을 맞으며 선결적으로 해결해야 하는 문제가 되었다. 1972년 4월, 워싱턴에서 상환 협상이 재개되었다. 미국은 8억 달러를 하한선으로, 소련은 3억 달러를 상한선으로 제시하면서 큰 차이를 보였다. 소련은 미국이 영국에게 제시했던 것과 같은 2% 이율로 30년 상환 대출을 요구했고, 미국은 6%의 이율을 주장했다. 협상이 진전되지 못하면서 소련은 시베리아 지역의 석유와 천연가스를 공동 개발하자는 제안 등으로 유인했지만, 여전히 남아 있었던 적대감으로 인해 상호 간

---

51 Nixon Presidential Materials, NSC Files, Box 992, Haig Chronological Files, March 7-15, 1972 in "Memorandum of Conversation," Foreign Relations of the United States(FRUS), 1969-1976, vol.XIV, Soviet Union.

52 무기대여법(Lend-Lease Act)은 미합중국 방위촉진 조례(An Act to Promote the Defense of the United States)를 부르는 말이다. 무기대여법에 대한 최근의 연구는 다음을 참조할 수 있다. Albert Loren, *Russia's Life-Saver: Lend-Lease Aid to the U.S.S.R. in World War II*, Lanham, MD: Lexington Books, 2010; 심헌용, 「제2차 세계대전기 소련의 대일전 참가를 둘러싼 미소 군사협력: 무기대여법과 '훌라(Hula) 프로젝트'의 역할을 중심으로」, 『군사』 제105호, 2017, 233-235쪽.

의 더 이상의 접근은 어려웠다.[53] 미소 모두 상호 교역의 필요성을 인지하고 있었기 때문에 대여금 상환 협상의 어려움은 오히려 곡물 거래 협상에서는 긍정적인 기회를 제공했다.

　　미국은 농산물 판매로 이후 소련과의 교역 확대를 도모할 수 있으며, 당시 유럽과의 교역에서 발생하는 적자 폭이 상쇄될 것이라고 기대했다. 시기적으로 공화당 닉슨 행정부는 1972년 선거에서 민주당의 조지 맥거번을 견제할 수 있는 정치적 소재로 곡물 판매를 활용하길 원했기 때문에 키신저를 비롯한 미국 당국자들은 협상 타결에 매우 적극적이었다.[54] 결국, 리처드 닉슨은 농무부의 얼 버츠에게 350만 톤에 달하는 미국 곡물에 대한 협상을 지시했다.[55] 1972년 7월 8일, 소련을 대상으로 보조금이 적용된 가격으로 3년 동안 7억 5천만 달러 규모의 곡물 판매가 승인되면서, 직접적으로는 미국의 농업 부문에 대한 이윤 증가가 예상되었다. 구매 곡물 중 가장 큰 비중을 차지하는 밀은 3년간 7억 달러 규모로 4억 3천만 부셸(1부셸: 27.216kg)에 달했고, 이는 미국 역사상 가장 큰 곡물 거래였다.[56] 미국으로부터 연간 4억 달러 규모의 곡물을 수입하던 일본에 이어 소련은 제2의 대미 수입국이 되었다.[57]

　　미국의 적극적인 검토 이후 소련은 비교적 좋은 가격과 대출 조건을 끌어낼 수 있었고, 심지어 곡물 수송 수단도 미국 국적의 선박에서

53　"Moscow Agrees to Buy U.S. Grain for $750-Million," *The New York Times*, July 9, 1972.

54　McDonald, *Food Power,* p.168.

55　Trager, *The Great Grain Robbery*, pp.10-11.

56　"Soviet Purchase of Grain from U.S. May Total Billion," *The New York Times*, August 10, 1972.

57　Derek Headey and Shenggen Fen, *Reflections on the Global Food Crisis: How Did It Happen? How Has It Hurt? and How Can We Prevent the Next One?*, Washington, DC: International Food Policy Research Institute, 2010, pp.81-88; Philip Shabecoff, "Moscow Agrees to Buy U.S. Grain for $750-Million," *The New York Times*, July 9, 1972.

소련 국적의 선박으로 바꿀 수 있었다. 통상적으로 소련은 외국 정부와 교섭하여 농산물을 구매해 왔다. 그러나 닉슨 행정부는 정부 간 거래는 기업 부문에 도움을 주지 못한다는 이유로 선호하지 않았다.[58] 미국은 거래 조건 중 하나로 곡물 거래 비용의 70%에 조금 못 미치는 5억 달러의 장기 대출을 상품 신용 공사Commodity Credit Corporation, CCC를 통해 제공하기로 합의했다. 전년도에 소련은 모든 곡물을 현금으로 구매했던 것에 비해 1972년의 거래에서는 소련이 미국 정부의 대출금을 사용하여 곡물을 구매하게 된 것이다. 소련은 이 자금을 이용해 콘티넨털그레인사Continental Grain Company과 카길사Cargill Corporation 등의 대표적인 6개 곡물 기업을 상대로 직접 구매에 나섰다.[59] 또한, 닉슨 행정부는 1950년 한국 전쟁 이후 계속되었던 중국에 대한 금수 조치를 1971년 6월에 해제하고, 1972년에는 소련과 공산권 국가에 정기적인 곡물 판매를 허용하면서 케네디 행정부가 규제했던 운송 조건도 해제했다. 몇몇 공산권 국가에 수출할 때는 여전히 상무국의 특별 면허가 요구되었지만, 소련과 중국을 포함해 대부분의 공산권 수출은 일반 면허로 가능하도록 변경했다. 해당 조치로 소련은 미국 정부의 인지 없이 대량의 곡물 매입이 가능하게 되었다.[60]

미국과 소련의 곡물 협상은 미국의 정책가들이 미처 예상하지 못한 방향으로 전개됐다. 소련은 미국의 6개의 곡물 기업에 비밀리에 접촉하여 동시에 곡물을 구매한다. 1972년 7월 2일에 뉴욕의 한 호텔에 투숙한 두 명의 방문객은 1,200만 톤의 밀을 구매하기 위해 준비했고 이는

58 Stephen D. Cohen, "United States-Japan Trade Relation," *Proceedings of the Academy of Political Science*, vol.37, no.4, 1990, pp.122-136.
59 Dan Morgan, "The Shadowy World of Grain Trade," *The Washington Post*, June 10, 1979.
60 Trager, *The Great Grain Robbery*, p.18.

미국의 한해 수출량에서 70%를 차지하는 양이었다. 모스크바에서 온 그들의 움직임은 매우 은밀했다.[61] 니콜라이 벨로우소프 Nicolai Belousov가 이끄는 소련의 대표단은 7월 10일, 곡물 회사 카길의 협상단을 뉴욕으로 불렀고, 비행기를 통해 미니애폴리스에서 뉴욕에 들어간 협상단은 오후 4시 30분에 협상 장소로 선택한 힐튼 호텔에 도착했다. 카길의 협상단은 옥수수 판매가 주제가 될 것을 예상했지만 소련의 대표단은 겨울 밀 구매 의사를 밝혔다. 카길은 다음 날 아침에 곡물 부문 담당자를 추가로 불러들여 백만 톤의 밀 구매 계약을 체결했다. 다른 곡물사인 루이드레퓌스 Louis Dreyfus 역시 7월 8일, 워싱턴에서 또 다른 소련 대표단을 만나 대량의 밀 구매 의사를 확인했다. 루이드레퓌스의 부사장 패트릭 가드너 Patrick Gardner, Jr.는 수출 보조금 관련 정책을 정부에 문의하는 과정에서 미국 정부가 밀 판매를 지지하며 보조금을 유지할 것이라고 확신하게 되었다. 루이드레퓌스의 회장 제럴드 루이드레퓌스 Gerard Louis-Dreyfus와 사장단은 뉴욕 힐튼 호텔에서 러시아 대표단을 만나 75만 톤 규모의 판매 계약을 맺었다. 또 다른 기업인 콘티넨털그레인의 경우 7월 5일에 밀 4백만 톤으로 합의한 내용을 11일에 5백만 톤으로 상향 조정했다.[62] 이후, 소련의 대표단은 곧바로 캐나다를 방문하여 백만 톤의 밀 구매 계약을 맺고, 7월 20일에 뉴욕으로 돌아왔다. 다음 날인 21일 금요일, 그들은 뉴욕을 떠나 암스테르담을 거쳐 모스크바로 돌아갔다. 곡물 기업들은 그들의 경쟁사들이 7월 8일부터 11일까지 다른 시간과 장소에서 소련의 대표단과 대량의 구매 계약을 체결하는 것을 알지 못했다. 소련의 벨로우소프 대표단의 구매는 한차례로 끝나지 않았다. 그들 8월 2일에

---

61 *Ibid*., pp.6-7.
62 Michael C. Jensen, "Soviet Grain Deal is Called a Coup," *The New York Times*, September 29, 1972.

번지^{Bunge}사로부터 육십만 톤, 가낙그레인사^{Garnac Grain Company}로부터 30만 5천 톤을 구매하여 90만 톤의 밀을 구매 목록에 추가하였다. 전체 소련의 구매량은 천만 톤을 상회하여 결국 미국 밀의 25%, 전체 수출량의 절반을 가져가게 되었다.[63]

우선, 미국 기업들은 소련이 이처럼 대량으로 밀을 구매할 것을 예상하지 못했다.[64] 당시 각 회사의 협상단들은 소련이 옥수수 판매에 관심을 가질 것을 예상했다. 오래전부터 버츠를 비롯한 미국 관료들과 카길을 비롯한 곡물 회사는 소련이 계속해서 옥수수에 관심이 있다고 생각했기 때문에 밀 구매 의도와 전략을 면밀하게 추적하지 않았다. 1972년 9월에서야 버츠는 하원 농업위원회에서 "농무부와 상무부 어느 쪽도 알지 못했다. … 수출사 중 어느 한 곳도 농무부에 이야기하지 않았다"라고 토로했다.[65] 언론은 미소 간 곡물 거래를 혹평했고 『뉴욕타임즈 *The New York Times*』에서는 "작은 워터게이트^{little Watergate}"로 명명하기에 이르렀다.[66] 상원에서는 3억 달러의 연방정부 보조금이 어떻게 미국 전체 밀 수확량의 25%에 해당하는 곡물을 수출하는 데에 사용되었는지 조

---

63 Trager, *The Great Grain Robbery*, p.50.

64 밀은 지구상에서 가장 중요한 작물 중 하나이며, 실제로 밀 경작지는 전 지구의 경작지 중 4분의 1을 차지하고 있다. 1970년대에 쌀과 설탕 등 작물이 주로 재배지에서 소비되었던 것과는 다르게 밀은 국제 교역을 통해 세계적으로 유통되는 작물이었다. 대략 세계 생산량의 16%에 해당하는 5600만 톤의 밀이 국경을 넘어 유통되었다. May Peters, Suchada Langley, and Paul Westcott, "Agricultural Commodity Price Spikes in the 1970s and 1990s: Valuable Lessons for Today," *Economic Research Service*, Washington, DC: United States Department of Agriculture, March 1, 2009; Ronald Trostle, *Global Agricultural Supply and Demand: Factors Contributing to the Recent Increase in Food Commodity Prices*, Washington, DC: United States Department of Agriculture, 2008.

65 Committee on Agriculture Subcommittee on Livestock and Grains, "Sale of Wheat to Russia: Hearings," Ninety-second Congress, Second Session, pp.7-8.

66 "Lesson in Soviet Grain Deal," *Evening Standard*, October 11, 1972; "Grain for Moscow," *The New York Times*, July 11,1972; "Only the Texpayers Suffered a Loss," *The New York Times*, July 29, 1972.

사할 것을 결의했다.[67] 청문회에서 민주당의 헨리 잭슨Henry Jackson은 "정부의 비밀주의와 관료제의 무신경함"을 질타했다.[68] 연방회계국General Accounting Office, GAO과 연방수사국Federal Bureau of Investigation, FBI은 당국자들의 이해 충돌 문제를 수사했고 범죄 혐의점을 발견하지는 못했지만, 여러 건의 부주의 사례를 보고했다.[69] 가장 충격적으로 받아들여졌던 사건은 1973년 9월에 곡물가 상승으로 인해 미국이 인도에 제공하는 식량 원조 요구를 맞추지 못하자, 인도가 소련에 곡물 원조를 요청한 사건으로, 이에 소련이 미국에서 구매한 2백만 톤을 포함해 4백만 톤의 곡물 원조를 인도에 제공한 일이다. 미국이 아시아의 우방국 중 하나인 인도에 원조를 줄여 가던 중에 오히려 모스크바가 인도와의 우호 관계 증진을 명목으로 곡물 원조를 진행한 것이다.[70] 무엇보다 소련의 인도에 대한 대외 원조 중 상당량이 미국의 보조금으로 이루어졌다는 사실이 큰 충격을 주었다. 이는 미국의 전략적 실패였다.

---

67 "US-Soviet Trading Relationships," *National Security Study Memorandum* 145.
68 "Chaff in the Great Grain Deal," *Time Magazine*, August 6, 1973.
69 "Some Deal: The Full Story of how Amepnka got burned and the Russians got Bread," *The New York Times*, November 25, 1973, 306; Attorney General Richard Kleindienst to Counsel to the President John Dean, "Memorandum: United States-Soviet Union Grain Sale Agreement," January 22, 1973, document number: CK3100691620. Declassified Documents Reference System. Gale, 2015.
70 "Soviet Sets Loan of Grain to India," *The New York Times*, September 29, 1973.

4. 냉전질서와 국제 식량 체계의 위기

1970년대 초의 식량 위기를 미국과 소련의 곡물 거래로 모두 설명할 수는 없다. 근본적으로는 농업 생산이 집중된 지역에서의 기후 환경의 변화, 인구 증가와 식량 생산의 불균형, 식량 소비 경향의 변화와 같은 장기적인 변화도 식량 위기에 기여했다.[71] 위기의 원인은 기후와 연관된 일시적 작황의 감소가 아닌 전후 냉전질서 속에서 지속된 농업 발전 및 기근에 대한 대응 방식의 쇠퇴에 있다. 1950년대와 1960년대 동안 과학적 영농과 종자 개발, 비료 기술에 기반한 "농업혁명 Green Revolution" 은 멕시코를 비롯한 남미와 아시아의 인도에서 오랜 기간 지속된 기근을 막는 데 효과적이었다. 이러한 대응 방식은 1930년대 대서양 양안의 미국과 영국이 채택한 자유주의적 발전 모형이 공식적 제국주의를 대체하면서 탈식민 국가들에 효과적으로 이식되면서 가능했다.[72] 자유주의적 발전 모형은 과학적 영농 기술을 농업 생산에 적극적으로 적용할 수 있는 국가 주도의 농업기획이라는 토대를 제공했다. 일부 국지적인 대기근은 전후 형성된 집단 안보 체계에 기반하여 선진국으로부터의 식량 원조로 해결될 수 있었다.[73] 개발도상국들이 채택했던 공업 중심의 성장 전략과 일시적으로 충돌을 하거나 부조화를 이루는 경우가 있었지만, 대부분의 지역에서 상당 기간 효과적으로 작동했다.[74] 이 시기 미국이 주도했던 서방의 냉전 전략과도 상관관계를 가진다. 미국이 추구

---

71   McDonald, *Food Power,* pp.6-7.
72   Lorenzini, *Global Development,* Introduction and ch.4.
73   Cullather, *The Hungry World*, pp.205-213.
74   *Ibid.*, pp.183-190.

했던 공산주의에 대한 봉쇄와 아시아, 특히 탈식민주의 국가에서의 통합 정책에는 식량 원조와 발전 모형의 전파가 핵심적인 부분을 차지했고, 냉전의 군사적 전략과는 차별화된 효과를 거두었다.[75]

1970년대 식량 소비 방식에도 변화가 있었다. 육류 소비가 늘어나면서 사료 소비가 늘어나고, 이 사료의 많은 부분을 미국의 생산량으로 충당하는 과정에서 대량의 곡물 거래로 인한 가격 상승으로 이어졌다. 우선, 소련의 곡물 구매는 주로 가축 사료 확보였다. 곡물은 인간과 가축이 공유하는 식량원이다. 다만, 곡물 소비는 같은 공간에서 인간과 가축이 경쟁하는 것이 아니라 국경을 넘어 한 세계에 있는 인간과 또 다른 세계에 있는 가축이 경쟁한다는 특징이 있다. 예를 들어 대량의 곡물이 제2세계 또는 제3세계로 빠져나가면서 가축들에게 제공되는 사료 가격이 폭등하고 이는 제1세계 소비자들에게 제공되는 육류와 유제품 가격의 상승을 의미한다. 반대로 제1세계의 소비자들의 소득 수준이 상승하면서 비교적 비싼 육류와 유제품의 소비가 늘어나면 그에 상응하는 비중으로 개발도상국에서의 곡물가가 상승하고 이는 인간들의 삶에 직접적인 영향을 미친다. 하나의 정책적 예를 찾으면 클래런스 팜비[Clarence D. Palmby]가 이끌었던 케네디 행정부의 미국곡물협의회는 외국의 농장에서 가금류와 가축의 육성을 장려하여 미국의 사료 수출을 늘리려고 노력했다.[76] 물론, 한 나라 안에서의 수요 공급은 일정 수준에서 조절할 수 있다. 그러나 1972년의 곡물 구매는 일시적이지만 큰 규모의 곡물 수요

75 David Ekbladh, *The Great American Mission: Modernization and the Construction of an American World Order*, Princeton, NJ: Princeton University Press, 2010, ch.5; Lorenzini, *Global Development*, pp.50-64.

76 John L. Hess, "Beware of Soviet Horse Traders Bearing Gold," *The New York Times*, September 9, 1973.

를 발생시켰고 세계적 규모로 연동된 식량 산업에 영향을 주었다.

　대량의 곡물 수출은 미국 내 시장에서 가격 상승을 가져왔으며 결과적으로 정부의 농업 보조금 지출도 급격하게 상승했다. 사료 가격의 상승으로 육류와 유제품의 가격을 흔들었고, 심지어 양식farm-raising을 통해 조달되는 어류 가격도 크게 변동시켰다.[77] 1972년 여름에 부셸당 1달러 68센트였던 밀은 한 달 후에 2달러 40센트로 올랐고, 1년 뒤 같은 기간에는 무려 4달러 45센트까지 가격이 상승했다. 옥수수와 대두의 경우는 가격이 두 배 가까이 올랐다. 무엇보다 사료로 사용되는 곡물가가 오르면서 육류의 가격도 150% 상승했다.[78] 소련에서 구매한 밀에 부셸 단위로 미국 농무부가 보조금을 지급해야 했기 때문에 농업보조금 부담도 늘어 갔다. 7월 초에는 불과 몇 센트에 불과했던 보조금이 10센트, 15센트가 되고 8월 3일에는 24센트가 되었다. 이로써 전체 6700만 달러 규모의 보조금이 1년 사이에 3억 달러 수준까지 이르러, 그 상승 폭이 3배를 초과했다. 그럼에도 1973년 가을에 이르러서도 곡물 가격은 계속 상승했다.[79]

　예상치 못했던 소련과의 곡물 거래는 미국이 전후에 유지해 왔던 농업 체계에 충격을 주었고, 그 여파는 미국 국내 농업만 아니라 국제 식량 체계에도 영향을 주었다. 미국 내의 잉여생산물을 처리하기 위해 작동되었던 여러 정책은 소련의 대량 곡물 구매라는 사건을 예상하지 못했다. 1970년대 초반, 국제 곡물 시장에 등장한 사회주의 국가들의 구

　　77　Headey and Fen, *Reflections on the Global Food Crisis*, ch.4.
　　78　I. M. Destler, "United States Food Policy 1972–1976: Reconciling Domestic and International Objectives," *International Organization*, vol.32, no.3, 1978, pp.617– 653; Luttrell, "Russian Wheat Deal," pp.2–9; Headey and Fen, *Reflections on the Global Food Crisis*, pp.84–86.
　　79　Trager, *The Great Grain Robbery*, p.50.

매력은 예상보다 더 큰 힘을 가지고 있었고, 이것은 구조적인 식량 위기로 연결되었다.[80] 소련이 대량의 곡물을 구매한 이유는 납득하기 어려운 부분이 있다. 이는 당시의 미국 행정부가 소련의 행동을 예상하기 어려웠던 이유기도 하다. 전 세계적 규모의 식량 생산 감소가 예측되었지만, 당해 연도 생산량을 확정하기 어려운 시점이었고, 이미 전년도에 상당량의 곡물 저장량을 확보하고 있었다.[81] 키신저는 회고록에서 소련의 국가 통제 경제가 자유 시장 경제 체계와 만났을 때의 부작용을 비판하면서 곡물 거래에 대한 변명을 하기도 했다. 그는 "시장경제와 국가 주도의 경제와 협상할 때의 문제점을 알게 해 준 하나의 수업이었다"라고 언급했다.[82]

곡물 거래는 닉슨 행정부가 진행했던 데탕트에 일정 정도 타격을 주었고, 미국 행정부로 하여금 이후 농산물 판매에 대해서는 더 강경한 태도로 소련에 대응할 것을 주문했다. 닉슨 행정부를 이은 포드 행정부는 이전과 같은 일이 되풀이되는 것에 대한 두려움으로 1974년과 1975년, 소련에 대한 곡물 수출 제한 조치를 시행했다. 1974년의 조치는 포드 행정부가 소련의 곡물 구매로 인해 상승한 식량 가격을 안정화하는 조치로 진행되었지만, 실질적인 가격 통제 효과가 없다고 여겨지면서 매우 짧은 기간만 유지되었다. 소련의 곡물 구매가 한 차례 더 진행된 이후, 미국은 1975년 여름 다시 수출 제한 조치를 시행했다. 1975년의 조치는 장기 농산물 구매 계약과 소련이 수출하던 석유 가격 인하를 위한 협상

---

80 소련의 흐루쇼프 체제 이후부터 지속된 농업 정책 실패로 인해, 미국 농업에 대한 소련의 의존은 1980년대까지도 계속되었다. Karl-Eugen Wädekin, "Soviet Agriculture's Dependence on the West," *Foreign Affairs*, vol.60, no.4, 1982.

81 Trager, *The Great Grain Robbery*, p.19.

82 Henry Kissinger, *The White House Years*, New York: Simon & Schuster, 2011, p.1270.

안으로 사용되어 그해 10월까지 이어진다. 소련은 강한 반대의 의사를 밝혔고, 결국 두 강대국 간의 협정은 6년간 소련이 6백만에서 8백만 톤의 곡물을 수입하는 것을 결정한다. 덧붙여 미국으로의 석유 수출을 검토하는 안을 추가했다. 미국의 일부 강경론자들은 일련의 수출 제한 조치 등을 결합하여, 지속적으로 농업 생산물을 무기화할 것에 대한 요구와 함께 국내외 시장을 보호하기 위해 정부 단위의 감시와 개입이 요구되었다.[83]

포드 행정부는 2개월간의 수출 제한 조치로 인해 무제한의 수출을 원했던 광범위한 중서부의 유권자에게 반발감을 사게 되었다. 1975년 행정부가 나서 곡물 생산을 독려했지만, 농장 경영자들은 소련과의 관계 속에서 정부가 농업 부문을 희생시켰다고 생각했다. 미국농장주연합American Farm Bureau Federation은 국무부를 비난했고, 농업 지역의 의원들과 곡물 회사 역시 수출 제한 조치를 통해 문제를 다루는 것을 비판했다. 로버트 돌Robert Dole 상원의원을 비롯한 공화당원들 역시 곡물 판매를 중지하는 것으로 인해 전통적인 지지기반을 형성했던 곡창지대Grain Belt의 지지를 상실하는 것을 안타까워했다. 그러나, 결과적으로 곡물 거래로 인한 위기는 닉슨과 이후의 포드 행정부에 즉각적인 정치적 타격이 되지는 않았다. 『뉴욕 타임즈』의 제이슨 올브라이트Jason Albright는 "그들이 아무리 분노하고 있더라도 농부들의 상황은 그 어느 때보다 호전되었다. 미소 간의 곡물 거래가 농장 지역에 그 어느 때보다 번영을 선사한 것에는 의심의 여지가 없다."라고 논평했다.[84]

83　1970년대의 대표적인 두 개의 저작이 식량 자원의 무기화를 주장했다. William Schneider, *Food, Foreign Policy and Raw Materials Cartels*, New York: Crane Rusk, 1976; Miles M. Costick, *Economics of Detente and U.S.-Soviet Grain Trade*, Washington, DC: Heritage Foundation, 1976.

5. 맺음말

1970년대 국제 사회는 미국과 소련의 데탕트라는 배경 아래에서 경제 문제를 중심으로 국가들의 상호 종속적인 관계가 확인된 시기였다. 1945년 이후의 질서가 흔들리면서, 각 국가는 서로 새로운 관계를 정립하고, 새로운 영역에서의 가능성을 모색해야 했다.[85] 구체적으로는 경제 문제가 정치화되고 그 중요성이 드러나면서, 자원을 둘러싼 투쟁을 확인할 수 있었다. 지금까지도 중요한 사건으로 기억되고 있는 1973년의 석유 위기와 함께 1972년의 식량 위기 역시 이러한 국제 사회의 변동에서 한 축을 차지하고 있었다. 1972년부터 시작된 식량 위기는 기후 환경 변화와 생산량 변동에 더해, 장기적으로 인구 증가에 대한 두려움과 식량 소비 경향 변화로 인한 연쇄 효과에서 야기되었다. 덧붙여 선진국과 개발도상국 간의 식량 수요와 공급에 있어서 발생한 불균형과, 1960년대부터 국제 정치에서 목소리를 내기 시작한 탈식민 국가들의 경제적 요구 역시 결합되어 있었다. 1973년 곡물 구매를 둘러싼 미국과 소련의 정책적 결정은 전 세계적 규모로 곡물 가격을 상승시키면서 식량 위기를 심화시키는 결과를 가져왔다.

미소 간 곡물 거래는 1970년대 초반의 식량 위기의 한 부분이지만 기존의 곡물 교역과 식량 체계를 재고시키는 기회가 되었다. 1972년의 식량 위기를 심화시킨 미국과 소련의 곡물 거래는 미국의 잉여자원이었던 농산물이 부족 자원으로 전환된 사건이었다. 소련의 대량 구매로

84 Jason Albright, "Some Deal", *The New York Times*, November 25, 1973.
85 Daniel J. Sargent, "Introduction," *A Superpower Transformed: The Remaking of american Foreign Relations in the 1970s*, Oxford: Oxford University Press, 2014.

인해 미국의 곡물 저장량이 급격하게 줄어들었고 미국 국내 시장과 해외의 곡물가가 상승하였다. 닉슨 행정부에서 의도했던 미소 간 협력관계는 물론이고, 미국 농산물에 대한 소련의 종속성도 달성되지 않았다. 그러나, 해당 사건으로 전후 발전 담론의 재고와 회의가 시작되는 계기가 되었다.[86] 1972년부터 1974년에 걸쳐 식량 문제에 국제 사회가 관심을 가지게 되면서 유엔 산하의 식량농업기구[FAO] 등이 참여하는 세계식량회의 등의 움직임에 영향을 주었다. 국제 사회는 식량 및 농업 발전과 관련된 정책 재고와 함께 농업 생산물, 특히 계속해서 상승한 곡물 가격에 대한 정책 수정을 포함하여 인간과 자연에 대한 생태학적 검토를 요구하였고 여러 단계에 걸친 국제적 대응이 수반되었다. 또한, 닉슨 이후의 미국 행정부의 식량 정책은 기업의 참여를 통한 시장 중심의 유통 체계를 강조한다.

---

86 인구 증가에 대한 위기는 파울 에를리히(Paul Ehrlich)의 서문에서 그려진 인도의 한 골목에서의 풍경과 같은 이미지로 미국의 시민들에게 전달이 되었다. 1973년의 영화 《소일렌트 그린(Soylent Green)》은 인구 증가로 급격하게 쇠퇴한 도시를 미래로 그리고 있다. Paul Ehrlich, *The Population Bomb*, New York: Ballantine Books, 1968.

1장 자유, 진보, 제국:
율리시스 S. 그랜트의 월드 투어로 본 미국의 초상

Grant, Jesse R., *In the Days of My Father: General Grant,* New York: Harper & Brothers, 1925.

Simon, John Y. ed., *The Papers of Ulysses S. Grant*, vol.32, Carbondale, IL: Southern Illinois University Press, 1867~2012. esp. vols. 28-30.

_____, *The Personal Memoirs of Julia Dent Grant,* Carbondale, IL: Southern Illinois University Press, 1975.

Young, John Russell., *Around the World With General Grant*, vol.2, New York: American News Company, 1879.

Young, May D. Russell. ed., *Men and Memories: Personal Reminiscences*, vol.2, New York: F.T. Neely, 1901.

Austin, Ian Patrick, *Ulysses S. Grant and Meiji Japan, 1869-1885: Diplomacy, Strategic Thought and the Economic Context of US-Japan Relations,* London: Routledge, 2019.

Campbell, Edwina S., *Citizen of a Wider Commonwealth: Ulysses S. Grant's Postpresidential Diplomacy,* Carbondale, IL: South Illinois University Press, 2016.

Carwardine, Richard & Jay Sexton eds., *The Global Lincoln,* New York: Oxford University Press, 2011.

Chang, Gordon H., *Fateful Ties: A History of America's Preoccupation with China,* Cambridge, MA: Harvard University Press, 2015.

Cohen, Warren., *America's Response to China: A History of Sino-American Relations*, 6th edition, New York: Columbia University Press, 2019. Downs, Gregory P., *The Second American Revolution: The Civil War-Era Struggle Over Cuba and the Rebirth of the American Republic,* Chapel Hill, NC: University of North Carolina Press, 2019.

Downs, Gregory P. and Kate Masur eds., *The World the Civil War Made,* Chapel Hill, NC: University of North Carolina Press, 2016.

Doyle, Don H., *The Cause of All Nations: An International History of the American Civil War,* New York: Basic Books, 2015.

Ferraro, William M., "Engagement Rather Than Escape: Ulysses S. Grant's World Tour, 1877–1879," Edward O. Frantz ed., *A Companion to the Reconstruction Presidents, 1865-1881*, New York: John Wiley & Sons, 2014.

Gleeson, David T. and Simon Lewis eds., *The Civil War as Global Conflict: Transnational Meanings of the American Civil War,* Columbia, SC: University of South Carolina Press, 2014.

Green, Michael, *By More than Providence: Grand Strategy and American Power in the Asia Pacific since 1793,* New York: Columbia University Press, 2017.

Huzzey, Richard, *Freedom Burning: Anti-Slavery and Empire in Victorian Britain.* Ithaca, NY: Cornell University Press, 2012.

Hunt, Michael H., *The Making of Special Relationship: The United States and China to 1914,* New York: Columbia University, 1983.

Lago, Enrico Dal, "Writing in the US Civil War Era into Nineteenth-Century World History," *Journal of the Civil War Era*, vol.11, no.2, 2021.

Long, Renata Eley, *In the Shadow of the Alabama: The British Foreign Office and the American Civil War,* Annapolis, MD: Naval Institute Press, 2015.

Love, Eric T., *Race Over Empire: Racism and U.S. Imperialism, 1865-1900*, Chapel Hill, NC: University of North Carolina Press, 2004.

McCullough, Stephen, *The Caribbean Policy of Ulysses S. Grant Administration: Foreshadowing and Informal Empire*, Lanham, MD: Lexington Books, 2017.

_____, "Avoiding War: The Foreign Policy of Ulysses S. Grant and Hamilton Fish," Edward O. Frantz ed., *A Companion to the Reconstruction Presidents*, New York: John Wiley & Sons, 2014.

Myers, Phillip E., *Caution and Cooperation: The American Civil War in British-American Relations*, Kent: The Kent State University Press, 2008.

Pletcher, David M., *The Diplomacy of Involvement: American Economic Expansion across the Pacific, 1784-1900*, Columbia, MO: University of Missouri Press, 2001.

Prior, David, *Between Freedom and Progress: The Lost World of Reconstruction Politics*, Baton Rouge, LA: Louisiana State University Press, 2019.

____, ed., *Reconstruction in a Globalizing World*, New York: Fordham University Press, 2018.

Sexton, Jay, "Steam Transport, Sovereignty, and Empire in North America, circa 1850-1885," *Journal of the Civil War Era*, vol.7, no.4, 2017.

_____, "William H. Seward in the World," *Journal of the Civil War Era*, vol.4, no.3, 2014.

Stevenson, Louise L., *Lincoln in the Atlantic World*, New York: Cambridge University Press, 2015.

Waugh, Joan, *U. S. Grant: American Hero, American Myth*, Chapel Hill: University of North Carolina Press, 2009.

White, Ronald C., *American Ulysses: A Life of Ulysses S. Grant*, New York: Random House, 2016.

2장 '검은 치욕': 제1차 세계대전 이후 라인 지역 점령에 투입된 프랑스군 식민지 병사들을 둘러싼 인종과 젠더의 담론

Auswärtiges Amt, *Employment, Contrary to International Law, of Colored Troops in the European Theatre of War by England and France*, Berlin: Foreign Office, 1915.

"Black Peril on Rhine: Wave of Indignation," *Daily Herald*, April 12, 1920.

"Labour Women Want Big Changes: Maternity Welfare and the Vote —The Black Troops," *Daily Herald*, April 22, 1920.

Lang, Joseph, *Die schwarze Schmach: Frankreichs Schande*, Berlin: Neudeutsche Verlags- u. Treuhandgesellschaft, 1921.

Rheinische Frauenliga, *Farbige Franzosen am Rhein: Ein Notschrei deutscher Frauen*, Berlin: Verlag Hans Robert Engelmann, 1923.

Rosenberger, Franz, "Die Schwarze Schmach," *Ärztliche Rundschau*, 20. November 1920.

_____, *Was droht dir, Europa?*, München: Gmelin, 1921.

McKay, Claude, "A Black Man Replies," *Workers' Dreadnought*, April 24, 1920.

Morel, Edmund D., "Black Scourge in Europe: Sexual Horror Let Loose by France on the Rhine," *Daily Herald*, April 10, 1920.

_____, *The Horror on the Rhine*, 1920.

Nitti, Francesco, *The Wreck of Europe*, Indianapolis, IN: The Bobbs-Merrill Company, 1922.

박용희, 「라인 지역주의와 지역 정체성의 모색: 1차 대전 후 라인지방 분리주의 운동을 중심으로」, 『독일연구: 역사·사회·문화』 30호, 2015.

이재원, 「식민주의와 '인간 동물원(Human Zoo)': '호텐토트의 비너스'에서 '파리의 식인종'까지」, 『서양사론』 106권, 2010.

_____, 「제1차 세계대전과 프랑스의 식민지인 병사: '세네갈 보병'을 중심으로」, 『프

랑스사 연구』 31호, 2014.

정재현, 「1914년 8월 1일, 프랑스 총동원령의 선포」, 『프랑스사 연구』 43호, 2020.

Audoin-Rouzeau, Stéphane et Annette Becker, "Vers une histoire culturelle de la Première Guerre mondiale," *Vingtième siècle: revue d'histoire*, no.41, 1994.

Beaupré, Nicolas, "Occuper l'Allemagne après 1918: la présence française en Allemagne avant l'apaisement de Locarno ou la continuation de la Grande Guerre par d'autres moyens," *Revue historique des armées*, no.254, 2009.

_____, "France," *1914-1918 Online International Encyclopedia of the First World War*, https://encyclopedia.1914-1918-online.net/article/france(검색일: 2021년 8월).

Bland, Lucy, "White Women and Men of Colour: Miscegenation Fears in Britain after the Great War," *Gender & History*, vol.17, no.1, 2005.

Cabanes, Bruno, *La victoire endeuillée: la sortie de guerre des soldats français (1918-1920)*, Paris: Seuil, 2004.

Campbell, Peter, "'Black Horror on the Rhine': Idealism, Pacifism, and Racism in Feminism and the Left in the Aftermath of the First World War," *Histoire Sociale/Social History*, vol.47, no.94, 2014.

Collar, Peter, *The Propaganda War in the Rhineland: Weimar Germany, Race and Occupation after World War I*, London: I.B. Tauris, 2013.

Donlon, Anne, "'A Black Man Replies': Claude McKay's Challenge to the British Left," *Lateral: Journal of the Cultural Studies Association*, Issue 5.1, 2016.

Frémeaux, Jacques, *Les colonies dans la Grande Guerre: combats et épreuves des peuples d'Outre-Mer*, Saint-Cloud: 14-18 Éditions, 2006.

Koller, Christian, *"Von Wilden aller Rassen niedergemetzelt": Die Diskussion um die Verwendung von Kolonialtruppen in Europa zwischen Rassismus, Kolonial- und Militärpolitik (1914-1930)*, Stuttgart: Franz Steiner, 2001.

_____, "Colonial Military Participation in Europe (Africa)," *1914-1918 Online International Encyclopedia of the First World War*, https://encyclopedia.1914-1918-online.net/article/colonial_military_participation_in_europe_africa(검색일: 2021년 8월).

Le Naour, Jean-Yves, *La honte noire: l'Allemagne et les troupes coloniales françaises 1914-1945*, Paris: Hachette, 2003.

Lebzelter, Gisela, "Die 'Schwarze Schmach': Vorurteile-Propaganda-Mythos," *Geschichte und Gesellschaft*, vol.11, no.1, 1985.

Marks, Sally, "Black Watch on the Rhine: A Study in Propaganda, Prejudice and Prurience," *European Studies Review*, vol.13, no.3, 1983.

Maß, Sandra, *Weisse Helden, schwarze Krieger: Zur Geschichte kolonialer Männlichkeit in Deutschland 1918-1964*, Köln: Böhlau Verlag, 2006.

____, "Das Trauma des weißen Mannes: Afrikanische Kolonialsoldaten in propagandistischen Texten, 1914-1923," *L'homme. Z. F. G.*, vol.12, no.1, 2001.

Nelson, Keith L., "The 'Black Horror on the Rhine': Race as a Factor in Post-World War I Diplomacy," *The Journal of Modern History*, vol.42, no.4, 1970.

Pommerin, Reiner, "The Fate of Mixed Blood Children in Germany," *German Studies Review*, vol.5, no.3, 1982.

Prost, Antoine et Jay Winter, *Penser la Grande Guerre: un essai d'historiographie*, Paris: Points, 2004.

Reinders, Robert C., "Racialism on the Left: E. D. Morel and the 'Black Horror on the Rhine'," *International Review of Social History*, vol.13, no.1, 1968.

Roos, Julia, "Women's Rights, Nationalist Anxiety, and the 'Moral' Agenda in the Early Weimar Republic: Revisiting the 'Black Horror' Campaign against France's African Occupation Troops," *Central European History*, vol.42, no.3, 2009.

____, "Nationalism, Racism and Propaganda in Early Weimar Germany: Contradictions in the Campaign against the 'Black Horror on the Rhine'," *German History*, vol.30, no.1, 2012.

____, "Racist Hysteria to Pragmatic Rapprochement? The German Debate about Rhenish 'Occupation Children', 1920-30," *Contemporary European History*, vol.22, no.2, 2013.

____, "'Huns' and Other 'Barbarians': A Movie Ban and the Dilemmas of 1920s German Propaganda against French Colonial Troops," *Historical Reflections/*

Réflexions Historiques, vol.40, no.1, 2014.

Scheck, Raffael, *Hitler's African Victims: The German Army Massacres of Black French Soldiers in 1940*, Cambridge: Cambridge University Press, 2006.

Schüler, Anja, "The 'Horror on the Rhine': Rape, Racism, and the International Women's Movement," *John F. Kennedy-Institut für Nordamerikastudien Working Paper*, no.86, 1996.

Van Galen Last, Dick and Ralf Futselaar, *Black Shame: African Soldiers in Europe, 1914-1922*, London: Bloomsbury, 2015.

Wigger, Iris, *Die "Schwarze Schmach am Rhein": Rassistische Diskriminierung zwischen Geschlecht, Klasse, Nation und Rasse*, Münster: Westfälisches Dampfboot, 2007.

_____, "The Interconnections of Discrimination: Gender, Class, Nation, and Race and the 'Black Shame on the Rhine'," *European Societies*, vol.11, no.4, 2009.

_____, "'Black Shame': The Campaign against 'Racial Degeneration' and Female Degradation in interwar Europe," *Race & Class*, vol.51, no.3, 2010.

3장 영 제국 경영의 마지막 통치 카드: '식민지 개발 및 복지법', 1929-1945

The Colonial Development Act 1929.

The Museum of English Rural Life, "The Groundnut Scheme: a Colonial Failure".

Special Collection, Senate House Library, University of London, UoL/AC11/4.

Statement of Policy on Colonial Development and Welfare, London, Cmd. 6175, Feb 1940.

신동경, 「영제국의 대학 개발 정책, 1943-1948: 아프리카 골드코스트 식민지를 중심으로」, 『영국연구』 36, 2016.

_____, 「런던대학교와 식민지 대학의 특별한 관계」, 『영국연구』 48, 2022.

Ashton, Stephen R. & Sarah Stockwell eds., *Imperial Policy and Colonial Practice, 1925-1945 (British Documents on the End of Empire, Series A, vol.1)*, London: H.M.S.O., 1996.

Anyonge, Nathan Jumba, "British Groundnut Scheme in East Africa: Labour Government's Dilemma", Kansas State University MA Thesis, 1966.

Ashby, Eric, *Universities: British, Indian and Africa: a study in the ecology of higher education*, London: Weidenfeld & Nicolson, 1966.

Cooper, Frederick, *Decolonization and African Society: The Labor question in French and British Africa*, Cambridge: Cambridge University Press, 1996.

"Churchill and the Guns of Singapore, 1941-1942: Facing the Wrong Way?", 2019.

Darwin, John, *Britain and Decolonisation: the retreat from empire in the post-war world*, Basingstoke: Macmillan Education, 1988.

_____, *The Empire Project: The Rise and Fall of the British World-System 1830-1970*, Cambridge: Cambridge University Press, 2009.

Garvin, James L., *Life of Joseph Chamberlain, vol.3, 1895-1900*, London: Macmillan, 1934.

Havinden, Michael and David Meredith, *Colonialism and Development: Britain and its Tropical Colonies 1850-1960*, London: Routledge, 1993.

Hyam, Ronald, *Britain's Declining Empire: the Road to Decolonisation, 1918-1968*, Cambridge: Cambridge University Press, 2006.

Kirk-Greene, Anthony, *On Crown Service A History of HM Colonial and Overseas Civil Services 1837-1997*, London: I.B. Tauris, 1999.

Lee, J. M. and Merlin Petter, *Colonial Office, War and Development Policy: Organization and Planning of a Metropolitan Initiative, 1939-1945*, London: Maurice Temple Smith, 1982.

Louis, Wm. Roger and Ronald Robinson, "The Imperialism of Decolonization", *Journal of Imperial and Commonwealth History*, vol.22, iss.3, 1994.

Low, Donald A. and Alison Smith eds., *A History of East Africa,* vol.III, Oxford: Clarendon Press, 1976.

Maxwell, I. C. M., *Universities in Partnership: The Inter-University Council and the growth of higher education in developing countries, 1946-1970*, Edinburgh: Scottish Academic, 1980.

Morgan, David John, *The Official History of Colonial Development,* vol.1,2,3, London: Macmillan, 1978.

Pattison, Bruce, *Special Relations: The University of London and New Universities Overseas, 1947-1970*, London: University of London, 1984.

Pearce, Robert D., *The Turning Point in Africa: British Colonial Policy 1938-1948*, London: Cass, 1982.

Porter, Andrew. N. & Anthony J. Stockwell eds., *British Imperial Policy and Decolonization 1938-64, vol.1, 1938-51*, Basingstoke: Macmillan, 1987.

Richardson, Bonham C., "Depression Riots and the Calling of the 1897 West India Royal Commission", *NWIG: New West Indian Guide*, vol.66, no.3/4, 1992.

Rist, Gilbert/신혜경 역, 『발전은 영원할 것이라는 환상』, 봄날의 책, 2013: *Le Développement: Histoire d'une croyance occidentale*, 1996.

Shin, Dongkyung, "Partnership in Universities: British Strategies for New Universities at the End of Empire", King's College London Ph.D Thesis, 2022.

Stockwell, Sarah, *The Business of Decolonisation. British Business Strategies in the Gold Coast*, Oxford: Claredone Press, 2000.

_____, *The British End of the British Empire*, Cambridge: Cambridge University Press, 2019.

Wicker, E. R., "Colonial Development and Welfare, 1929-1957: the Evolution of a Policy", *Social and Economics Studies*, vol.7, no.4, 1958.

5장 북한의 한국전쟁 계획 수립과 소련의 역할

『고려일보』.

「김중생인터뷰」(2007. 8. 9.).

『로동신문』.

『서울신문』.

「유성철(전 인민군 작전국장) 인터뷰」(인터뷰 날짜: 1992. 5. 타슈켄트), KBS현대사발굴특집반,
    『한국현대사관련 취재인터뷰(舊소련거주 한인): 내가 겪은 공화국 인터뷰자료』.

『한국일보』.

『흐루시초프회고록』(기광서 교수 제공).

CIA, ORE 18-50.

국방부 군사편찬연구소 편, 『(소련 군사고문단장) 라주바예프의 6·25전쟁 보고서』 1, 국
    방부 군사편찬연구소, 2001.

기광서, 「소련의 한국전 개입과정」, 『국제정치논총』 제40집 제3호, 2000.

김영호, 『한국전쟁의 기원과 전개과정』, 두레, 1998.

김중생, 『조선의용군의 밀입북과 6.25전쟁』, 명지출판사, 2000.

김진경, 「한국전쟁 직전 중국 동북지역과 북한과의 관계」, 『전사』 3, 국방부 군사편찬
    연구소, 2000.

김철범, 「한국전쟁 연구의 동향」, 『한국전쟁: 강대국 정치와 남북한 갈등』, 평민사,
    1989.

김학준, 「6·25연구의 국제적 동향: 6·25연구에 관한 문헌사적 고찰」, 『한국전쟁을 보
    는 시각』, 을유문화사, 1990.

박명림, 『한국전쟁의 발발과 기원 1』, 나남출판, 1996.

백준기, 「1950년대의 북한-러시아 관계」, 『1950년대 남북한의 선택과 굴절』, 역사비평
    사, 1998.

백학순, 「중국내전시 북한의 중국공산당을 위한 군사원조: 북한군의 파병 및 후방기
    지 제공」, 『한국과국제정치』 제10권 제1호, 1994.

소진철,『韓國戰爭의 起源: <國際共産主義)의 陰謀』, 원광대학교출판국, 1996.

안승환,「주북한 소련군사고문단의 북한군 지원활동(1946-1953년)」,『한국전쟁사의 새로운 연구 2』, 국방부 군사편찬연구소, 2002.

염인호,「해방후 중국 동북지방 조선인 부대의 활동과 북한 입국: 중국인민해방군 제164사단을 중심으로」,『한국전쟁사의 새로운 연구 2』, 국방부 군사편찬연구소, 2002.

_____,「中國 國共內戰期의 滿洲 朝鮮人部隊에 관한 硏究(1948-1950)」,『한국독립운동사연구』 제22호, 2004.

외무부 소장「한국전쟁 관련 러시아 외교문서」(한국전문서요약), 1994.

외무부 외교사료관 소장『韓國戰爭關聯 蘇聯外交文書』(소련 외교문서) 3-4권.

유리 바실예비치 바닌,「러시아에서의 한국전쟁 연구 경향 및 현황」,『신아세아』 제7권 제2호, 2000.

유리 바실예비치 바닌·이재훈,「역사의 가혹한 교훈: 러시아가 본 한국전쟁」,『역사와 현실』 제40권, 2001.

이재훈,「1949-50년 중국인민해방군 내 조선인부대의 '입북'에 대한 북중소 3국의 입장」,『국제정치논총』 제45집 제3호, 2005.

_____,「러시아의 한국전쟁 연구동향」,『군사』 제55호, 2005.

이종석,『북한-중국관계 1945-2000』, 중심, 2001.

정병준,『한국전쟁: 38선 충돌과 전쟁의 형성』, 돌베개, 2006.

_____,「한국전쟁 개전기 북한군 주요 지휘관, 참모의 구성과 특징」, 미발표논문.

최용호,「'라주바예프의 6·25전쟁 보고서' 분석: 북한군의 남침계획 제1단계작전을 중심으로」,『군사』 제43호, 2001.

和田春樹/서동만 역,『한국전쟁』, 창작과비평사, 1999.

下斗米夫/이혁재 역,『북한 정권 탄생의 진실』, 기파랑, 2006.

Bajanov, Evgeniy P. & Natalia Bajanova/김광린 역,『(소련의 자료로 본) 한국 전쟁의 전말』, 열림, 1998.

Bajanov, Evgeniy P. & Natalia Bajanova, *The Korean Conflict, 1950-1953: The Most Mysterious War on the 20th Century—Based on Secret Soviet Archives*, unpublished english edition.

Cumings, Bruce, *The Origins of the Korean War, vol. 1, Liberation and the Emergence of Separate Regimes, 1945-1947*, Princeton, NJ: Princeton University Press, 1981.

_____, *The Origins of the Korean War, vol. 2, The Raoaring of the Cataract, 1947-1950*, Princeton, NJ: Princeton University Press, 1990.

Goncharov, Sergei N., John W. Lewis & Xue Litai, *Uncertain Partners: Stalin, Mao, and the Korean War*, Stanford, CA: Stanford University Press, 1993.

Jian, Chen, Vojtech Manstny, Odd Arne Westad, & Vladislav Zubok, "Talks with Mao Zedong, December 1949-January 1950, And With Zhou Enlai, August-September 1952," *Cold War International History Project Bulletin*, iss.6-7, 1995/1996.

Stone, I. F./백외경 역, 『비사 한국전쟁』, 신학문사, 1988.

Torkunov, Anatoly V./구종서 역, 『한국전쟁의 진실과 수수께끼』, 에디터, 2003.

Ulam, Adam B., "Letters, Stalin, Kim, and the Korean War Origins," *Cold War International History Project Bulletin*, iss.4, 1994.

Volkogonov, Dmitri/한국전략문제연구소 역, 『스탈린』, 세경사, 1992.

Weathersby, Kathryn, "The Soviet Role in the Early Phase of the Korean War," *The Journal of American-East Asian Relations*, vol.2, no.4, 1993.

_____, "New Findings on the Korean War," *Cold War International History Project Bulletin*, iss.3, 1993.

_____, "More Documents from the Russian Archives," *Cold War International History Project Bulletin*, iss.4, 1994.

_____, "Korea, 1949-50: To Attack, or Not to Attack? Stalin, Kim Il Sung, and the Prelude to War," *Cold War International History Project Bulletin*, iss.5, 1995.

김상옥,「슬기로운 꽃나무」,『현대문학』, 1957, 3.

김종삼·김광림·전봉건,『전쟁과 음악과 희망과』, 자유세계사, 1957.

김춘수,「그 이야기를…」,『자유문학』, 1958. 10.

_____,「부다페스트에서의 소녀의 죽음」,『사상계』, 1957. 4.

_____,「호(壺)」,『현대문학』, 1958. 11.

남진우 편,『전봉건 시전집』, 문학동네, 2008.

민영 편,『김상옥 시전집』, 창작과비평사, 2005.

전봉건,「장미의 의미」,『신세계』 1956. 2.

전봉건,『전봉건 시론선』, 문학선, 2005.

조병화,『서울』, 성문각, 1957.

조병화문집간행위원회,『조병화 시 전집 1』, 국학자료원, 2013.

『경향신문』『동아일보』『한국일보』

국방부 군사편찬연구소 편,『베트남전쟁 연구총서 3』, 국방부 군사편찬연구소, 2005.

권명아,「여성 수난사 이야기, 민족국가 만들기와 여성성의 동원」,『여성문학연구』 7호, 2002.

_____,『한국전쟁과 주체성의 서사 연구』, 연세대학교 박사학위논문, 2002.

_____,『식민지 이후를 사유하다』, 책세상, 2009.

권순긍,「파시즘 문학의 해부」,『실천문학』제18호, 실천문학사, 1990.

김도민,「1956년 헝가리 사태에 대한 남한의 인식과 대응」,『역사비평』 119호, 2017.

김복순,「소녀의 탄생과 반공주의 서사의 계보: 최정희의《녹색의 문》을 중심으로」,『한국근대문학연구』 1권 18호, 2008.

_____,「신식민지 시기 반미소설의 계보와 서사원리로서의 젠더」,『한국문학이론과 비평』 60권, 2013.

_____,「학술교양의 사상형식과 '반공 로컬: 냉전지'의 젠더」,『여성문학연구』 29호,

2013.

_____, 「사상계 기행문에 나타난 아시아 리저널리즘의 재편양상과 재건의 젠더」, 『여성문학연구』 39호, 2016.

김윤식·김우종 외, 『한국현대문학사』, 현대문학, 2005.

김은하·윤정란·권수현 편, 『혁명과 여성』, 선인, 2010.

김학동, 『한국 전후 문제시인 연구』, 예림기획, 2005.

박지영, 「여성 혁명가의 귀환, 그 이후: 해방기 여성혁명가의 형상과 가족 서사」, 『여성문학연구』 24호, 2010.

_____, 「혁명, 시, 여성(성): 1960년대 참여시에 나타난 여성」, 『여성문학연구』 23호, 2010.

변기찬, 「알제리전쟁 기간 알제리 여성 지위의 변화 요인」, 『지중해지역연구』 제13권 제1호, 2011.

신은영, 「베트남전쟁시 여성의 역할에 관한 연구」, 국방부 군사편찬연구소 편, 『베트남전쟁 연구총서 3』, 국방부 군사편찬연구소, 2005.

이강하, 「김춘수의 <부다페스트에서의 소녀의 죽음> 연구: 개작 과정에 나타난 시의식의 전회」, 『한국어문학연구』 제63집, 2014.

이나영, 「민족주의와 젠더: 도전과 변형을 위한 이론적 지형도 그리기」, 『한국여성학』 제31권 2호, 2015.

이명희, 「반공주의와 성차별주의: 1950년대 남성작가 소설을 중심으로」, 『아시아여성연구』 제46권 1호, 2007.

전병준, 「김춘수 시의 변화에서 역사와 사회가 지니는 의미 연구」, 『한국문학이론과 비평』 58권, 2013.

최용호, 「제1·2차 베트남전쟁 당시 베트남 여성의 참전배경 연구」, 『베트남연구』 제10권, 2010.

Fanon, Frantz/홍지화 역, 『알제리 혁명 5년』, 인간사랑, 2008.

Kim, Elaine H., Chungmoo Choi/박은미 역, 『위험한 여성: 젠더와 한국의 민족주의』, 삼인, 2001.

대한민국역사박물관, 2016년 헝가리혁명 60년 기념 특별사진전 웹전시, http://www.

much.go.kr/online_exhi/hungary/index.html(검색일: 2023. 9. 28.).

8장 오만과 타협:
W. W. 로스토와 근대화론의 변화

Paul Butler Papers, University of Notre Dame Archives, Notre Dame, IN.

CIA-FOIA Collections (online), Special Collections Archive, Central Intelligence Agency.

C. D. Jackson Papers, Dwight E. Eisenhower Library, Abilene, KS.

Belmonte, Laura A., *Selling the American Way: U.S. Propaganda and the Cold War,* Philadelphia, PA: University of Pennsylvania Press, 2008.

Berman, Larry, *Planning a Tragedy: The Americanization of the War in Vietnam,* New York: Norton, 1982.

Beschloss, Michael ed., *Reaching for Glory: Lyndon Johnson's Secret White House Tapes, 1964-1965,* New York: Simon & Schuster, 2001.

Bowles, Chester, "A Fresh Look at Free Asia," *Foreign Affairs*, vol.33, no.1, 1954.

Brinkley, Alan, *The Publisher Henry Luce and His American Century,* New York: Knopf, 2010.

Cullather, Nick, *The Hungry World: America's Cold War Battle against Poverty in Asia,* Cambridge, MA: Harvard University Press, 2013.

Ekbladh, David, *The Great American Mission: Modernization and the Construction of an American World Order,* Princeton, NJ: Princeton University Press, 2011.

Engerman, David, Nils Gilman, Mark Haefele and Michael E. Latham eds., *Staging Growth: Modernization, Development, and the Global Cold War,* Amherst, MA: University of Massachusetts Press, 2003.

Galbraith, John Kenneth, *A Life of Our Times: A Memoirs,* Boston, MA: Houghton Mifflin, 1981.

Gardner, Lloyd C., *Pay Any Price: Lyndon Johnson and the Wars for Vietnam,* Chicago, IL: Ivan Dee, 1995.

Gilman, Nils, *Mandarins of the Future: Modernization Theory in Cold War America,* Baltimore, MD: Johns Hopkins University Press, 2007.

Halberstam, David, *The Best and the Brightest,* New York: Random House, 2002, first published, 1972.

Herzstein, Robert, *Henry R. Luce: A Political Portrait of the Man Who Created the American Century,* New York: Scribner, 1994.

Hitchcock, William, *The Age of Eisenhower: America and the World in the 1950s,* New York: Simon & Schuster, 2018.

Kim, Ilnyun, "The Vital Center for United States–China Relations in the 1950s," *Diplomatic History*, vol.44, iss.4, 2020.

Kuklick, Bruce, *Blind Oracles: Intellectuals and War from Kennan to Kissinger,* Princeton, NJ: Princeton University Press, 2006.

Latham, Michael E., *Modernization as Ideology: American Social Science and "Nation Building" in the Kennedy Era,* Chapel Hill, NC: The University of North Carolina Press, 2000.

_____, *The Right Kind of Revolution: Modernization, Development, and U.S. Foreign Policy from the Cold War to the Present,* Ithaca, NY: Cornell University Press, 2010.

Lee, Jooyoung, "Forming a Democratic Society: South Korean Responses to U.S. Democracy Promotion, 1953–1960," *Diplomatic History*, vol.39, iss.5, 2015.

Logevall, Fredrik, *Choosing War: The Lost Chance for Peace and the Escalation of War in Vietnam,* Berkeley and Los Angeles, CA: University of California Press, 1999.

Milne, David, *America's Rasputin: Walt Rostow and the Vietnam War,* New York: Hill & Wang, 2008.

Osgood, Kenneth, *Total Cold War: Eisenhower's Secret Propaganda Battle at Home and Abroad*, Lawrence, KS: The University Press of Kansas, 2006.

Porter, Gareth, *Perils of Dominance: Imbalance of Power and the Road to War in Vietnam*, Berkeley and Los Angeles, CA: University of California Press, 2005.

Preston, Andrew, *The War Council: McGeorge Bundy, the NSC, and Vietnam*, Cambridge, MA: Harvard University Press, 2006.

Rostow, Walt W., *The Process of Economic Growth*, New York: Norton, 1952.

_____, *The Prospects for Communist China*, Cambridge, MA: The Technology Press of MIT, 1954.

_____, *An American Policy in Asia*, Cambridge, MA: The Technology Press of MIT, 1955.

_____, "Marx was a City Boy: or, Why Communism May Fail," *Harper's Magazine*, vol.250, 1955.

_____, *Proposal—Key to an Effective Foreign Policy*, New York: Harper, 1957.

_____, *The Stages of Economic Growth: A Non-communist Manifesto*, New York: Cambridge University Press, 1960.

_____, *The Diffusion of Power*, New York: Macmillan, 1972.

_____, *Concept and Controversy: Sixty Years of Taking Ideas to Market*, Austin, TX: University of Texas Press, 2003.

Schaffer, Howard, *Chester Bowles: New Dealer in the Cold War*, Cambridge, MA: Harvard University Press, 1993.

Solovey, Mark, *Shaky Foundations: The Politics Patronage Social Science Nexus in Cold War America*, New Brunswick: Rutgers University Press, 2013.

Vanderlan, Robert, *Intellectuals Incorporated: Politics, Art, and Ideas Inside Henry Luce's Media Empire*, Philadelphia, PA: University of Pennsylvania Press, 2010.

9장 "베트남 이전에 라오스가 있었다": 라오스의 인도차이나전쟁과 민족국가 건설, 1945-1975

ESRI, "Bombing Missions of the Vietnam War," https://storymaps. esri.com/ stories/2017/vietnam-bombing/index.html(accessed by May 2021).

International Cooperation Administration, Office of Statistics and Reports, *U.S, External Assistance: Obligations and Other Commitments, July 1, 1945 through June 30, 1959*, Washington, DC: International Cooperation Administration, n.d.

Sheehan, Neil, *The Pentagon Papers,* as published by *The New York Times*, based on investigative reporting by Neil Sheehan, written by Neil Sheehan, Hedrick Smith, E. W. Kenworthy and Fox Butterfield, New York: Bantam Books, 1971.

The Avalon Project, Yale Law School, "Indochina—Agreement on the Cessation of Hostilities in Viet-Nam, July 20, 1954", n.d., https://avalon.law.yale.edu/20th_century/inch001.asp(accessed by May 2021).

United States Department of State, *Foreign Relations of the United States, 1961-1963: Laos Crisis*, Volume XXIV, Washington, DC: U.S. Government Printing Office, 1994.

「제임스 윌리엄 레어(James William "Bill" Lair) 인터뷰」(인터뷰 날짜: 2013.2.13.-17., 텍사스주 메리디안시).

소병국, 『동남아시아사: 창의적인 수용과 융합의 2천년사』, 책과함께, 2020.

Asselin, Pierre, "Choosing Peace: Hanoi and the Geneva Agreement on Vietnam, 1954-1955," *Journal of Cold War Studies*, vol.9, no.2, 2007.

Barney, G. Linwood, "The Meo of Xieng Khouang Province, Laos," Peter Kunstadter ed., *Southeast Asian Tribes, Minorities, and Nations*, Princeton, NJ: Princeton University Press, 1967.

Blaufarb, Douglas S., *The Counterinsurgency Era: U.S. Doctrine and Performance, 1950 to the Present,* New York: Free Press, 1977.

Branfman, Fred, "Presidential War in Laos," Nina S. Adams and Alfred W. McCoy
eds., *Laos: War and Revolution*, New York: Harper & Row, 1971.

_____, *Voices from the Plain of Jars: Life under an Air War,* New York: Harper
& Row, 1972.

Brown, MacAlister & Joseph Zasloff, "Laos in 1975: People's Democratic Revolution
—Lao Style," *Asian Survey*, vol.16, no.2, 1976.

_____, "Laos 1977: The Realities of Independence," *Asian Survey*, vol.18, no.2, 1977.

Castle, Timothy N., *At War in the Shadow of Vietnam: US Military Aid to the Royal
Lao Government, 1955–1975,* New York: Columbia University Press, 1993.

_____, "'Operation MILLPOND': The Beginning of a Distant Covert War," *Studies
in Intelligence*, vol.59, no.2, 2015.

Chaloemtiarana, Thak ed., *Thai Politics: Extracts and Documents*, Bangkok: Social
Science Association of Thailand, 1978.

Chitkarunarat, Choetchamrat, "Kamnoet tamruat phonrom[The Birth of Police Paratroopers]",
Nittayasan tamruat sayam[Siam Police Magazine], vol.11, 2011.

Conboy, Kenneth J., *Shadow War: The CIA's Secret War in Laos,* Boulder, CO:
Paladin Press, 1995.

Crossette, Barbara, "Laotian Migration Worries Thailand," *The New York Times*,
September 20, 1984.

Davis, Neil, "A Thorny Problem for Thailand," *Far Eastern Economic Review*, October
24, 1975.

Evans, Grant, *A Short History of Laos: The Land in Between,* Sydney: Allen & Unwin,
2002.

Everingham, John, "Meo Tribesmen Resist the New Regime," *Far Eastern Economic
Review*, February 13, 1976.

_____, "The Mekong Blockade Rebounds," *Far Eastern Economic Review*,
January 16, 1976.

Fineman, Daniel, *A Special Relationship: The United States and Military Government
in Thailand, 1947–1958,* Honolulu, HI: University of Hawai'i Press, 1997.

Goscha, Christopher E., "Revolutionizing the Indochinese Past: Communist Vietnam's Special Historiography on Laos," Christopher E. Goscha and Søren Ivarsson eds., *Contesting Visions of the Lao Past: Laos Historiography at the Crossroads*, Copenhagen: NIAS Press, 2003.

Hein, Jeremy, *From Vietnam, Laos and Cambodia: A Refugee Experience in the United States,* New York: Twayne Publishers, 1995.

Hyun, Sinae, *Indigenizing the Cold War: Nation-Building by the Border Patrol Police of Thailand, 1945-1980*, University of Wisconsin-Madison Ph.D Dissertation, 2014.

____, "In the Eyes of the Beholder: American and Thai Perceptions of the Highland Minority during the Cold War," *Cold War History*, vol.22, iss.2, 2022.

Ivarsson, Soren and Christopher Goscha, "Prince Phetsarath (1890-1959): Nationalism and Royalty in the Making of Modern Laos," *Journal of Southeast Asian Studies*, vol.38, no.1, 2007.

Jacobs, Seth, *Cold War Mandarin: Ngo Dinh Diem and the Origins of America's War in Vietnam, 1950-1963,* Lanham, MD: Rowman & Littlefield Publishers, 2006.

Jervis, Robert, "The Impact of the Korean War on the Cold War," *Journal of Conflict Resolution*, vol.24, no.4, 1980.

Karabell, Zachary, *Architects of Intervention: the United States, the Third World, and the Cold War, 1946-1962,* Baton Rouge, LA: Louisiana State University Press, 1999.

Koburger Jr., Charles W., "Thailand, A Confrontation," *Military Review*, vol.47, no.11, 1967.

Kurlantzick, Joshua, *A Great Place to Have a War: America in Laos and the Birth of a Military CIA,* New York: Simon & Schuster, 2017.

Latham, Michael E., *Modernization as Ideology: American Social Science and "Nation Building" in the Kennedy Era,* Chapel Hill, NC: University of North Carolina Press, 2000.

Leary, William M., "The CIA and the 'Secret War' in Laos: The Battle for Skyline Ridge, 1971-1972," *Journal of Military History*, vol.59, iss.3, 1995.

_____, "Foreword," *Covert Ops: the CIA's Secret War in Laos,* New York: St. Martin's Paperbacks, 1997.

Lee, Mai Na M., *Dreams of the Hmong kingdom: The Quest for Legitimation in French Indochina, 1850-1960,* Madison, WI: The University of Wisconsin Press, 2015.

Lobe, Thomas David, *U.S. Police Assistance for the Third World*, University of Michigan Ph.D Dissertation, 1975.

Lockhart, Bruce, "Monarchy and Decolonization in Indochina," Marc Frey, Ronald W. Pruessen and Tan Tai Yong eds., *The Transformation of Southeast Asia: International Perspectives on Decolonization,* Armonk: M.E. Sharpe, 2003.

_____, "Narrating 1945 in Lao Historiography," Christopher E. Goscha and Søren Ivarsson eds., *Contesting Visions of the Lao Past: Laos Historiography at the Crossroads*, Copenhagen: NIAS Press, 2003.

Logevall, Fredrik, "The Indochina wars and the Cold War, 1945-1975," Melvyn P. Leffler and Odd Arne Westad eds., *The Cambridge History of the Cold War, Volume II Crises and Detente*, Cambridge: Cambridge University Press, 2010.

Marr, David, "Vietnam: Harnessing the Whirlwind," Robin Jeffrey ed., *Asia: The Winning of Independence—The Philippines, India, Indonesia, Vietnam, Malaya*, London: Macmillan Press, 1981.

McCoy, Alfred W., "America's Secret War in Laos,1955-1975," Marilyn B. Young and Robert Buzzanco eds., *A Companion to the Vietnam War*, Oxford: Blackwell Publishing, 2002.

Osornprasop, Sutayut, *Thailand and the American Secret War in Indochina, 1960-1974*, Corpus Christi College, University of Cambridge Ph.D dissertation, 2006.

Pattamanont, Theerevat trans., "Historical Background of Unknown Soldiers," Unknown Warrior Association 333 ed., *War to Guard Nation, Religion, Monarchy in the Kingdom of Laos: Program for Annual Conference of the Unknown Warrior Association 333 on April 2, 2011*, Bangkok: Unknown

Warrior Association 333, 2011: *Songkhram pokpong chat sasana kasat nai ratchanachak lao: suchibatkanprachumyai samanprachampi 2554 samakhom nakrop niranam 333, 2 mesayon 2554.*

Peagam, Norman, "A Gentle Brush-off from America," *Far Eastern Economic Review*, January 3, 1975.

Pholsena, Vatthana, "The Changing Historiographies of Laos: A Focus on the Early Period," *Journal of Southeast Asian Studies*, vol.35, no.2, 2004.

Prados, John, *Presidents' Secret Wars: CIA and Pentagon Covert Operations from World War II Through the Persian Gulf,* Chicago, IL: I.R. Dee, 1996.

Quincy, Keith, *Hmong: History of a People,* 3rd edition, Marshall, WA: GPJ Books, 2017.

Salisbury, Harrison E., "Thailand: Officially, Nothing Is Happening There," *The New York Times*, September 4, 1966.

Schlight, John, *A War Too Long: The USAF in Southeast Asia, 1961-1975,* Washington, DC: Air Force History and Museums Program, 1996.

Scott, James C., *The Art of Not Being Governed: An Anarchist History of Upland Southeast Asia,* New Haven, CT: Yale University Press, 2010.

Shaplen, Robert, "Our Involvement in Laos," *Foreign Affairs*, vol.48, no.3, 1970.

Stuart-Fox, Martin, *A History of Laos,* Cambridge: Cambridge University Press, 1997.

Tonnesson, Stein, "National Divisions in Indochina's Decolonization," Presenjit Duara ed., *Decolonization: Perspectives from Now and Then,* London: Routledge, 2004.

Vang, Chia Youyee, *Hmong America: Reconstructing Community in Diaspora,* Urbana, IL: University of Illinois Press, 2010.

Viksnins, George, "United States Military Spending and the Economy of Thailand, 1967-1972," *Asian Survey*, vol.13, no.5, 1973.

Warner, Roger, *Shooting At the Moon: The Story of America's Clandestine War in Laos,* South Royalton: Steerforth Press, 1998.

Wolfson-Ford, Ryan, "Sons of Khun Bulom: The Discovery by Modern Lao Historians of the 'Birth of the Lao Race'," *Journal of Southeast Asian Studies*, vol.47, no.2, 2016.

Young, Marilyn B., *The Vietnam Wars, 1945-1990*, New York: HarperPerennial, 1991.

10장 곡물 대탈취:
1973년 미국-소비에트 곡물 거래와 국제 식량 체계의 위기

Business Week.

Congressional Record, House of Representatives.

FAO, *The State of Food and Agriculture 1972*, FAO, 1972.

Foreign Affairs.

Foreign Relations of the United States(FRUS).

Public Papers of the Presidents of the United States.

National Security Study Memorandum.

Standard-Speaker.

The New York Times.

The Washington Post.

김남섭, 「모스크바 미국국립박람회와 소비에트 부엌: 흐루쇼프하의 소비주의와 소련 사회」, 『역사문화연구』 제55호, 2015.

박인숙, 「'전환'과 '연속': 닉슨(Richard Nixon) 행정부 '데땅트' 정책의 성격」, 『미국학논집』 제38권 제3호, 2006.

박진숙, 「영국의 곡물법: 제정과 폐지를 중심으로」, 『이화사학연구』 21집, 1993.

심헌용, 「제2차 세계대전기 소련의 대일전 참가를 둘러싼 미소 군사협력: 무기대여법과 '훌라(Hula) 프로젝트'의 역할을 중심으로」, 『군사』 제105호, 2017.

양동휴, 「마셜 플랜의 경제적 성과와 의의: 서독의 재건과 유럽통합의 추진」, 『경제사학』 제37권, 2004.

이홍섭, 「소연방의 경제개혁과 체제변동: 흐루시초프, 브레즈네프, 고르바초프 개혁의 비교」, 『국제정치 논총』 제40집 제1호, 2000.

Ahlberg, Kristine L., *Transplanting the Great Society: Lyndon Johnson and Food for Peace*, Columbia, MO: University of Missouri Press, 2008.

_____, "Machiavelli with a Heart: The Johnson Administration's Food for Peace Program in India, 1965-1966," *Diplomatic History*, vol.31, no.4, 2007.

Benedict, Murray R. *Farm Policies of the United States, 1790-1950: A Study of Their Origins and Development*, Cambridge, MA: Twentieth Century Fund, 1953.

Bogue, Allan G., *From Prairie to Cornbelt: Farming on the Illinois and Iowa Prairies*, Chicago, IL: University of Chicago Press, 1963.

Brown, Lester, *Man, Land, and Food, Looking Ahead at World Food Needs*, Washington DC: Agency for International Development, 1963.

Cohen, Stephen D., "United States-Japan Trade Relation," *Proceedings of the Academy of Political Science*, vol.37, no.4, 1990.

Costick, Miles M., *Economics of Detente and U.S.-Soviet Grain Trade*, Washington, DC, Heritage Foundation, 1976.

Cunfer, Geoff, *On the Great Plains: Agriculture and the Environment*, College Station, TX: Texas A & M Press, 2005.

Danbom, David, *Born in the Country: A History of Rural America*, Baltimore, MD: Johns Hopkins University Press, 2017.

Destler, I. M., "United States Food Policy 1972-1976: Reconciling Domestic and International Objectives," *International Organization*, vol.32, no.3, 1978.

Dougherty, Ann & Robert Van Order, "Inflation, Housing Costs, and the Consumer Price Index," *The American Economic Review*, vol.72, no.1, 1982.

Eckel, Jan & Samuel Moyn, *The Breakthrough: Human Rights in the 1970s*, Philadelpia, PA: University of Pennsylvania Press, 2013.

Ehrlich, Paul, *The Population Bomb*, New York: Ballantine Books, 1968.

Ekbladh, David, *The Great American Mission: Modernization and the Construction of an American World Order*, Princeton, NJ: Princeton University Press, 2010.

Friedmann, Harriet, "The Political Economy of Food: A Global Crisis," *New Left Review*, I/197, 1993.

Grada, Cormac, *Famine: A Short History*, Princeton, NJ: Princeton University Press, 2009.

Headey, Derek & Shenggen Fen, *Reflections on the Global Food Crisis: How Did it Happen? How Has It Hurt? And How Can We Prevent the Next One?*, Washington DC: International Food Policy Research Institute, 2010.

Humphrey, Hurbert, *Food and Fiber as a Force for Freedom: Report to the Committee on Agriculture and Forestry United States Senate*, 85th Congress, 2nd sess., Washington, DC: Government Printing Office, 1958.

Klein, Christina, *Cold War Orientalism: Asia in the Middlebrow Imagination 1945–1961*, Berkeley, CA: University of California Press, 2003.

Lee, Dongkue, "The Solution Redefined: Agricultural Development, Human Rights, and Free Markets at the 1974 World Food Conference," *The International History Review*, vol.44, iss.6, 2021.

Lorenzini, Sara, *Global Development: A Cold War History*, Princeton, NJ: Princeton University Press, 2019.

Malenbaum, Wilfred, *The World Wheat Economy, 1885–1939*, Cambridge, MA: Harvard University Press, 1953.

Masey, Jack, *Cold War Confrontation: US Exhibitions and Thier Role in the Cultural Cold War*, Baden: Lars Muller Publishers, 2008.

McDonald, Bryan L., *Food Power: The Rise and Fall of the Postwar American Food System*, Oxford: Oxford University Press, 2017.

Paarlberg, Robert, "The Failure of Food Power," *Policy Studies Journal*, vol.6, no.4, 1978.

Peter, May, "Agricultural Commodity Price Spikes in the 1970s and 1990s: Valuable Lessons for Today," *Economic Research Service*, Washington, DC: United

States Department of Agriculture, March 1, 2009.

Phillips, Sarah T., *Kitchen Debate and Cold War Consumer Politics: A Brief History with Documents*, Boston, MA: Bedford/St. Martin's, 2014.

Phillips, Sarah T. "Reflections on One Hundred and Fifty Years of the United States Department of Agriculture," *Agricultural History*, vol.87, no.3, 2013.

Pimentel, David, "Food Production and the Energy Crisis," *Science*, vol.182 no.4111, 1973.

Ruttan, Vernon W., *United States Development Assistance Policy: The Domestic Politics of Foreign Economic Aid*, Baltimore, MD: Johns Hopkins University Press, 1996.

Sargent, J. Daniel, *A Superpower Transformed: The Remaking of American Foreign Relations in the 1970s*, Oxford: Oxford University Press, 2017.

Sachs, Wolfgang/이희재 역, 『반자본 발전사전』, 아카이브, 2010: *The Development Dictionary*, London: Zed Books, 2010.

Saloutos, Theodore, "New Deal Agricultural Policy: An Evaluation," *The Journal of American History*, vol.61, no.2, 1974.

Schapsmeier, Edward L. & Frederick H. Schapsmeier, "Eisenhower and Ezra Taft Benson: Farm Policy in the 1950s," *Agricultural History*, vol.44, no.4, 1970.

Schneider, William, *Food, Foreign Policy and Raw Materials Cartels*, New York: Crane Rusk, 1976.

Siniver, Asaf, *The Yom Kippur War: Politics, Diplomacy Legacy*, New York: Oxford University Press, 2013.

Soth, Lauren, "If the Russians Want More Meat," *Des Moines Register*, February 2, 1955.

Suri, Jeremy, *Power and Protest: Global Revolution and the Rise of Detente*, Cambridge, MA: Harvard University Press, Revised edition, 2005.

Trager, James, *The Great Grain Robbery*, New York: Ballatine Books, 1973.

Trostle, Ronald *Global Agricultural Supply and Demand: Factors Contributing to the Recent Increase in Food Commodity Prices*, Washington, DC: United States

Department of Agriculture, 2008.

Villaume, Poul & Mariager, Rasmus, *The 'Long 1970s': Human Rights, East-West Detente and Transnational Relations*, New York: Routledge, 2016.

Volin, Lazar, *A Century of Russian Agriculture: From Alexander II to Khrushchev*, Cambridge, MA: Harvard University Press, 1970.

Weber, William T., "The Complexities of Agripower: A review Essay," *Agricultural History*, vol.52, no.4, 1978.

Weiss, Thomas G. and Jordan, Robert S., *The World Food Conference and Global Problem Solving*, Westport, CT: Praeger Publishers, 1976.

찾아보기

저자소개

(가나다 순)

김일년

이화여자대학교 사학과 조교수로 재직 중이다. 20세기 미국 정치사와 지성사를 국제적 맥락에서 조망하는 연구를 하고 있다.

김도민

강원대학교 역사교육과 조교수로 재직 중이다. 남북한의 대(對)중립·비동맹 관련 대외관계사, 한반도 정전체제 등을 연구하고 있다.

노경덕

서울대학교 서양사학과 부교수로 재직 중이다. 최근에는 스탈린시대 소련의 대외관계사와 세계 경제를 연구하고 있다.

David Cheng CHANG(常成)

홍콩과기대학(HKUST) 인문학과 조교수이자 이화여자대학교 객원교수로 재직 중이다. 한국전쟁의 중공군 포로 문제, 냉전기 미중관계 등을 연구하고 있다.

신동경

이화여자대학교 사학과 연구교수로 재직 중이다. 영제국의 탈식민 역사를 전공했고, 탈식민과 냉전의 맥락에서 영국과 미국의 제3세계 개발의 역사를 연구하고 있다.

이동규

경희대학교 HK+통합의료인문학연구단 HK연구교수로 재직 중이다. 최근에는 생명과 인구라는 관점에서 미국을 중심으로 국제관계사를 연구하고 있다.

정병준

이화여자대학교 사학과 교수로 재직 중이다. 한국현대정치와 인물을 연구하고 있으며, 지금은 김규식평전을 쓰고 있다.

정재현

목포대학교 인문콘텐츠학부 조교수로 재직 중이다. 프랑스 제국사, 인도네시아를 중심으로 한 프랑스의 식민지 역사를 연구하고 있다.

하아랑

충남대학교 동서문명연구소 연구교수로 재직 중이다. 미국 노예제를 중심으로 근대 미국사를 연구하고 있다.

현시내

서강대학교 동아연구소 연구교수로 재직 중이다. 태국 정치사를 중심으로 동남아시아의 근현대사를 연구하고 있다.